中国基本单位统计年鉴 2011

国家统计局普查中心 编

CHINA BASIC STATISTICAL UNITS YEARBOOK

中国统计出版社
China Statistics Press

（京）新登字 041 号

图书在版编目（CIP）数据

中国基本单位统计年鉴. 2011 / 国家统计局普查中心编. -- 北京 : 中国统计出版社, 2011.10
ISBN 978-7-5037-6379-3

Ⅰ. ①中… Ⅱ. ①国… Ⅲ. ①组织机构－统计资料－中国－2011－年鉴 Ⅳ. ①C832-54

中国版本图书馆 CIP 数据核字(2011)第 198073 号

中国基本单位统计年鉴—2011

作　　者/国家统计局普查中心
责任编辑/王振宇
装帧设计/李雪燕
出版发行/中国统计出版社
通信地址/北京市西城区月坛南街 57 号　邮政编码/100826
办公地址/北京市丰台区西三环南路甲 6 号
电　　话/邮购（010）63376907　书店（010）68783172
印　　刷/河北天普润印刷厂
经　　销/新华书店
开　　本/787×1092㎜　1/16
印　　张/26
字　　数/610 千字
版　　别/2011 年 11 月第 1 版
版　　次/2011 年 11 月第 1 次印刷
书　　号/ISBN 978-7-5037-6379-3/C.2576
定　　价/170.00 元（附光盘）

本书附同版本CD-ROM一张，光盘内容以书面文字为准。
中国统计版图书，如有印装错误，本社发行部负责调换。

《中国基本单位统计年鉴-2011》
编辑委员会

编 者 说 明

一、《中国基本单位统计年鉴－2011》是一部反映中华人民共和国各类基本单位情况的资料性工具书。本书分为三部分：第一部分是全国各类法人单位按地区、国民经济行业等进行各种分组汇总而成的综合资料；第二部分是全国各类企业法人单位按地区、国民经济行业、登记注册类型、营业状态等进行各种分组汇总而成的综合资料；第三部分是限额以上企业按地区、国民经济行业、登记注册类型和从业人员、营业状态、营业收入、资产规模等进行各种分组汇总而成的综合资料。

二、1996 年数据来源于第一次全国基本单位普查资料，2001 年数据来源于第二次全国基本单位普查资料，2004 年数据来源于第一次全国经济普查资料，2008 年数据来源于第二次全国经济普查资料，其他年份的数据来源于基本单位年度统计资料。

三、资料的汇总范围为我国境内从事经济社会活动的法人单位，未包括香港、澳门特别行政区和台湾省。

四、限额以上企业范围分别是：

工业企业：年主营业务收入 500 万元及以上的工业企业法人单位。

建筑业企业：具有建筑业资质的所有独立核算的建筑业企业法人单位。

批发业企业：年主营业务收入 2000 万元及以上的批发业企业法人单位。

零售业企业：年主营业务收入 500 万元及以上的零售业企业法人单位。

住宿业企业：年营业额 200 万元及以上的住宿业企业法人单位。

餐饮业企业：年营业额 200 万元及以上的餐饮业企业法人单位。

五、考虑到按地区进行国民经济核算的需要，对金融、保险业和邮电业的县一级机构均视为法人单位统计。

《中国基本单位统计年鉴－2011》内容系统、翔实，具有较强的实用性，可作为各级政府和经济管理部门进行宏观管理、制定政策的参考，也是企业生产经营及投资决策和科研机构、大专院校进行科研及教学活动的辅助资料。

恳请广大读者对本书提出宝贵意见。

目　　录

第一部分　全部法人单位综合资料

第二部分　企业法人单位综合资料

第三部分　限额以上企业综合资料

第一部分

全部法人单位综合资料

1-1 按行业门类分组的法人单位数

单位：个

行业门类	代码	法人单位数							
		1996年	1997年	1998年	1999年	2000年	2001年	2002年	2003年
总计		**4402276**	**4344278**	**4417508**	**4221995**	**4366141**	**5107015**	**5170849**	**5214144**
农、林、牧、渔业	A	148029	148269	147656	142055	142140	171526	170953	156033
采矿业	B	100362	99578	102265	91026	90484	71409	70851	72538
制造业	C	1256323	1221878	1290304	1192280	1243607	1220587	1239549	1298870
电力、燃气及水的生产和供应业	D	30543	29864	30299	30031	30841	36982	37136	33570
建筑业	E	126710	125476	125541	112973	118240	123187	129062	132059
交通运输、仓储和邮政业	F	63808	62871	62941	57772	59711	82162	83489	85991
信息传输、计算机服务和软件业	G	20381	18545	22141	22826	25425	57420	59368	58307
批发和零售业	H	681853	678488	668847	654887	693108	807454	829029	840241
住宿和餐饮业	I	81444	71835	79270	78804	83014	100768	102244	103537
金融业	J	73824	74054	73941	69029	70228	63996	64806	64802
房地产业	K	39693	40903	44606	44051	48363	92417	96795	98943
租赁和商务服务业	L	96609	109537	100411	97410	107229	234265	242109	219567
科学研究、技术服务和地质勘查业	M	42048	41299	43264	42608	45003	75666	78356	110685
水利、环境和公共设施管理业	N	29508	28661	30273	29315	30189	51007	51426	47847
居民服务和其他服务业	O	52677	45707	51786	48898	54366	94655	96244	64391
教育	P	215358	219281	215530	214042	218304	307817	308320	304056
卫生、社会保障和社会福利业	Q	112326	112810	112695	112375	114388	200360	200761	198879
文化、体育和娱乐业	R	41064	36522	41388	40094	41060	57410	57891	77717
公共管理和社会组织	S	1185790	1174810	1170475	1137752	1146645	1254546	1250166	1243967
国际组织	T	3926	3890	3875	3767	3796	3381	2294	2144

注：2004年和2008年农、林、牧、渔业法人单位数为兼营第二、三产业的农、林、牧、渔业法人单位(下同)。

单位：个

行业门类	代码	2004年	2005年	2006年	2007年	2008年	2009年	2010年
总计		**5168303**	**5647823**	**6068912**	**6495064**	**7098765**	**8003868**	**8754588**
农、林、牧、渔业	A	1835	68800	78205	98546	2023	184764	**242429**
采矿业	B	82353	89430	93967	97678	97315	103403	**104065**
制造业	C	1328964	1451556	1579406	1702455	1818370	1959254	**2098370**
电力、燃气及水的生产和供应业	D	39830	43148	45922	49052	57923	62038	**64151**
建筑业	E	128193	149471	170180	190517	226768	261694	**302232**
交通运输、仓储和邮政业	F	80375	91565	104635	117228	157589	175914	**195829**
信息传输、计算机服务和软件业	G	72913	85499	100614	115101	153290	176326	**191182**
批发和零售业	H	883653	994953	1122489	1246042	1403141	1670315	**1965118**
住宿和餐饮业	I	92869	101853	109892	118173	145297	154895	**164762**
金融业	J	23793	26828	29201	31815	28668	36907	**45512**
房地产业	K	129197	148059	165865	187444	214391	244043	**284726**
租赁和商务服务业	L	249192	291498	331904	368763	427001	511666	**590478**
科学研究、技术服务和地质勘查业	M	136555	153076	166240	176677	201689	233221	**256865**
水利、环境和公共设施管理业	N	44352	46847	48811	50953	57553	61740	**64794**
居民服务和其他服务业	O	83606	93947	102228	110525	120467	141936	**158152**
教育	P	299418	305446	308760	312339	335065	342003	**342408**
卫生、社会保障和社会福利业	Q	181877	183760	185014	187376	206480	209016	**205778**
文化、体育和娱乐业	R	64741	69490	72873	76430	81878	90891	**95633**
公共管理和社会组织	S	1244587	1252597	1252706	1257950	1363857	1383842	**1382104**
国际组织	T	—	—	—	—	—	—	**—**

注：“–”表示2004年及以后各年份不包括国际组织法人单位数。

1-2 按三次产业、地区分组的法人单位数

(2010年) 单位：个

地区	法人单位数			
		第一产业	第二产业	第三产业
全 国	**8754588**	**242429**	**2568818**	**5943341**
北 京	384525	3133	48273	333119
天 津	168535	1803	51090	115642
河 北	345762	11789	107117	226856
山 西	205152	23340	38883	142929
内蒙古	138466	5740	27160	105566
辽 宁	369014	11026	115591	242397
吉 林	118001	4242	28251	85508
黑龙江	175798	4250	41370	130178
上 海	399549	2815	106921	289813
江 苏	862205	15525	367387	479293
浙 江	685493	21038	300363	364092
安 徽	242591	5435	74403	162753
福 建	307811	11042	95001	201768
江 西	184559	6774	53604	124181
山 东	773550	16083	251875	505592
河 南	400721	14315	136662	249744
湖 北	345826	7392	84630	253804
湖 南	297153	7708	80259	209186
广 东	802824	9650	271020	522154
广 西	204970	4486	34038	166446
海 南	37648	1588	5738	30322
重 庆	177894	13097	43747	121050
四 川	353042	11580	74195	267267
贵 州	110274	3365	18814	88095
云 南	170893	10133	29977	130783
西 藏	16218	26	948	15244
陕 西	206664	6238	40168	160258
甘 肃	108433	3425	17503	87505
青 海	28326	1159	4252	22915
宁 夏	35963	1390	6573	28000
新 疆	96728	2842	13005	80881

1-3　按地区、开业(成立)

地　区	法　人 单位数	1949年 及以前	1950– 1977年	1978– 1991年	1992– 1995年	1996年	1997年	1998年	1999年	2000年
全　国	**8754588**	**86765**	**471834**	**814075**	**380640**	**121162**	**122343**	**212509**	**197500**	**303123**
北　京	384525	871	4570	18128	19403	5490	6194	9587	11416	16767
天　津	168535	885	3020	9096	7721	2372	2428	3426	3685	5612
河　北	345762	18974	28222	40984	11653	5187	4458	7567	6807	11500
山　西	205152	4994	21984	29353	6396	2039	2254	4337	3448	5428
内蒙古	138466	1414	13251	13442	3756	1602	1634	2736	2507	4830
辽　宁	369014	2766	16323	33257	16756	4853	5151	8675	9888	13383
吉　林	118001	1676	12346	14674	4314	1573	1292	2756	2561	4926
黑龙江	175798	2267	15187	19239	6210	2313	2193	4153	3961	7348
上　海	399549	657	3119	12686	22786	6523	7406	10035	10362	15738
江　苏	862205	2503	16346	43464	28883	9483	10005	30765	16075	29794
浙　江	685493	5176	14329	44921	30272	10065	10630	15506	17189	25243
安　徽	242591	1877	13290	18838	10190	3446	3098	4149	3892	6837
福　建	307811	2704	13850	31538	15189	4989	5389	6949	7010	9166
江　西	184559	1813	16958	27630	6513	2220	1995	3656	3177	5439
山　东	773550	5520	23683	89636	22701	8459	8336	16607	15926	28904
河　南	400721	5107	31917	57063	18646	7018	6534	11412	9730	15947
湖　北	345826	2591	21271	40004	12693	5189	4209	7574	6674	12948
湖　南	297153	1772	16425	26722	11639	3523	3584	10063	4934	9447
广　东	802824	4366	23750	41592	43287	11017	12592	19156	29364	25500
广　西	204970	2964	21032	23889	12016	4521	3261	3261	3127	4304
海　南	37648	172	4226	2821	2227	486	457	646	711	873
重　庆	177894	1099	6100	9038	7363	2090	2798	4594	3210	5550
四　川	353042	2958	42672	46689	21389	5128	5116	8735	7084	11255
贵　州	110274	1436	9233	14552	14605	1126	1328	1890	1787	2569
云　南	170893	1270	12976	17286	5818	2180	2349	3145	3519	10367
西　藏	16218	554	3120	4930	854	690	192	337	415	219
陕　西	206664	3428	27032	31722	7731	4271	4340	5118	4004	5898
甘　肃	108433	2460	15655	23248	4138	1458	1339	2373	1894	2736
青　海	28326	585	4465	6134	896	274	254	513	440	803
宁　夏	35963	317	2991	5500	1264	530	442	849	688	1060
新　疆	96728	1589	12491	15999	3331	1047	1085	1939	2015	2732

时间分组的法人单位数

单位：个

2001年	2002年	2003年	2004年	2005年	2006年	2007年	2008年	2009年	2010年	开业时间不详
367294	**406841**	**484028**	**504244**	**571796**	**656888**	**657821**	**561393**	**821394**	**849900**	**163038**
21375	25116	31092	35075	38846	34921	35163	30362	21594	14511	4044
7632	7338	9643	10117	11587	14036	13701	14165	16445	20799	4827
12694	14425	15425	16145	18483	22334	19986	18671	33251	32718	6278
6248	8147	8311	8562	10196	12641	12834	11617	21615	20797	3951
5344	5811	6345	7242	9293	12312	11532	8706	13929	11257	1523
14892	17112	20672	22874	26333	30152	30719	26780	30275	30938	7215
5758	5219	6147	6224	8674	9507	8657	5388	7460	7750	1099
9482	7882	9046	9759	10569	12134	12640	8952	17649	13846	968
19478	25038	31591	36735	41535	37409	31679	27128	33503	21929	4212
42009	44033	52270	49592	54163	68124	68197	52549	101453	136739	5758
30693	38247	43085	41987	45111	58106	61928	56545	66889	60726	8845
7416	9377	11216	13711	15327	20021	21838	21275	22705	30789	3299
10168	12506	15830	16284	18003	20816	21602	21507	33115	35760	5436
7155	7611	9681	8801	10304	12583	11623	8330	16609	20413	2048
36952	35829	43526	42961	49594	58042	52705	38369	85506	99579	10715
17354	17731	21418	21082	28590	30050	28642	22078	23553	17423	9426
14995	15512	17475	19272	22692	25585	23271	19067	37794	34024	2986
12863	11601	14695	15295	18905	20994	17733	12204	16900	19040	48814
30305	35881	43622	48139	53621	65037	67384	62185	96268	79426	10332
5156	8807	8836	7923	10429	10857	11955	12498	23855	23513	2766
1308	1426	1860	1977	2296	2748	2975	2609	1849	5575	406
9081	8223	9970	10498	10283	11933	18936	12597	15204	27776	1551
14364	14330	19600	19294	20479	22461	25072	22567	20629	16001	7219
3423	4161	5419	6139	5415	6442	8093	6723	7046	6911	1976
4698	5626	7023	7285	7943	9816	9679	10619	20176	27198	1920
176	767	310	349	392	345	381	429	435	332	991
7293	7838	7901	7885	8817	10709	11138	10491	19875	19587	1586
3596	4333	4449	4659	5052	5525	5940	5404	6047	6101	2026
1048	1125	1122	1079	1127	1289	1517	1425	1468	2394	368
1009	1414	2044	2112	2150	2406	2394	2560	3517	2502	214
3329	4375	4404	5187	5587	7553	7907	7593	4780	3546	239

1-4 按地区、机构类型分组的法人单位数

(2010年)　　　　单位：个

地区	法人单位数	企业法人	事业法人	机关法人	社会团体	其他
全　国	**8754588**	**6517670**	**726067**	**250257**	**202214**	**1058380**
北　京	384525	353802	11256	2149	4129	13189
天　津	168535	149382	6234	1831	1865	9223
河　北	345762	234754	33432	11998	5467	60111
山　西	205152	127218	23972	8914	5365	39683
内蒙古	138466	89791	17398	7650	5556	18071
辽　宁	369014	293675	27878	9489	8121	29851
吉　林	118001	75975	17224	5699	3489	15614
黑龙江	175798	122302	19759	9962	5519	18256
上　海	399549	375023	8254	1846	3177	11249
江　苏	862205	756400	37582	10192	13934	44097
浙　江	685493	570258	27269	7830	14059	66077
安　徽	242591	171775	22789	9747	8207	30073
福　建	307811	231539	25545	8010	10720	31997
江　西	184559	112502	24706	9361	6303	31687
山　东	773550	592306	36621	12145	13530	118948
河　南	400721	258797	40774	11837	5650	83663
湖　北	345826	239300	37450	10185	9363	49528
湖　南	297153	176147	40518	12923	7904	59661
广　东	802824	686522	40611	11593	11018	53080
广　西	204970	117828	39786	10382	8098	28876
海　南	37648	27164	3468	1368	815	4833
重　庆	177894	132525	16764	4469	4197	19939
四　川	353042	193641	53356	19580	16617	69848
贵　州	110274	54865	21653	7265	3525	22966
云　南	170893	111062	20312	10853	7296	21370
西　藏	16218	3037	2163	4105	562	6351
陕　西	206664	119935	30847	9838	4761	41283
甘　肃	108433	52559	18313	7075	5353	25133
青　海	28326	13225	3692	2769	1558	7082
宁　夏	35963	21446	2837	1485	2266	7929
新　疆	96728	52915	13604	7707	3790	18712

1-5 按行业(大类)分组的法人单位数

(2010年) 单位：个

行业大类	代码	法人单位数	从事单一活动或位于一个地点的法人单位	从事多种活动或位于多个地点的法人单位
总计		**8754588**	**8366878**	**387710**
农、林、牧、渔业	A	**242429**	**239902**	**2527**
农业	0100	82048	81198	850
林业	0200	23791	23124	667
畜牧业	0300	78673	78267	406
渔业	0400	16208	16107	101
农、林、牧、渔服务业	0500	41709	41206	503
采矿业	B	**104065**	**102234**	**1831**
煤炭开采和洗选业	0600	22912	22125	787
石油和天然气开采业	0700	1682	1618	64
黑色金属矿采选业	0800	18452	18176	276
有色金属矿采选业	0900	11462	11228	234
非金属矿采选业	1000	48050	47589	461
其他采矿业	1100	1507	1498	9
制造业	C	**2098370**	**2066786**	**31584**
农副食品加工业	1300	108843	106819	2024
食品制造业	1400	46559	45165	1394
饮料制造业	1500	37387	36231	1156
烟草制品业	1600	298	271	27
纺织业	1700	122699	120872	1827
纺织服装、鞋、帽制造业	1800	96745	95296	1449
皮革、毛皮、羽毛(绒)及其制品业	1900	36704	36188	516
木材加工及木、竹、藤、棕、草制品业	2000	67883	67368	515
家具制造业	2100	42015	41217	798
造纸及纸制品业	2200	55703	55188	515
印刷业和记录媒介的复制	2300	57750	56941	809
文教体育用品制造业	2400	22036	21678	358
石油加工、炼焦及核燃料加工业	2500	7208	7001	207
化学原料及化学制品制造业	2600	107167	105286	1881
医药制造业	2700	17811	17272	539
化学纤维制造业	2800	5265	5205	60
橡胶制品业	2900	23617	23315	302
塑料制品业	3000	112936	111891	1045
非金属矿物制品业	3100	223919	221803	2116
黑色金属冶炼及压延加工业	3200	20893	20484	409
有色金属冶炼及压延加工业	3300	24454	24090	364
金属制品业	3400	160750	158923	1827
通用设备制造业	3500	214102	211227	2875

单位：个

行业大类	代码	法人单位数	从事单一活动或位于一个地点的法人单位	从事多种活动或位于多个地点的法人单位
专用设备制造业	3600	116932	115276	1656
交通运输设备制造业	3700	93528	91808	1720
电气机械及器材制造业	3900	115975	113640	2335
通信设备、计算机及其他电子设备制造业	4000	60908	59651	1257
仪器仪表及文化、办公用机械制造业	4100	27778	27118	660
工艺品及其他制造业	4200	60389	59533	856
废弃资源和废旧材料回收加工业	4300	10116	10029	87
电力、燃气及水的生产和供应业	D	**64151**	**60765**	**3386**
电力、热力的生产和供应业	4400	42436	40064	2372
燃气生产和供应业	4500	4231	3927	304
水的生产和供应业	4600	17484	16774	710
建筑业	E	**302232**	**291116**	**11116**
房屋和土木工程建筑业	4700	111487	104502	6985
建筑安装业	4800	59648	57808	1840
建筑装饰业	4900	92833	91074	1759
其他建筑业	5000	38264	37732	532
交通运输、仓储和邮政业	F	**195829**	**186535**	**9294**
铁路运输业	5100	1022	989	33
道路运输业	5200	92605	88396	4209
城市公共交通业	5300	8375	7930	445
水上运输业	5400	9365	8957	408
航空运输业	5500	1081	967	114
管道运输业	5600	156	141	15
装卸搬运和其他运输服务业	5700	54039	51422	2617
仓储业	5800	20926	20230	696
邮政业	5900	8260	7503	757
信息传输、计算机服务和软件业	G	**191182**	**186352**	**4830**
电信和其他信息传输服务业	6000	32354	29857	2497
计算机服务业	6100	103803	102729	1074
软件业	6200	55025	53766	1259
批发和零售业	H	**1965118**	**1898031**	**67087**
批发业	6300	1226014	1191167	34847
零售业	6500	739104	706864	32240
住宿和餐饮业	I	**164762**	**157595**	**7167**
住宿业	6600	60089	57184	2905
餐饮业	6700	104673	100411	4262
金融业	J	**45512**	**33997**	**11515**
银行业	6800	10822	5023	5799
证券业	6900	1864	1539	325
保险业	7000	11687	6991	4696
其他金融活动	7100	21139	20444	695

行业大类	代码	法　人 单位数	从事单一活动或位于一个地点的法人单位	从事多种活动或位于多个地点的法人单位
房地产业	K	**284726**	**272521**	**12205**
房地产业	7200	284726	272521	12205
租赁和商务服务业	L	**590478**	**576999**	**13479**
租赁业	7300	27835	27452	383
商务服务业	7400	562643	549547	13096
科学研究、技术服务和地质勘查业	M	**256865**	**249625**	**7240**
研究与试验发展	7500	31316	30574	742
专业技术服务业	7600	122314	118630	3684
科技交流和推广服务业	7700	98795	96259	2536
地质勘查业	7800	4440	4162	278
水利、环境和公共设施管理业	N	**64794**	**62246**	**2548**
水利管理业	7900	21327	20249	1078
环境管理业	8000	14790	14289	501
公共设施管理业	8100	28677	27708	969
居民服务和其他服务业	O	**158152**	**154364**	**3788**
居民服务业	8200	71728	69241	2487
其他服务业	8300	86424	85123	1301
教育	P	**342408**	**310008**	**32400**
教育	8400	342408	310008	32400
卫生、社会保障和社会福利业	Q	**205778**	**192083**	**13695**
卫生	8500	169189	156012	13177
社会保障业	8600	11838	11612	226
社会福利业	8700	24751	24459	292
文化、体育和娱乐业	R	**95633**	**93112**	**2521**
新闻出版业	8800	6943	6633	310
广播、电视、电影和音像业	8900	15049	14198	851
文化艺术业	9000	39803	39195	608
体育	9100	8637	8435	202
娱乐业	9200	25201	24651	550
公共管理和社会组织	S	**1382104**	**1232607**	**149497**
中国共产党机关	9300	39702	36680	3022
国家机构	9400	399140	329453	69687
人民政协和民主党派	9500	6217	6063	154
群众团体、社会团体和宗教组织	9600	249577	246413	3164
基层群众自治组织	9700	687468	613998	73470

1-6 按行业(大类)、东中西部以及东北地区分组的法人单位数

(2010年)　　　　单位：个

行业大类	代码	法　人 单位数	东部 地区	中部 地区	西部 地区	东北 地区
总计		**8754588**	**4767902**	**1676002**	**1647871**	**662813**
农、林、牧、渔业	A	**242429**	**94466**	**64964**	**63481**	**19518**
农业	0100	82048	38068	17657	20702	5621
林业	0200	23791	7792	7687	6218	2094
畜牧业	0300	78673	22780	27441	21813	6639
渔业	0400	16208	9422	3210	2155	1421
农、林、牧、渔服务业	0500	41709	16404	8969	12593	3743
采矿业	B	**104065**	**22681**	**36176**	**35519**	**9689**
煤炭开采和洗选业	0600	22912	1907	9275	9460	2270
石油和天然气开采业	0700	1682	201	70	972	439
黑色金属矿采选业	0800	18452	6525	5426	4557	1944
有色金属矿采选业	0900	11462	1513	3888	5005	1056
非金属矿采选业	1000	48050	12222	17079	14875	3874
其他采矿业	1100	1507	313	438	650	106
制造业	C	**2098370**	**1385602**	**361747**	**209232**	**141789**
农副食品加工业	1300	108843	44225	33978	17984	12656
食品制造业	1400	46559	22773	10963	8698	4125
饮料制造业	1500	37387	14790	9593	9605	3399
烟草制品业	1600	298	97	70	98	33
纺织业	1700	122699	100804	13149	5670	3076
纺织服装、鞋、帽制造业	1800	96745	77310	11970	3129	4336
皮革、毛皮、羽毛(绒)及其制品业	1900	36704	29690	4034	2148	832
木材加工及木、竹、藤、棕、草制品业	2000	67883	34873	18220	7622	7168
家具制造业	2100	42015	26750	8669	4337	2259
造纸及纸制品业	2200	55703	40577	7526	5036	2564
印刷业和记录媒介的复制	2300	57750	38509	8078	7194	3969
文教体育用品制造业	2400	22036	19045	1986	487	518
石油加工、炼焦及核燃料加工业	2500	7208	3160	1220	1383	1445

单位：个

行业大类	代码	法人单位数	东部地区	中部地区	西部地区	东北地区
化学原料及化学制品制造业	2600	107167	63134	23130	12593	8310
医药制造业	2700	17811	8481	4136	3230	1964
化学纤维制造业	2800	5265	4487	430	172	176
橡胶制品业	2900	23617	17833	2553	1607	1624
塑料制品业	3000	112936	87089	12392	7473	5982
非金属矿物制品业	3100	223919	93148	75752	40273	14746
黑色金属冶炼及压延加工业	3200	20893	11398	4028	3763	1704
有色金属冶炼及压延加工业	3300	24454	13359	5843	3923	1329
金属制品业	3400	160750	122802	17413	11495	9040
通用设备制造业	3500	214102	153050	26289	14374	20389
专用设备制造业	3600	116932	84599	15312	8004	9017
交通运输设备制造业	3700	93528	58621	14279	13231	7397
电气机械及器材制造业	3900	115975	91586	11345	6270	6774
通信设备、计算机及其他电子设备制造业	4000	60908	52014	4652	2558	1684
仪器仪表及文化、办公用机械制造业	4100	27778	20724	2835	1845	2374
工艺品及其他制造业	4200	60389	44969	9092	3926	2402
废弃资源和废旧材料回收加工业	4300	10116	5705	2810	1104	497
电力、燃气及水的生产和供应业	D	**64151**	**26105**	**15776**	**18238**	**4032**
电力、热力的生产和供应业	4400	42436	17289	10204	12177	2766
燃气生产和供应业	4500	4231	1547	980	1342	362
水的生产和供应业	4600	17484	7269	4592	4719	904
建筑业	E	**302232**	**170397**	**54742**	**47391**	**29702**
房屋和土木工程建筑业	4700	111487	56205	23790	20638	10854
建筑安装业	4800	59648	36991	8512	6850	7295
建筑装饰业	4900	92833	56687	14283	13735	8128
其他建筑业	5000	38264	20514	8157	6168	3425
交通运输、仓储和邮政业	F	**195829**	**112944**	**32705**	**33577**	**16603**
铁路运输业	5100	1022	429	252	261	80
道路运输业	5200	92605	46733	18648	19333	7891

单位：个

行业大类	代码	法人单位数	东部地区	中部地区	西部地区	东北地区
城市公共交通业	5300	8375	3132	2072	2113	1058
水上运输业	5400	9365	5864	1868	1212	421
航空运输业	5500	1081	495	141	316	129
管道运输业	5600	156	74	33	32	17
装卸搬运和其他运输服务业	5700	54039	38683	5111	5979	4266
仓储业	5800	20926	12031	3557	3126	2212
邮政业	5900	8260	5503	1023	1205	529
信息传输、计算机服务和软件业	G	**191182**	**112324**	**30871**	**34575**	**13412**
电信和其他信息传输服务业	6000	32354	16441	5581	7457	2875
计算机服务业	6100	103803	55348	21014	21956	5485
软件业	6200	55025	40535	4276	5162	5052
批发和零售业	H	**1965118**	**1204091**	**292282**	**310790**	**157955**
批发业	6300	1226014	801881	152510	173444	98179
零售业	6500	739104	402210	139772	137346	59776
住宿和餐饮业	I	**164762**	**87994**	**34055**	**31976**	**10737**
住宿业	6600	60089	28812	12655	14507	4115
餐饮业	6700	104673	59182	21400	17469	6622
金融业	J	**45512**	**21394**	**8742**	**11239**	**4137**
银行业	6800	10822	3810	2272	3672	1068
证券业	6900	1864	1059	366	311	128
保险业	7000	11687	5444	2471	2624	1148
其他金融活动	7100	21139	11081	3633	4632	1793
房地产业	K	**284726**	**153827**	**50542**	**57188**	**23169**
房地产业	7200	284726	153827	50542	57188	23169
租赁和商务服务业	L	**590478**	**387886**	**72518**	**89325**	**40749**
租赁业	7300	27835	15581	3957	6467	1830
商务服务业	7400	562643	372305	68561	82858	38919

单位：个

行业大类	代码	法人单位数	东部地区	中部地区	西部地区	东北地区
科学研究、技术服务和地质勘查业	M	**256865**	**145671**	**39161**	**49239**	**22794**
研究与试验发展	7500	31316	19610	4201	4015	3490
专业技术服务业	7600	122314	70180	18968	22655	10511
科技交流和推广服务业	7700	98795	54551	15188	20757	8299
地质勘查业	7800	4440	1330	804	1812	494
水利、环境和公共设施管理业	N	**64794**	**28082**	**14623**	**16297**	**5792**
水利管理业	7900	21327	6454	5782	7062	2029
环境管理业	8000	14790	6638	3060	3741	1351
公共设施管理业	8100	28677	14990	5781	5494	2412
居民服务和其他服务业	O	**158152**	**94737**	**27633**	**23756**	**12026**
居民服务业	8200	71728	41099	13609	10566	6454
其他服务业	8300	86424	53638	14024	13190	5572
教育	P	**342408**	**133041**	**85704**	**99264**	**24399**
教育	8400	342408	133041	85704	99264	24399
卫生、社会保障和社会福利业	Q	**205778**	**62937**	**64617**	**59987**	**18237**
卫生	8500	169189	49882	55438	49819	14050
社会保障业	8600	11838	3440	2951	4426	1021
社会福利业	8700	24751	9615	6228	5742	3166
文化、体育和娱乐业	R	**95633**	**47707**	**19597**	**21182**	**7147**
新闻出版业	8800	6943	3654	1306	1378	605
广播、电视、电影和音像业	8900	15049	6477	3333	4044	1195
文化艺术业	9000	39803	18235	8849	9748	2971
体育	9100	8637	4774	1452	1648	763
娱乐业	9200	25201	14567	4657	4364	1613
公共管理和社会组织	S	**1382104**	**476016**	**369547**	**435615**	**100926**
中国共产党机关	9300	39702	9873	10204	15938	3687
国家机构	9400	399140	115238	108549	136408	38945
人民政协和民主党派	9500	6217	2053	1468	2102	594
群众团体、社会团体和宗教组织	9600	249577	92878	53428	84539	18732
基层群众自治组织	9700	687468	255974	195898	196628	38968

1-7 按行业(大类)、

行业大类	代码	法人单位数	北京	天津	河北	山西	内蒙古
总计		**8754588**	**384525**	**168535**	**345762**	**205152**	**138466**
农、林、牧、渔业	A	**242429**	**3133**	**1803**	**11789**	**23340**	**5740**
农业	0100	82048	1286	638	3400	6628	1533
林业	0200	23791	488	130	998	2599	721
畜牧业	0300	78673	768	525	4665	11570	2247
渔业	0400	16208	98	282	178	213	59
农、林、牧、渔服务业	0500	41709	493	228	2548	2330	1180
采矿业	B	**104065**	**188**	**87**	**8617**	**7838**	**4651**
煤炭开采和洗选业	0600	22912	27	4	837	4615	990
石油和天然气开采业	0700	1682	15	29	23	30	58
黑色金属矿采选业	0800	18452	23	10	4955	1367	1252
有色金属矿采选业	0900	11462	4	3	414	145	531
非金属矿采选业	1000	48050	118	34	2360	1641	1726
其他采矿业	1100	1507	1	7	28	40	94
制造业	C	**2098370**	**35314**	**43003**	**89205**	**24367**	**17223**
农副食品加工业	1300	108843	956	986	4708	1837	2155
食品制造业	1400	46559	1075	957	2270	1028	885
饮料制造业	1500	37387	424	263	1256	565	654
烟草制品业	1600	298	1	1	3	1	2
纺织业	1700	122699	742	1205	4996	300	754
纺织服装、鞋、帽制造业	1800	96745	2442	1802	1932	279	275
皮革、毛皮、羽毛(绒)及其制品业	1900	36704	210	304	2320	48	156
木材加工及木、竹、藤、棕、草制品业	2000	67883	695	566	1463	274	834
家具制造业	2100	42015	1397	698	1500	245	172
造纸及纸制品业	2200	55703	967	1383	2491	526	229
印刷业和记录媒介的复制	2300	57750	1694	1030	2324	710	577
文教体育用品制造业	2400	22036	338	446	552	53	14
石油加工、炼焦及核燃料加工业	2500	7208	214	165	438	457	118
化学原料及化学制品制造业	2600	107167	2276	2725	5221	1590	1083
医药制造业	2700	17811	611	409	580	284	185
化学纤维制造业	2800	5265	38	55	217	21	13
橡胶制品业	2900	23617	222	673	1890	172	57
塑料制品业	3000	112936	1520	2227	4410	606	461
非金属矿物制品业	3100	223919	2832	1900	11696	5924	3428
黑色金属冶炼及压延加工业	3200	20893	154	1020	1699	635	526
有色金属冶炼及压延加工业	3300	24454	261	475	1328	392	428
金属制品业	3400	160750	3688	5974	8911	1385	1155
通用设备制造业	3500	214102	3021	5258	11037	3793	1112

地区分组的法人单位数

单位：个

辽宁	吉林	黑龙江	上海	江苏	浙江	安徽	福建	江西	山东	代码
369014	**118001**	**175798**	**399549**	**862205**	**685493**	**242591**	**307811**	**184559**	**773550**	
11026	**4242**	**4250**	**2815**	**15525**	**21038**	**5435**	**11042**	**6774**	**16083**	A
3190	1141	1290	1490	5744	10862	1936	4520	2158	5813	0100
867	496	731	406	1089	1257	496	1429	1218	817	0200
3826	1512	1301	329	3873	3519	1756	2127	1864	5057	0300
1178	118	125	258	1908	2653	533	1704	585	1194	0400
1965	975	803	332	2911	2747	714	1262	949	3202	0500
5834	**1490**	**2365**	**4**	**1236**	**1526**	**3132**	**2866**	**4077**	**5154**	B
743	234	1293		56	14	245	315	789	652	0600
110	135	194	2	19	1	5	3	4	82	0700
1677	191	76		94	20	524	311	343	740	0800
795	186	75		24	71	311	310	540	307	0900
2479	699	696	2	1027	1411	2020	1872	2295	3274	1000
30	45	31		16	9	27	55	106	99	1100
89447	**21597**	**30745**	**86565**	**322605**	**276974**	**59271**	**76980**	**40899**	**212151**	C
5401	2822	4433	771	7339	4345	5214	3591	3311	17309	1300
2046	814	1265	1240	3146	1931	1412	2232	1187	5767	1400
1295	936	1168	271	2106	2354	1779	3318	951	3126	1500
6	16	11	2	8	9	8	12	10	21	1600
2329	229	518	4340	33244	30260	2267	3453	1576	12517	1700
3718	304	314	6369	19308	13358	3331	6606	2411	8446	1800
646	74	112	1083	2612	8682	750	3539	573	2491	1900
2488	1603	3077	1663	7885	4418	2813	4218	2861	10245	2000
1198	393	668	3062	3106	3628	1193	1572	863	4368	2100
1666	355	543	2700	7400	8171	1171	2705	869	5274	2200
2106	860	1003	2700	6232	7980	1409	2021	961	4527	2300
315	57	146	1244	3755	5355	772	839	370	1869	2400
1038	100	307	145	626	250	89	111	61	822	2500
5387	1239	1684	3580	14348	8105	3080	2760	4143	14256	2600
835	697	432	576	1822	1218	667	380	682	1710	2700
126	23	27	137	2056	1060	115	163	46	446	2800
1257	180	187	1165	3691	3258	580	997	227	2931	2900
4083	800	1099	5437	17320	20566	3054	4276	1127	10382	3000
8877	2587	3282	3145	18838	9625	8802	9695	7646	23607	3100
1382	137	185	358	3092	2174	425	487	258	1294	3200
1050	130	149	820	4128	2632	529	408	1080	1161	3300
6236	1086	1718	10535	28643	19585	3492	3874	1533	14250	3400
15877	1616	2896	10876	46531	37886	4476	3689	1483	24276	3500

行业大类	代码	法人单位数	北京	天津	河北	山西	内蒙古
专用设备制造业	3600	116932	2439	3077	4597	1090	531
交通运输设备制造业	3700	93528	1427	3062	3905	644	525
电气机械及器材制造业	3900	115975	2108	2196	3848	515	326
通信设备、计算机及其他电子设备制造业	4000	60908	1452	1584	830	164	77
仪器仪表及文化、办公用机械制造业	4100	27778	1239	963	742	138	44
工艺品及其他制造业	4200	60389	785	1338	1673	559	338
废弃资源和废旧材料回收加工业	4300	10116	86	261	368	132	109
电力、燃气及水的生产和供应业	**D**	**64151**	**450**	**393**	**1341**	**1020**	**1255**
电力、热力的生产和供应业	4400	42436	300	202	742	526	830
燃气生产和供应业	4500	4231	42	70	187	161	109
水的生产和供应业	4600	17484	108	121	412	333	316
建筑业	**E**	**302232**	**12321**	**7607**	**7954**	**5658**	**4031**
房屋和土木工程建筑业	4700	111487	2513	2323	3681	2090	1822
建筑安装业	4800	59648	2589	2260	1492	1050	540
建筑装饰业	4900	92833	6283	2034	1864	1736	1198
其他建筑业	5000	38264	936	990	917	782	471
交通运输、仓储和邮政业	**F**	**195829**	**7755**	**7347**	**6529**	**4101**	**3758**
铁路运输业	5100	1022	31	30	34	98	52
道路运输业	5200	92605	3808	2043	3981	2524	2497
城市公共交通业	5300	8375	310	88	363	278	214
水上运输业	5400	9365	14	217	113	17	9
航空运输业	5500	1081	42	21	18	29	35
管道运输业	5600	156	6	5	10	5	2
装卸搬运和其他运输服务业	5700	54039	2174	3830	1164	539	461
仓储业	5800	20926	863	1040	627	497	374
邮政业	5900	8260	507	73	219	114	114
信息传输、计算机服务和软件业	**G**	**191182**	**20878**	**2314**	**4875**	**2770**	**2009**
电信和其他信息传输服务业	6000	32354	3063	440	763	805	471
计算机服务业	6100	103803	6511	1142	3531	1595	1227
软件业	6200	55025	11304	732	581	370	311
批发和零售业	**H**	**1965118**	**116396**	**51763**	**72724**	**39691**	**31565**
批发业	6300	1226014	59004	35674	42400	18762	17401
零售业	6500	739104	57392	16089	30324	20929	14164
住宿和餐饮业	**I**	**164762**	**12897**	**3231**	**4178**	**3310**	**3452**
住宿业	6600	60089	3977	699	1821	1380	1332
餐饮业	6700	104673	8920	2532	2357	1930	2120
金融业	**J**	**45512**	**1298**	**884**	**1669**	**1257**	**1606**
银行业	6800	10822	97	326	500	357	326
证券业	6900	1864	136	61	72	31	37
保险业	7000	11687	476	138	474	323	287
其他金融活动	7100	21139	589	359	623	546	956

单位：个

辽宁	吉林	黑龙江	上海	江苏	浙江	安徽	福建	江西	山东	代码
5942	1135	1940	6736	25774	14308	2661	2910	1167	12593	3600
4521	1777	1099	3528	14361	16500	2805	2684	1320	8113	3700
4876	744	1154	5842	20669	24355	2995	3276	1366	7348	3900
1180	183	321	2570	12354	7345	1157	1910	865	2995	4000
1746	241	387	1930	4798	5093	541	796	389	1661	4100
1530	349	523	3516	5929	11534	1185	4242	1130	7581	4200
290	110	97	224	1484	989	499	216	433	765	4300
1762	**1146**	**1124**	**294**	**3029**	**3944**	**2054**	**6230**	**3771**	**2151**	D
1138	845	783	56	515	2651	872	5298	3049	948	4400
181	101	80	50	301	146	145	62	154	424	4500
443	200	261	188	2213	1147	1037	870	568	779	4600
18548	**4018**	**7136**	**20058**	**40517**	**17919**	**9946**	**8925**	**4857**	**32419**	E
6151	1739	2964	4805	13500	6555	3675	3690	2271	13296	4700
4973	916	1406	5127	9566	2863	1444	1368	708	6741	4800
5414	946	1768	8673	12432	6386	3146	2409	1325	7212	4900
2010	417	998	1453	5019	2115	1681	1458	553	5170	5000
10230	**2562**	**3811**	**14411**	**18907**	**12628**	**6140**	**7383**	**4873**	**17174**	F
43	19	18	18	82	12	28	33	15	141	5100
4595	1336	1960	3387	10347	5755	3422	2980	3267	7196	5200
565	157	336	216	517	387	265	229	281	444	5300
335	17	69	282	1363	1043	683	979	263	656	5400
51	31	47	51	62	47	16	40	17	59	5500
8	6	3	5	15			3	11	23	5600
3381	326	559	7223	4426	4034	884	2269	532	4778	5700
978	564	670	2244	1444	719	618	550	326	3155	5800
274	106	149	985	651	631	224	300	161	722	5900
8721	**1684**	**3007**	**12051**	**16029**	**14967**	**5499**	**6537**	**1884**	**15138**	G
1788	484	603	894	1798	1291	980	1116	668	3647	6000
3425	680	1380	6765	8770	8406	3669	3728	910	8690	6100
3508	520	1024	4392	5461	5270	850	1693	306	2801	6200
88875	**25303**	**43777**	**130212**	**224964**	**133480**	**46945**	**66702**	**25660**	**194517**	H
59518	12013	26648	94034	166233	103018	28240	45714	13469	117887	6300
29357	13290	17129	36178	58731	30462	18705	20988	12191	76630	6500
6016	**1738**	**2983**	**10687**	**10176**	**7549**	**4453**	**5055**	**3145**	**16745**	I
2117	753	1245	2709	3213	3644	1634	2276	1593	3448	6600
3899	985	1738	7978	6963	3905	2819	2779	1552	13297	6700
2055	**838**	**1244**	**920**	**4190**	**2484**	**1979**	**2596**	**1132**	**3901**	J
441	232	395	145	395	317	437	346	373	1039	6800
57	29	42	131	152	54	81	77	48	129	6900
593	225	330	297	792	512	410	433	333	1256	7000
964	352	477	347	2851	1601	1051	1740	378	1477	7100

行业大类	代码	法人单位数	北京	天津	河北	山西	内蒙古
房地产业	K	**284726**	**14162**	**4735**	**9066**	**4988**	**5322**
房地产业	7200	284726	14162	4735	9066	4988	5322
租赁和商务服务业	L	**590478**	**71741**	**14482**	**11434**	**8404**	**7531**
租赁业	7300	27835	2470	817	713	529	600
商务服务业	7400	562643	69271	13665	10721	7875	6931
科学研究、技术服务和地质勘查业	M	**256865**	**33970**	**7525**	**5432**	**4502**	**3971**
研究与试验发展	7500	31316	3105	422	441	565	336
专业技术服务业	7600	122314	11578	3367	3386	2464	2148
科技交流和推广服务业	7700	98795	19029	3672	1438	1326	1163
地质勘查业	7800	4440	258	64	167	147	324
水利、环境和公共设施管理业	N	**64794**	**2398**	**1202**	**1877**	**1968**	**1724**
水利管理业	7900	21327	271	248	497	759	692
环境管理业	8000	14790	521	289	346	424	426
公共设施管理业	8100	28677	1606	665	1034	785	606
居民服务和其他服务业	O	**158152**	**14613**	**6236**	**4331**	**3592**	**2350**
居民服务业	8200	71728	6959	1853	1731	1654	1191
其他服务业	8300	86424	7654	4383	2600	1938	1159
教育	P	**342408**	**8192**	**3233**	**19003**	**8762**	**5491**
教育	8400	342408	8192	3233	19003	8762	5491
卫生、社会保障和社会福利业	Q	**205778**	**3044**	**1406**	**7170**	**5124**	**4479**
卫生	8500	169189	2196	1003	6081	4087	3573
社会保障业	8600	11838	253	189	321	525	384
社会福利业	8700	24751	595	214	768	512	522
文化、体育和娱乐业	R	**95633**	**11762**	**1428**	**2272**	**2579**	**1801**
新闻出版业	8800	6943	1522	150	138	296	166
广播、电视、电影和音像业	8900	15049	1714	159	416	392	400
文化艺术业	9000	39803	5781	493	1046	1160	819
体育	9100	8637	897	193	168	258	138
娱乐业	9200	25201	1848	433	504	473	278
公共管理和社会组织	S	**1382104**	**14013**	**9856**	**76296**	**51881**	**30507**
中国共产党机关	9300	39702	340	261	1731	1581	922
国家机构	9400	399140	3273	2314	16241	14543	9905
人民政协和民主党派	9500	6217	57	63	279	251	155
群众团体、社会团体和宗教组织	9600	249577	4143	1997	5995	5804	5849
基层群众自治组织	9700	687468	6200	5221	52050	29702	13676

单位：个

辽宁	吉林	黑龙江	上海	江苏	浙江	安徽	福建	江西	山东	代码
13737	**3593**	**5839**	**13537**	**23761**	**16748**	**9396**	**10014**	**6077**	**20209**	K
13737	3593	5839	13537	23761	16748	9396	10014	6077	20209	7200
24503	**6094**	**10152**	**50753**	**51979**	**50294**	**12280**	**20864**	**7406**	**39873**	L
1003	294	533	1443	2530	2031	959	1424	447	2383	7300
23500	5800	9619	49310	49449	48263	11321	19440	6959	37490	7400
12685	**4026**	**6083**	**17544**	**17746**	**16517**	**5453**	**7901**	**3999**	**14485**	M
2071	507	912	2093	3008	1699	550	877	340	1774	7500
5794	1836	2881	9494	9031	8396	2876	4521	1987	6738	7600
4610	1579	2110	5927	5558	6326	1904	2371	1553	5726	7700
210	104	180	30	149	96	123	132	119	247	7800
2944	**1254**	**1594**	**1994**	**5610**	**4024**	**1891**	**2334**	**1668**	**3683**	N
976	545	508	199	1747	744	589	668	592	870	7900
688	264	399	558	1194	997	347	642	424	655	8000
1280	445	687	1237	2669	2283	955	1024	652	2158	8100
6686	**1914**	**3426**	**13036**	**13907**	**7194**	**3269**	**4856**	**3047**	**13944**	O
3705	862	1887	6809	5194	3202	1611	2405	1242	5446	8200
2981	1052	1539	6227	8713	3992	1658	2451	1805	8498	8300
11459	**5258**	**7682**	**5590**	**15415**	**16018**	**13065**	**11898**	**9741**	**20774**	P
11459	5258	7682	5590	15415	16018	13065	11898	9741	20774	8400
10128	**3278**	**4831**	**2685**	**10020**	**6922**	**6077**	**6161**	**7984**	**15810**	Q
8042	2217	3791	1354	7282	5258	5102	4906	6578	13846	8500
430	179	412	263	714	303	226	465	350	576	8600
1656	882	628	1068	2024	1361	749	790	1056	1388	8700
3782	**1572**	**1793**	**4166**	**6312**	**5274**	**2280**	**3829**	**2303**	**4992**	R
273	165	167	265	298	273	171	233	162	303	8800
533	319	343	398	944	794	400	457	480	618	8900
1456	726	789	876	2378	1814	891	1469	847	1955	9000
459	145	159	492	650	761	235	278	147	453	9100
1061	217	335	2135	2042	1632	583	1392	667	1663	9200
40576	**26394**	**33956**	**12227**	**60277**	**69993**	**44026**	**45638**	**45262**	**124347**	S
1684	766	1237	201	1824	1183	1562	1035	1417	1783	9300
14071	10385	14489	3305	19878	14473	13444	13390	15733	23094	9400
242	134	218	146	268	292	264	241	217	322	9500
8902	3927	5903	3215	16083	20455	10247	14328	8203	14197	9600
15677	11182	12109	5360	22224	33590	18509	16644	19692	84951	9700

行业大类	代码	河南	湖北	湖南	广东	广西	海南
总计		**400721**	**345826**	**297153**	**802824**	**204970**	**37648**
农、林、牧、渔业	A	**14315**	**7392**	**7708**	**9650**	**4486**	**1588**
农业	0100	2208	1930	2797	3560	1156	755
林业	0200	1058	790	1526	991	670	187
畜牧业	0300	8340	2267	1644	1526	1175	391
渔业	0400	417	881	581	1041	272	106
农、林、牧、渔服务业	0500	2292	1524	1160	2532	1213	149
采矿业	B	**7952**	**5026**	**8151**	**2749**	**3079**	**254**
煤炭开采和洗选业	0600	1434	499	1693	2	54	
石油和天然气开采业	0700	12	16	3	26	8	1
黑色金属矿采选业	0800	1155	1033	1004	360	601	12
有色金属矿采选业	0900	1255	432	1205	242	633	138
非金属矿采选业	1000	4041	2920	4162	2035	1665	89
其他采矿业	1100	55	126	84	84	118	14
制造业	C	**115632**	**61239**	**60339**	**240121**	**24381**	**2684**
农副食品加工业	1300	12475	5800	5341	3858	1803	362
食品制造业	1400	3717	1739	1880	3973	1123	182
饮料制造业	1500	2362	2265	1671	1572	905	100
烟草制品业	1600	14	13	24	38	6	2
纺织业	1700	4088	3236	1682	10007	737	40
纺织服装、鞋、帽制造业	1800	2133	2759	1057	16961	573	86
皮革、毛皮、羽毛(绒)及其制品业	1900	1565	266	832	8444	340	5
木材加工及木、竹、藤、棕、草制品业	2000	6795	1664	3813	3563	2434	157
家具制造业	2100	3659	1209	1500	7327	453	92
造纸及纸制品业	2200	1930	1138	1892	9404	905	82
印刷业和记录媒介的复制	2300	1898	1648	1452	9853	877	148
文教体育用品制造业	2400	349	166	276	4642	119	5
石油加工、炼焦及核燃料加工业	2500	315	144	154	378	68	11
化学原料及化学制品制造业	2600	5201	3066	6050	9677	1711	186
医药制造业	2700	1127	759	617	1059	429	116
化学纤维制造业	2800	117	69	62	308	10	7
橡胶制品业	2900	821	383	370	2965	167	41
塑料制品业	3000	3679	2346	1580	20865	863	86
非金属矿物制品业	3100	29482	11112	12786	11431	3922	379
黑色金属冶炼及压延加工业	3200	940	578	1192	1103	457	17
有色金属冶炼及压延加工业	3300	1626	550	1666	2131	402	15
金属制品业	3400	5275	3462	2266	27253	875	89
通用设备制造业	3500	8656	4282	3599	10442	1122	34

单位：个

重庆	四川	贵州	云南	西藏	陕西	甘肃	青海	宁夏	新疆	代码
177894	**353042**	**110274**	**170893**	**16218**	**206664**	**108433**	**28326**	**35963**	**96728**	
13097	**11580**	**3365**	**10133**	**26**	**6238**	**3425**	**1159**	**1390**	**2842**	A
5177	3063	1369	4514	7	1464	848	261	450	860	0100
905	917	330	1122	5	730	341	134	156	187	0200
4642	3877	1352	3170	11	2171	1528	580	524	536	0300
975	362	89	183		88	30	9	49	39	0400
1398	3361	225	1144	3	1785	678	175	211	1220	0500
3101	**5698**	**4926**	**5282**	**119**	**3645**	**1876**	**650**	**626**	**1866**	B
1186	1717	1973	1519	2	933	330	70	300	386	0600
23	73	3	6		643	23	3	51	81	0700
214	406	258	578	20	256	286	64	16	606	0800
38	597	381	1487	58	543	309	117	4	307	0900
1616	2832	2267	1628	37	1198	851	378	249	428	1000
24	73	44	64	2	72	77	18	6	58	1100
31729	**53436**	**10490**	**16215**	**355**	**27634**	**12126**	**2493**	**4596**	**8554**	C
2230	4179	841	1539	50	1792	1533	241	648	973	1300
982	2196	399	694	16	1156	539	84	216	408	1400
979	3213	861	1401	25	681	366	53	111	356	1500
5	11	10	36		15	10		2	1	1600
1434	1141	68	237	11	578	205	46	142	317	1700
619	769	86	157	10	356	98	29	31	126	1800
549	738	19	40	6	59	122	19	53	47	1900
732	1542	396	813	16	435	153	34	43	190	2000
1069	1373	128	249	7	485	178	17	57	149	2100
667	1222	221	413	2	864	191	11	89	222	2200
912	1805	392	606	14	942	468	78	190	333	2300
81	124	19	28		48	25	3	7	19	2400
73	186	142	136		312	71	11	57	209	2500
1242	3096	802	1132	17	1490	714	205	391	710	2600
260	792	216	263	28	609	255	53	40	100	2700
17	54	4	3		29	10	3	2	27	2800
326	382	103	138		299	59	6	22	48	2900
1093	1954	306	558	4	771	435	54	176	798	3000
4031	11403	2584	2916	67	5010	3505	730	1118	1559	3100
371	777	347	372		297	240	110	152	114	3200
306	600	279	726	7	781	156	71	78	89	3300
1885	2899	449	847	9	1627	710	211	269	559	3400
2155	4540	465	787		2940	534	104	256	359	3500

行业大类	代码	河南	湖北	湖南	广东	广西	海南
专用设备制造业	3600	5730	2654	2010	12117	917	48
交通运输设备制造业	3700	3290	4349	1871	4819	1302	222
电气机械及器材制造业	3900	2845	1991	1633	21898	614	46
通信设备、计算机及其他电子设备制造业	4000	565	1035	866	20954	383	20
仪器仪表及文化、办公用机械制造业	4100	678	688	401	3495	114	7
工艺品及其他制造业	4200	3405	1483	1330	8286	621	85
废弃资源和废旧材料回收加工业	4300	895	385	466	1298	129	14
电力、燃气及水的生产和供应业	D	**1556**	**2541**	**4834**	**7978**	**2628**	**295**
电力、热力的生产和供应业	4400	676	1293	3788	6392	1935	185
燃气生产和供应业	4500	175	206	139	237	61	28
水的生产和供应业	4600	705	1042	907	1349	632	82
建筑业	E	**11522**	**15824**	**6935**	**20172**	**3950**	**2505**
房屋和土木工程建筑业	4700	6125	5745	3884	5355	1526	487
建筑安装业	4800	1418	3018	874	4569	579	416
建筑装饰业	4900	2591	4141	1344	8112	1380	1282
其他建筑业	5000	1388	2920	833	2136	465	320
交通运输、仓储和邮政业	F	**5785**	**7489**	**4317**	**20038**	**4634**	**772**
铁路运输业	5100	57	47	7	45	35	3
道路运输业	5200	3162	4041	2232	6952	2426	284
城市公共交通业	5300	421	351	476	525	231	53
水上运输业	5400	85	592	228	1090	429	107
航空运输业	5500	24	27	28	141	38	14
管道运输业	5600	2	6	9	6	5	1
装卸搬运和其他运输服务业	5700	643	1629	884	8572	813	213
仓储业	5800	1269	551	296	1331	499	58
邮政业	5900	122	245	157	1376	158	39
信息传输、计算机服务和软件业	G	**5266**	**7071**	**8381**	**18622**	**5997**	**913**
电信和其他信息传输服务业	6000	535	1549	1044	3274	1375	155
计算机服务业	6100	4008	4345	6487	7244	4151	561
软件业	6200	723	1177	850	8104	471	197
批发和零售业	H	**58769**	**80274**	**40943**	**205711**	**42383**	**7622**
批发业	6300	29536	41445	21058	134355	22970	3562
零售业	6500	29233	38829	19885	71356	19413	4060
住宿和餐饮业	I	**8240**	**7576**	**7331**	**16105**	**2764**	**1371**
住宿业	6600	2712	2586	2750	6166	1574	859
餐饮业	6700	5528	4990	4581	9939	1190	512
金融业	J	**1694**	**1457**	**1223**	**3207**	**1249**	**245**
银行业	6800	444	333	328	583	471	62
证券业	6900	56	66	84	232	31	15
保险业	7000	507	466	432	1000	276	66
其他金融活动	7100	687	592	379	1392	471	102

重庆	四川	贵州	云南	西藏	陕西	甘肃	青海	宁夏	新疆	代码
1174	2077	228	401	3	1844	380	41	118	290	3600
6237	2218	552	669	15	992	347	97	107	170	3700
895	1732	203	351	5	1413	326	55	106	244	3900
286	972	61	49		654	58	1	6	11	4000
567	379	37	128		463	61	3	31	18	4100
426	755	200	406	40	564	321	109	66	80	4200
126	307	72	120	3	128	56	14	12	28	4300
1968	**5587**	**1254**	**2085**	**94**	**1225**	**1037**	**278**	**197**	**630**	D
1158	3411	934	1559	78	664	841	211	118	438	4400
167	604	36	68	4	148	45	10	30	60	4500
643	1572	284	458	12	413	151	57	49	132	4600
6949	**9474**	**2144**	**6395**	**380**	**7664**	**2464**	**831**	**1154**	**1955**	E
2732	4317	816	2646	339	3122	1432	447	552	887	4700
877	1409	252	762	15	1282	408	140	198	388	4800
2064	2582	815	2037	12	2272	459	165	316	435	4900
1276	1166	261	950	14	988	165	79	88	245	5000
4527	**6821**	**1586**	**3178**	**175**	**3756**	**1614**	**471**	**615**	**2442**	F
13	28	21	20	1	47	13	10	4	17	5100
2556	4130	946	1798	103	2135	807	277	377	1281	5200
143	437	115	179	28	361	162	35	56	152	5300
410	225	58	47		23	6	1	4		5400
23	47	18	46	5	33	31	6	9	25	5500
1	2		2		11	1		2	6	5600
917	1379	207	597	11	486	282	54	75	697	5700
311	398	161	223	9	573	253	59	54	212	5800
153	175	60	266	18	87	59	29	34	52	5900
4051	**9162**	**2051**	**3719**	**158**	**3264**	**1035**	**403**	**697**	**2029**	G
976	1343	493	887	73	712	452	95	93	487	6000
2115	6510	1353	2205	83	1659	480	269	538	1366	6100
960	1309	205	627	2	893	103	39	66	176	6200
37348	**51501**	**15592**	**39075**	**923**	**40581**	**19036**	**4080**	**8001**	**20705**	H
19148	31666	8173	23617	159	19469	10559	2000	4188	14094	6300
18200	19835	7419	15458	764	21112	8477	2080	3813	6611	6500
4795	**6726**	**1542**	**3044**	**303**	**4909**	**2150**	**595**	**644**	**1052**	I
1288	2818	865	1962	244	1932	1067	371	307	747	6600
3507	3908	677	1082	59	2977	1083	224	337	305	6700
1169	**1842**	**759**	**1541**	**115**	**1104**	**677**	**213**	**281**	**683**	J
531	537	199	474	91	318	302	114	52	257	6800
29	64	18	38	3	56	18	4	6	7	6900
158	511	146	444	15	329	200	35	48	175	7000
451	730	396	585	6	401	157	60	175	244	7100

行业大类	代码	河南	湖北	湖南	广东	广西	海南
房地产业	K	**9330**	**12569**	**8182**	**37573**	**9014**	**4022**
房地产业	7200	9330	12569	8182	37573	9014	4022
租赁和商务服务业	L	**13289**	**20117**	**11022**	**72830**	**15392**	**3636**
租赁业	7300	728	873	421	1521	524	249
商务服务业	7400	12561	19244	10601	71309	14868	3387
科学研究、技术服务和地质勘查业	M	**6207**	**11958**	**7042**	**23373**	**8397**	**1178**
研究与试验发展	7500	612	1384	750	5993	578	198
专业技术服务业	7600	3204	5344	3093	13015	3506	654
科技交流和推广服务业	7700	2239	5073	3093	4222	4186	282
地质勘查业	7800	152	157	106	143	127	44
水利、环境和公共设施管理业	N	**2406**	**3794**	**2896**	**4649**	**2376**	**311**
水利管理业	7900	764	1581	1497	1105	1181	105
环境管理业	8000	449	917	499	1356	454	80
公共设施管理业	8100	1193	1296	900	2188	741	126
居民服务和其他服务业	O	**4445**	**7963**	**5317**	**15975**	**2666**	**645**
居民服务业	8200	2700	3031	3371	7195	951	305
其他服务业	8300	1745	4932	1946	8780	1715	340
教育	P	**22900**	**16426**	**14810**	**30779**	**17126**	**2139**
教育	8400	22900	16426	14810	30779	17126	2139
卫生、社会保障和社会福利业	Q	**26174**	**10984**	**8274**	**8949**	**6445**	**770**
卫生	8500	24425	8772	6474	7299	4493	657
社会保障业	8600	571	610	669	328	1252	28
社会福利业	8700	1178	1602	1131	1322	700	85
文化、体育和娱乐业	R	**3750**	**4486**	**4199**	**7010**	**3005**	**662**
新闻出版业	8800	172	318	187	410	174	62
广播、电视、电影和音像业	8900	575	751	735	882	907	95
文化艺术业	9000	2071	2193	1687	2162	1090	261
体育	9100	243	344	225	842	238	40
娱乐业	9200	689	880	1365	2714	596	204
公共管理和社会组织	S	**81489**	**61640**	**85249**	**57333**	**44998**	**6036**
中国共产党机关	9300	1420	1661	2563	1373	2295	142
国家机构	9400	20758	19501	24570	17272	17892	1998
人民政协和民主党派	9500	229	254	253	334	251	51
群众团体、社会团体和宗教组织	9600	8151	10971	10052	11632	8479	833
基层群众自治组织	9700	50931	29253	47811	26722	16081	3012

单位：个

重庆	四川	贵州	云南	西藏	陕西	甘肃	青海	宁夏	新疆	代码
7133	**10329**	**4614**	**6826**	**102**	**6346**	**2635**	**856**	**1006**	**3005**	K
7133	10329	4614	6826	102	6346	2635	856	1006	3005	7200
12963	**17363**	**5001**	**10324**	**251**	**9141**	**3577**	**1075**	**1696**	**5011**	L
1146	1305	442	501	45	898	304	88	253	361	7300
11817	16058	4559	9823	206	8243	3273	987	1443	4650	7400
4026	**11184**	**3213**	**5710**	**169**	**5433**	**2172**	**915**	**716**	**3333**	M
345	827	219	596	18	511	258	63	45	219	7500
1960	4797	1448	2718	77	2346	1001	443	447	1764	7600
1631	5338	1435	2191	60	2406	827	353	200	967	7700
90	222	111	205	14	170	86	56	24	383	7800
1504	**3239**	**1119**	**1926**	**40**	**2037**	**877**	**304**	**263**	**888**	N
420	1449	591	829	15	889	417	164	91	324	7900
393	837	209	430	10	412	198	80	56	236	8000
691	953	319	667	15	736	262	60	116	328	8100
3408	**4091**	**1623**	**2407**	**108**	**3368**	**1502**	**297**	**527**	**1409**	O
1833	2002	715	875	41	1419	688	137	182	532	8200
1575	2089	908	1532	67	1949	814	160	345	877	8300
7761	**19749**	**9592**	**7618**	**1040**	**13871**	**9123**	**1236**	**1391**	**5266**	P
7761	19749	9592	7618	1040	13871	9123	1236	1391	5266	8400
5897	**14227**	**3988**	**4332**	**504**	**12415**	**3497**	**769**	**803**	**2631**	Q
4345	11648	3528	3611	490	11405	3150	634	712	2230	8500
560	821	219	352	2	440	138	58	47	153	8600
992	1758	241	369	12	570	209	77	44	248	8700
2128	**4394**	**1480**	**2561**	**169**	**2554**	**1226**	**394**	**329**	**1141**	R
147	270	93	119	8	163	72	22	28	116	8800
236	725	263	331	84	493	175	79	51	300	8900
886	2099	802	1323	49	1272	618	179	114	497	9000
162	373	83	230	6	175	62	48	44	89	9100
697	927	239	558	22	451	299	66	92	139	9200
24340	**106639**	**35935**	**38522**	**11187**	**51479**	**38384**	**11307**	**11031**	**31286**	S
708	3614	1187	1795	590	2193	1053	379	188	1014	9300
8163	31099	11561	13840	3763	15015	10286	3103	1844	9937	9400
151	409	138	240	33	270	194	63	67	131	9500
4420	17949	3847	8585	1320	5223	9628	3262	6197	9780	9600
10898	53568	19202	14062	5481	28778	17223	4500	2735	10424	9700

1-8 按行业(大类)、机构类型分组的法人单位数

单位：个

行业大类	代码	法人单位数	企业法人	事业法人	机关法人	社会团体	其他
总计		**8754588**	**6517670**	**726067**	**250257**	**202214**	**1058380**
农、林、牧、渔业	A	**242429**	**185917**	**15673**			**40839**
农业	0100	82048	64756	701			16591
林业	0200	23791	18843	2772			2176
畜牧业	0300	78673	65989	430			12254
渔业	0400	16208	13983	177			2048
农、林、牧、渔服务业	0500	41709	22346	11593			7770
采矿业	B	**104065**	**104064**				**1**
煤炭开采和洗选业	0600	22912	22912				
石油和天然气开采业	0700	1682	1682				
黑色金属矿采选业	0800	18452	18451				1
有色金属矿采选业	0900	11462	11462				
非金属矿采选业	1000	48050	48050				
其他采矿业	1100	1507	1507				
制造业	C	**2098370**	**2098319**	**8**			**43**
农副食品加工业	1300	108843	108825				18
食品制造业	1400	46559	46556				3
饮料制造业	1500	37387	37383				4
烟草制品业	1600	298	298				
纺织业	1700	122699	122699				
纺织服装、鞋、帽制造业	1800	96745	96743				2
皮革、毛皮、羽毛(绒)及其制品业	1900	36704	36703				1
木材加工及木、竹、藤、棕、草制品业	2000	67883	67881				2
家具制造业	2100	42015	42015				
造纸及纸制品业	2200	55703	55703				
印刷业和记录媒介的复制	2300	57750	57748	2			
文教体育用品制造业	2400	22036	22036				
石油加工、炼焦及核燃料加工业	2500	7208	7208				

1-8 续表 1

单位：个

行业大类	代码	法人单位数	企业法人	事业法人	机关法人	社会团体	其他
化学原料及化学制品制造业	2600	107167	107165	1			1
医药制造业	2700	17811	17809				2
化学纤维制造业	2800	5265	5265				
橡胶制品业	2900	23617	23617				
塑料制品业	3000	112936	112936				
非金属矿物制品业	3100	223919	223919				
黑色金属冶炼及压延加工业	3200	20893	20893				
有色金属冶炼及压延加工业	3300	24454	24454				
金属制品业	3400	160750	160747				3
通用设备制造业	3500	214102	214101				1
专用设备制造业	3600	116932	116929	2			1
交通运输设备制造业	3700	93528	93528				
电气机械及器材制造业	3900	115975	115973				2
通信设备、计算机及其他电子设备制造业	4000	60908	60906	2			
仪器仪表及文化、办公用机械制造业	4100	27778	27777	1			
工艺品及其他制造业	4200	60389	60386				3
废弃资源和废旧材料回收加工业	4300	10116	10116				
电力、燃气及水的生产和供应业	**D**	**64151**	**63037**	**555**			**559**
电力、热力的生产和供应业	4400	42436	41902	208			326
燃气生产和供应业	4500	4231	4175	15			41
水的生产和供应业	4600	17484	16960	332			192
建筑业	**E**	**302232**	**302215**	**12**			**5**
房屋和土木工程建筑业	4700	111487	111475	11			1
建筑安装业	4800	59648	59646				2
建筑装饰业	4900	92833	92833				
其他建筑业	5000	38264	38261	1			2
交通运输、仓储和邮政业	**F**	**195829**	**185975**	**6536**			**3318**
铁路运输业	5100	1022	966	27			29
道路运输业	5200	92605	85723	5208			1674

单位：个

行业大类	代码	法人单位数	企业法人	事业法人	机关法人	社会团体	其他
城市公共交通业	5300	8375	8173	93			109
水上运输业	5400	9365	8759	448			158
航空运输业	5500	1081	1003	56			22
管道运输业	5600	156	148	4			4
装卸搬运和其他运输服务业	5700	54039	53140	73			826
仓储业	5800	20926	20073	524			329
邮政业	5900	8260	7990	103			167
信息传输、计算机服务和软件业	**G**	**191182**	**181726**	**3947**			**5509**
电信和其他信息传输服务业	6000	32354	27796	3208			1350
计算机服务业	6100	103803	99479	647			3677
软件业	6200	55025	54451	92			482
批发和零售业	**H**	**1965118**	**1963277**	**9**			**1832**
批发业	6300	1226014	1224281	6			1727
零售业	6500	739104	738996	3			105
住宿和餐饮业	**I**	**164762**	**158544**	**886**			**5332**
住宿业	6600	60089	57947	700			1442
餐饮业	6700	104673	100597	186			3890
金融业	**J**	**45512**	**42829**	**877**	**342**		**1464**
银行业	6800	10822	9891	374	342		215
证券业	6900	1864	1765	48			51
保险业	7000	11687	11333	106			248
其他金融活动	7100	21139	19840	349			950
房地产业	**K**	**284726**	**278640**	**2472**			**3614**
房地产业	7200	284726	278640	2472			3614
租赁和商务服务业	**L**	**590478**	**515596**	**30176**			**44706**
租赁业	7300	27835	27021	51			763
商务服务业	7400	562643	488575	30125			43943

单位：个

行业大类	代码	法人单位数	企业法人	事业法人	机关法人	社会团体	其他
科学研究、技术服务和地质勘查业	M	**256865**	**177722**	**66678**			**12465**
研究与试验发展	7500	31316	23360	5926			2030
专业技术服务业	7600	122314	92006	27764			2544
科技交流和推广服务业	7700	98795	59356	31634			7805
地质勘查业	7800	4440	3000	1354			86
水利、环境和公共设施管理业	N	**64794**	**28693**	**33387**		**71**	**2643**
水利管理业	7900	21327	2228	17910			1189
环境管理业	8000	14790	6427	7719		71	573
公共设施管理业	8100	28677	20038	7758			881
居民服务和其他服务业	O	**158152**	**141736**	**5634**			**10782**
居民服务业	8200	71728	60160	4067			7501
其他服务业	8300	86424	81576	1567			3281
教育	P	**342408**	**25723**	**222131**		**1**	**94553**
教育	8400	342408	25723	222131		1	94553
卫生、社会保障和社会福利业	Q	**205778**	**16222**	**105145**		**1644**	**82767**
卫生	8500	169189	15085	84603			69501
社会保障业	8600	11838	330	10722			786
社会福利业	8700	24751	807	9820		1644	12480
文化、体育和娱乐业	R	**95633**	**47428**	**36797**		**1925**	**9483**
新闻出版业	8800	6943	3040	3615			288
广播、电视、电影和音像业	8900	15049	7186	7406			457
文化艺术业	9000	39803	13012	22151			4640
体育	9100	8637	2395	2629		1925	1688
娱乐业	9200	25201	21795	996			2410
公共管理和社会组织	S	**1382104**		**195144**	**249915**	**198573**	**738472**
中国共产党机关	9300	39702		2057	37645		
国家机构	9400	399140		192787	206353		
人民政协和民主党派	9500	6217		300	5917		
群众团体、社会团体和宗教组织	9600	249577				198573	51004
基层群众自治组织	9700	687468					687468

1-9 按行业(大类)、开业(成立)

行业大类	代码	法人单位数	1949年及以前	1950-1977年
总计		**8754588**	**86765**	**471834**
农、林、牧、渔业	A	**242429**	**112**	**4995**
农业	0100	82048	42	905
林业	0200	23791	28	1664
畜牧业	0300	78673	11	272
渔业	0400	16208	1	124
农、林、牧、渔服务业	0500	41709	30	2030
采矿业	B	**104065**	**68**	**1394**
煤炭开采和洗选业	0600	22912	36	745
石油和天然气开采业	0700	1682	2	10
黑色金属矿采选业	0800	18452	3	73
有色金属矿采选业	0900	11462	4	109
非金属矿采选业	1000	48050	23	453
其他采矿业	1100	1507		4
制造业	C	**2098370**	**940**	**19444**
农副食品加工业	1300	108843	34	1462
食品制造业	1400	46559	31	517
饮料制造业	1500	37387	59	627
烟草制品业	1600	298	18	25
纺织业	1700	122699	60	770
纺织服装、鞋、帽制造业	1800	96745	17	479
皮革、毛皮、羽毛(绒)及其制品业	1900	36704	10	182
木材加工及木、竹、藤、棕、草制品业	2000	67883	8	324
家具制造业	2100	42015	2	200
造纸及纸制品业	2200	55703	34	384
印刷业和记录媒介的复制	2300	57750	107	1011
文教体育用品制造业	2400	22036	10	125
石油加工、炼焦及核燃料加工业	2500	7208	7	64
化学原料及化学制品制造业	2600	107167	64	1145
医药制造业	2700	17811	38	347
化学纤维制造业	2800	5265	2	20
橡胶制品业	2900	23617	11	221
塑料制品业	3000	112936	10	428
非金属矿物制品业	3100	223919	69	2809
黑色金属冶炼及压延加工业	3200	20893	8	195
有色金属冶炼及压延加工业	3300	24454	11	182
金属制品业	3400	160750	28	1228
通用设备制造业	3500	214102	90	2202

时间分组的法人单位数

单位：个

1978-1991年	1992-1995年	1996年	1997年	1998年	1999年	2000年	代码
814075	**380640**	**121162**	**122343**	**212509**	**197500**	**303123**	
6201	**2395**	**891**	**764**	**6748**	**2079**	**4979**	A
807	518	204	189	1838	474	1207	0100
1511	408	139	137	715	296	788	0200
552	381	173	178	1552	704	1598	0300
268	205	66	66	709	196	379	0400
3063	883	309	194	1934	409	1007	0500
4961	**4168**	**1655**	**1510**	**2877**	**2296**	**3896**	B
2069	1506	600	535	821	618	935	0600
23	51	13	18	93	39	57	0700
427	397	178	131	295	267	561	0800
468	443	185	171	250	256	405	0900
1950	1755	674	647	1398	1098	1912	1000
24	16	5	8	20	18	26	1100
80582	**105240**	**35545**	**37919**	**65471**	**60359**	**94076**	C
4064	5120	2065	2282	4283	3842	6099	1300
1914	2591	921	1071	1897	1551	2480	1400
2079	2076	810	859	1676	1441	2092	1500
40	21	5	6	11	11	11	1600
3511	5047	1742	1995	3471	3500	6323	1700
2142	3760	1223	1376	2098	2094	3877	1800
1043	2087	685	618	979	990	1507	1900
1546	2022	869	886	1761	1589	2811	2000
966	1708	717	770	1309	1178	1866	2100
2392	3044	1122	1121	1843	1791	2607	2200
4888	4844	1472	1593	2431	1881	2917	2300
822	1311	410	400	638	669	985	2400
280	384	124	141	226	216	303	2500
4832	6450	2084	2293	3923	3718	5491	2600
780	1227	370	391	688	584	849	2700
151	237	68	90	145	151	276	2800
1114	1373	508	508	796	764	1101	2900
3594	5487	1812	2021	3376	3343	5297	3000
14029	13620	4711	4182	8103	6507	10277	3100
756	1004	337	337	583	565	824	3200
830	1209	404	450	692	689	1065	3300
5259	7159	2283	2625	4456	4411	6716	3400
8492	10487	3487	3784	6690	5897	9099	3500

行业大类	代码	法人单位数	1949年及以前	1950-1977年
专用设备制造业	3600	116932	65	1341
交通运输设备制造业	3700	93528	76	1152
电气机械及器材制造业	3900	115975	36	911
通信设备、计算机及其他电子设备制造业	4000	60908	9	320
仪器仪表及文化、办公用机械制造业	4100	27778	17	374
工艺品及其他制造业	4200	60389	9	390
废弃资源和废旧材料回收加工业	4300	10116		9
电力、燃气及水的生产和供应业	D	**64151**	**157**	**3517**
电力、热力的生产和供应业	4400	42436	94	2490
燃气生产和供应业	4500	4231	8	22
水的生产和供应业	4600	17484	55	1005
建筑业	E	**302232**	**109**	**5362**
房屋和土木工程建筑业	4700	111487	85	4843
建筑安装业	4800	59648	16	360
建筑装饰业	4900	92833	5	62
其他建筑业	5000	38264	3	97
交通运输、仓储和邮政业	F	**195829**	**281**	**5133**
铁路运输业	5100	1022	2	17
道路运输业	5200	92605	106	2592
城市公共交通业	5300	8375	13	217
水上运输业	5400	9365	15	514
航空运输业	5500	1081	1	9
管道运输业	5600	156		
装卸搬运和其他运输服务业	5700	54039	28	479
仓储业	5800	20926	82	1253
邮政业	5900	8260	34	52
信息传输、计算机服务和软件业	G	**191182**	**40**	**621**
电信和其他信息传输服务业	6000	32354	36	589
计算机服务业	6100	103803	2	27
软件业	6200	55025	2	5
批发和零售业	H	**1965118**	**1572**	**24364**
批发业	6300	1226014	532	11676
零售业	6500	739104	1040	12688
住宿和餐饮业	I	**164762**	**87**	**1777**
住宿业	6600	60089	48	1134
餐饮业	6700	104673	39	643
金融业	J	**45512**	**160**	**827**
银行业	6800	10822	117	804
证券业	6900	1864	1	2
保险业	7000	11687	40	7
其他金融活动	7100	21139	2	14

单位：个

1978-1991年	1992-1995年	1996年	1997年	1998年	1999年	2000年	代码
3513	4739	1626	1806	3226	2972	4536	3600
3829	5020	1581	1683	2860	2693	3778	3700
3687	5707	1825	2036	3216	3326	4710	3900
1143	2599	766	894	1371	1285	2145	4000
1088	1920	566	639	931	943	1267	4100
1620	2760	892	978	1624	1581	2457	4200
178	227	60	84	168	177	310	4300
8009	**3797**	**1264**	**1314**	**2006**	**1751**	**2409**	D
4942	2314	786	854	1321	1204	1479	4400
158	183	59	59	106	119	172	4500
2909	1300	419	401	579	428	758	4600
12856	**15790**	**4547**	**4766**	**8093**	**7234**	**9749**	E
9295	8019	2002	2031	3689	3024	3941	4700
1931	3121	973	1156	1728	1670	2106	4800
1040	3639	1313	1269	2026	1918	2813	4900
590	1011	259	310	650	622	889	5000
8347	**7565**	**2405**	**2713**	**4661**	**3988**	**5862**	F
72	43	13	6	25	13	26	5100
3987	3027	996	1171	1937	1804	2703	5200
448	975	274	323	393	357	418	5300
833	530	137	167	273	203	301	5400
45	69	12	20	33	30	41	5500
7	10		3	6	1	13	5600
1362	1554	598	601	966	903	1382	5700
1527	1300	348	365	659	532	784	5800
66	57	27	57	369	145	194	5900
1489	**2056**	**807**	**1076**	**2041**	**2789**	**6378**	G
1041	745	212	254	450	674	1180	6000
314	673	321	436	902	1223	3389	6100
134	638	274	386	689	892	1809	6200
35586	**48643**	**19177**	**22200**	**42565**	**41715**	**64278**	H
19463	28347	11141	13132	26068	25415	38283	6300
16123	20296	8036	9068	16497	16300	25995	6500
7004	**6729**	**2600**	**2723**	**4492**	**4167**	**6853**	I
4891	3726	1302	1319	2032	1726	2568	6600
2113	3003	1298	1404	2460	2441	4285	6700
2676	**1333**	**1034**	**624**	**580**	**478**	**678**	J
2239	651	605	294	197	160	177	6800
31	187	46	50	30	47	51	6900
222	187	304	189	151	69	148	7000
184	308	79	91	202	202	302	7100

行业大类	代码	法人单位数	1949年及以前	1950-1977年
房地产业	K	**284726**	**86**	**3409**
房地产业	7200	284726	86	3409
租赁和商务服务业	L	**590478**	**512**	**5350**
租赁业	7300	27835	3	142
商务服务业	7400	562643	509	5208
科学研究、技术服务和地质勘查业	M	**256865**	**308**	**12951**
研究与试验发展	7500	31316	70	1898
专业技术服务业	7600	122314	117	4706
科技交流和推广服务业	7700	98795	111	5669
地质勘查业	7800	4440	10	678
水利、环境和公共设施管理业	N	**64794**	**228**	**7154**
水利管理业	7900	21327	123	5414
环境管理业	8000	14790	44	919
公共设施管理业	8100	28677	61	821
居民服务和其他服务业	O	**158152**	**69**	**1585**
居民服务业	8200	71728	50	1166
其他服务业	8300	86424	19	419
教育	P	**342408**	**26863**	**88952**
教育	8400	342408	26863	88952
卫生、社会保障和社会福利业	Q	**205778**	**2267**	**53163**
卫生	8500	169189	2142	50857
社会保障业	8600	11838	16	142
社会福利业	8700	24751	109	2164
文化、体育和娱乐业	R	**95633**	**929**	**9122**
新闻出版业	8800	6943	112	422
广播、电视、电影和音像业	8900	15049	113	2359
文化艺术业	9000	39803	671	5688
体育	9100	8637	18	547
娱乐业	9200	25201	15	106
公共管理和社会组织	S	**1382104**	**51977**	**222714**
中国共产党机关	9300	39702	3021	10040
国家机构	9400	399140	8534	57094
人民政协和民主党派	9500	6217	268	1429
群众团体、社会团体和宗教组织	9600	249577	7341	14710
基层群众自治组织	9700	687468	32813	139441

单位：个

1978–1991年	1992–1995年	1996年	1997年	1998年	1999年	2000年	代码
7674	**16395**	**3743**	**4378**	**7909**	**7274**	**10602**	K
7674	16395	3743	4378	7909	7274	10602	7200
23237	**22130**	**6178**	**7239**	**10932**	**12598**	**18667**	L
379	659	248	255	410	431	683	7300
22858	21471	5930	6984	10522	12167	17984	7400
25042	**12198**	**3365**	**3359**	**4853**	**4722**	**7555**	M
2549	935	268	322	503	450	817	7500
10748	6306	1942	1797	2587	2723	4085	7600
11296	4747	1110	1194	1669	1460	2549	7700
449	210	45	46	94	89	104	7800
11309	**4239**	**1180**	**1256**	**1779**	**1469**	**2162**	N
6227	1754	437	431	528	372	505	7900
2330	908	255	310	422	335	545	8000
2752	1577	488	515	829	762	1112	8100
4274	**4980**	**1824**	**2104**	**3497**	**3437**	**5522**	O
2162	2231	866	1072	1835	1741	2854	8200
2112	2749	958	1032	1662	1696	2668	8300
56385	**19601**	**6108**	**5565**	**8020**	**7137**	**11033**	P
56385	19601	6108	5565	8020	7137	11033	8400
41071	**14466**	**4122**	**3358**	**5387**	**4165**	**6934**	Q
32445	11515	3306	2702	4448	3289	5448	8500
1922	1162	292	217	220	251	640	8600
6704	1789	524	439	719	625	846	8700
15496	**5028**	**1382**	**1342**	**1919**	**1656**	**2668**	R
1745	837	167	101	176	194	276	8800
3154	1024	250	230	327	227	392	8900
8797	1932	539	540	693	522	884	9000
1134	486	173	147	191	192	328	9100
666	749	253	324	532	521	788	9200
461876	**83887**	**23335**	**18133**	**28679**	**28186**	**38822**	S
13853	2595	762	652	600	378	667	9300
114219	34310	9498	8544	10703	7037	10734	9400
2831	302	108	103	145	72	119	9500
52563	18417	5753	4437	7841	6659	9954	9600
278410	28263	7214	4397	9390	14040	17348	9700

1-9 续表 3

行业大类	代码	2001年	2002年	2003年
总计		**367294**	**406841**	**484028**
农、林、牧、渔业	A	**4859**	**3961**	**4898**
农业	0100	1175	1116	1354
林业	0200	846	597	630
畜牧业	0300	1470	1263	1572
渔业	0400	321	247	320
农、林、牧、渔服务业	0500	1047	738	1022
采矿业	B	**4985**	**5156**	**7557**
煤炭开采和洗选业	0600	1116	1044	1655
石油和天然气开采业	0700	76	61	90
黑色金属矿采选业	0800	756	818	1380
有色金属矿采选业	0900	488	509	726
非金属矿采选业	1000	2508	2689	3660
其他采矿业	1100	41	35	46
制造业	C	**114318**	**127126**	**153044**
农副食品加工业	1300	6728	7065	8331
食品制造业	1400	2775	2741	3254
饮料制造业	1500	2230	2324	2677
烟草制品业	1600	15	7	18
纺织业	1700	6965	9479	10828
纺织服装、鞋、帽制造业	1800	4678	5452	6620
皮革、毛皮、羽毛(绒)及其制品业	1900	1886	2079	2327
木材加工及木、竹、藤、棕、草制品业	2000	3598	4083	5184
家具制造业	2100	2205	2310	2938
造纸及纸制品业	2200	3214	3566	4164
印刷业和记录媒介的复制	2300	3492	3768	4629
文教体育用品制造业	2400	1210	1297	1693
石油加工、炼焦及核燃料加工业	2500	427	445	610
化学原料及化学制品制造业	2600	6794	7030	8169
医药制造业	2700	1084	1101	1335
化学纤维制造业	2800	258	381	480
橡胶制品业	2900	1411	1470	1776
塑料制品业	3000	6525	7760	8469
非金属矿物制品业	3100	12123	12397	15685
黑色金属冶炼及压延加工业	3200	1068	1265	2012
有色金属冶炼及压延加工业	3300	1320	1392	1677
金属制品业	3400	8353	9378	11283
通用设备制造业	3500	11433	12891	15766

单位：个

2004年	2005年	2006年	2007年	2008年	2009年	2010年	开业时间不详	代码
504244	**571796**	**656888**	**657821**	**561393**	**821394**	**849900**	**163038**	
5114	**7670**	**11421**	**17341**	**21719**	**66713**	**60862**	**8707**	A
1319	2138	2999	5113	6373	24644	26755	2878	0100
640	892	1260	1473	1717	4761	4567	722	0200
1686	2781	4482	6732	8923	22993	18202	3148	0300
417	586	804	1323	1412	4289	3586	889	0400
1052	1273	1876	2700	3294	10026	7752	1070	0500
9105	**10041**	**11027**	**9664**	**7911**	**7770**	**6514**	**1510**	B
1802	1957	1798	1449	1327	1416	1111	372	0600
102	101	167	161	166	221	219	12	0700
2219	2333	2178	2007	1845	1251	1053	280	0800
869	1084	1495	1330	965	811	642	252	0900
4051	4479	5268	4624	3490	3681	3124	566	1000
62	87	121	93	118	390	365	28	1100
153751	**165389**	**193013**	**179405**	**139217**	**171081**	**179112**	**23338**	C
8495	9388	9739	8816	6873	7257	5926	974	1300
3349	3692	4063	3883	3170	3334	2868	457	1400
2541	2905	3130	2922	2222	2354	2015	348	1500
9	14	22	6	12	17	28	2	1600
9972	10359	12211	10016	6797	8713	9858	1082	1700
6972	7706	9521	9375	7134	9721	11405	1095	1800
2426	2792	3470	3373	2649	3353	3607	641	1900
5340	6471	7923	7641	4860	4935	5462	570	2000
3150	3379	4131	3935	2987	3568	4114	582	2100
4066	4268	4923	4536	3402	4453	4302	471	2200
4200	3899	4264	3585	2523	3055	2941	250	2300
1753	1742	2062	1935	1528	1682	1561	203	2400
636	542	563	527	468	618	480	147	2500
7958	8663	9562	7930	6117	7198	6455	1291	2600
1369	1363	1322	1143	972	1331	1262	255	2700
434	407	585	466	268	346	444	56	2800
1702	1853	2022	1854	1491	1769	1646	227	2900
8521	9179	10906	9993	7478	8929	8617	1191	3000
15545	17069	20978	19188	14923	14854	14717	2133	3100
2027	1839	1790	1757	1490	1500	1301	235	3200
1859	2015	2476	2506	1818	1872	1698	289	3300
11405	12491	14675	13880	11352	15331	16437	2000	3400
16008	17036	19119	18159	14247	17185	19431	2599	3500

行业大类	代码	2001年	2002年	2003年
专用设备制造业	3600	5779	6562	8065
交通运输设备制造业	3700	4562	5357	6646
电气机械及器材制造业	3900	5991	6693	7883
通信设备、计算机及其他电子设备制造业	4000	2975	3295	3827
仪器仪表及文化、办公用机械制造业	4100	1712	1696	2041
工艺品及其他制造业	4200	3086	3367	3975
废弃资源和废旧材料回收加工业	4300	421	475	682
电力、燃气及水的生产和供应业	D	**2829**	**3354**	**4636**
电力、热力的生产和供应业	4400	1867	2284	3303
燃气生产和供应业	4500	206	235	311
水的生产和供应业	4600	756	835	1022
建筑业	E	**13569**	**14592**	**16793**
房屋和土木工程建筑业	4700	5961	5842	5939
建筑安装业	4800	2776	2960	3489
建筑装饰业	4900	3526	4077	5340
其他建筑业	5000	1306	1713	2025
交通运输、仓储和邮政业	F	**7719**	**8873**	**11178**
铁路运输业	5100	25	20	30
道路运输业	5200	3837	4323	5247
城市公共交通业	5300	531	547	525
水上运输业	5400	364	491	550
航空运输业	5500	47	47	69
管道运输业	5600	6	3	8
装卸搬运和其他运输服务业	5700	1831	2216	3114
仓储业	5800	897	1000	1340
邮政业	5900	181	226	295
信息传输、计算机服务和软件业	G	**8227**	**10181**	**14347**
电信和其他信息传输服务业	6000	1474	1513	2091
计算机服务业	6100	4573	6077	8815
软件业	6200	2180	2591	3441
批发和零售业	H	**78430**	**90704**	**115561**
批发业	6300	48122	56317	72628
零售业	6500	30308	34387	42933
住宿和餐饮业	I	**7148**	**7772**	**9996**
住宿业	6600	2528	2743	3471
餐饮业	6700	4620	5029	6525
金融业	J	**843**	**1372**	**2095**
银行业	6800	130	99	185
证券业	6900	90	80	62
保险业	7000	234	618	982
其他金融活动	7100	389	575	866

单位：个

2004年	2005年	2006年	2007年	2008年	2009年	2010年	开业时间不详	代码
8336	9017	10511	9887	8021	11854	13587	1489	3600
6598	7007	8443	8092	6444	7832	8705	1170	3700
7935	8290	10234	10168	8587	11572	11679	1489	3900
4284	4497	5475	5512	5058	6585	7930	938	4000
2017	1982	2293	2199	1751	2006	2028	308	4100
4084	4628	5525	4975	3682	6717	7380	659	4200
760	896	1075	1146	893	1140	1228	187	4300
4704	**4571**	**4416**	**3730**	**3013**	**4092**	**3577**	**1005**	D
3484	3333	3020	2429	1828	2472	2235	697	4400
274	276	317	283	269	571	508	95	4500
946	962	1079	1018	916	1049	834	213	4600
18646	**21650**	**24455**	**23682**	**20897**	**36064**	**39411**	**3967**	E
6196	7299	8054	7279	5845	10181	10741	1221	4700
3881	4485	4922	4637	3987	7385	7390	675	4800
6122	7091	8196	8775	8337	12146	13883	1255	4900
2447	2775	3283	2991	2728	6352	7397	816	5000
13743	**16569**	**18149**	**17703**	**15034**	**21538**	**22236**	**2132**	F
34	45	27	41	48	222	291	22	5100
6358	6989	8445	8355	6936	11187	11554	1051	5200
574	539	541	482	341	458	380	39	5300
665	703	714	769	556	805	679	96	5400
81	63	82	73	63	139	147	10	5500
7	6	8	1	5	32	35	5	5600
4276	6173	6172	5807	5141	5740	5201	495	5700
1320	1544	1610	1545	1205	1685	1638	292	5800
428	507	550	630	739	1270	2311	122	5900
15329	**18398**	**24391**	**23910**	**18418**	**20535**	**18744**	**1405**	G
2288	2423	3027	2904	2580	4530	4129	214	6000
8864	11034	15365	14673	10101	8894	7611	509	6100
4177	4941	5999	6333	5737	7111	7004	682	6200
121005	**140077**	**170963**	**175859**	**157321**	**281724**	**311911**	**21463**	H
75499	86510	105705	110124	98414	181204	202646	14788	6300
45506	53567	65258	65735	58907	100520	109265	6675	6500
11215	**13982**	**16612**	**17827**	**16494**	**13567**	**12622**	**1095**	I
3817	4650	5341	5759	5375	3755	3532	372	6600
7398	9332	11271	12068	11119	9812	9090	723	6700
1951	**2650**	**3257**	**4188**	**4616**	**7870**	**7705**	**575**	J
215	439	520	604	600	1282	1418	86	6800
53	43	71	105	130	358	406	21	6900
945	1069	1166	1391	1485	1345	1059	76	7000
738	1099	1500	2088	2401	4885	4822	392	7100

1-9 续表 5

行业大类	代码	2001年	2002年	2003年
房地产业	K	**13051**	**14969**	**18171**
房地产业	7200	13051	14969	18171
租赁和商务服务业	L	**21649**	**24051**	**31876**
租赁业	7300	976	1085	1345
商务服务业	7400	20673	22966	30531
科学研究、技术服务和地质勘查业	M	**9890**	**11480**	**13855**
研究与试验发展	7500	1064	1108	1330
专业技术服务业	7600	5117	6030	7411
科技交流和推广服务业	7700	3557	4200	4940
地质勘查业	7800	152	142	174
水利、环境和公共设施管理业	N	**2535**	**2896**	**3399**
水利管理业	7900	611	651	607
环境管理业	8000	643	713	864
公共设施管理业	8100	1281	1532	1928
居民服务和其他服务业	O	**6309**	**7256**	**9531**
居民服务业	8200	3180	3738	4796
其他服务业	8300	3129	3518	4735
教育	P	**11213**	**12089**	**13582**
教育	8400	11213	12089	13582
卫生、社会保障和社会福利业	Q	**7215**	**7243**	**8641**
卫生	8500	5656	5601	6055
社会保障业	8600	695	742	1442
社会福利业	8700	864	900	1144
文化、体育和娱乐业	R	**3127**	**3682**	**4633**
新闻出版业	8800	274	252	320
广播、电视、电影和音像业	8900	479	672	609
文化艺术业	9000	1156	1312	1625
体育	9100	373	435	536
娱乐业	9200	845	1011	1543
公共管理和社会组织	S	**49378**	**50084**	**402345**
中国共产党机关	9300	1057	1164	617
国家机构	9400	17196	21003	14529
人民政协和民主党派	9500	113	101	98
群众团体、社会团体和宗教组织	9600	9381	10232	11437
基层群众自治组织	9700	21631	17584	13554

单位：个

2004年	2005年	2006年	2007年	2008年	2009年	2010年	开业时间不详	代码
18638	**20313**	**24013**	**26254**	**18811**	**29469**	**34281**	**5286**	K
18638	20313	24013	26254	18811	29469	34281	5286	7200
36798	**45139**	**50721**	**54300**	**53611**	**77292**	**80089**	**8109**	L
1595	2014	2414	2650	2576	4695	4876	399	7300
35203	43125	48307	51650	51035	72597	75213	7710	7400
14686	**18075**	**19484**	**20116**	**19572**	**26311**	**25530**	**3513**	M
1481	1852	2228	2319	2359	4459	4767	537	7500
7945	9166	9823	9390	8329	11328	11233	1531	7600
5042	6793	7119	8034	8494	10177	9244	1390	7700
218	264	314	373	390	347	286	55	7800
3093	**3451**	**3490**	**3434**	**3298**	**4073**	**3704**	**645**	N
487	649	590	494	555	446	394	52	7900
803	868	861	842	934	1118	916	160	8000
1803	1934	2039	2098	1809	2509	2394	433	8100
10740	**12462**	**14389**	**14752**	**13379**	**20985**	**19574**	**1483**	O
5345	6198	6895	7227	6460	7192	6233	487	8200
5395	6264	7494	7525	6919	13793	13341	996	8300
13253	**14758**	**14194**	**11994**	**9649**	**6491**	**5130**	**391**	P
13253	14758	14194	11994	9649	6491	5130	391	8400
7806	**9554**	**9721**	**8578**	**6534**	**2811**	**2496**	**246**	Q
5893	7596	7564	6090	4734	1866	1815	167	8500
797	716	838	817	575	205	134	15	8600
1116	1242	1319	1671	1225	740	547	64	8700
4943	**6177**	**6860**	**6881**	**6101**	**6896**	**6118**	**673**	R
390	348	294	257	236	268	245	29	8800
683	813	807	735	631	719	756	69	8900
1562	2055	2200	2230	2022	2611	2444	320	9000
548	616	615	650	569	613	432	34	9100
1760	2345	2944	3009	2643	2685	2241	221	9200
39724	**40870**	**36312**	**38203**	**25798**	**16112**	**10284**	**77495**	S
402	416	314	280	150	59	47	2628	9300
12630	14956	11264	10180	7126	4163	3252	22168	9400
73	77	46	41	17	8	6	260	9500
12258	14957	16545	17106	12087	11265	6284	350	9600
14361	10464	8143	10596	6418	617	695	52089	9700

1-10 按地区分组的法人单位数

单位：个

地区	法人单位数(2010年)	#多产业法人单位	法人单位数(2009年)	#多产业法人单位
全　国	**8754588**	**387710**	**8003868**	**400372**
北　京	384525	16143	374647	19330
天　津	168535	4199	147164	4294
河　北	345762	10431	328608	10475
山　西	205152	18984	195104	23533
内蒙古	138466	6614	128774	6465
辽　宁	369014	10316	345704	10183
吉　林	118001	3672	131963	3981
黑龙江	175798	9211	164232	9233
上　海	399549	16847	362553	15317
江　苏	862205	17541	718516	16939
浙　江	685493	24744	622940	24981
安　徽	242591	13910	227055	13355
福　建	307811	19462	271175	21611
江　西	184559	8251	167772	8328
山　东	773550	23638	674911	24047
河　南	400721	11184	385806	16096
湖　北	345826	20778	328068	21425
湖　南	297153	13363	277061	13110
广　东	802824	37214	716720	35808
广　西	204970	15858	180744	15355
海　南	37648	1956	31128	1874
重　庆	177894	11013	156504	10837
四　川	353042	19028	339035	19063
贵　州	110274	6880	102937	7388
云　南	170893	13861	149157	13450
西　藏	16218	1205	15841	1206
陕　西	206664	12201	204938	12368
甘　肃	108433	8913	101839	9963
青　海	28326	2497	25877	2545
宁　夏	35963	1525	33433	1541
新　疆	96728	6271	93662	6271

1-11 农、林、牧、渔业按地区分组的法人单位数

单位：个

地　区	法人单位数(2010年)	#多产业法人单位	法人单位数(2009年)	#多产业法人单位
全　国	**242429**	**2527**	**184764**	**2438**
北　京	3133	53		
天　津	1803	7	1312	11
河　北	11789	24	9226	18
山　西	23340	54	20438	100
内蒙古	5740	93	4415	95
辽　宁	11026	59	8822	54
吉　林	4242	59	3894	61
黑龙江	4250	246	3312	249
上　海	2815	31	2248	27
江　苏	15525	53	10489	46
浙　江	21038	142	16539	155
安　徽	5435	48	2527	48
福　建	11042	94	8177	88
江　西	6774	70	4929	68
山　东	16083	17	9195	16
河　南	14315	57	13388	64
湖　北	7392	59	5835	56
湖　南	7708	25	5536	26
广　东	9650	178	12794	163
广　西	4486	157	2630	153
海　南	1588	110	635	104
重　庆	13097	124	6862	106
四　川	11580	129	10043	130
贵　州	3365	47	2228	46
云　南	10133	205	7075	189
西　藏	26	2	14	2
陕　西	6238	32	5539	18
甘　肃	3425	54	2603	57
青　海	1159	33	564	32
宁　夏	1390	16	1057	15
新　疆	2842	249	2438	241

1-12 采矿业按地区分组的法人单位数

单位：个

地 区	法人单位数(2010年)	#多产业法人单位	法人单位数(2009年)	#多产业法人单位
全 国	**104065**	**1831**	**103403**	**1813**
北 京	188	7	299	12
天 津	87	7	70	9
河 北	8617	124	8595	117
山 西	7838	150	8213	143
内蒙古	4651	84	4478	79
辽 宁	5834	54	5692	59
吉 林	1490	16	1880	18
黑龙江	2365	56	2343	58
上 海	4	1	2	1
江 苏	1236	23	1229	20
浙 江	1526	19	1547	19
安 徽	3132	50	3347	54
福 建	2866	33	2711	32
江 西	4077	33	3986	37
山 东	5154	93	4744	90
河 南	7952	49	7801	45
湖 北	5026	91	5083	110
湖 南	8151	82	8137	80
广 东	2749	56	2614	50
广 西	3079	82	2716	82
海 南	254	3	233	2
重 庆	3101	154	3380	140
四 川	5698	216	5654	219
贵 州	4926	38	4613	36
云 南	5282	171	5115	157
西 藏	119	6	114	6
陕 西	3645	39	4186	37
甘 肃	1876	26	1721	28
青 海	650	20	556	19
宁 夏	626	5	596	6
新 疆	1866	43	1748	48

1-13 制造业按地区分组的法人单位数

单位：个

地区	法人单位数（2010年）	#多产业法人单位	法人单位数（2009年）	#多产业法人单位
全国	**2098370**	**31584**	**1959254**	**30994**
北京	35314	1391	35985	1642
天津	43003	964	39874	977
河北	89205	621	88616	659
山西	24367	518	24207	489
内蒙古	17223	366	16404	352
辽宁	89447	919	85931	886
吉林	21597	144	25154	162
黑龙江	30745	468	29888	479
上海	86565	2339	81131	2169
江苏	322605	2382	287932	2237
浙江	276974	5811	257424	5953
安徽	59271	688	57819	632
福建	76980	922	68744	795
江西	40899	275	38236	254
山东	212151	2290	190092	2389
河南	115632	394	110886	366
湖北	61239	943	58560	936
湖南	60339	428	57981	340
广东	240121	5025	216698	4723
广西	24381	815	22156	741
海南	2684	50	2426	46
重庆	31729	964	29265	908
四川	53436	974	52426	992
贵州	10490	247	9723	248
云南	16215	724	15448	701
西藏	355	26	345	27
陕西	27634	298	30388	285
甘肃	12126	282	11264	294
青海	2493	72	2231	71
宁夏	4596	63	4207	53
新疆	8554	181	7813	188

1-14 电力、燃气及水的生产和供应业按地区分组的法人单位数

单位：个

地　区	法人单位数(2010年)	#多产业法人单位	法人单位数(2009年)	#多产业法人单位
全　国	**64151**	**3386**	**62038**	**3426**
北　京	450	34	408	33
天　津	393	23	334	21
河　北	1341	71	1218	85
山　西	1020	66	904	64
内蒙古	1255	112	1130	113
辽　宁	1762	113	1636	117
吉　林	1146	68	1166	72
黑龙江	1124	130	1004	136
上　海	294	21	280	21
江　苏	3029	69	3313	70
浙　江	3944	189	3941	199
安　徽	2054	121	2041	119
福　建	6230	152	6060	140
江　西	3771	131	3668	130
山　东	2151	159	1843	167
河　南	1556	101	1462	102
湖　北	2541	178	2679	191
湖　南	4834	123	4618	123
广　东	7978	286	7651	283
广　西	2628	232	2508	236
海　南	295	4	268	3
重　庆	1968	157	1967	148
四　川	5587	271	5542	278
贵　州	1254	115	1180	118
云　南	2085	207	1901	207
西　藏	94	16	91	17
陕　西	1225	57	1261	50
甘　肃	1037	110	949	115
青　海	278	12	248	11
宁　夏	197	12	173	10
新　疆	630	46	594	47

1-15 建筑业按地区分组的法人单位数

单位：个

地 区	法人单位数(2010年)	#多产业法人单位	法人单位数(2009年)	#多产业法人单位
全 国	**302232**	**11116**	**261694**	**10010**
北 京	12321	709	11885	867
天 津	7607	198	6110	194
河 北	7954	221	6829	232
山 西	5658	232	4979	199
内蒙古	4031	142	3591	133
辽 宁	18548	521	16510	474
吉 林	4018	48	4347	51
黑龙江	7136	268	6341	266
上 海	20058	587	18938	497
江 苏	40517	1078	29516	850
浙 江	17919	1366	15120	1264
安 徽	9946	284	10477	240
福 建	8925	662	7438	527
江 西	4857	166	3692	130
山 东	32419	412	27423	401
河 南	11522	206	10365	177
湖 北	15824	388	14828	307
湖 南	6935	200	6252	168
广 东	20172	1282	17339	1077
广 西	3950	288	3130	242
海 南	2505	43	1744	28
重 庆	6949	314	6331	254
四 川	9474	469	8744	452
贵 州	2144	137	1868	133
云 南	6395	259	4721	221
西 藏	380	5	337	5
陕 西	7664	163	6934	151
甘 肃	2464	148	2241	148
青 海	831	55	745	51
宁 夏	1154	62	1046	61
新 疆	1955	203	1873	210

1-16 交通运输、仓储和邮政业按地区分组的法人单位数

单位：个

地　区	法人单位数（2010年）	#多产业法人单位	法人单位数（2009年）	#多产业法人单位
全　国	**195829**	**9294**	**175914**	**8896**
北　京	7755	438	7715	541
天　津	7347	156	6435	159
河　北	6529	153	6122	131
山　西	4101	178	3560	164
内蒙古	3758	180	3525	178
辽　宁	10230	305	9603	286
吉　林	2562	70	2979	75
黑龙江	3811	149	3460	143
上　海	14411	889	13410	765
江　苏	18907	434	15236	405
浙　江	12628	826	11331	831
安　徽	6140	306	5747	299
福　建	7383	349	6582	327
江　西	4873	155	4021	134
山　东	17174	328	14790	314
河　南	5785	139	5422	144
湖　北	7489	323	7032	307
湖　南	4317	154	3972	146
广　东	20038	1547	17231	1454
广　西	4634	393	3929	371
海　南	772	67	666	66
重　庆	4527	349	4149	298
四　川	6821	424	6420	422
贵　州	1586	117	1397	114
云　南	3178	268	2635	234
西　藏	175	25	168	25
陕　西	3756	167	3635	164
甘　肃	1614	124	1460	125
青　海	471	64	432	62
宁　夏	615	35	531	34
新　疆	2442	182	2319	178

1-17 信息传输、计算机服务和软件业按地区分组的法人单位数

单位：个

地区	法人单位数(2010年)	#多产业法人单位	法人单位数(2009年)	#多产业法人单位
全国	**191182**	**4830**	**176326**	**4847**
北京	20878	736	20987	944
天津	2314	32	2072	35
河北	4875	81	4773	74
山西	2770	87	3088	80
内蒙古	2009	83	1913	83
辽宁	8721	145	7777	131
吉林	1684	66	1837	70
黑龙江	3007	91	2690	89
上海	12051	491	10989	431
江苏	16029	220	13174	204
浙江	14967	299	13166	285
安徽	5499	78	5427	69
福建	6537	125	5775	114
江西	1884	74	1711	71
山东	15138	193	12911	189
河南	5266	73	5001	72
湖北	7071	135	7043	135
湖南	8381	89	7725	80
广东	18622	803	16479	764
广西	5997	123	5610	133
海南	913	19	792	19
重庆	4051	148	3668	150
四川	9162	177	8802	175
贵州	2051	51	1889	50
云南	3719	103	3278	93
西藏	158	23	157	22
陕西	3264	64	3600	71
甘肃	1035	58	922	61
青海	403	37	383	36
宁夏	697	25	677	21
新疆	2029	101	2010	96

1-18 批发和零售业按地区分组的法人单位数

单位：个

地区	法人单位数(2010年)	#多产业法人单位	法人单位数(2009年)	#多产业法人单位
全 国	**1965118**	**67087**	**1670315**	**65353**
北 京	116396	5622	113263	6707
天 津	51763	797	43702	783
河 北	72724	1617	64573	1526
山 西	39691	1909	35126	1811
内蒙古	31565	930	27710	862
辽 宁	88875	1677	80425	1561
吉 林	25303	365	31202	405
黑龙江	43777	1263	39512	1261
上 海	130212	7456	116462	6853
江 苏	224964	5289	169042	5324
浙 江	133480	6294	112898	6172
安 徽	46945	1885	37307	1805
福 建	66702	2649	53092	2383
江 西	25660	562	20410	526
山 东	194517	2667	154520	2605
河 南	58769	1775	54469	1772
湖 北	80274	2030	68643	1912
湖 南	40943	651	32058	582
广 东	205711	7806	172071	7384
广 西	42383	3040	33174	2843
海 南	7622	356	6011	334
重 庆	37348	1964	31087	1733
四 川	51501	2382	46364	2372
贵 州	15592	841	13607	799
云 南	39075	1950	30430	1785
西 藏	923	68	886	67
陕 西	40581	836	35657	771
甘 肃	19036	881	16361	893
青 海	4080	228	3421	222
宁 夏	8001	230	6994	210
新 疆	20705	1067	19838	1090

1-19 住宿和餐饮业按地区分组的法人单位数

单位：个

地　区	法人单位数(2010年)	#多产业法人单位	法人单位数(2009年)	#多产业法人单位
全　国	**164762**	**7167**	**154895**	**7058**
北　京	12897	1034	13195	1165
天　津	3231	97	2950	100
河　北	4178	107	4372	122
山　西	3310	111	3183	107
内蒙古	3452	125	3250	113
辽　宁	6016	179	5989	160
吉　林	1738	32	2413	35
黑龙江	2983	68	2334	69
上　海	10687	692	9464	601
江　苏	10176	385	9012	351
浙　江	7549	1088	6958	1126
安　徽	4453	197	4355	185
福　建	5055	192	4347	161
江　西	3145	42	3243	35
山　东	16745	234	14021	244
河　南	8240	186	9212	193
湖　北	7576	189	7794	189
湖　南	7331	80	6707	78
广　东	16105	862	14257	815
广　西	2764	166	2378	146
海　南	1371	65	1066	56
重　庆	4795	242	4407	215
四　川	6726	277	6060	276
贵　州	1542	34	1366	35
云　南	3044	167	2672	166
西　藏	303	5	294	4
陕　西	4909	92	5488	94
甘　肃	2150	102	1943	107
青　海	595	28	550	27
宁　夏	644	16	561	15
新　疆	1052	73	1054	68

1-20 金融业按地区分组的法人单位数

单位：个

地 区	法人单位数(2010年)	#多产业法人单位	法人单位数(2009年)	#多产业法人单位
全 国	**45512**	**11515**	**36907**	**11359**
北 京	1298	187	1159	237
天 津	884	252	702	254
河 北	1669	459	1443	435
山 西	1257	358	993	343
内蒙古	1606	368	1345	362
辽 宁	2055	493	1735	483
吉 林	838	267	744	270
黑龙江	1244	360	1111	358
上 海	920	222	817	210
江 苏	4190	573	2763	560
浙 江	2484	646	2168	629
安 徽	1979	421	1524	413
福 建	2596	379	1963	365
江 西	1132	340	913	331
山 东	3901	710	2588	705
河 南	1694	517	1466	513
湖 北	1457	421	1330	408
湖 南	1223	425	1040	427
广 东	3207	889	2625	871
广 西	1249	374	938	367
海 南	245	65	211	61
重 庆	1169	328	1053	316
四 川	1842	625	1687	624
贵 州	759	240	647	237
云 南	1541	449	1158	431
西 藏	115	65	109	64
陕 西	1104	345	1018	352
甘 肃	677	283	583	283
青 海	213	88	186	88
宁 夏	281	71	241	70
新 疆	683	295	647	292

1-21 房地产业按地区分组的法人单位数

单位：个

地 区	法人单位数（2010年）	#多产业法人单位	法人单位数（2009年）	#多产业法人单位
全 国	**284726**	**12205**	**244043**	**11404**
北 京	14162	1210	13935	1392
天 津	4735	241	4303	236
河 北	9066	199	7165	166
山 西	4988	148	4286	124
内蒙古	5322	67	4500	54
辽 宁	13737	314	12424	301
吉 林	3593	26	3537	21
黑龙江	5839	164	4940	168
上 海	13537	853	12128	770
江 苏	23761	802	18651	725
浙 江	16748	1166	14531	1141
安 徽	9396	335	7977	292
福 建	10014	590	8672	555
江 西	6077	100	4843	74
山 东	20209	266	16263	256
河 南	9330	68	7985	54
湖 北	12569	410	11468	328
湖 南	8182	68	6946	57
广 东	37573	2818	32983	2645
广 西	9014	388	7084	346
海 南	4022	94	2879	82
重 庆	7133	557	6024	435
四 川	10329	507	9358	481
贵 州	4614	133	4046	127
云 南	6826	291	5174	226
西 藏	102		106	
陕 西	6346	90	5112	73
甘 肃	2635	71	2268	70
青 海	856	39	741	41
宁 夏	1006	22	886	16
新 疆	3005	168	2828	148

1-22 租赁和商务服务业按地区分组的法人单位数

单位：个

地　区	法人单位数(2010年)	#多产业法人单位	法人单位数(2009年)	#多产业法人单位
全　国	**590478**	**13479**	**511666**	**12940**
北　京	71741	1460	69420	1945
天　津	14482	177	11299	170
河　北	11434	241	10000	214
山　西	8404	291	7580	275
内蒙古	7531	149	6963	135
辽　宁	24503	341	22526	286
吉　林	6094	58	6655	65
黑龙江	10152	191	9124	184
上　海	50753	1579	43880	1402
江　苏	51979	851	38185	743
浙　江	50294	1350	43411	1286
安　徽	12280	261	10574	235
福　建	20864	484	17485	405
江　西	7406	128	5704	103
山　东	39873	410	32470	382
河　南	13289	134	11949	125
湖　北	20117	324	18029	297
湖　南	11022	199	9379	162
广　东	72830	2708	63854	2581
广　西	15392	543	12964	489
海　南	3636	105	2872	99
重　庆	12963	273	10629	199
四　川	17363	364	15702	357
贵　州	5001	113	4420	115
云　南	10324	282	8281	248
西　藏	251	2	238	2
陕　西	9141	109	7451	94
甘　肃	3577	107	3240	110
青　海	1075	47	978	43
宁　夏	1696	23	1553	22
新　疆	5011	175	4851	167

1-23 科学研究、技术服务和地质勘查业按地区分组的法人单位数

单位：个

地区	法人单位数(2010年)	#多产业法人单位	法人单位数(2009年)	#多产业法人单位
全国	**256865**	**7240**	**233221**	**7122**
北京	33970	725	32508	995
天津	7525	86	5859	83
河北	5432	99	5053	101
山西	4502	129	4309	117
内蒙古	3971	84	3837	78
辽宁	12685	156	11819	157
吉林	4026	48	4355	47
黑龙江	6083	162	5670	162
上海	17544	460	15096	397
江苏	17746	333	14409	294
浙江	16517	622	14259	570
安徽	5453	179	4822	172
福建	7901	311	7175	269
江西	3999	101	3653	96
山东	14485	180	13020	168
河南	6207	89	5648	79
湖北	11958	328	11242	320
湖南	7042	199	6768	187
广东	23373	935	20148	861
广西	8397	543	7627	524
海南	1178	72	1004	67
重庆	4026	162	3739	153
四川	11184	301	10808	293
贵州	3213	89	3063	90
云南	5710	381	5222	372
西藏	169	16	164	16
陕西	5433	105	5055	105
甘肃	2172	113	2095	116
青海	915	52	864	50
宁夏	716	25	684	26
新疆	3333	155	3246	157

1-24 水利、环境和公共设施管理业按地区分组的法人单位数

单位：个

地 区	法人单位数(2010年)	#多产业法人单位	法人单位数(2009年)	#多产业法人单位
全 国	**64794**	**2548**	**61740**	**2533**
北 京	2398	69	2323	78
天 津	1202	35	1074	36
河 北	1877	58	1786	55
山 西	1968	71	1863	68
内蒙古	1724	74	1676	75
辽 宁	2944	63	2788	66
吉 林	1254	23	1303	23
黑龙江	1594	73	1563	72
上 海	1994	52	1931	43
江 苏	5610	102	5175	97
浙 江	4024	188	3826	189
安 徽	1891	137	1781	140
福 建	2334	94	2128	88
江 西	1668	55	1532	53
山 东	3683	127	3442	125
河 南	2406	51	2352	49
湖 北	3794	171	3860	180
湖 南	2896	110	2813	110
广 东	4649	216	4323	207
广 西	2376	128	2227	126
海 南	311	17	296	20
重 庆	1504	76	1337	75
四 川	3239	113	3150	108
贵 州	1119	39	1075	38
云 南	1926	113	1816	114
西 藏	40	3	39	3
陕 西	2037	47	1988	49
甘 肃	877	112	847	112
青 海	304	11	286	12
宁 夏	263	18	257	18
新 疆	888	102	883	104

1-25 居民服务和其他服务业按地区分组的法人单位数

单位：个

地 区	法人单位数（2010年）	#多产业法人单位	法人单位数（2009年）	#多产业法人单位
全 国	**158152**	**3788**	**141936**	**3710**
北 京	14613	632	14974	745
天 津	6236	99	5547	94
河 北	4331	86	3867	76
山 西	3592	90	3239	88
内蒙古	2350	51	2022	47
辽 宁	6686	77	6221	75
吉 林	1914	10	2257	17
黑龙江	3426	50	3298	48
上 海	13036	495	12303	470
江 苏	13907	199	10283	185
浙 江	7194	295	6330	294
安 徽	3269	83	3089	73
福 建	4856	144	4210	134
江 西	3047	25	2394	22
山 东	13944	131	11342	127
河 南	4445	51	4227	47
湖 北	7963	111	7722	91
湖 南	5317	30	4976	31
广 东	15975	588	14123	549
广 西	2666	97	2152	87
海 南	645	19	529	18
重 庆	3408	104	2862	84
四 川	4091	85	3834	84
贵 州	1623	27	1417	24
云 南	2407	74	2033	68
西 藏	108	3	101	3
陕 西	3368	34	3229	32
甘 肃	1502	41	1305	42
青 海	297	9	250	9
宁 夏	527	7	451	6
新 疆	1409	41	1349	40

1-26 教育按地区分组的法人单位数

单位：个

地　区	法人单位数(2010年)	#多产业法人单位	法人单位数(2009年)	#多产业法人单位
全　国	**342408**	**32400**	**342003**	**33176**
北　京	8192	253	8220	312
天　津	3233	254	3132	268
河　北	19003	1142	19059	1150
山　西	8762	1095	9144	1092
内蒙古	5491	342	5435	341
辽　宁	11459	1052	11668	1057
吉　林	5258	655	5699	670
黑龙江	7682	703	7558	703
上　海	5590	120	5244	115
江　苏	15415	848	14801	858
浙　江	16018	926	15997	1031
安　徽	13065	1627	13346	1642
福　建	11898	1041	11694	1039
江　西	9741	1361	10018	1362
山　东	20774	2017	20607	2027
河　南	22900	2010	22752	2007
湖　北	16426	2229	16918	2475
湖　南	14810	2115	14723	2118
广　东	30779	1410	29967	1398
广　西	17126	1211	16776	1211
海　南	2139	240	2113	241
重　庆	7761	1606	7612	1765
四　川	19749	2664	19612	2720
贵　州	9592	1308	9520	1309
云　南	7618	1373	7424	1387
西　藏	1040	272	1039	272
陕　西	13871	887	15030	944
甘　肃	9123	846	9047	847
青　海	1236	218	1220	239
宁　夏	1391	164	1379	163
新　疆	5266	411	5249	413

1-27 卫生、社会保障和社会福利业按地区分组的法人单位数

单位：个

地　区	法人单位数(2010年)	#多产业法人单位	法人单位数(2009年)	#多产业法人单位
全　国	**205778**	**13695**	**209016**	**13844**
北　京	3044	210	3014	224
天　津	1406	205	1360	205
河　北	7170	309	7237	310
山　西	5124	452	5369	459
内蒙古	4479	255	4436	256
辽　宁	10128	334	10201	334
吉　林	3278	127	3620	134
黑龙江	4831	502	4793	502
上　海	2685	88	2491	86
江　苏	10020	974	9796	973
浙　江	6922	872	7206	949
安　徽	6077	817	7124	772
福　建	6161	378	6084	368
江　西	7984	363	7554	366
山　东	15810	1260	15714	1263
河　南	26174	224	26115	223
湖　北	10984	1082	12176	1150
湖　南	8274	756	8255	759
广　东	8949	871	8587	870
广　西	6445	395	6363	393
海　南	770	20	761	20
重　庆	5897	588	5880	600
四　川	14227	579	14283	581
贵　州	3988	313	3910	314
云　南	4332	844	4252	846
西　藏	504	25	504	25
陕　西	12415	232	14267	240
甘　肃	3497	304	3479	305
青　海	769	94	761	95
宁　夏	803	45	801	45
新　疆	2631	177	2623	177

1-28 文化、体育和娱乐业按地区分组的法人单位数

单位：个

地 区	法人单位数(2010年)	#多产业法人单位	法人单位数(2009年)	#多产业法人单位
全 国	**95633**	**2521**	**90891**	**2560**
北 京	11762	284	11456	352
天 津	1428	54	1233	56
河 北	2272	56	2207	55
山 西	2579	82	2463	81
内蒙古	1801	33	1744	30
辽 宁	3782	62	3660	67
吉 林	1572	22	1793	23
黑龙江	1793	54	1760	56
上 海	4166	143	3810	134
江 苏	6312	105	5518	98
浙 江	5274	182	5016	189
安 徽	2280	63	2336	59
福 建	3829	125	3503	119
江 西	2303	34	2145	35
山 东	4992	108	4559	108
河 南	3750	51	3629	52
湖 北	4486	131	4476	127
湖 南	4199	68	4028	67
广 东	7010	292	6367	282
广 西	3005	104	2795	101
海 南	662	24	588	25
重 庆	2128	63	2050	59
四 川	4394	106	4245	108
贵 州	1480	19	1428	20
云 南	2561	90	2381	86
西 藏	169		163	
陕 西	2554	35	2542	39
甘 肃	1226	48	1168	51
青 海	394	20	380	20
宁 夏	329	13	324	12
新 疆	1141	50	1124	49

1-29 公共管理和社会组织按地区分组的法人单位数

单位：个

地区	法人单位数(2010年)	#多产业法人单位	法人单位数(2009年)	#多产业法人单位
全国	**1382104**	**149497**	**1383842**	**151625**
北京	14013	1089	13901	1139
天津	9856	515	9796	522
河北	76296	4763	76467	4949
山西	51881	12963	52160	12959
内蒙古	30507	3076	30400	3079
辽宁	40576	3452	40277	3629
吉林	26394	1568	27128	1762
黑龙江	33956	4213	33531	4230
上海	12227	328	11929	325
江苏	60277	2821	59992	2838
浙江	69993	2463	71272	2601
安徽	44026	6330	45435	6106
福建	45638	10738	45335	10738
江西	45262	4236	45120	4232
山东	124347	12036	125367	12314
河南	81489	5009	81677	5004
湖北	61640	11235	63350	11906
湖南	85249	7561	85147	7568
广东	57333	8642	56609	8643
广西	44998	6779	43587	6764
海南	6036	583	6034	583
重庆	24340	2840	24202	3199
四川	106639	8365	106301	8385
贵州	35935	2972	35540	3077
云南	38522	5910	38141	5919
西藏	11187	643	10972	646
陕西	51479	8569	52558	8683
甘肃	38384	5203	38343	5224
青海	11307	1370	11081	1373
宁夏	11031	673	11015	671
新疆	31286	2552	31175	2558

第二部分

企业法人单位综合资料

2-1　按行业(中类)、

(2010年)

行业中类	代码	企业单位数	北京	天津	河北	山西	内蒙古
总计		**6517670**	**353802**	**149382**	**234754**	**127218**	**89791**
农、林、牧、渔业	A	**185917**	**2639**	**1541**	**9462**	**18623**	**4046**
农业	0100	64756	1193	541	2743	5332	1192
谷物及其他作物的种植	0110	17356	202	170	852	1892	794
蔬菜、园艺作物的种植	0120	27178	692	310	1251	2238	302
水果、坚果、饮料和香料作物的种植	0130	17072	278	60	551	936	62
中药材的种植	0140	3150	21	1	89	266	34
林业	0200	18843	430	111	802	2118	505
林木的培育和种植	0210	17442	425	110	776	2102	478
木材和竹材的采运	0220	730	2	1	6	8	20
林产品的采集	0230	671	3		20	8	7
畜牧业	0300	65989	719	456	4089	9408	1832
牲畜的饲养	0310	21291	259	182	1763	4445	1295
猪的饲养	0320	23604	110	123	1258	2795	206
家禽的饲养	0330	15963	237	116	744	1618	222
狩猎和捕捉动物	0340	71	1		4	11	
其他畜牧业	0390	5060	112	35	320	539	109
渔业	0400	13983	92	266	162	188	54
海洋渔业	0410	4407	6	101	59	8	7
内陆渔业	0420	9576	86	165	103	180	47
农、林、牧、渔服务业	0500	22346	205	167	1666	1577	463
农业服务业	0510	17380	122	127	1366	1325	307
林业服务业	0520	1237	24	9	59	91	26
畜牧服务业	0530	2515	49	16	166	150	119
渔业服务业	0540	1214	10	15	75	11	11
采矿业	B	**104064**	**188**	**87**	**8617**	**7838**	**4651**
煤炭开采和洗选业	0600	22912	27	4	837	4615	990
烟煤和无烟煤的开采洗选	0610	21595	26		791	4562	649
褐煤的开采洗选	0620	639		2	19	18	291
其他煤炭采选	0690	678	1	2	27	35	50
石油和天然气开采业	0700	1682	15	29	23	30	58
天然原油和天然气开采	0710	377	4	4	3	26	25
与石油和天然气开采有关的服务活动	0790	1305	11	25	20	4	33
黑色金属矿采选业	0800	18451	23	10	4955	1367	1252
铁矿采选	0810	16379	22	8	4901	1341	1219
其他黑色金属矿采选	0890	2072	1	2	54	26	33
有色金属矿采选业	0900	11462	4	3	414	145	531
常用有色金属矿采选	0910	8026	4	1	120	118	393
贵金属矿采选	0920	2189		1	261	25	104
稀有稀土金属矿采选	0930	1247		1	33	2	34

地区分组的企业法人单位数

单位：个

辽宁	吉林	黑龙江	上海	江苏	浙江	安徽	福建	江西	山东	代码
293675	**75975**	**122302**	**375023**	**756400**	**570258**	**171775**	**231539**	**112502**	**592306**	
8881	**2352**	**3402**	**2305**	**11773**	**14439**	**4302**	**9355**	**5401**	**12631**	A
2691	583	1113	1244	4555	7159	1511	3861	1811	4521	0100
602	190	724	306	984	1699	704	766	620	1247	0110
1123	163	283	759	2684	2549	507	1534	591	2049	0120
764	59	51	175	829	2655	251	1460	523	1125	0130
202	171	55	4	58	256	49	101	77	100	0140
671	393	495	383	924	1007	442	1208	931	647	0200
655	349	409	382	899	952	411	1031	785	622	0210
12	39	67	1	15	33	14	140	109	9	0220
4	5	19		10	22	17	37	37	16	0230
3463	1101	1177	291	2940	2531	1436	1907	1587	3985	0300
1126	423	560	92	677	448	267	331	429	1194	0310
954	246	280	71	906	744	529	1081	742	1134	0320
1054	234	191	80	1094	928	538	356	271	1230	0330
4	2	2	2	3	4	1	3	1	5	0340
325	196	144	46	260	407	101	136	144	422	0390
1133	96	109	186	1508	2139	436	1604	492	1107	0400
791		7	18	317	869	6	672	7	874	0410
342	96	102	168	1191	1270	430	932	485	233	0420
923	179	508	201	1846	1603	477	775	580	2371	0500
656	147	413	154	1455	1309	415	501	413	1916	0510
22	11	21	23	67	73	15	104	73	63	0520
160	21	64	12	150	134	33	45	59	298	0530
85		10	12	174	87	14	125	35	94	0540
5834	**1490**	**2365**	**4**	**1236**	**1526**	**3132**	**2866**	**4077**	**5153**	B
743	234	1293		56	14	245	315	789	652	0600
705	185	1248		46	2	215	296	740	598	0610
21	36	23		3		4		16	26	0620
17	13	22		7	12	26	19	33	28	0690
110	135	194	2	19	1	5	3	4	82	0700
5	82	14	2	8				1	37	0710
105	53	180		11	1	5	3	3	45	0790
1677	191	76		94	20	524	311	343	739	0800
1600	189	74		90	18	492	265	328	717	0810
77	2	2		4	2	32	46	15	22	0890
795	186	75		24	71	311	310	540	307	0900
534	87	39		18	42	249	231	247	55	0910
160	78	26		2	7	45	32	76	244	0920
101	21	10		4	22	17	47	217	8	0930

行业中类	代码	企业单位数	北京	天津	河北	山西	内蒙古
非金属矿采选业	1000	48050	118	34	2360	1641	1726
土砂石开采	1010	40647	114	24	1855	1487	1402
化学矿采选	1020	1612			9	62	34
采盐	1030	865		8	113		13
石棉及其他非金属矿采选	1090	4926	4	2	383	92	277
其他采矿业	1100	1507	1	7	28	40	94
制造业	**C**	**2098319**	**35311**	**43000**	**89205**	**24367**	**17223**
农副食品加工业	1300	108825	955	986	4708	1837	2155
谷物磨制	1310	29082	63	108	1184	543	337
饲料加工	1320	12907	343	266	814	232	321
植物油加工	1330	10247	43	82	492	125	129
制糖	1340	678	6	6	24	6	13
屠宰及肉类加工	1350	17268	262	148	803	268	840
水产品加工	1360	9256	13	75	269	4	2
蔬菜、水果和坚果加工	1370	14770	111	134	498	283	205
其他农副食品加工	1390	14617	114	167	624	376	308
食品制造业	1400	46556	1075	957	2270	1028	885
焙烤食品制造	1410	11448	334	156	444	234	260
糖果、巧克力及蜜饯制造	1420	4971	84	117	568	204	9
方便食品制造	1430	7235	130	97	288	109	89
液体乳及乳制品制造	1440	1991	56	40	116	93	187
罐头制造	1450	3259	25	74	168	64	23
调味品、发酵制品制造	1460	7051	129	152	347	205	143
其他食品制造	1490	10601	317	321	339	119	174
饮料制造业	1500	37383	424	263	1256	565	654
酒精制造	1510	490	2	7	13	14	23
酒的制造	1520	13956	118	96	657	239	390
软饮料制造	1530	13159	289	159	577	302	239
精制茶加工	1540	9778	15	1	9	10	2
烟草制品业	1600	298	1	1	3	1	2
烟叶复烤	1610	107					
卷烟制造	1620	103	1	1	3	1	2
其他烟草制品加工	1690	88					
纺织业	1700	122699	742	1205	4996	300	754
棉、化纤纺织及印染精加工	1710	47823	102	321	2623	130	30
毛纺织和染整精加工	1720	5485	31	76	671	12	326
麻纺织	1730	1031		1	5	6	2
丝绢纺织及精加工	1740	7106	10	23	27	10	3
纺织制成品制造	1750	28026	278	411	1265	67	109
针织品、编织品及其制品制造	1760	33228	321	373	405	75	284

单位：个

辽宁	吉林	黑龙江	上海	江苏	浙江	安徽	福建	江西	山东	代码
2479	699	696	2	1027	1411	2020	1872	2295	3274	1000
1888	604	620	1	910	1278	1760	1660	2049	2464	1010
122	13	1		15	8	71	16	14	8	1020
35				39	26	1	23	2	487	1030
434	82	75	1	63	99	188	173	230	315	1090
30	45	31		16	9	27	55	106	99	1100
89447	**21571**	**30745**	**86565**	**322603**	**276973**	**59270**	**76980**	**40899**	**212139**	**C**
5401	2808	4433	771	7339	4345	5213	3591	3311	17307	1300
795	1065	2146	41	2325	227	2325	360	1525	2313	1310
1131	469	538	162	729	397	310	402	295	1480	1320
246	106	408	43	471	196	677	159	317	1799	1330
15	3	29	8	18	8	5	19	14	51	1340
931	339	491	181	1178	579	792	386	382	2599	1350
1157	74	27	62	1126	1379	75	1094	61	2327	1360
703	282	241	78	707	1172	534	737	199	4645	1370
423	470	553	196	785	387	495	434	518	2093	1390
2046	811	1265	1240	3146	1931	1412	2232	1187	5767	1400
603	234	257	368	795	443	435	505	289	1285	1410
75	9	37	93	186	167	101	401	107	556	1420
238	173	254	150	444	251	272	266	267	762	1430
79	28	160	21	97	53	36	27	22	236	1440
195	18	36	44	215	250	105	399	93	466	1450
315	122	178	150	540	237	190	260	87	821	1460
541	227	343	414	869	530	273	374	322	1641	1490
1295	933	1168	271	2106	2354	1779	3318	951	3125	1500
22	25	23	2	72	4	11	6	8	41	1510
640	559	718	62	821	614	504	307	319	1500	1520
624	344	419	190	795	799	422	463	360	1264	1530
9	5	8	17	418	937	842	2542	264	320	1540
6	16	11	2	8	9	8	12	10	21	1600
2	9	8			1	2	6	4	10	1610
4	5	2	2	3	4	5	4	5	7	1620
	2	1		5	4	1	2	1	4	1690
2329	229	518	4340	33244	30260	2267	3453	1576	12517	1700
608	52	83	845	14579	10157	787	978	452	6396	1710
51	17	10	181	1559	771	67	50	43	476	1720
15	14	115	6	204	65	54	10	63	71	1730
275		4	49	3282	2086	171	37	52	246	1740
659	62	240	1323	7392	6479	627	808	219	2627	1750
721	84	66	1936	6228	10702	561	1570	747	2701	1760

行业中类	代码	企业单位数	北京	天津	河北	山西	内蒙古
纺织服装、鞋、帽制造业	1800	96743	2442	1802	1932	279	275
纺织服装制造	1810	90086	2373	1725	1685	244	265
纺织面料鞋的制造	1820	4944	47	53	185	30	7
制帽	1830	1713	22	24	62	5	3
皮革、毛皮、羽毛(绒)及其制品业	1900	36703	210	304	2320	48	156
皮革鞣制加工	1910	2897	4	22	404	6	13
皮革制品制造	1920	28598	174	242	909	22	49
毛皮鞣制及制品加工	1930	3360	28	28	910	18	64
羽毛(绒)加工及制品制造	1940	1848	4	12	97	2	30
木材加工及木、竹、藤、棕、草制品业	2000	67881	695	566	1463	274	834
锯材、木片加工	2010	24208	60	74	286	85	496
人造板制造	2020	19166	96	92	699	67	168
木制品制造	2030	16683	531	370	374	101	160
竹、藤、棕、草制品制造	2040	7824	8	30	104	21	10
家具制造业	2100	42015	1397	698	1500	245	172
木质家具制造	2110	30219	1112	447	1015	190	144
竹、藤家具制造	2120	767	5		7	2	1
金属家具制造	2130	4678	166	103	342	25	12
塑料家具制造	2140	662	6	3	18	8	2
其他家具制造	2190	5689	108	145	118	20	13
造纸及纸制品业	2200	55703	967	1383	2491	526	229
纸浆制造	2210	1051	3	35	82	19	12
造纸	2220	13122	170	357	741	179	62
纸制品制造	2230	41530	794	991	1668	328	155
印刷业和记录媒介的复制	2300	57748	1694	1029	2324	710	577
印刷	2310	52239	1405	859	1904	630	502
装订及其他印刷服务活动	2320	5197	260	163	383	78	73
记录媒介的复制	2330	312	29	7	37	2	2
文教体育用品制造业	2400	22036	338	446	552	53	14
文化用品制造	2410	6195	100	112	88	13	5
体育用品制造	2420	5583	76	142	280	32	3
乐器制造	2430	1488	97	161	126	2	5
玩具制造	2440	7918	43	27	42	4	1
游艺器材及娱乐用品制造	2450	852	22	4	16	2	
石油加工及炼焦	2500	7181	214	165	438	457	118
精炼石油产品的制造	2510	5288	211	149	309	50	44
炼焦	2520	1893	3	16	129	407	74
化学原料及化学制品制造业	2600	107165	2275	2725	5221	1590	1083
基础化学原料制造	2610	18697	159	470	1403	567	467
肥料制造	2620	10928	144	130	547	229	163
农药制造	2630	2787	37	67	166	63	20

单位：个

辽宁	吉林	黑龙江	上海	江苏	浙江	安徽	福建	江西	山东	代码
3718	304	314	6369	19308	13358	3331	6606	2411	8444	1800
3527	290	290	6117	17944	12408	3180	5976	2265	7638	1810
166	8	18	159	803	686	116	597	119	576	1820
25	6	6	93	561	264	35	33	27	230	1830
646	74	112	1083	2612	8681	750	3539	573	2491	1900
30	7	26	16	125	510	56	195	40	308	1910
483	38	60	1006	2077	6979	383	3273	461	1701	1920
97	11	11	25	180	880	33	18	16	372	1930
36	18	15	36	230	312	278	53	56	110	1940
2488	1601	3077	1663	7885	4418	2813	4218	2861	10245	2000
772	818	1646	208	2138	477	982	868	1064	4243	2010
502	327	659	230	3255	994	743	1038	521	3760	2020
1130	425	721	1173	2148	1822	545	919	419	1585	2030
84	31	51	52	344	1125	543	1393	857	657	2040
1198	393	668	3062	3106	3628	1193	1572	863	4368	2100
978	323	513	2208	2272	2005	883	1021	643	3739	2110
6	1	4	17	27	95	65	65	60	40	2120
74	23	52	216	360	884	91	250	47	194	2130
9	15	17	15	55	130	24	33	9	47	2140
131	31	82	606	392	514	130	203	104	348	2190
1666	355	543	2700	7400	8171	1171	2705	869	5274	2200
20	14	30	11	88	36	26	40	47	98	2210
386	113	200	339	1176	1502	320	639	322	1311	2220
1260	228	313	2350	6136	6633	825	2026	500	3865	2230
2106	860	1003	2700	6231	7980	1409	2021	961	4527	2300
1966	779	915	2333	5663	7410	1345	1887	879	4055	2310
134	73	83	349	543	555	59	127	73	442	2320
6	8	5	18	25	15	5	7	9	30	2330
315	57	146	1244	3755	5355	772	839	370	1869	2400
124	40	100	506	708	2373	130	174	181	320	2410
102	6	23	256	981	1149	160	406	72	781	2420
55	9	10	144	235	161	9	25	5	128	2430
20	2	10	299	1758	1387	464	223	109	614	2440
14		3	39	73	285	9	11	3	26	2450
1038	100	305	145	619	250	89	111	60	819	2500
987	86	254	140	571	248	69	105	40	706	2510
51	14	51	5	48	2	20	6	20	113	2520
5387	1239	1684	3580	14348	8105	3080	2760	4143	14255	2600
1010	275	280	335	2870	1161	447	317	528	2532	2610
646	222	393	59	769	202	425	263	206	1944	2620
116	36	92	30	457	135	112	43	97	435	2630

2-1 续表 3

行业中类	代码	企业单位数	北京	天津	河北	山西	内蒙古
涂料、油墨、颜料及类似产品制造	2640	19942	823	774	923	166	93
合成材料制造	2650	7234	115	142	305	55	36
专用化学产品制造	2660	36981	691	813	1520	437	269
日用化学产品制造	2670	10596	306	329	357	73	35
医药制造业	2700	17809	611	409	580	284	185
化学药品原药制造	2710	2595	31	65	121	32	34
化学药品制剂制造	2720	2480	133	62	86	71	31
中药饮片加工	2730	2283	58	23	57	33	33
中成药制造	2740	3026	98	52	78	53	30
兽用药品制造	2750	1535	50	39	106	50	18
生物、生化制品的制造	2760	3101	167	87	62	26	32
卫生材料及医药用品制造	2770	2789	74	81	70	19	7
化学纤维制造业	2800	5265	38	55	217	21	13
纤维素纤维原料及纤维制造	2810	979	3	14	86	2	3
合成纤维制造	2820	4286	35	41	131	19	10
橡胶制品业	2900	23617	222	673	1890	172	57
轮胎制造	2910	2139	17	88	86	15	13
橡胶板、管、带的制造	2920	4524	44	105	625	48	8
橡胶零件制造	2930	6525	73	171	502	46	14
再生橡胶制造	2940	1153	3	24	170	32	10
日用及医用橡胶制品制造	2950	1078	20	15	94	5	1
橡胶靴鞋制造	2960	2036	7	54	32	1	
其他橡胶制品制造	2990	6162	58	216	381	25	11
塑料制品业	3000	112936	1520	2227	4410	606	461
塑料薄膜制造	3010	10391	86	217	748	60	46
塑料板、管、型材的制造	3020	15922	237	307	843	147	145
塑料丝、绳及编织品的制造	3030	10920	86	180	435	121	88
泡沫塑料制造	3040	5543	121	152	225	68	26
塑料人造革、合成革制造	3050	1324	5	15	59	3	1
塑料包装箱及容器制造	3060	12465	273	340	436	65	30
塑料零件制造	3070	14799	105	244	442	15	11
日用塑料制造	3080	14380	342	110	390	55	32
其他塑料制品制造	3090	27192	265	662	832	72	82
非金属矿物制品业	3100	223919	2832	1900	11696	5924	3428
水泥、石灰和石膏的制造	3110	15804	145	101	1343	642	452
水泥及石膏制品制造	3120	50429	884	513	2086	756	693
砖瓦、石材及其他建筑材料制造	3130	101736	1019	733	4598	2861	1903
玻璃及玻璃制品制造	3140	18426	464	276	1329	312	71
陶瓷制品制造	3150	10803	53	34	421	149	27
耐火材料制品制造	3160	12454	131	80	902	836	98
石墨及其他非金属矿物制品制造	3190	14267	136	163	1017	368	184

单位：个

辽宁	吉林	黑龙江	上海	江苏	浙江	安徽	福建	江西	山东	代码
1010	191	266	1170	2977	2055	608	632	323	1874	2640
305	76	86	306	1503	766	237	227	82	1208	2650
1816	366	452	994	4767	2889	1025	785	2653	5424	2660
484	73	115	686	1005	897	226	493	254	838	2670
835	695	432	576	1822	1218	667	380	682	1710	2700
106	19	36	86	428	313	76	33	88	275	2710
142	70	73	103	256	127	94	51	82	211	2720
157	237	51	28	67	106	180	29	66	140	2730
131	236	101	49	77	104	100	73	169	170	2740
59	25	39	31	103	60	36	19	56	248	2750
155	62	85	165	350	197	105	120	57	380	2760
85	46	47	114	541	311	76	55	164	286	2770
126	23	27	137	2056	1060	115	163	46	446	2800
35	9	8	30	252	106	21	34	16	128	2810
91	14	19	107	1804	954	94	129	30	318	2820
1257	180	187	1165	3691	3258	580	997	227	2931	2900
87	24	25	51	198	146	51	85	43	708	2910
309	43	39	154	656	750	127	84	34	563	2920
493	61	52	386	1195	1238	200	137	30	541	2930
34	11	10	23	135	51	30	33	41	145	2940
29	8	4	52	210	162	29	58	21	91	2950
56	2	3	47	168	497	21	379	9	100	2960
249	31	54	452	1129	414	122	221	49	783	2990
4083	800	1099	5437	17320	20566	3054	4276	1127	10382	3000
387	78	109	463	1558	1232	258	444	107	1195	3010
797	215	304	504	2617	2201	538	344	194	1906	3020
779	103	141	202	1251	1856	502	252	174	1878	3030
288	61	58	260	746	848	130	316	57	514	3040
26	5	5	34	202	375	46	145	20	80	3050
475	106	95	691	2220	1823	485	318	149	1271	3060
232	53	41	744	2735	5224	270	258	52	620	3070
581	48	111	437	1160	3819	379	1251	134	723	3080
518	131	235	2102	4831	3188	446	948	240	2195	3090
8877	2587	3282	3145	18838	9625	8802	9695	7646	23607	3100
586	229	274	98	825	611	557	507	522	1370	3110
1215	404	576	664	4221	2305	2199	749	671	4977	3120
3502	1553	1924	1057	5714	3259	4481	6627	4274	11189	3130
733	135	205	854	3751	1694	730	356	351	2199	3140
157	18	52	138	878	441	99	1152	1397	765	3150
1877	80	88	139	1351	716	181	91	128	1265	3160
807	168	163	195	2098	599	555	213	303	1842	3190

行业中类	代码	企业单位数	北京	天津	河北	山西	内蒙古
黑色金属冶炼及压延加工业	3200	20893	154	1020	1699	635	526
炼铁	3210	2645	9	17	285	345	146
炼钢	3220	935	3	26	99	53	13
钢压延加工	3230	13899	136	960	1221	153	122
铁合金冶炼	3240	3414	6	17	94	84	245
有色金属冶炼及压延加工业	3300	24454	261	475	1328	392	428
常用有色金属冶炼	3310	6442	16	76	508	235	124
贵金属冶炼	3320	685	4	4	33	9	36
稀有稀土金属冶炼	3330	1496	10	14	20	20	116
有色金属合金制造	3340	2660	39	48	170	33	53
有色金属压延加工	3350	13171	192	333	597	95	99
金属制品业	3400	160747	3688	5974	8911	1385	1155
结构性金属制品制造	3410	56082	2247	2111	2456	557	740
金属工具制造	3420	20857	199	404	673	132	69
集装箱及金属包装容器制造	3430	6234	126	286	245	31	30
金属丝绳及其制品的制造	3440	7903	56	634	1475	105	107
建筑、安全用金属制品制造	3450	18759	299	631	1462	290	94
金属表面处理及热处理加工	3460	11737	236	532	444	66	13
搪瓷制品制造	3470	1229	5	28	49	4	5
不锈钢及类似日用金属制品制造	3480	15258	270	359	264	59	23
其他金属制品制造	3490	22688	250	989	1843	141	74
通用设备制造业	3500	214101	3021	5258	11037	3793	1112
锅炉及原动机制造	3510	8443	173	226	402	275	121
金属加工机械制造	3520	29349	394	862	1207	314	186
起重运输设备制造	3530	6708	93	176	346	76	14
泵、阀门、压缩机及类似机械的制造	3540	27610	416	1115	936	334	49
轴承、齿轮、传动和驱动部件的制造	3550	14143	104	150	594	84	17
烘炉、熔炉及电炉制造	3560	1990	51	47	60	10	6
风机、衡器、包装设备等通用设备制造	3570	28196	572	616	1042	190	84
通用零部件制造及机械修理	3580	64963	872	1655	3585	870	489
金属铸、锻加工	3590	32699	346	411	2865	1640	146
专用设备制造业	3600	116929	2439	3077	4597	1090	531
矿山、冶金、建筑专用设备制造	3610	19871	267	518	1452	475	132
化工、木材、非金属加工专用设备制造	3620	32336	327	912	711	99	60
食品、饮料、烟草及饲料生产专用设备制造	3630	4137	93	70	158	7	25
印刷、制药、日化生产专用设备制造	3640	7300	156	144	345	36	12
纺织、服装和皮革工业专用设备制造	3650	9629	59	156	189	136	1
电子和电工机械专用设备制造	3660	8717	220	231	176	71	27
农、林、牧、渔专用机械制造	3670	8886	83	92	390	68	162
医疗仪器设备及器械制造	3680	6576	493	244	137	35	18
环保、社会公共安全及其他专用设备制造	3690	19477	741	710	1039	163	94

单位：个

辽宁	吉林	黑龙江	上海	江苏	浙江	安徽	福建	江西	山东	代码
1382	137	185	358	3092	2174	425	487	258	1294	3200
166	26	33	8	115	32	76	49	31	129	3210
98	6	16	6	91	35	28	38	23	58	3220
920	78	120	327	2695	2063	290	317	179	1014	3230
198	27	16	17	191	44	31	83	25	93	3240
1050	130	149	820	4128	2632	529	408	1080	1161	3300
261	47	44	71	563	294	175	72	281	272	3310
47	7	1	5	33	36	11	13	35	29	3320
101	13	17	15	118	25	22	30	175	52	3330
143	12	25	107	467	255	54	68	66	120	3340
498	51	62	622	2947	2022	267	225	523	688	3350
6236	1085	1718	10535	28643	19585	3492	3874	1533	14248	3400
2828	570	822	3342	11085	3565	1719	1298	667	5780	3410
529	127	265	1378	4304	3451	498	433	222	2167	3420
418	63	73	318	1250	613	177	148	49	662	3430
268	24	54	276	1819	865	180	98	51	480	3440
608	143	205	1058	2081	4690	302	646	163	1229	3450
876	30	79	848	2450	2301	163	257	46	615	3460
32	6	5	64	161	251	25	90	21	118	3470
241	45	86	1026	1622	2405	143	424	121	936	3480
436	77	129	2225	3871	1444	285	480	193	2261	3490
15877	1616	2896	10876	46531	37886	4476	3689	1483	24275	3500
648	177	439	259	1528	564	286	94	96	1333	3510
1538	254	491	1678	7040	2759	609	529	278	4281	3520
529	55	38	381	1452	1090	171	125	40	479	3530
2441	120	158	1714	5568	7911	442	659	118	2399	3540
1213	45	127	524	2354	4562	256	248	123	1874	3550
108	8	43	81	710	263	21	16	16	145	3560
1368	268	307	2066	7914	4203	367	438	185	3256	3570
5356	460	1042	3514	14018	13075	1196	892	448	5716	3580
2676	229	251	659	5947	3459	1128	688	179	4792	3590
5942	1135	1940	6736	25774	14308	2661	2910	1167	12592	3600
1941	258	604	370	3356	845	593	421	258	2898	3610
1258	203	226	2815	7272	5252	720	966	199	2378	3620
196	41	111	215	599	471	133	97	23	537	3630
297	62	75	540	1483	952	135	197	85	760	3640
132	10	26	594	2949	3077	78	224	83	966	3650
326	60	156	470	2142	613	232	272	127	839	3660
367	196	325	112	975	780	233	235	107	1629	3670
271	98	83	547	1389	738	169	125	134	424	3680
1154	207	334	1073	5609	1580	368	373	151	2161	3690

行业中类	代码	企业单位数	北京	天津	河北	山西	内蒙古
交通运输设备制造业	3700	93528	1427	3062	3905	644	525
铁路运输设备制造	3710	3285	149	81	218	97	39
汽车制造	3720	63169	1146	1424	2837	517	474
摩托车制造	3730	7526	7	56	179	5	
自行车制造	3740	5980	25	1143	397	7	
船舶及浮动装置制造	3750	10977	9	288	145		1
航空航天器制造	3760	460	44	13	5	1	2
交通器材及其他交通运输设备制造	3790	2131	47	57	124	17	9
电气机械及器材制造业	3900	115973	2108	2196	3848	515	326
电机制造	3910	12374	123	281	212	48	61
输配电及控制设备制造	3920	37533	1007	835	1269	194	105
电线、电缆、光缆及电工器材制造	3930	19171	249	500	1309	111	68
电池制造	3940	4847	77	90	161	24	14
家用电力器具制造	3950	14274	175	138	194	12	8
非电力家用器具制造	3960	4794	138	53	209	36	22
照明器具制造	3970	16384	210	110	177	42	13
其他电气机械及器材制造	3990	6596	129	189	317	48	35
通信设备、计算机及其他电子设备制造业	4000	60906	1452	1582	830	164	77
通信设备制造	4010	6548	279	168	178	22	14
雷达及配套设备制造	4020	145	9	6	1	1	
广播电视设备制造	4030	1699	72	19	44	3	2
电子计算机制造	4040	5088	269	79	76	6	10
电子器件制造	4050	8769	260	153	73	28	6
电子元件制造	4060	26362	286	853	313	70	26
家用视听设备制造	4070	3914	39	38	11	2	2
其他电子设备制造	4090	8381	238	266	134	32	17
仪器仪表及文化、办公用机械制造业	4100	27777	1239	963	742	138	44
通用仪器仪表制造	4110	13481	678	607	502	83	22
专用仪器仪表制造	4120	4779	312	152	133	24	5
钟表与计时仪器制造	4130	1994	11	39	20	2	
光学仪器及眼镜制造	4140	3971	82	35	9	6	1
文化、办公用机械制造	4150	1911	57	50	24	8	
其他仪器仪表的制造及修理	4190	1641	99	80	54	15	16
工艺品及其他制造业	4200	60346	782	1337	1671	559	338
工艺美术品制造	4210	35309	440	601	834	185	115
日用杂品制造	4220	9155	73	110	215	17	53
煤制品制造	4230	4405	168	21	119	301	29
其他未列明的制造业	4290	11477	101	605	503	56	141
废弃资源和废旧材料回收加工业	4300	10116	86	261	368	132	109
金属废料和碎屑的加工处理	4310	5037	41	234	166	54	59
非金属废料和碎屑的加工处理	4320	5079	45	27	202	78	50

单位：个

辽宁	吉林	黑龙江	上海	江苏	浙江	安徽	福建	江西	山东	代码
4521	1777	1099	3528	14361	16500	2805	2684	1320	8113	3700
447	92	140	54	505	118	67	14	38	270	3710
2852	1642	879	2403	7747	11188	2237	1826	1041	5890	3720
15	12	3	97	886	1540	48	308	37	236	3730
47	2	9	218	1467	1431	99	36	39	297	3740
1075	6	20	620	3302	1949	283	457	117	991	3750
33	4	18	31	48	15	6	10	9	18	3760
52	19	30	105	406	259	65	33	39	411	3790
4876	744	1154	5842	20669	24355	2995	3276	1366	7346	3900
465	75	178	560	2639	2895	240	1139	108	885	3910
2383	343	489	2053	6777	7931	823	725	419	2428	3920
884	123	205	1033	3788	2618	798	299	276	1155	3930
112	18	25	163	811	681	169	179	126	359	3940
265	54	67	524	1359	4222	327	255	90	688	3950
130	46	40	112	815	869	193	84	42	609	3960
364	35	46	738	2925	4469	302	464	241	503	3970
273	50	104	659	1555	670	143	131	64	719	3990
1180	183	321	2570	12354	7345	1157	1910	865	2995	4000
148	29	69	310	1110	749	102	236	99	358	4010
8	1	1	4	24	4	7	4	2	5	4020
59	4	10	63	266	367	33	47	25	52	4030
102	30	47	213	833	304	68	163	77	180	4040
212	39	41	511	1987	908	193	389	129	376	4050
394	37	59	899	6390	4065	566	691	384	1458	4060
34	7	9	89	265	507	88	95	31	61	4070
223	36	85	481	1479	441	100	285	118	505	4090
1746	241	387	1930	4797	5093	541	796	389	1661	4100
1222	142	238	932	2543	2316	283	199	125	956	4110
292	47	92	367	999	644	188	91	40	319	4120
38	2	5	97	67	205	10	187	20	98	4130
46	27	8	209	658	1362	22	215	147	50	4140
43	3	21	133	249	405	21	77	30	103	4150
105	20	23	192	281	161	17	27	27	135	4190
1526	348	522	3511	5922	1151	1184	4242	1130	7577	4200
1106	153	179	997	3203	7990	623	3056	612	5074	4210
113	26	34	257	1075	3024	389	748	151	505	4220
177	83	89	7	133	53	68	57	60	391	4230
130	86	220	2250	1511	464	104	381	307	1607	4290
290	110	97	224	1484	989	499	216	433	765	4300
120	39	26	102	747	433	185	87	259	363	4310
170	71	71	122	737	556	314	129	174	402	4320

行业中类	代码	企业单位数	北京	天津	河北	山西	内蒙古
电力、燃气及水的生产和供应业	D	**63037**	**440**	**386**	**1314**	**953**	**1221**
电力、热力的生产和供应业	4400	41902	295	198	735	505	823
电力生产	4410	34465	50	42	391	309	349
电力供应	4420	3662	10	20	150	64	171
热力生产和供应	4430	3775	235	136	194	132	303
燃气生产和供应业	4500	4175	42	70	186	155	108
水的生产和供应业	4600	16960	103	118	393	293	290
自来水的生产和供应	4610	13908	50	53	246	220	223
污水处理及其再生利用	4620	2379	43	33	134	62	46
其他水的处理、利用与分配	4690	673	10	32	13	11	21
建筑业	E	**302215**	**12316**	**7607**	**7953**	**5658**	**4031**
房屋和土木工程建筑业	4700	111475	2508	2323	3680	2090	1822
房屋工程建筑	4710	68220	1270	907	2161	1093	1169
土木工程建筑	4720	43255	1238	1416	1519	997	653
建筑安装业	4800	59646	2589	2260	1492	1050	540
建筑装饰业	4900	92833	6283	2034	1864	1736	1198
其他建筑业	5000	38261	936	990	917	782	471
工程准备	5010	11406	316	118	336	252	133
提供施工设备服务	5020	4554	105	112	119	159	119
其他未列明的建筑活动	5090	22301	515	760	462	371	219
交通运输、仓储和邮政业	F	**185975**	**7740**	**7089**	**5926**	**3805**	**3349**
铁路运输业	5100	966	31	28	29	91	51
铁路旅客运输	5110	78	4	2			1
铁路货物运输	5120	441	18	15	15	32	22
铁路运输辅助活动	5130	447	9	11	14	59	28
道路运输业	5200	85723	3803	1938	3464	2291	2125
公路旅客运输	5210	8797	19	82	249	213	164
道路货物运输	5220	68680	3352	1736	2916	1829	1730
道路运输辅助活动	5230	8246	432	120	299	249	231
城市公共交通业	5300	8173	309	85	358	272	205
公共电汽车客运	5310	2281	40	27	118	91	76
轨道交通	5320	98	4	3	6	1	2
出租车客运	5330	5307	257	48	222	173	112
城市轮渡	5340	73					
其他城市公共交通	5390	414	8	7	12	7	15
水上运输业	5400	8759	14	206	108	14	4
水上旅客运输	5410	1006	1	11	12	5	1
水上货物运输	5420	5519	12	96	48	3	
水上运输辅助活动	5430	2234	1	99	48	6	3

单位：个

辽宁	吉林	黑龙江	上海	江苏	浙江	安徽	福建	江西	山东	代码
1707	**1132**	**1102**	**291**	**3013**	**3909**	**2019**	**6134**	**3696**	**2082**	D
1120	841	774	56	510	2626	861	5218	2991	923	4400
292	286	271	26	305	2459	670	5023	2723	396	4410
114	109	163	10	76	107	160	175	236	210	4420
714	446	340	20	129	60	31	20	32	317	4430
176	100	80	48	298	146	141	62	153	412	4500
411	191	248	187	2205	1137	1017	854	552	747	4600
286	139	194	130	1779	690	924	774	487	471	4610
114	40	43	39	372	235	84	68	49	211	4620
11	12	11	18	54	212	9	12	16	65	4690
18547	**4018**	**7136**	**20058**	**40517**	**17919**	**9946**	**8925**	**4857**	**32412**	E
6150	1739	2964	4805	13500	6555	3675	3690	2271	13293	4700
3158	1034	1936	2039	7484	3124	2373	2223	1529	9226	4710
2992	705	1028	2766	6016	3431	1302	1467	742	4067	4720
4973	916	1406	5127	9566	2863	1444	1368	708	6739	4800
5414	946	1768	8673	12432	6386	3146	2409	1325	7212	4900
2010	417	998	1453	5019	2115	1681	1458	553	5168	5000
998	129	280	476	1463	1485	684	453	79	787	5010
178	39	92	220	563	130	263	190	78	586	5020
834	249	626	757	2993	500	734	815	396	3795	5090
9887	**2398**	**3538**	**14370**	**18369**	**12291**	**5902**	**6976**	**4345**	**16266**	F
42	19	17	18	79	12	25	33	14	132	5100
4	1		1	5	3	2	6	2	17	5110
18	4	8	13	25	8	7	9	7	66	5120
20	14	9	4	49	1	16	18	5	49	5130
4321	1200	1711	3384	10043	5523	3284	2716	2891	6727	5200
325	156	223	69	547	471	386	414	417	372	5210
3739	837	1264	3133	8973	4507	2567	1990	2218	5945	5220
257	207	224	182	523	545	331	312	256	410	5230
559	154	334	215	506	384	258	226	267	423	5300
87	51	93	48	109	97	73	84	118	100	5310
4	3	2	8	6	4	4		5	9	5320
460	96	220	145	347	247	166	111	114	290	5330
		4	2	12	10	5	3	4	4	5340
8	4	15	12	32	26	10	28	26	20	5390
320	17	63	282	1274	991	666	946	206	631	5400
45	7	19	15	48	100	59	54	17	57	5410
158	5	24	164	854	643	499	724	157	354	5420
117	5	20	103	372	248	108	168	32	220	5430

行业中类	代码	企业单位数	北京	天津	河北	山西	内蒙古
航空运输业	5500	1003	42	21	16	28	30
航空客货运输	5510	371	14	7	4	5	11
通用航空服务	5520	248	7	9	4	8	4
航空运输辅助活动	5530	384	21	5	8	15	15
管道运输业	5600	148	6	4	10	4	2
装卸搬运和其他运输服务业	5700	53140	2172	3712	1133	523	456
装卸搬运	5710	8719	123	150	395	245	117
运输代理服务	5720	44421	2049	3562	738	278	339
仓储业	5800	20073	856	1025	598	471	369
谷物、棉花等农产品仓储	5810	5540	75	68	177	212	163
其他仓储	5890	14533	781	957	421	259	206
邮政业	5900	7990	507	70	210	111	107
国家邮政	5910	1549	4	21	42	30	39
其他寄递服务	5990	6441	503	49	168	81	68
信息传输、计算机服务和软件业	**G**	**181726**	**20773**	**2153**	**4718**	**2487**	**1851**
电信和其他信息传输服务业	6000	27796	3028	398	702	678	377
电信	6010	8803	940	110	229	301	164
互联网信息服务	6020	16649	1850	265	387	331	166
广播电视传输服务	6030	2146	163	20	84	43	46
卫星传输服务	6040	198	75	3	2	3	1
计算机服务业	6100	99479	6453	1039	3442	1458	1171
计算机系统服务	6110	19995	2516	328	265	237	189
数据处理	6120	1024	241	23	11	9	13
计算机维修	6130	3508	464	61	68	41	47
其他计算机服务	6190	74952	3232	627	3098	1171	922
软件业	6200	54451	11292	716	574	351	303
公共软件服务	6210	42825	9198	453	435	304	215
其他软件服务	6290	11626	2094	263	139	47	88
批发和零售业	**H**	**1963277**	**116391**	**51762**	**72724**	**39691**	**31565**
批发业	6300	1224281	59002	35674	42400	18762	17401
农畜产品批发	6310	55812	940	828	2536	1193	2006
食品、饮料及烟草制品批发	6320	89164	4374	1720	3421	1544	887
纺织、服装及日用品批发	6330	127674	5371	2195	2013	610	520
文化、体育用品及器材批发	6340	37070	4025	1113	671	302	190
医药及医疗器材批发	6350	33721	2757	601	1266	424	341
矿产品、建材及化工产品批发	6360	402228	13570	12899	18858	8330	7733
机械设备、五金交电及电子产品批发	6370	336901	23184	9484	9284	4832	3724
贸易经纪与代理	6380	36435	1616	665	384	333	477
其他批发	6390	105276	3165	6169	3967	1194	1523
零售业	6500	738996	57389	16088	30324	20929	14164
综合零售	6510	91081	3486	1566	3348	3946	1378

单位：个

辽宁	吉林	黑龙江	上海	江苏	浙江	安徽	福建	江西	山东	代码
47	29	47	51	57	41	15	37	13	53	5500
18	7	9	19	15	25	1	14	3	19	5510
12	15	14	7	19	2	5	5	5	17	5520
17	7	24	25	23	14	9	18	5	17	5530
8	6	3	5	15			3	9	21	5600
3366	323	551	7196	4360	4014	877	2211	488	4606	5700
302	75	213	296	1180	702	367	322	239	692	5710
3064	248	338	6900	3180	3312	510	1889	249	3914	5720
955	551	663	2234	1406	697	559	522	309	3029	5800
323	385	397	35	310	97	272	102	184	663	5810
632	166	266	2199	1096	600	287	420	125	2366	5890
269	99	149	985	629	629	218	282	148	644	5900
39	14	26	5	34	39	57	49	32	172	5910
230	85	123	980	595	590	161	233	116	472	5990
8165	**1580**	**2897**	**11952**	**15137**	**14511**	**5028**	**5952**	**1591**	**14332**	G
1439	410	533	856	1305	1065	848	919	499	3336	6000
499	162	217	233	432	335	250	280	139	838	6010
807	165	248	551	778	652	503	586	285	2414	6020
130	80	64	65	87	70	88	46	75	78	6030
3	3	4	7	8	8	7	7		6	6040
3248	657	1349	6726	8440	8195	3343	3363	798	8269	6100
659	235	307	2664	1847	1991	425	672	146	1349	6110
62	11	22	65	119	49	13	31	14	54	6120
161	68	49	310	368	228	85	124	30	256	6130
2366	343	971	3687	6106	5927	2820	2536	608	6610	6190
3478	513	1015	4370	5392	5251	837	1670	294	2727	6200
2723	401	701	3003	4038	4709	662	1265	191	1813	6210
755	112	314	1367	1354	542	175	405	103	914	6290
88875	**25185**	**43777**	**130212**	**224964**	**133474**	**46945**	**66702**	**25660**	**194428**	H
59518	11916	26648	94034	166233	103013	28240	45714	13469	117867	6300
3063	2005	3363	472	4333	1684	2355	1134	990	5571	6310
4870	705	1974	4224	8414	7438	2787	5712	1227	9812	6320
4791	451	1647	13627	20676	24027	1975	6597	765	10090	6330
1488	211	571	3924	3420	3954	639	1811	329	2760	6340
1397	538	1105	2354	2098	2013	1310	1007	614	3012	6350
22106	3631	8739	26658	64724	31349	9765	13499	4054	40246	6360
17432	3130	5886	32753	44190	24665	6638	11049	2583	28015	6370
1309	260	1251	2428	4532	3195	649	1422	487	3872	6380
3062	985	2112	7594	13846	4688	2122	3483	2420	14489	6390
29357	13269	17129	36178	58731	30461	18705	20988	12191	76561	6500
2732	1180	1720	3820	6871	1567	3105	1987	1560	11920	6510

行业中类	代码	企业单位数	北京	天津	河北	山西	内蒙古
食品、饮料及烟草制品专门零售	6520	57128	4666	1359	2101	1763	915
纺织、服装及日用品专门零售	6530	70890	6116	1676	1966	1769	1141
文化、体育用品及器材专门零售	6540	44976	7828	1395	1378	971	693
医药及医疗器材专门零售	6550	66722	3726	892	2032	1144	837
汽车、摩托车、燃料及零配件专门零售	6560	104543	3726	1537	7184	3191	2737
家用电器及电子产品专门零售	6570	122294	14211	1786	4273	2750	2259
五金、家具及室内装修材料专门零售	6580	92373	7806	2799	3033	2773	2407
无店铺及其他零售	6590	88989	5824	3078	5009	2622	1797
住宿和餐饮业	I	**158544**	**12832**	**2851**	**4125**	**3146**	**3334**
住宿业	6600	57947	3915	635	1793	1309	1296
旅游饭店	6610	19996	1067	174	659	401	423
一般旅馆	6620	34044	2615	363	1023	814	806
其他住宿服务	6690	3907	233	98	111	94	67
餐饮业	6700	100597	8917	2216	2332	1837	2038
正餐服务	6710	81896	7057	1804	2061	1641	1911
快餐服务	6720	7029	712	158	117	88	82
饮料及冷饮服务	6730	4252	645	52	42	25	9
其他餐饮服务	6790	7420	503	202	112	83	36
金融业	J	**42829**	**1284**	**866**	**1540**	**1175**	**1530**
银行业	6800	9891	91	322	461	332	300
中央银行	6810	123		5	9	3	4
商业银行	6820	8374	83	297	399	280	253
其他银行	6890	1394	8	20	53	49	43
证券业	6900	1765	134	60	67	29	36
证券市场管理	6910	97	1	3		4	1
证券经纪与交易	6920	918	47	41	45	16	16
证券投资	6930	460	59	8	12	3	16
证券分析与咨询	6940	290	27	8	10	6	3
保险业	7000	11333	473	129	454	309	283
人寿保险	7010	4093	67	29	167	122	93
非人寿保险	7020	4357	54	31	187	121	129
保险辅助服务	7030	2883	352	69	100	66	61
其他金融活动	7100	19840	586	355	558	505	911
金融信托与管理	7110	2126	59	32	28	48	51
金融租赁	7120	367	25	9	6	19	19
财务公司	7130	824	36	9	11	13	27
邮政储蓄	7140	681		20	19	17	20
典当	7150	4013	127	81	141	101	150
其他未列明的金融活动	7190	11829	339	204	353	307	644

单位：个

辽宁	吉林	黑龙江	上海	江苏	浙江	安徽	福建	江西	山东	代码
2329	1055	1201	3284	4891	2224	1266	2679	1047	5999	6520
3641	1270	1538	5489	5776	3378	1667	2701	949	6429	6530
1596	700	840	3155	3728	1885	872	1225	620	3103	6540
3562	1388	2459	1533	4260	8124	1187	1322	1156	7739	6550
4938	2319	2398	2529	7914	4675	3648	3451	1969	11972	6560
4260	1909	2500	3889	10475	4274	3399	3408	1668	9400	6570
3934	2075	2238	7251	7306	2685	2008	2632	1162	8800	6580
2365	1373	2235	5228	7510	1649	1553	1583	2060	11199	6590
5905	**1675**	**2742**	**10631**	**10077**	**7497**	**4214**	**4684**	**2914**	**15734**	I
2068	727	1173	2682	3194	3615	1542	2121	1454	3276	6600
714	280	372	503	1158	1291	645	873	619	987	6610
1210	399	677	1971	1801	2231	804	1082	763	1984	6620
144	48	124	208	235	93	93	166	72	305	6690
3837	948	1569	7949	6883	3882	2672	2563	1460	12458	6700
3253	846	1381	5497	5413	2875	2268	1982	1299	10858	6710
276	49	101	557	528	358	173	239	59	1005	6720
107	20	20	787	254	341	123	138	30	100	6730
201	33	67	1108	688	308	108	204	72	495	6790
1914	**769**	**1180**	**901**	**3900**	**2423**	**1826**	**2476**	**1055**	**3585**	J
399	198	356	143	349	298	400	311	345	944	6800
5	3	5		2	1	4	3	8	8	6810
305	170	299	139	292	273	353	265	252	739	6820
89	25	52	4	55	24	43	43	85	197	6890
48	28	40	129	137	52	77	75	43	118	6900
5	1	6	7	3		3	5	3	5	6910
26	18	24	80	58	24	44	30	23	69	6920
14	8	7	13	49	15	14	32	9	27	6930
3	1	3	29	27	13	16	8	8	17	6940
582	218	322	295	749	506	390	408	322	1186	7000
208	84	138	51	286	168	180	149	148	502	7010
193	90	138	44	275	217	165	159	134	402	7020
181	44	46	200	188	121	45	100	40	282	7030
885	325	462	334	2665	1567	959	1682	345	1337	7100
91	39	32	11	394	107	139	122	39	180	7110
13	8	2	19	60	9	14	35	8	19	7120
26	22	28	13	136	18	58	49	10	46	7130
27	31	29		14	24	12	45	28	123	7140
266	89	167	166	329	304	126	199	64	193	7150
462	136	204	125	1732	1105	610	1232	196	776	7190

行业中类	代码	企业单位数	北京	天津	河北	山西	内蒙古
房地产业	K	**278640**	**14022**	**4616**	**8861**	**4859**	**5162**
房地产业	7200	278640	14022	4616	8861	4859	5162
房地产开发经营	7210	124720	4045	1454	4799	2565	3292
物业管理	7220	71974	4147	1387	2341	1360	1277
房地产中介服务	7230	46525	3614	938	1167	340	357
其他房地产活动	7290	35421	2216	837	554	594	236
租赁和商务服务业	L	**515596**	**66985**	**13350**	**9909**	**6603**	**6102**
租赁业	7300	27021	2465	786	699	493	588
机械设备租赁	7310	26021	2281	769	683	483	576
文化及日用品出租	7320	1000	184	17	16	10	12
商务服务业	7400	488575	64520	12564	9210	6110	5514
企业管理服务	7410	92810	7680	2590	1210	1024	900
法律服务	7420	8984	576	224	350	129	106
咨询与调查	7430	144738	27665	3860	2054	1386	1164
广告业	7440	98955	11437	2358	2199	1377	1339
知识产权服务	7450	4367	1035	54	60	30	39
职业中介服务	7460	23108	1404	577	654	214	314
市场管理	7470	16894	1138	354	297	339	234
旅行社	7480	24755	1366	459	1054	753	650
其他商务服务	7490	73964	12219	2088	1332	858	768
科学研究、技术服务和地质勘查业	M	**177722**	**32573**	**6673**	**3537**	**2386**	**2000**
研究与试验发展	7500	23360	2609	328	265	259	149
自然科学研究与试验发展	7510	2574	223	42	29	24	28
工程和技术研究与试验发展	7520	13590	1279	144	155	136	38
农业科学研究与试验发展	7530	2774	155	41	48	70	61
医学研究与试验发展	7540	4100	911	92	29	24	17
社会人文科学研究与试验发展	7550	322	41	9	4	5	5
专业技术服务业	7600	92006	11111	2854	2401	1469	1166
气象服务	7610	1120	20	5	18	29	7
地震服务	7620	83	14	1	2	4	2
海洋服务	7630	183	8	27	7	1	
测绘服务	7640	3374	136	47	196	97	147
技术检测	7650	8656	544	220	437	235	139
环境监测	7660	1384	97	29	59	35	35
工程技术与规划管理	7670	42240	4126	657	1207	745	596
其他专业技术服务	7690	34966	6166	1868	475	323	240
科技交流和推广服务业	7700	59356	18621	3442	768	571	434
技术推广服务	7710	43404	15015	2717	471	380	210
科技中介服务	7720	5825	1109	138	178	81	77
其他科技服务	7790	10127	2497	587	119	110	147
地质勘查业	7800	3000	232	49	103	87	251
矿产地质勘查	7810	1386	100	14	43	34	182
基础地质勘查	7820	419	22	7	24	19	20
地质勘查技术服务	7830	1195	110	28	36	34	49

单位：个

辽宁	吉林	黑龙江	上海	江苏	浙江	安徽	福建	江西	山东	代码
13317	**3492**	**5691**	**13507**	**23566**	**16400**	**9157**	**9602**	**5872**	**19308**	K
13317	3492	5691	13507	23566	16400	9157	9602	5872	19308	7200
6282	1671	2417	4599	10359	7000	4656	4506	3703	9506	7210
4003	1181	1689	3333	6128	3291	2227	2197	1168	5051	7220
2157	369	1014	4412	4171	4093	1149	1386	524	3164	7230
875	271	571	1163	2908	2016	1125	1513	477	1587	7290
21032	**5144**	**8760**	**49236**	**46748**	**41138**	**10664**	**17556**	**5859**	**35018**	L
980	284	517	1438	2456	1993	927	1362	426	2230	7300
942	275	478	1373	2379	1945	909	1331	416	2175	7310
38	9	39	65	77	48	18	31	10	55	7320
20052	4860	8243	47798	44292	39145	9737	16194	5433	32788	7400
2708	569	1103	8059	9057	10552	1344	3665	987	4616	7410
375	174	279	405	828	556	233	217	142	855	7420
6172	1065	2014	18686	11870	10816	2026	4264	928	9256	7430
4072	1219	1886	7732	8909	7774	2775	3915	1333	7056	7440
159	44	94	296	362	524	75	153	25	212	7450
1754	301	489	1686	4078	1223	1009	552	209	1644	7460
997	326	478	1135	2148	2105	340	233	94	967	7470
1324	446	594	1008	1815	1742	845	990	647	2105	7480
2491	716	1306	8791	5225	3853	1090	2205	1068	6077	7490
9047	**2151**	**3898**	**16811**	**13128**	**13339**	**3378**	**4515**	**1649**	**9950**	M
1729	313	575	1886	2657	1254	319	537	101	1120	7500
245	67	108	116	251	122	27	85	15	156	7510
1029	96	271	928	1608	782	163	212	33	532	7520
243	92	143	37	219	178	61	166	30	221	7530
195	48	44	796	540	153	64	67	15	171	7540
17	10	9	9	39	19	4	7	8	40	7550
4282	1143	1925	9193	7334	7022	2055	3057	1000	5246	7600
22	10	18	20	65	47	34	48	32	74	7610
5	1	2	3	6	2	5			14	7620
16		1	10	13	17	2	8	1	37	7630
211	96	136	54	262	311	94	136	70	203	7640
525	193	272	334	744	791	284	260	132	582	7650
76	16	53	85	191	119	37	39	18	73	7660
2118	587	769	4163	3376	3868	1140	1621	471	2304	7670
1309	240	674	4524	2677	1867	459	945	276	1959	7690
2898	637	1282	5705	3027	5008	921	846	489	3399	7700
2133	317	628	4047	1795	4326	740	527	292	2302	7710
494	113	125	338	605	311	103	97	96	557	7720
271	207	529	1320	627	371	78	222	101	540	7790
138	58	116	27	110	55	83	75	59	185	7800
51	30	59	10	35	17	51	29	23	65	7810
26	7	15	8	24	18	14	15	9	41	7820
61	21	42	9	51	20	18	31	27	79	7830

行业中类	代码	企业单位数	北京	天津	河北	山西	内蒙古
水利、环境和公共设施管理业	N	**28693**	**1753**	**623**	**964**	**735**	**571**
水利管理业	7900	2228	57	43	65	103	59
防洪管理	7910	172	3	4	1	2	5
水资源管理	7920	1131	29	22	32	41	30
其他水利管理	7990	925	25	17	32	60	24
环境管理业	8000	6427	338	110	155	164	136
自然保护	8010	406	19	6	9	18	18
环境治理	8020	6021	319	104	146	146	118
公共设施管理业	8100	20038	1358	470	744	468	376
市政公共设施管理	8110	2854	94	80	99	52	58
城市绿化管理	8120	11028	976	338	310	219	171
游览景区管理	8130	6156	288	52	335	197	147
居民服务和其他服务业	O	**141736**	**14189**	**5439**	**3912**	**3104**	**2043**
居民服务业	8200	60160	6671	1471	1449	1326	953
家庭服务	8210	5341	632	164	137	80	90
托儿所	8220	349	6	11	8	9	4
洗染服务	8230	2317	455	68	53	61	27
理发及美容保健服务	8240	16552	3008	220	281	206	128
洗浴服务	8250	9981	631	121	262	271	187
婚姻服务	8260	3368	383	110	105	80	75
殡葬服务	8270	1890	55	27	41	33	54
摄影扩印服务	8280	7052	861	130	210	182	108
其他居民服务	8290	13310	640	620	352	404	280
其他服务业	8300	81576	7518	3968	2463	1778	1090
修理与维护	8310	37923	3612	872	1175	957	439
清洁服务	8320	14453	1775	436	438	201	156
其他未列明的服务	8390	29200	2131	2660	850	620	495
教育	P	**25723**	**2860**	**294**	**687**	**546**	**430**
教育	8400	25723	2860	294	687	546	430
学前教育	8410	4177	129	19	89	73	37
初等教育	8420	612	22	7	5	12	8
中等教育	8430	1127	29	25	41	46	16
高等教育	8440	243	29	5	1	2	
其他教育	8490	19564	2651	238	551	413	369
卫生、社会保障和社会福利业	Q	**16222**	**1194**	**267**	**454**	**460**	**199**
卫生	8500	15085	1132	234	416	430	185
医院	8510	4902	272	88	189	213	74

单位：个

辽宁	吉林	黑龙江	上海	江苏	浙江	安徽	福建	江西	山东	代码
1140	**374**	**568**	**1545**	**2901**	**2684**	**958**	**1144**	**558**	**2245**	N
98	35	51	82	182	168	48	127	45	193	7900
6	1	7	9	17	24	8	10	4	7	7910
46	25	20	32	75	83	20	82	29	88	7920
46	9	24	41	90	61	20	35	12	98	7990
202	72	116	352	685	606	165	309	128	389	8000
12	2	17	14	29	23	9	15	9	19	8010
190	70	99	338	656	583	156	294	119	370	8020
840	267	401	1111	2034	1910	745	708	385	1663	8100
124	53	54	225	304	306	77	113	58	239	8110
488	149	271	823	1309	960	364	277	137	976	8120
228	65	76	63	421	644	304	318	190	448	8130
5918	**1709**	**2971**	**12399**	**12434**	**6518**	**2859**	**4266**	**2579**	**11858**	O
3074	705	1518	6316	4208	2654	1323	1964	945	4172	8200
242	67	119	361	343	407	104	177	93	243	8210
9	1	33	1	19	9	3	10	3	36	8220
96	21	47	181	158	181	35	75	17	168	8230
691	103	273	3036	601	700	204	429	219	678	8240
934	137	342	1062	1139	267	337	461	94	607	8250
240	39	103	224	256	269	97	108	23	268	8260
164	28	88	114	132	184	89	88	36	95	8270
279	93	193	548	382	297	165	183	114	674	8280
419	216	320	789	1178	340	289	433	346	1403	8290
2844	1004	1453	6083	8226	3864	1536	2302	1634	7686	8300
1620	555	663	2664	3121	2102	867	1322	655	3240	8310
462	150	293	1016	1398	1022	351	484	163	845	8320
762	299	497	2403	3707	740	318	496	816	3601	8390
1120	**320**	**568**	**503**	**1906**	**1438**	**790**	**935**	**427**	**1603**	P
1120	320	568	503	1906	1438	790	935	427	1603	8400
164	16	86	24	146	142	141	86	61	300	8410
9	4	9	10	22	13	12	10	10	24	8420
54	15	51	21	55	26	75	19	25	100	8430
15	2	9	8	14	9	9	6	2	23	8440
878	283	413	440	1669	1248	553	814	329	1156	8490
1186	**223**	**386**	**680**	**860**	**864**	**458**	**706**	**225**	**1054**	Q
1089	192	338	609	788	786	417	678	209	964	8500
293	114	159	171	277	206	155	128	93	324	8510

行业中类	代码	企业单位数	北京	天津	河北	山西	内蒙古
卫生院及社区医疗活动	8520	1843	13	11	85	73	21
门诊部医疗活动	8530	6696	753	81	114	88	60
计划生育技术服务活动	8540	243	1	4	1	5	
妇幼保健活动	8550	99	5	1	1	6	1
专科疾病防治活动	8560	305	14	1	10	7	4
疾病预防控制及防疫活动	8570	149	6	2	3	1	8
其他卫生活动	8590	848	68	46	13	37	17
社会保障业	8600	330	12	23	5	13	4
社会福利业	8700	807	50	10	33	17	10
提供住宿的社会福利	8710	563	15	7	31	13	8
不提供住宿的社会福利	8720	244	35	3	2	4	2
文化、体育和娱乐业	R	**47435**	**10312**	**778**	**846**	**782**	**483**
新闻出版业	8800	3040	991	54	51	56	40
新闻业	8810	148	7	2	5	8	3
出版业	8820	2892	984	52	46	48	37
广播、电视、电影和音像业	8900	7186	1629	88	150	134	104
广播	8910	289	23	5	15	11	4
电视	8920	1815	583	19	32	31	16
电影	8930	3507	629	47	81	50	43
音像制作	8940	1575	394	17	22	42	41
文化艺术业	9000	13012	5306	249	167	205	116
文艺创作与表演	9010	2581	482	41	56	63	27
艺术表演场馆	9020	401	37	7	8	12	8
图书馆与档案馆	9030	141	4	1	2	2	
文物及文化保护	9040	207	18	2	10	15	5
博物馆	9050	154	17	4	5	8	4
烈士陵园、纪念馆	9060	37		1	2	1	
群众文化活动	9070	1344	621	21	19	23	5
文化艺术经纪代理	9080	3018	1419	44	21	17	23
其他文化艺术	9090	5129	2708	128	44	64	44
体育	9100	2395	592	58	29	36	16
体育组织	9110	834	273	24	9	14	5
体育场馆	9120	716	81	16	11	16	7
其他体育	9190	845	238	18	9	6	4
娱乐业	9200	21802	1794	329	449	351	207
室内娱乐活动	9210	12981	665	172	234	234	121
游乐园	9220	694	22	5	21	11	16
休闲健身娱乐活动	9230	5729	968	98	141	72	44
其他娱乐活动	9290	2398	139	54	53	34	26

单位：个

辽宁	吉林	黑龙江	上海	江苏	浙江	安徽	福建	江西	山东	代码
114	27	61	9	117	57	139	82	40	162	8520
603	29	80	319	300	462	84	402	44	367	8530
3	1	1	4	1	1	4	2		2	8540
2	3	1	3	4	7	4	2	2	11	8550
18	2	16	62	19	17	7	12	4	21	8560
16	2	5	10	3	10	3	14	4	13	8570
40	14	15	31	67	26	21	36	22	64	8590
37	4	20	6	19	26	12	8	5	31	8600
60	27	28	65	53	52	29	20	11	59	8700
49	23	25	48	35	30	23	12	5	49	8710
11	4	3	17	18	22	6	8	6	10	8720
1753	**392**	**576**	**3053**	**3268**	**2915**	**927**	**1765**	**838**	**2508**	R
138	50	40	166	132	99	58	48	49	138	8800
4	6	6	2	15	4	2	5	5	9	8810
134	44	34	164	117	95	56	43	44	129	8820
253	85	95	272	483	643	172	176	138	326	8900
4	4	9	3	20	7	4	9	14	20	8910
57	15	28	75	72	325	21	35	49	38	8920
137	45	33	135	296	257	105	90	62	196	8930
55	21	25	59	95	54	42	42	13	72	8940
434	78	183	427	744	526	161	267	144	580	9000
151	10	19	104	225	172	44	73	28	119	9010
25	9	7	30	30	32	13	7	6	18	9020
25	3	3	2	11	31	2	4	7	7	9030
3	3	2		16	12	5	7	6	11	9040
16			4	15	14	3	8	2	7	9050
1	1		1	5	1		1	2	1	9060
38	9	9	22	62	66	23	21	6	29	9070
70	9	66	95	167	104	28	53	20	198	9080
105	34	77	169	213	94	43	93	67	190	9090
113	18	18	163	165	128	47	71	25	102	9100
41	3	2	38	54	48	18	15	5	33	9110
43	12	8	76	44	46	15	34	7	26	9120
29	3	8	49	67	34	14	22	13	43	9190
815	161	240	2025	1744	1519	489	1203	482	1362	9200
481	81	109	1261	1084	878	330	822	302	762	9210
28	10	26	15	43	49	19	29	12	67	9220
234	46	64	639	358	453	84	228	92	307	9230
72	24	41	110	259	139	56	124	76	226	9290

行业中类	代码	河南	湖北	湖南	广东	广西	海南
总计		**258797**	**239300**	**176147**	**686522**	**117828**	**27164**
农、林、牧、渔业	A	**12325**	**6037**	**5979**	**7420**	**2724**	**1219**
农业	0100	1778	1606	2267	3141	800	563
谷物及其他作物的种植	0110	423	652	630	630	230	235
蔬菜、园艺作物的种植	0120	960	551	835	1266	235	127
水果、坚果、饮料和香料作物的种植	0130	314	333	694	1155	285	195
中药材的种植	0140	81	70	108	90	50	6
林业	0200	884	603	1028	790	489	178
林木的培育和种植	0210	844	592	939	735	454	58
木材和竹材的采运	0220	13	5	38	30	24	2
林产品的采集	0230	27	6	51	25	11	118
畜牧业	0300	7802	2064	1448	1387	838	287
牲畜的饲养	0310	1511	443	443	217	155	69
猪的饲养	0320	4052	854	685	686	380	125
家禽的饲养	0330	1976	651	210	371	211	74
狩猎和捕捉动物	0340	3	2	2	2	2	
其他畜牧业	0390	260	114	108	111	90	19
渔业	0400	341	764	518	937	205	82
海洋渔业	0410	7	74	8	425	75	42
内陆渔业	0420	334	690	510	512	130	40
农、林、牧、渔服务业	0500	1520	1000	718	1165	392	109
农业服务业	0510	1232	790	526	870	296	98
林业服务业	0520	47	54	89	59	37	4
畜牧服务业	0530	210	79	60	74	36	
渔业服务业	0540	31	77	43	162	23	7
采矿业	B	**7952**	**5026**	**8151**	**2749**	**3079**	**254**
煤炭开采和洗选业	0600	1434	499	1693	2	54	
烟煤和无烟煤的开采洗选	0610	1417	443	1555		33	
褐煤的开采洗选	0620	11	1	11		16	
其他煤炭采选	0690	6	55	127	2	5	
石油和天然气开采业	0700	12	16	3	26	8	1
天然原油和天然气开采	0710	4	9	1	12	3	1
与石油和天然气开采有关的服务活动	0790	8	7	2	14	5	
黑色金属矿采选业	0800	1155	1033	1004	360	601	12
铁矿采选	0810	1139	992	380	341	194	10
其他黑色金属矿采选	0890	16	41	624	19	407	2
有色金属矿采选业	0900	1255	432	1205	242	633	138
常用有色金属矿采选	0910	575	387	1000	168	524	120
贵金属矿采选	0920	424	33	88	19	81	10
稀有稀土金属矿采选	0930	256	12	117	55	28	8

单位：个

重庆	四川	贵州	云南	西藏	陕西	甘肃	青海	宁夏	新疆	代码
132525	**193641**	**54865**	**111062**	**3037**	**119935**	**52559**	**13225**	**21446**	**52915**	
10670	**7451**	**2554**	**8075**	**15**	**4189**	**2525**	**830**	**1053**	**1699**	A
4391	2465	1008	3736	6	1178	631	216	356	564	0100
612	303	140	759	1	171	346	82	105	285	0110
2183	1371	358	1191	3	564	158	73	150	118	0120
1147	599	387	1480	1	359	89	45	73	137	0130
449	192	123	306	1	84	38	16	28	24	0140
805	721	272	1015	5	437	184	102	117	146	0200
756	681	248	784	5	427	181	101	116	135	0210
23	32	18	53		5	1		1	9	0220
26	8	6	178		5	2	1		2	0230
3930	3138	1099	2653	3	1817	1358	432	402	409	0300
1047	642	327	858	2	678	614	292	259	243	0310
1131	1714	450	1043		680	437	86	58	44	0320
1383	613	258	571	1	336	233	30	48	84	0330
3	4	3	1		2	1		2	1	0340
366	165	61	180		121	73	24	35	37	0390
848	300	77	158		78	23	8	41	31	0400
11	4	2	8		4	1		2	2	0410
837	296	75	150		74	22	8	39	29	0420
696	827	98	513	1	679	329	72	137	549	0500
504	522	89	421	1	514	254	56	91	490	0510
46	54	5	45		44	20	7	19	26	0520
107	219	4	27		114	51	8	24	26	0530
39	32		20		7	4	1	3	7	0540
3101	**5698**	**4926**	**5282**	**119**	**3645**	**1876**	**650**	**626**	**1866**	B
1186	1717	1973	1519	2	933	330	70	300	386	0600
1161	1694	1942	1387	2	863	302	66	295	372	0610
7	3	8	101		13	8			1	0620
18	20	23	31		57	20	4	5	13	0690
23	73	3	6		643	23	3	51	81	0700
14	26	1	3		26	6	2	49	9	0710
9	47	2	3		617	17	1	2	72	0790
214	406	258	578	20	256	286	64	16	606	0800
29	366	99	460	12	202	254	50	14	573	0810
185	40	159	118	8	54	32	14	2	33	0890
38	597	381	1487	58	543	309	117	4	307	0900
36	478	295	1387	55	348	199	96	2	218	0910
	76	57	45	1	102	99	20	1	72	0920
2	43	29	55	2	93	11	1	1	17	0930

行业中类	代码	河南	湖北	湖南	广东	广西	海南
非金属矿采选业	1000	4041	2920	4162	2035	1665	89
土砂石开采	1010	3578	2208	3833	1767	1344	71
化学矿采选	1020	43	424	54	9	54	
采盐	1030	4	2	3	44	6	5
石棉及其他非金属矿采选	1090	416	286	272	215	261	13
其他采矿业	1100	55	126	84	84	118	14
制造业	**C**	**115632**	**61239**	**60339**	**240120**	**24380**	**2684**
农副食品加工业	1300	12475	5800	5341	3858	1803	362
谷物磨制	1310	6101	2512	2059	453	289	13
饲料加工	1320	1299	408	543	604	296	25
植物油加工	1330	1462	721	650	318	167	7
制糖	1340	25	17	12	93	116	28
屠宰及肉类加工	1350	1167	631	757	764	344	80
水产品加工	1360	61	249	108	751	122	116
蔬菜、水果和坚果加工	1370	702	380	411	430	138	29
其他农副食品加工	1390	1658	882	801	445	331	64
食品制造业	1400	3717	1739	1880	3973	1123	182
焙烤食品制造	1410	975	507	587	983	348	22
糖果、巧克力及蜜饯制造	1420	253	82	188	1021	88	54
方便食品制造	1430	912	393	421	382	211	5
液体乳及乳制品制造	1440	151	37	39	51	24	6
罐头制造	1450	165	140	150	167	96	9
调味品、发酵制品制造	1460	593	228	142	503	121	18
其他食品制造	1490	668	352	353	866	235	68
饮料制造业	1500	2362	2265	1671	1572	905	100
酒精制造	1510	45	26	14	24	52	2
酒的制造	1520	774	477	487	473	215	28
软饮料制造	1530	1136	686	640	908	344	61
精制茶加工	1540	407	1076	530	167	294	9
烟草制品业	1600	14	13	24	38	6	2
烟叶复烤	1610	6	2	12	8	2	
卷烟制造	1620	3	4	7	10	4	1
其他烟草制品加工	1690	5	7	5	20		1
纺织业	1700	4088	3236	1682	10007	737	40
棉、化纤纺织及印染精加工	1710	2332	1901	489	2716	123	
毛纺织和染整精加工	1720	157	44	42	520	88	2
麻纺织	1730	71	68	110	43	13	1
丝绢纺织及精加工	1740	53	51	20	190	107	1
纺织制成品制造	1750	773	908	577	2343	104	18
针织品、编织品及其制品制造	1760	702	264	444	4195	302	18

单位：个

重庆	四川	贵州	云南	西藏	陕西	甘肃	青海	宁夏	新疆	代码
1616	2832	2267	1628	37	1198	851	378	249	428	1000
1496	2443	1957	1319	25	979	669	314	219	309	1010
41	153	183	172	8	78	8	4	1	7	1020
4	18	1	5		4	4	8		10	1030
75	218	126	132	4	137	170	52	29	102	1090
24	73	44	64	2	72	77	18	6	58	1100
31728	**53436**	**10490**	**16215**	**355**	**27634**	**12126**	**2493**	**4596**	**8554**	C
2230	4179	841	1539	50	1792	1533	241	648	973	1300
339	584	108	106	21	424	360	21	144	191	1310
270	629	93	237	2	285	153	30	70	74	1320
254	432	163	113	6	183	101	50	52	275	1330
18	23	16	74		5	7		2	17	1340
542	1396	210	330	9	307	217	102	77	156	1350
15	28	3	23		18	5	2	1	9	1360
428	537	79	309	1	256	301	6	82	152	1370
364	550	169	347	11	314	389	30	220	99	1390
982	2196	399	694	16	1156	539	84	216	408	1400
198	408	66	184	2	300	97	12	59	58	1410
61	152	23	45		181	82		9	18	1420
236	426	71	100	1	162	69	3	31	22	1430
14	52	12	36	7	111	68	17	38	77	1440
41	98	16	29	2	24	20	1	7	119	1450
270	630	127	112	2	209	132	23	32	33	1460
162	430	84	188	2	169	71	28	40	81	1490
979	3213	861	1401	25	681	366	53	111	356	1500
2	19	5	13		4	5	1		5	1510
546	2063	334	344	11	160	217	33	60	190	1520
269	508	261	392	14	353	132	17	45	147	1530
162	623	261	652		164	12	2	6	14	1540
5	11	10	36		15	10		2	1	1600
2	2	8	17		5			1		1610
2	4	1	8		6	2		1	1	1620
1	5	1	11		4	8				1690
1434	1141	68	237	11	578	205	46	142	317	1700
1060	399	14	52	1	333	69	8	8	175	1710
13	44	4	5	4	25	44	15	111	26	1720
22	30	1	17		4	8		1	11	1730
113	216	2	43		28	3		1	3	1740
103	274	27	82	5	119	43	9	18	57	1750
123	178	20	38	1	69	38	14	3	45	1760

2-1 续表 14

行业中类	代码	河南	湖北	湖南	广东	广西	海南
纺织服装、鞋、帽制造业	1800	2133	2759	1057	16961	573	86
纺织服装制造	1810	1792	2666	865	16024	553	86
纺织面料鞋的制造	1820	308	80	181	696	16	
制帽	1830	33	13	11	241	4	
皮革、毛皮、羽毛(绒)及其制品业	1900	1565	266	832	8444	340	5
皮革鞣制加工	1910	381	23	82	440	45	
皮革制品制造	1920	670	210	703	7724	231	2
毛皮鞣制及制品加工	1930	345	17	11	159	8	1
羽毛(绒)加工及制品制造	1940	169	16	36	121	56	2
木材加工及木、竹、藤、棕、草制品业	2000	6795	1664	3813	3563	2434	157
锯材、木片加工	2010	4123	663	1511	948	1008	90
人造板制造	2020	1930	401	950	964	726	31
木制品制造	2030	538	394	506	1271	347	26
竹、藤、棕、草制品制造	2040	204	206	846	380	353	10
家具制造业	2100	3659	1209	1500	7327	453	92
木质家具制造	2110	3099	944	1247	4141	348	57
竹、藤家具制造	2120	43	22	94	130	22	4
金属家具制造	2130	329	83	40	1071	19	5
塑料家具制造	2140	30	27	9	149	8	
其他家具制造	2190	158	133	110	1836	56	26
造纸及纸制品业	2200	1930	1138	1892	9404	905	82
纸浆制造	2210	33	82	56	165	50	1
造纸	2220	692	276	778	1931	425	26
纸制品制造	2230	1205	780	1058	7308	430	55
印刷业和记录媒介的复制	2300	1898	1648	1452	9853	877	148
印刷	2310	1731	1436	1294	9146	775	136
装订及其他印刷服务活动	2320	166	201	152	648	96	10
记录媒介的复制	2330	1	11	6	59	6	2
文教体育用品制造业	2400	349	166	276	4642	119	5
文化用品制造	2410	114	70	98	737	29	2
体育用品制造	2420	37	23	54	902	17	1
乐器制造	2430	46	20	7	220	1	1
玩具制造	2440	124	44	113	2510	69	
游艺器材及娱乐用品制造	2450	28	9	4	273	3	1
石油加工及炼焦	2500	314	144	153	373	68	11
精炼石油产品的制造	2510	222	127	74	349	61	11
炼焦	2520	92	17	79	24	7	
化学原料及化学制品制造业	2600	5201	3066	6050	9677	1711	186
基础化学原料制造	2610	1031	676	858	574	232	9
肥料制造	2620	680	606	392	337	381	60
农药制造	2630	205	107	105	98	90	10

单位：个

重庆	四川	贵州	云南	西藏	陕西	甘肃	青海	宁夏	新疆	代码
619	769	86	157	10	356	98	29	31	126	1800
589	735	81	149	10	344	86	25	31	123	1810
29	31	5	7		12	7			2	1820
1	3		1			5	4		1	1830
549	738	19	40	6	59	122	19	53	47	1900
19	49		12		8	43	4	13	16	1910
473	581	14	22	2	37	41	9	4	18	1920
14	33	1	2	3	12	28	6	21	8	1930
43	75	4	4	1	2	10		15	5	1940
732	1542	396	813	16	435	153	34	43	190	2000
254	549	158	415	11	122	58	20	6	55	2010
115	358	134	142	2	127	32	6	10	87	2020
240	381	66	208	3	165	48	4	18	45	2030
123	254	38	48		21	15	4	9	3	2040
1069	1373	128	249	7	485	178	17	57	149	2100
856	1055	85	183	5	380	149	16	42	119	2110
16	29	4	4		2	1		1		2120
61	99	24	27	1	44	13		5	18	2130
16	11	3	6		5	1		3	3	2140
120	179	12	29	1	54	14	1	6	9	2190
667	1222	221	413	2	864	191	11	89	222	2200
3	42	6	10		19	12		3	8	2210
191	418	79	130		199	48	2	40	70	2220
473	762	136	273	2	646	131	9	46	144	2230
912	1805	392	606	14	942	468	78	190	333	2300
829	1651	363	538	13	813	428	71	178	305	2310
79	148	28	60	1	127	39	7	12	28	2320
4	6	1	8		2	1				2330
81	124	19	28		48	25	3	7	19	2400
24	61	10	18		22	16	3	5	12	2410
18	35	3	1		10	4		2	7	2420
5	4	1	5		5	1				2430
28	16	5	2		4					2440
6	8		2		7	4				2450
73	183	142	136		310	70	11	57	208	2500
54	121	12	19		86	56	5	17	105	2510
19	62	130	117		224	14	6	40	103	2520
1242	3096	802	1132	17	1490	714	205	391	710	2600
225	845	208	285	3	319	212	70	199	130	2610
176	558	261	373	1	241	170	98	51	201	2620
40	78	14	19		83	15	1	5	11	2630

2-1 续表 15

行业中类	代码	河南	湖北	湖南	广东	广西	海南
涂料、油墨、颜料及类似产品制造	2640	908	427	378	2978	165	13
合成材料制造	2650	222	160	149	828	29	11
专用化学产品制造	2660	1778	871	3969	2235	642	53
日用化学产品制造	2670	377	219	199	2627	172	30
医药制造业	2700	1127	759	617	1059	429	116
化学药品原药制造	2710	146	165	95	70	50	13
化学药品制剂制造	2720	137	99	64	161	36	54
中药饮片加工	2730	151	56	92	163	53	5
中成药制造	2740	206	140	114	207	142	18
兽用药品制造	2750	160	35	62	103	60	6
生物、生化制品的制造	2760	131	128	124	197	51	12
卫生材料及医药用品制造	2770	196	136	66	158	37	8
化学纤维制造业	2800	117	69	62	308	10	7
纤维素纤维原料及纤维制造	2810	49	26	18	73	1	
合成纤维制造	2820	68	43	44	235	9	7
橡胶制品业	2900	821	383	370	2965	167	41
轮胎制造	2910	98	58	49	103	28	1
橡胶板、管、带的制造	2920	222	59	63	330	35	8
橡胶零件制造	2930	147	83	87	581	24	2
再生橡胶制造	2940	97	30	33	106	9	1
日用及医用橡胶制品制造	2950	29	20	21	158	14	3
橡胶靴鞋制造	2960	75	19	35	448	5	1
其他橡胶制品制造	2990	153	114	82	1239	52	25
塑料制品业	3000	3679	2346	1580	20865	863	86
塑料薄膜制造	3010	275	299	145	1874	106	13
塑料板、管、型材的制造	3020	836	427	289	1439	143	8
塑料丝、绳及编织品的制造	3030	684	321	214	503	164	9
泡沫塑料制造	3040	208	119	46	844	47	9
塑料人造革、合成革制造	3050	18	16	21	216	4	1
塑料包装箱及容器制造	3060	324	267	181	2026	102	20
塑料零件制造	3070	119	183	67	3021	26	4
日用塑料制造	3080	353	249	213	3347	115	8
其他塑料制品制造	3090	862	465	404	7595	156	14
非金属矿物制品业	3100	29482	11112	12786	11431	3922	379
水泥、石灰和石膏的制造	3110	1159	1003	1172	725	586	35
水泥及石膏制品制造	3120	10883	3840	3373	1199	494	93
砖瓦、石材及其他建筑材料制造	3130	11032	5188	6306	3901	2241	220
玻璃及玻璃制品制造	3140	899	381	321	1799	106	14
陶瓷制品制造	3150	751	85	713	2836	192	5
耐火材料制品制造	3160	2866	226	383	161	41	2
石墨及其他非金属矿物制品制造	3190	1892	389	518	810	262	10

单位：个

重庆	四川	贵州	云南	西藏	陕西	甘肃	青海	宁夏	新疆	代码
256	413	50	86	1	172	93	5	25	87	2640
67	129	20	29		68	33	3	13	24	2650
349	805	198	246	2	481	136	22	83	210	2660
129	268	51	94	10	126	55	6	15	47	2670
260	792	216	263	28	609	255	53	40	100	2700
50	92	5	18		119	14	3	3	9	2710
43	120	26	29		89	10	7	4	9	2720
30	160	18	46	4	70	130	11	7	22	2730
41	132	130	100	20	141	52	24	11	27	2740
19	86	5	9	1	29	7	1	8	5	2750
44	148	17	39	1	105	26	6	6	16	2760
33	54	15	22	2	56	16	1	1	12	2770
17	54	4	3		29	10	3	2	27	2800
4	21	1	1		11	2			25	2810
13	33	3	2		18	8	3	2	2	2820
326	382	103	138		299	59	6	22	48	2900
38	47	12	18		23	13		4	10	2910
42	61	10	22		41	15	2	8	17	2920
143	100	45	18		136	3	1	3	13	2930
16	47	13	14		19	9	2	2	3	2940
5	14		1		9			4	1	2950
28	19	12	5		7	4	1		1	2960
54	94	11	60		64	15		1	3	2990
1093	1954	306	558	4	771	435	54	176	798	3000
101	214	19	61		81	65	3	19	128	3010
217	407	82	134	3	170	100	8	45	315	3020
114	279	64	136	1	131	86	19	56	91	3030
58	104	16	28		75	33	9	10	67	3040
6	13	2	1		3	1			1	3050
143	279	33	73		118	49	7	16	50	3060
133	117	16	9		32	14	3	2	7	3070
101	192	25	43		70	33	3	5	51	3080
220	349	49	73		91	54	2	23	88	3090
4031	11403	2584	2916	67	5010	3505	730	1118	1559	3100
311	740	326	370	16	453	313	79	97	157	3110
1223	2708	520	481	20	1351	587	179	220	345	3120
1932	6306	1369	1719	26	2745	2312	397	469	879	3130
308	660	89	83	2	147	48	12	12	85	3140
88	190	23	36		74	18	4	2	5	3150
81	378	94	49		97	53	10	20	30	3160
88	421	163	178	3	143	174	49	298	58	3190

行业中类	代码	河南	湖北	湖南	广东	广西	海南
黑色金属冶炼及压延加工业	3200	940	578	1192	1103	457	17
炼铁	3210	144	111	335	98	63	4
炼钢	3220	42	61	42	51	15	3
钢压延加工	3230	501	343	223	920	115	10
铁合金冶炼	3240	253	63	592	34	264	
有色金属冶炼及压延加工业	3300	1626	550	1666	2131	402	15
常用有色金属冶炼	3310	501	187	816	266	250	8
贵金属冶炼	3320	36	10	174	26	19	1
稀有稀土金属冶炼	3330	165	59	176	46	20	1
有色金属合金制造	3340	252	51	182	219	16	3
有色金属压延加工	3350	672	243	318	1574	97	2
金属制品业	3400	5275	3462	2266	27253	875	89
结构性金属制品制造	3410	2980	1862	932	5536	348	42
金属工具制造	3420	474	394	487	3261	138	9
集装箱及金属包装容器制造	3430	225	229	77	717	36	10
金属丝绳及其制品的制造	3440	341	118	71	500	22	2
建筑、安全用金属制品制造	3450	506	244	164	2995	80	9
金属表面处理及热处理加工	3460	127	133	88	1767	39	2
搪瓷制品制造	3470	54	15	22	204	13	
不锈钢及类似日用金属制品制造	3480	223	171	180	6065	106	9
其他金属制品制造	3490	345	296	245	6208	93	6
通用设备制造业	3500	8656	4282	3599	10442	1122	34
锅炉及原动机制造	3510	298	413	192	194	66	1
金属加工机械制造	3520	941	839	724	2072	146	5
起重运输设备制造	3530	841	133	105	314	31	1
泵、阀门、压缩机及类似机械的制造	3540	845	319	357	755	70	3
轴承、齿轮、传动和驱动部件的制造	3550	607	187	181	356	44	3
烘炉、熔炉及电炉制造	3560	85	31	49	102	6	
风机、衡器、包装设备等通用设备制造	3570	787	527	401	2207	121	2
通用零部件制造及机械修理	3580	1909	1000	761	3469	314	13
金属铸、锻加工	3590	2343	833	829	973	324	6
专用设备制造业	3600	5730	2654	2010	12116	917	48
矿山、冶金、建筑专用设备制造	3610	1972	668	445	384	180	1
化工、木材、非金属加工专用设备制造	3620	580	481	279	6296	144	9
食品、饮料、烟草及饲料生产专用设备制造	3630	350	159	124	294	84	1
印刷、制药、日化生产专用设备制造	3640	340	164	140	1006	55	1
纺织、服装和皮革工业专用设备制造	3650	191	92	61	444	8	
电子和电工机械专用设备制造	3660	203	306	189	1439	45	3
农、林、牧、渔专用机械制造	3670	1396	165	328	178	231	18
医疗仪器设备及器械制造	3680	201	152	117	700	64	8
环保、社会公共安全及其他专用设备制造	3690	497	467	327	1375	106	7

单位：个

重庆	四川	贵州	云南	西藏	陕西	甘肃	青海	宁夏	新疆	代码
371	777	347	372		297	240	110	152	114	3200
19	95	77	92		30	34	5	31	40	3210
12	44	6	17		32	9	3	2	3	3220
267	423	46	167		144	60	7	23	55	3230
73	215	218	96		91	137	95	96	16	3240
306	600	279	726	7	781	156	71	78	89	3300
97	229	175	521	2	147	69	45	49	41	3310
2	15	14	24		15	17	1	1	27	3320
15	66	37	68		68	11	4	11	1	3330
55	104	15	18		58	9	8	7	3	3340
137	186	38	95	5	493	50	13	10	17	3350
1885	2899	449	847	9	1627	710	211	269	559	3400
755	1395	180	427	3	789	421	101	167	357	3410
361	360	88	75	1	243	67	11	14	23	3420
67	162	21	41		71	34	3	13	39	3430
47	88	34	29	2	36	24	63	9	25	3440
153	267	38	64		190	68	14	21	45	3450
193	221	19	43		92	26	9	4	18	3460
20	18	3	1		12	2		1		3470
144	157	21	50	1	64	16	2	8	17	3480
145	231	45	117	2	130	52	8	32	35	3490
2155	4540	465	787		2940	534	104	256	359	3500
103	223	9	19		137	75	13	22	57	3510
323	748	110	144		676	91	21	56	33	3520
54	68	8	22		30	6	1	13	16	3530
135	460	31	30		160	44	2	8	11	3540
133	174	27	23		83	24	4	18	4	3550
30	23	8	5		57	4	2	2	1	3560
289	380	47	95		344	42	16	22	40	3570
729	1792	146	261		1062	104	28	59	128	3580
359	672	79	188		391	144	17	56	69	3590
1173	2077	228	401	3	1844	380	41	118	290	3600
196	626	75	95		593	124	12	42	70	3610
346	424	45	42		208	44	4	17	19	3620
39	143	11	51		74	13	2	4	12	3630
62	93	10	19		103	21	1	2	4	3640
24	19			1	90	9			10	3650
74	160	17	22		256	24	1	8	8	3660
182	183	25	51	2	144	73	11	20	125	3670
69	154	9	27		116	26	4	10	14	3680
181	275	36	94		260	46	6	15	28	3690

行业中类	代码	河南	湖北	湖南	广东	广西	海南
交通运输设备制造业	3700	3290	4349	1871	4819	1302	222
铁路运输设备制造	3710	203	184	170	32	25	
汽车制造	3720	2553	3704	1479	2974	1090	174
摩托车制造	3730	267	37	47	516	5	6
自行车制造	3740	162	30	11	429	29	
船舶及浮动装置制造	3750	26	328	109	752	133	38
航空航天器制造	3760	8	10	8	18	3	
交通器材及其他交通运输设备制造	3790	71	56	47	98	17	4
电气机械及器材制造业	3900	2845	1991	1633	21898	614	46
电机制造	3910	304	293	192	1054	80	1
输配电及控制设备制造	3920	917	676	529	5271	218	17
电线、电缆、光缆及电工器材制造	3930	705	382	324	3192	105	7
电池制造	3940	215	115	115	1153	28	3
家用电力器具制造	3950	151	119	141	5059	48	3
非电力家用器具制造	3960	162	99	68	687	42	3
照明器具制造	3970	269	136	110	4815	44	8
其他电气机械及器材制造	3990	122	171	154	667	49	4
通信设备、计算机及其他电子设备制造业	4000	565	1035	866	20954	383	20
通信设备制造	4010	81	319	108	1714	57	4
雷达及配套设备制造	4020	1	5	6	22	2	
广播电视设备制造	4030	22	15	24	492	10	
电子计算机制造	4040	40	87	75	2197	41	2
电子器件制造	4050	97	192	97	2679	35	3
电子元件制造	4060	210	224	403	8208	152	7
家用视听设备制造	4070	16	14	24	2515	21	
其他电子设备制造	4090	98	179	129	3127	65	4
仪器仪表及文化、办公用机械制造业	4100	678	688	401	3495	114	7
通用仪器仪表制造	4110	406	407	206	736	47	2
专用仪器仪表制造	4120	144	128	85	380	20	2
钟表与计时仪器制造	4130	10	9	8	1134	9	1
光学仪器及眼镜制造	4140	75	46	42	604	19	1
文化、办公用机械制造	4150	25	25	25	542	6	1
其他仪器仪表的制造及修理	4190	18	73	35	99	13	
工艺品及其他制造业	4200	3405	1482	1330	8285	619	85
工艺美术品制造	4210	1507	796	471	5355	469	59
日用杂品制造	4220	471	130	263	1151	66	2
煤制品制造	4230	1306	170	471	33	26	1
其他未列明的制造业	4290	121	386	125	1746	58	23
废弃资源和废旧材料回收加工业	4300	895	385	466	1298	129	14
金属废料和碎屑的加工处理	4310	472	209	290	618	77	3
非金属废料和碎屑的加工处理	4320	423	176	176	680	52	11

单位：个

重庆	四川	贵州	云南	西藏	陕西	甘肃	青海	宁夏	新疆	代码
6237	2218	552	669	15	992	347	97	107	170	3700
33	130	13	12		119	25	2		8	3710
2783	1799	492	615	13	750	306	93	93	148	3720
3110	97	2	1		7	1		1		3730
17	62	1	4		9	1	1	2	5	3740
257	48	12	4		4	3				3750
2	37	24	4		83	6				3760
35	45	8	29	2	20	5	1	11	9	3790
895	1732	203	351	5	1413	326	55	106	244	3900
120	179	8	22		155	31	4	12	10	3910
265	667	66	92	1	697	149	11	39	137	3920
174	352	48	97	1	258	43	6	13	48	3930
46	86	8	18		26	7	9	6	3	3940
82	138	34	10		79	16	4	1	11	3950
37	74	17	78	2	51	39	12	13	12	3960
100	134	11	15		63	15	5	5	15	3970
71	102	11	19	1	84	26	4	17	8	3990
286	972	61	49		654	58	1	6	11	4000
65	165	10	14		123	13		2	2	4010
	19	2			9	2				4020
4	46		2		16	1			1	4030
31	86	3	10		54	3		2		4040
44	168	11	10		108	19			1	4050
82	352	26	4		187	10	1	1	4	4060
8	28	3			4			1	2	4070
52	108	6	9		153	10			1	4090
567	379	37	128		463	61	3	31	18	4100
297	166	18	32		251	33	3	22	7	4110
60	99	5	11		122	12		2	4	4120
9	6	2			5					4130
135	57	5	72		31	4		2	1	4140
14	19	3	7		8	7		3	2	4150
52	32	4	6		46	5		2	4	4190
425	752	200	405	40	563	320	109	66	80	4200
225	285	130	179	36	292	189	65	27	56	4210
83	97	10	32		33	22		1	4	4220
72	259	29	28	1	110	79	37	17	10	4230
45	111	31	166	3	128	30	7	21	10	4290
126	307	72	120	3	128	56	14	12	28	4300
55	164	43	70	1	68	27	7	4	14	4310
71	143	29	50	2	60	29	7	8	14	4320

行业中类	代码	河南	湖北	湖南	广东	广西	海南
电力、燃气及水的生产和供应业	D	**1507**	**2488**	**4791**	**7848**	**2569**	**284**
电力、热力的生产和供应业	4400	662	1268	3763	6295	1910	177
电力生产	4410	450	1039	3474	6067	1726	146
电力供应	4420	157	193	274	195	166	29
热力生产和供应	4430	55	36	15	33	18	2
燃气生产和供应业	4500	170	202	139	234	60	28
水的生产和供应业	4600	675	1018	889	1319	599	79
自来水的生产和供应	4610	558	934	811	1047	533	68
污水处理及其再生利用	4620	104	71	62	236	49	8
其他水的处理、利用与分配	4690	13	13	16	36	17	3
建筑业	E	**11522**	**15824**	**6935**	**20172**	**3950**	**2505**
房屋和土木工程建筑业	4700	6125	5745	3884	5355	1526	487
房屋工程建筑	4710	4479	3739	2842	3267	955	250
土木工程建筑	4720	1646	2006	1042	2088	571	237
建筑安装业	4800	1418	3018	874	4569	579	416
建筑装饰业	4900	2591	4141	1344	8112	1380	1282
其他建筑业	5000	1388	2920	833	2136	465	320
工程准备	5010	271	689	195	803	132	195
提供施工设备服务	5020	146	313	145	209	91	27
其他未列明的建筑活动	5090	971	1918	493	1124	242	98
交通运输、仓储和邮政业	F	**5450**	**6933**	**4011**	**19434**	**4122**	**702**
铁路运输业	5100	53	44	7	43	30	3
铁路旅客运输	5110	4	3	3	3	6	1
铁路货物运输	5120	22	16	1	24	11	2
铁路运输辅助活动	5130	27	25	3	16	13	
道路运输业	5200	2976	3685	2007	6606	2060	240
公路旅客运输	5210	410	769	510	640	290	70
道路货物运输	5220	2146	2548	1220	5235	1543	159
道路运输辅助活动	5230	420	368	277	731	227	11
城市公共交通业	5300	397	331	465	510	223	53
公共电汽车客运	5310	104	85	176	164	83	16
轨道交通	5320	4	2	4	7	1	
出租车客运	5330	285	219	251	312	117	34
城市轮渡	5340		12	7	5		
其他城市公共交通	5390	4	13	27	22	22	3
水上运输业	5400	83	531	201	1048	381	97
水上旅客运输	5410	14	111	54	106	63	12
水上货物运输	5420	61	293	105	613	263	70
水上运输辅助活动	5430	8	127	42	329	55	15

单位：个

重庆	四川	贵州	云南	西藏	陕西	甘肃	青海	宁夏	新疆	代码
1952	**5575**	**1244**	**2042**	**90**	**1192**	**982**	**265**	**193**	**616**	D
1155	3407	929	1557	74	660	810	209	118	432	4400
1083	3166	808	1367	62	512	524	183	54	212	4410
66	233	115	184	12	89	126	8	12	28	4420
6	8	6	6		59	160	18	52	192	4430
167	603	36	68	4	147	41	10	30	59	4500
630	1565	279	417	12	385	131	46	45	125	4600
561	1459	257	376	11	331	106	40	39	111	4610
59	93	17	35		38	17	1	4	12	4620
10	13	5	6	1	16	8	5	2	2	4690
6947	**9474**	**2144**	**6395**	**380**	**7664**	**2464**	**831**	**1154**	**1954**	E
2731	4317	816	2646	339	3122	1432	447	552	886	4700
2111	3160	577	1714	265	2051	1023	261	327	473	4710
620	1157	239	932	74	1071	409	186	225	413	4720
877	1409	252	762	15	1282	408	140	198	388	4800
2064	2582	815	2037	12	2272	459	165	316	435	4900
1275	1166	261	950	14	988	165	79	88	245	5000
112	231	77	174	1	305	59	39	33	101	5010
185	158	26	53	3	176	16	9	15	29	5020
978	777	158	723	10	507	90	31	40	115	5090
4366	**6329**	**1391**	**2856**	**129**	**3392**	**1391**	**354**	**571**	**2293**	F
11	28	21	18	1	43	13	9	4	17	5100
	3		2			4			1	5110
6	11	11	13	1	29	5	5	2	15	5120
5	14	10	3		14	4	4	2	1	5130
2463	3746	784	1534	63	1837	624	177	342	1158	5200
266	584	211	228	21	265	151	35	61	179	5210
1980	2606	469	1046	33	1353	369	104	264	869	5220
217	556	104	260	9	219	104	38	17	110	5230
141	429	113	176	28	355	160	33	55	149	5300
42	112	34	43	2	84	45	7	15	57	5310
2	7		6		3				1	5320
82	283	65	114	26	259	107	24	37	84	5330
2	3									5340
13	24	14	13		9	8	2	3	7	5390
392	173	49	38		15	4	1	4		5400
74	68	16	24		10	2	1			5410
270	64	24	7		4	1		3		5420
48	41	9	7		1	1		1		5430

行业中类	代码	河南	湖北	湖南	广东	广西	海南
航空运输业	5500	21	25	26	134	33	11
航空客货运输	5510	7	7	10	81	12	3
通用航空服务	5520	5	3	8	27	7	3
航空运输辅助活动	5530	9	15	8	26	14	5
管道运输业	5600	2	6	9	6	4	1
装卸搬运和其他运输服务业	5700	621	1564	868	8484	800	203
装卸搬运	5710	257	574	310	635	227	26
运输代理服务	5720	364	990	558	7849	573	177
仓储业	5800	1182	514	277	1249	438	56
谷物、棉花等农产品仓储	5810	657	165	125	184	197	17
其他仓储	5890	525	349	152	1065	241	39
邮政业	5900	115	233	151	1354	153	38
国家邮政	5910	25	49	42	451	38	17
其他寄递服务	5990	90	184	109	903	115	21
信息传输、计算机服务和软件业	**G**	**4750**	**6253**	**8000**	**18063**	**5578**	**868**
电信和其他信息传输服务业	6000	444	1191	805	3033	1059	141
电信	6010	193	430	271	808	297	37
互联网信息服务	6020	165	635	388	2067	732	92
广播电视传输服务	6030	82	112	138	145	27	10
卫星传输服务	6040	4	14	8	13	3	2
计算机服务业	6100	3614	3929	6360	6983	4067	533
计算机系统服务	6110	341	880	434	2099	344	77
数据处理	6120	26	36	14	110	7	8
计算机维修	6130	79	110	46	363	64	31
其他计算机服务	6190	3168	2903	5866	4411	3652	417
软件业	6200	692	1133	835	8047	452	194
公共软件服务	6210	567	880	615	6709	327	141
其他软件服务	6290	125	253	220	1338	125	53
批发和零售业	**H**	**58769**	**80274**	**40935**	**205710**	**40775**	**7622**
批发业	6300	29536	41445	21058	134355	21364	3562
农畜产品批发	6310	3389	7875	1205	2114	1070	175
食品、饮料及烟草制品批发	6320	2401	3212	2202	8937	1656	447
纺织、服装及日用品批发	6330	1304	2626	1342	18861	1168	309
文化、体育用品及器材批发	6340	587	976	492	5850	506	143
医药及医疗器材批发	6350	951	1288	859	3735	744	389
矿产品、建材及化工产品批发	6360	11443	11700	6595	29830	8039	1011
机械设备、五金交电及电子产品批发	6370	6898	9346	5419	46037	4689	677
贸易经纪与代理	6380	347	946	656	8046	1469	85
其他批发	6390	2216	3476	2288	10945	2023	326
零售业	6500	29233	38829	19877	71355	19411	4060
综合零售	6510	5851	10502	3861	5244	2013	407

单位：个

重庆	四川	贵州	云南	西藏	陕西	甘肃	青海	宁夏	新疆	代码
21	42	18	45	5	31	30	5	8	21	5500
2	14	8	22	4	9	11		5	5	5510
7	13	3	10	1	11	7	2	1	7	5520
12	15	7	13		11	12	3	2	9	5530
1	2		2		11			2	6	5600
902	1366	205	567	11	471	271	51	74	694	5700
311	369	68	168		129	65	19	34	109	5710
591	997	137	399	11	342	206	32	40	585	5720
301	370	145	214	3	548	233	50	51	198	5800
44	103	63	35		236	143	29	27	52	5810
257	267	82	179	3	312	90	21	24	146	5890
134	173	56	262	18	81	56	28	31	50	5900
85	46	19	74	8	24	25	12	11	20	5910
49	127	37	188	10	57	31	16	20	30	5990
3832	**8802**	**1888**	**3497**	**133**	**3073**	**927**	**365**	**661**	**1909**	G
903	1048	415	756	52	607	385	79	79	406	6000
397	320	146	206	32	203	128	43	37	126	6010
451	499	231	502	20	329	244	25	28	253	6020
51	225	38	44		72	12	11	13	27	6030
4	4		4		3	1		1		6040
1999	6450	1279	2122	79	1578	442	247	517	1329	6100
272	535	130	444	11	300	42	28	61	167	6110
6	24	3	13		29	2			9	6120
88	139	26	40	2	62	25	8	23	42	6130
1633	5752	1120	1625	66	1187	373	211	433	1111	6190
930	1304	194	619	2	888	100	39	65	174	6200
738	1094	125	476	2	764	66	36	62	112	6210
192	210	69	143		124	34	3	3	62	6290
37348	**51500**	**15592**	**39073**	**923**	**40581**	**19036**	**4080**	**8000**	**20704**	H
19148	31666	8173	23616	159	19469	10559	2000	4187	14093	6300
1131	1975	322	641	13	887	986	103	314	1139	6310
1640	3020	789	1838	39	1461	990	191	282	950	6320
1096	1719	363	1143	3	1028	437	75	141	704	6330
434	602	238	574	3	550	275	55	87	290	6340
686	1281	350	768	10	763	471	109	99	381	6350
6884	11549	3274	7705	18	6611	3971	827	1735	4875	6360
5414	8658	2047	4854	42	6504	2762	474	1144	5087	6370
507	328	74	251	3	463	72	61	51	196	6380
1356	2534	716	5842	28	1202	595	105	334	471	6390
18200	19834	7419	15457	764	21112	8477	2080	3813	6611	6500
1972	2388	816	2016	71	3093	1440	214	399	608	6510

行业中类	代码	河南	湖北	湖南	广东	广西	海南
食品、饮料及烟草制品专门零售	6520	2539	2440	1277	4607	1337	278
纺织、服装及日用品专门零售	6530	3130	3120	1766	7488	1067	561
文化、体育用品及器材专门零售	6540	1521	1558	930	4353	804	276
医药及医疗器材专门零售	6550	1792	3276	2216	5304	4785	186
汽车、摩托车、燃料及零配件专门零售	6560	4530	3908	2975	8252	2375	450
家用电器及电子产品专门零售	6570	5003	5674	2995	15985	2805	756
五金、家具及室内装修材料专门零售	6580	2834	3805	1875	10421	1692	688
无店铺及其他零售	6590	2033	4546	1982	9701	2533	458
住宿和餐饮业	I	**7801**	**7009**	**7167**	**15593**	**2590**	**1284**
住宿业	6600	2552	2409	2714	5961	1495	819
旅游饭店	6610	747	821	981	2129	628	532
一般旅馆	6620	1668	1324	1541	3442	758	254
其他住宿服务	6690	137	264	192	390	109	33
餐饮业	6700	5249	4600	4453	9632	1095	465
正餐服务	6710	4395	3850	3762	7400	841	360
快餐服务	6720	536	290	165	941	76	16
饮料及冷饮服务	6730	60	118	228	447	34	37
其他餐饮服务	6790	258	342	298	844	144	52
金融业	J	**1555**	**1358**	**1172**	**3103**	**1180**	**232**
银行业	6800	399	298	309	540	436	58
中央银行	6810	3	16	9	5	6	
商业银行	6820	363	239	270	453	350	41
其他银行	6890	33	43	30	82	80	17
证券业	6900	51	60	80	226	30	15
证券市场管理	6910	2	8	12	10	3	2
证券经纪与交易	6920	20	28	44	102	16	5
证券投资	6930	17	13	16	68	7	5
证券分析与咨询	6940	12	11	8	46	4	3
保险业	7000	491	451	420	990	267	63
人寿保险	7010	200	203	172	238	111	25
非人寿保险	7020	213	181	187	333	126	20
保险辅助服务	7030	78	67	61	419	30	18
其他金融活动	7100	614	549	363	1347	447	96
金融信托与管理	7110	86	63	61	175	63	5
金融租赁	7120	6	9	6	14	11	
财务公司	7130	31	18	13	92	16	4
邮政储蓄	7140	12	43	15	19	34	1
典当	7150	89	130	166	249	91	62
其他未列明的金融活动	7190	390	286	102	798	232	24

单位：个

重庆	四川	贵州	云南	西藏	陕西	甘肃	青海	宁夏	新疆	代码
1341	1603	670	1018	118	1463	717	245	249	447	6520
2012	1705	351	823	45	1652	699	142	324	499	6530
876	988	392	711	47	1185	544	151	234	417	6540
1246	1977	491	873	86	1751	563	265	213	337	6550
2379	4440	1605	2774	94	3306	1065	326	656	1220	6560
3800	3528	1454	1970	92	3673	1645	337	704	1412	6570
2687	1829	821	1205	55	2821	966	164	536	1065	6580
1887	1376	819	4067	156	2168	838	236	498	606	6590
4674	**6584**	**1441**	**2858**	**272**	**4728**	**2023**	**549**	**607**	**1003**	I
1269	2797	808	1865	226	1868	1014	342	296	712	6600
373	975	313	766	127	663	258	100	93	324	6610
801	1674	452	960	92	1088	676	220	181	370	6620
95	148	43	139	7	117	80	22	22	18	6690
3405	3787	633	993	46	2860	1009	207	311	291	6700
2788	3076	523	794	32	2392	854	162	279	242	6710
108	125	22	40	3	108	51	2	10	34	6720
117	278	38	36	6	116	24	11	6	3	6730
392	308	50	123	5	244	80	32	16	12	6790
1086	**1724**	**719**	**1463**	**102**	**1028**	**613**	**179**	**241**	**650**	J
502	489	183	422	79	296	267	93	44	227	6800
	2	1	5	2	3	3	6		2	6810
452	449	156	353	61	259	232	76	32	189	6820
50	38	26	64	16	34	32	11	12	36	6890
26	62	16	37	2	55	16	3	6	7	6900
	2		2	1	6	2				6910
11	43	13	26	1	28	11	3	1	5	6920
8	12	1	7		11	2		5	2	6930
7	5	2	2		10	1				6940
150	508	143	438	15	326	192	32	46	175	7000
60	209	50	160	6	108	69	12	14	64	7010
54	195	76	227	9	151	109	18	25	94	7020
36	104	17	51		67	14	2	7	17	7030
408	665	377	566	6	351	138	51	145	241	7100
36	64	27	65	2	52	17	8	6	24	7110
4	12	3	18		11	3		3	2	7120
34	29	7	28		14	7	4	5	20	7130
60	21	10	12	1	8	18	4	6	8	7140
71	156	148	99	2	74	32	16	47	78	7150
203	383	182	344	1	192	61	19	78	109	7190

行业中类	代码	河南	湖北	湖南	广东	广西	海南
房地产业	K	**9221**	**12019**	**8111**	**36909**	**8918**	**3989**
房地产业	7200	9221	12019	8111	36909	8918	3989
房地产开发经营	7210	5899	4117	5046	10285	5279	2453
物业管理	7220	1927	3397	2016	10568	1575	704
房地产中介服务	7230	961	1960	506	6433	1243	614
其他房地产活动	7290	434	2545	543	9623	821	218
租赁和商务服务业	L	**11152**	**17088**	**8733**	**62664**	**10274**	**3383**
租赁业	7300	676	825	408	1497	512	246
机械设备租赁	7310	639	795	386	1398	490	232
文化及日用品出租	7320	37	30	22	99	22	14
商务服务业	7400	10476	16263	8325	61167	9762	3137
企业管理服务	7410	1299	3300	1456	19441	2276	485
法律服务	7420	262	201	368	925	157	48
咨询与调查	7430	3156	4003	1788	18200	1675	762
广告业	7440	2727	3534	1820	9567	2348	668
知识产权服务	7450	86	113	68	568	36	12
职业中介服务	7460	460	714	455	1449	366	122
市场管理	7470	334	526	528	1378	352	49
旅行社	7480	959	1009	862	1469	647	333
其他商务服务	7490	1193	2863	980	8170	1905	658
科学研究、技术服务和地质勘查业	M	**3047**	**6378**	**2631**	**20258**	**2762**	**792**
研究与试验发展	7500	285	939	395	5502	226	110
自然科学研究与试验发展	7510	32	345	51	300	33	13
工程和技术研究与试验发展	7520	114	407	186	4640	82	27
农业科学研究与试验发展	7530	82	115	87	187	70	38
医学研究与试验发展	7540	51	67	56	351	34	29
社会人文科学研究与试验发展	7550	6	5	15	24	7	3
专业技术服务业	7600	1883	3500	1406	11507	1743	519
气象服务	7610	25	365	24	47	27	10
地震服务	7620	3		3	6	1	1
海洋服务	7630		2	1	17	9	4
测绘服务	7640	111	64	42	192	132	24
技术检测	7650	212	302	161	828	266	54
环境监测	7660	33	42	27	102	23	7
工程技术与规划管理	7670	1072	1455	718	4661	883	286
其他专业技术服务	7690	427	1270	430	5654	402	133
科技交流和推广服务业	7700	785	1853	784	3155	713	134
技术推广服务	7710	544	1225	473	2248	433	87
科技中介服务	7720	135	153	125	329	80	9
其他科技服务	7790	106	475	186	578	200	38
地质勘查业	7800	94	86	46	94	80	29
矿产地质勘查	7810	30	27	25	24	51	19
基础地质勘查	7820	10	14	4	28	4	4
地质勘查技术服务	7830	54	45	17	42	25	6

单位：个

重庆	四川	贵州	云南	西藏	陕西	甘肃	青海	宁夏	新疆	代码
6981	**10212**	**4477**	**6709**	**97**	**6178**	**2572**	**846**	**989**	**2980**	K
6981	10212	4477	6709	97	6178	2572	846	989	2980	7200
3151	5013	2594	3786	57	2353	1453	487	513	1380	7210
1934	2928	895	1263	37	1824	772	249	307	798	7220
1291	1532	371	1212	1	652	296	66	132	400	7230
605	739	617	448	2	1349	51	44	37	402	7290
11780	**14992**	**4067**	**9163**	**213**	**8025**	**3019**	**925**	**1486**	**4528**	L
1106	1290	421	491	42	890	282	84	248	359	7300
1082	1262	392	479	37	871	271	79	245	348	7310
24	28	29	12	5	19	11	5	3	11	7320
10674	13702	3646	8672	171	7135	2737	841	1238	4169	7400
1127	2647	660	1787	13	1013	277	145	118	702	7410
220	504	96	193	3	193	123	31	33	178	7420
2976	3065	666	1896	35	1548	472	103	202	965	7430
3244	3028	806	1688	47	2020	648	138	376	915	7440
72	93	20	33	1	48	5	3	19	28	7450
777	1040	222	258	3	424	201	51	130	328	7460
407	858	137	440	3	190	203	72	74	158	7470
548	813	311	531	41	554	312	167	88	313	7480
1303	1654	728	1846	25	1145	496	131	198	582	7490
2249	**4173**	**1112**	**2696**	**55**	**3133**	**820**	**358**	**424**	**1799**	M
242	503	107	438	5	292	86	18	20	91	7500
25	61	7	103		30	11	5	1	19	7510
106	245	38	148	1	119	31	4	8	28	7520
43	100	33	109	2	73	25	7	6	32	7530
59	89	28	70	2	64	16	2	4	12	7540
9	8	1	8		6	3		1		7550
1369	2593	771	1647	34	1566	551	245	320	1094	7600
7	19	33	38	2	36	11		8	19	7610
		3	1		1	1	2			7620
					1				1	7630
28	182	46	166	1	82	24	13	15	56	7640
135	216	95	168	6	178	63	34	47	199	7650
35	34	19	20	1	41	7	6	11	14	7660
710	1467	362	875	21	803	298	160	202	519	7670
454	675	213	379	3	424	147	30	37	286	7690
581	942	162	461	7	1166	139	64	69	293	7700
295	660	85	239	5	850	96	33	53	178	7710
120	134	29	69		118	15	22	9	56	7720
166	148	48	153	2	198	28	9	7	59	7790
57	135	72	150	9	109	44	31	15	321	7800
21	49	31	88	6	61	30	20	11	150	7810
10	26	8	14		13	4	3	2	6	7820
26	60	33	48	3	35	10	8	2	165	7830

行业中类	代码	河南	湖北	湖南	广东	广西	海南
水利、环境和公共设施管理业	N	**927**	**1103**	**687**	**2430**	**636**	**145**
水利管理业	7900	56	129	80	147	46	13
防洪管理	7910	8	5	8	16	7	
水资源管理	7920	16	68	42	85	24	10
其他水利管理	7990	32	56	30	46	15	3
环境管理业	8000	131	270	133	723	150	39
自然保护	8010	14	22	17	29	9	1
环境治理	8020	117	248	116	694	141	38
公共设施管理业	8100	740	704	474	1560	440	93
市政公共设施管理	8110	79	118	79	259	61	12
城市绿化管理	8120	325	346	173	915	149	32
游览景区管理	8130	336	240	222	386	230	49
居民服务和其他服务业	O	**3789**	**6860**	**4934**	**14370**	**2385**	**584**
居民服务业	8200	2213	2288	3076	6031	779	257
家庭服务	8210	140	170	224	642	69	30
托儿所	8220	14	12	25	87	7	
洗染服务	8230	67	75	88	180	21	3
理发及美容保健服务	8240	379	518	1268	2090	200	80
洗浴服务	8250	678	230	409	797	47	12
婚姻服务	8260	121	143	85	180	39	6
殡葬服务	8270	79	47	56	114	25	8
摄影扩印服务	8280	440	290	282	682	106	45
其他居民服务	8290	295	803	639	1259	265	73
其他服务业	8300	1576	4572	1858	8339	1606	327
修理与维护	8310	919	1798	1089	3974	743	122
清洁服务	8320	301	475	262	2134	283	101
其他未列明的服务	8390	356	2299	507	2231	580	104
教育	P	**1084**	**972**	**1127**	**3455**	**604**	**151**
教育	8400	1084	972	1127	3455	604	151
学前教育	8410	313	114	379	1096	135	7
初等教育	8420	153	9	26	189	13	
中等教育	8430	91	41	77	120	31	4
高等教育	8440	4	5	10	47	4	
其他教育	8490	523	803	635	2003	421	140
卫生、社会保障和社会福利业	Q	**1152**	**748**	**498**	**1841**	**355**	**49**
卫生	8500	1117	712	464	1724	335	43
医院	8510	218	156	191	261	80	13

单位：个

重庆	四川	贵州	云南	西藏	陕西	甘肃	青海	宁夏	新疆	代码
875	**896**	**315**	**646**	**13**	**661**	**167**	**52**	**104**	**273**	N
70	75	57	54	2	61	23	7	8	44	7900
5	3	4			4				4	7910
46	49	36	23	2	25	15	3	4	29	7920
19	23	17	31		32	8	4	4	11	7990
284	274	61	153	2	156	33	18	17	56	8000
17	19	6	18	1	10	5	6	3	10	8010
267	255	55	135	1	146	28	12	14	46	8020
521	547	197	439	9	444	111	27	79	173	8100
52	80	18	57		48	24	7	4	20	8110
293	307	56	219	5	256	49	9	45	81	8120
176	160	123	163	4	140	38	11	30	72	8130
2992	**3505**	**1402**	**2211**	**83**	**3124**	**1307**	**253**	**480**	**1259**	O
1478	1525	559	736	31	1231	539	114	151	403	8200
183	222	74	106	1	99	48	7	21	46	8210
18	8	1	1		4	2	1	1	6	8220
58	58	13	30		49	18	1	4	9	8230
372	287	89	126	6	208	79	13	17	43	8240
143	201	89	113	6	217	87	30	22	48	8250
119	115	16	26	1	81	21	6	12	17	8260
74	75	47	38		40	16	10	15	18	8270
145	142	51	86	2	187	96	14	22	43	8280
366	417	179	210	15	346	172	32	37	173	8290
1514	1980	843	1475	52	1893	768	139	329	856	8300
730	1195	432	645	37	1096	455	73	210	541	8310
432	392	119	201	4	291	115	31	37	85	8320
352	393	292	629	11	506	198	35	82	230	8390
665	**1189**	**378**	**469**	**24**	**508**	**233**	**60**	**64**	**313**	P
665	1189	378	469	24	508	233	60	64	313	8400
80	288	66	44	7	77	13	5	5	35	8410
4	7	12	6	1	10	1			4	8420
24	46	16	18	1	29	15	4	2	10	8430
4	8		17		2	6	1		1	8440
553	840	284	384	15	390	198	50	57	263	8490
226	**666**	**351**	**393**	**10**	**219**	**135**	**41**	**69**	**253**	Q
197	629	346	366	9	197	129	40	69	241	8500
74	335	211	257	3	93	43	20	43	148	8510

行业中类	代码	河南	湖北	湖南	广东	广西	海南
卫生院及社区医疗活动	8520	79	87	93	176	37	6
门诊部医疗活动	8530	783	391	135	977	160	8
计划生育技术服务活动	8540	1	21	1	176	1	
妇幼保健活动	8550	3	5	3	8	3	3
专科疾病防治活动	8560	9	5	6	35	6	5
疾病预防控制及防疫活动	8570	5	6	5	11	4	1
其他卫生活动	8590	19	41	30	80	44	7
社会保障业	8600	6	10	10	36	3	2
社会福利业	8700	29	26	24	81	17	4
提供住宿的社会福利	8710	23	20	16	54	9	2
不提供住宿的社会福利	8720	6	6	8	27	8	2
文化、体育和娱乐业	**R**	**1162**	**1691**	**1946**	**4383**	**947**	**417**
新闻出版业	8800	57	138	82	259	46	30
新闻业	8810	8	10	6	15	4	
出版业	8820	49	128	76	244	42	30
广播、电视、电影和音像业	8900	195	281	177	571	154	66
广播	8910	10	24	8	36	6	1
电视	8920	33	47	42	131	16	8
电影	8930	107	139	85	262	109	41
音像制作	8940	45	71	42	142	23	16
文化艺术业	9000	317	498	357	768	181	123
文艺创作与表演	9010	160	65	75	220	43	26
艺术表演场馆	9020	14	9	30	36	5	4
图书馆与档案馆	9030	4	3	3	13	4	3
文物及文化保护	9040	23	10	8	12	2	1
博物馆	9050	4	3	1	11	2	2
烈士陵园、纪念馆	9060	2	3	9	2	1	
群众文化活动	9070	22	89	26	103	16	6
文化艺术经纪代理	9080	39	71	95	179	46	46
其他文化艺术	9090	49	245	110	192	62	35
体育	9100	46	84	49	341	44	24
体育组织	9110	26	24	15	95	15	4
体育场馆	9120	7	8	16	159	18	8
其他体育	9190	13	52	18	87	11	12
娱乐业	9200	547	690	1281	2444	522	174
室内娱乐活动	9210	362	364	847	1490	338	57
游乐园	9220	40	30	19	114	16	10
休闲健身娱乐活动	9230	92	192	288	649	88	63
其他娱乐活动	9290	53	104	127	191	80	44

单位：个

重庆	四川	贵州	云南	西藏	陕西	甘肃	青海	宁夏	新疆	代码
44	107	56	31	1	22	28	14	9	42	8520
57	143	52	53	4	47	44	4	13	39	8530
2	2		3	1	1	3		1		8540
4	4	2	4		4	2			1	8550
2	7	3	3		3	2	1		4	8560
2	5	1	1		6	1		1		8570
12	26	21	14		21	6	1	2	7	8590
1	9	3	16		5	2			2	8600
28	28	2	11	1	17	4	1		10	8700
19	20	1	7	1	11	2			5	8710
9	8	1	4		6	2	1		5	8720
1053	**1435**	**374**	**1019**	**24**	**961**	**343**	**94**	**128**	**262**	**R**
77	80	12	25		82	15	2	5	20	8800
6	6	1	2		4	1			2	8810
71	74	11	23		78	14	2	5	18	8820
141	237	80	140	2	222	42	24	30	76	8900
6	11	3	9		9	2	3	5	4	8910
19	41	15	24		27	3	4	1	8	8920
54	128	54	75	1	141	29	15	18	43	8930
62	57	8	32	1	45	8	2	6	21	8940
209	235	73	301	4	240	52	13	10	44	9000
79	89	24	60	2	89	14	4	4	13	9010
8	10	2	9		15	5		1	4	9020
2	2		2				1			9030
7	3	2	6		16	1			1	9040
6	4	1	4		3	1			5	9050
			1		2					9060
17	28	7	26		22	4			4	9070
41	41	15	48	1	38	9	3	2	10	9080
49	58	22	145	1	55	18	5	3	7	9090
37	55	18	68		23	7	5	3	10	9100
11	20	7	15		10	2	3	1	4	9110
12	18	3	9		5	5	1	2	3	9120
14	17	8	44		8		1		3	9190
589	828	191	485	18	394	227	50	80	112	9200
413	583	123	296	9	254	152	40	49	68	9210
11	25	3	14	1	16	5	1	8	8	9220
86	156	39	91	1	87	33	3	12	21	9230
79	64	26	84	7	37	37	6	11	15	9290

2-2 按行业(中类)、东中西部以及东北地区分组的企业法人单位数

(2010年)

单位：个

行业中类	代码	企业单位数	东部地区	中部地区	西部地区	东北地区
总计		**6517670**	**3977150**	**1085739**	**962829**	**491952**
农、林、牧、渔业	**A**	**185917**	**72784**	**52667**	**45831**	**14635**
农业	0100	64756	29521	14305	16543	4387
谷物及其他作物的种植	0110	17356	7091	4921	3828	1516
蔬菜、园艺作物的种植	0120	27178	13221	5682	6706	1569
水果、坚果、饮料和香料作物的种植	0130	17072	8483	3051	4664	874
中药材的种植	0140	3150	726	651	1345	428
林业	0200	18843	6480	6006	4798	1559
林木的培育和种植	0210	17442	5990	5673	4366	1413
木材和竹材的采运	0220	730	239	187	186	118
林产品的采集	0230	671	251	146	246	28
畜牧业	0300	65989	18592	23745	17911	5741
牲畜的饲养	0310	21291	5232	7538	6412	2109
猪的饲养	0320	23604	6238	9657	6229	1480
家禽的饲养	0330	15963	5230	5264	3990	1479
狩猎和捕捉动物	0340	71	24	20	19	8
其他畜牧业	0390	5060	1868	1266	1261	665
渔业	0400	13983	8083	2739	1823	1338
海洋渔业	0410	4407	3383	110	116	798
内陆渔业	0420	9576	4700	2629	1707	540
农、林、牧、渔服务业	0500	22346	10108	5872	4756	1610
农业服务业	0510	17380	7918	4701	3545	1216
林业服务业	0520	1237	485	369	329	54
畜牧服务业	0530	2515	944	591	735	245
渔业服务业	0540	1214	761	211	147	95
采矿业	**B**	**104064**	**22680**	**36176**	**35519**	**9689**
煤炭开采和洗选业	0600	22912	1907	9275	9460	2270
烟煤和无烟煤的开采洗选	0610	21595	1759	8932	8766	2138
褐煤的开采洗选	0620	639	50	61	448	80
其他煤炭采选	0690	678	98	282	246	52
石油和天然气开采业	0700	1682	201	70	972	439
天然原油和天然气开采	0710	377	71	41	164	101
与石油和天然气开采有关的服务活动	0790	1305	130	29	808	338
黑色金属矿采选业	0800	18451	6524	5426	4557	1944
铁矿采选	0810	16379	6372	4672	3472	1863
其他黑色金属矿采选	0890	2072	152	754	1085	81
有色金属矿采选业	0900	11462	1513	3888	5005	1056
常用有色金属矿采选	0910	8026	759	2576	4031	660
贵金属矿采选	0920	2189	576	691	658	264
稀有稀土金属矿采选	0930	1247	178	621	316	132

行业中类	代码	企业单位数	东部地区	中部地区	西部地区	东北地区
非金属矿采选业	1000	48050	12222	17079	14875	3874
土砂石开采	1010	40647	10144	14915	12476	3112
化学矿采选	1020	1612	65	668	743	136
采盐	1030	865	745	12	73	35
石棉及其他非金属矿采选	1090	4926	1268	1484	1583	591
其他采矿业	1100	1507	313	438	650	106
制造业	**C**	**2098319**	**1385580**	**361746**	**209230**	**141763**
农副食品加工业	1300	108825	44222	33977	17984	12642
谷物磨制	1310	29082	7087	15065	2924	4006
饲料加工	1320	12907	5222	3087	2460	2138
植物油加工	1330	10247	3610	3952	1925	760
制糖	1340	678	261	79	291	47
屠宰及肉类加工	1350	17268	6980	3997	4530	1761
水产品加工	1360	9256	7212	558	228	1258
蔬菜、水果和坚果加工	1370	14770	8541	2509	2494	1226
其他农副食品加工	1390	14617	5309	4730	3132	1446
食品制造业	1400	46556	22773	10963	8698	4122
焙烤食品制造	1410	11448	5335	3027	1992	1094
糖果、巧克力及蜜饯制造	1420	4971	3247	935	668	121
方便食品制造	1430	7235	2775	2374	1421	665
液体乳及乳制品制造	1440	1991	703	378	643	267
罐头制造	1450	3259	1817	717	476	249
调味品、发酵制品制造	1460	7051	3157	1445	1834	615
其他食品制造	1490	10601	5739	2087	1664	1111
饮料制造业	1500	37383	14789	9593	9605	3396
酒精制造	1510	490	173	118	129	70
酒的制造	1520	13956	4676	2800	4563	1917
软饮料制造	1530	13159	5505	3546	2721	1387
精制茶加工	1540	9778	4435	3129	2192	22
烟草制品业	1600	298	97	70	98	33
烟叶复烤	1610	107	25	26	37	19
卷烟制造	1620	103	36	25	31	11
其他烟草制品加工	1690	88	36	19	30	3
纺织业	1700	122699	100804	13149	5670	3076
棉、化纤纺织及印染精加工	1710	47823	38717	6091	2272	743
毛纺织和染整精加工	1720	5485	4337	365	705	78
麻纺织	1730	1031	406	372	109	144
丝绢纺织及精加工	1740	7106	5951	357	519	279
纺织制成品制造	1750	28026	22944	3171	950	961
针织品、编织品及其制品制造	1760	33228	28449	2793	1115	871

单位：个

行业中类	代码	企业单位数	东部地区	中部地区	西部地区	东北地区
纺织服装、鞋、帽制造业	1800	96743	77308	11970	3129	4336
纺织服装制造	1810	90086	71976	11012	2991	4107
纺织面料鞋的制造	1820	4944	3802	834	116	192
制帽	1830	1713	1530	124	22	37
皮革、毛皮、羽毛(绒)及其制品业	1900	36703	29689	4034	2148	832
皮革鞣制加工	1910	2897	2024	588	222	63
皮革制品制造	1920	28598	24087	2449	1481	581
毛皮鞣制及制品加工	1930	3360	2601	440	200	119
羽毛(绒)加工及制品制造	1940	1848	977	557	245	69
木材加工及木、竹、藤、棕、草制品业	2000	67881	34873	18220	7622	7166
锯材、木片加工	2010	24208	9392	8428	3152	3236
人造板制造	2020	19166	11159	4612	1907	1488
木制品制造	2030	16683	10219	2503	1685	2276
竹、藤、棕、草制品制造	2040	7824	4103	2677	878	166
家具制造业	2100	42015	26750	8669	4337	2259
木质家具制造	2110	30219	18017	7006	3382	1814
竹、藤家具制造	2120	767	390	286	80	11
金属家具制造	2130	4678	3591	615	323	149
塑料家具制造	2140	662	456	107	58	41
其他家具制造	2190	5689	4296	655	494	244
造纸及纸制品业	2200	55703	40577	7526	5036	2564
纸浆制造	2210	1051	559	263	165	64
造纸	2220	13122	8192	2567	1664	699
纸制品制造	2230	41530	31826	4696	3207	1801
印刷业和记录媒介的复制	2300	57748	38507	8078	7194	3969
印刷	2310	52239	34798	7315	6466	3660
装订及其他印刷服务活动	2320	5197	3480	729	698	290
记录媒介的复制	2330	312	229	34	30	19
文教体育用品制造业	2400	22036	19045	1986	487	518
文化用品制造	2410	6195	5120	606	205	264
体育用品制造	2420	5583	4974	378	100	131
乐器制造	2430	1488	1298	89	27	74
玩具制造	2440	7918	6903	858	125	32
游艺器材及娱乐用品制造	2450	852	750	55	30	17
石油加工及炼焦	2500	7181	3145	1217	1376	1443
精炼石油产品的制造	2510	5288	2799	582	580	1327
炼焦	2520	1893	346	635	796	116
化学原料及化学制品制造业	2600	107165	63132	23130	12593	8310
基础化学原料制造	2610	18697	9830	4107	3195	1565
肥料制造	2620	10928	4455	2538	2674	1261
农药制造	2630	2787	1478	689	376	244

单位：个

行业中类	代码	企业单位数	东部地区	中部地区	西部地区	东北地区
涂料、油墨、颜料及类似产品制造	2640	19942	14219	2810	1446	1467
合成材料制造	2650	7234	5411	905	451	467
专用化学产品制造	2660	36981	20171	10733	3443	2634
日用化学产品制造	2670	10596	7568	1348	1008	672
医药制造业	2700	17809	8481	4136	3230	1962
化学药品原药制造	2710	2595	1435	602	397	161
化学药品制剂制造	2720	2480	1244	547	404	285
中药饮片加工	2730	2283	676	578	584	445
中成药制造	2740	3026	926	782	850	468
兽用药品制造	2750	1535	765	399	248	123
生物、生化制品的制造	2760	3101	1737	571	491	302
卫生材料及医药用品制造	2770	2789	1698	657	256	178
化学纤维制造业	2800	5265	4487	430	172	176
纤维素纤维原料及纤维制造	2810	979	726	132	69	52
合成纤维制造	2820	4286	3761	298	103	124
橡胶制品业	2900	23617	17833	2553	1607	1624
轮胎制造	2910	2139	1483	314	206	136
橡胶板、管、带的制造	2920	4524	3319	553	261	391
橡胶零件制造	2930	6525	4826	593	500	606
再生橡胶制造	2940	1153	691	263	144	55
日用及医用橡胶制品制造	2950	1078	863	125	49	41
橡胶靴鞋制造	2960	2036	1733	160	82	61
其他橡胶制品制造	2990	6162	4918	545	365	334
塑料制品业	3000	112936	87089	12392	7473	5982
塑料薄膜制造	3010	10391	7830	1144	843	574
塑料板、管、型材的制造	3020	15922	10406	2431	1769	1316
塑料丝、绳及编织品的制造	3030	10920	6652	2016	1229	1023
泡沫塑料制造	3040	5543	4035	628	473	407
塑料人造革、合成革制造	3050	1324	1132	124	32	36
塑料包装箱及容器制造	3060	12465	9418	1471	900	676
塑料零件制造	3070	14799	13397	706	370	326
日用塑料制造	3080	14380	11587	1383	670	740
其他塑料制品制造	3090	27192	22632	2489	1187	884
非金属矿物制品业	3100	223919	93148	75752	40273	14746
水泥、石灰和石膏的制造	3110	15804	5760	5055	3900	1089
水泥及石膏制品制造	3120	50429	17691	21722	8821	2195
砖瓦、石材及其他建筑材料制造	3130	101736	38317	34142	22298	6979
玻璃及玻璃制品制造	3140	18426	12736	2994	1623	1073
陶瓷制品制造	3150	10803	6723	3194	659	227
耐火材料制品制造	3160	12454	4838	4620	951	2045
石墨及其他非金属矿物制品制造	3190	14267	7083	4025	2021	1138

单位：个

行业中类	代码	企业单位数	东部地区	中部地区	西部地区	东北地区
黑色金属冶炼及压延加工业	3200	20893	11398	4028	3763	1704
炼铁	3210	2645	746	1042	632	225
炼钢	3220	935	410	249	156	120
钢压延加工	3230	13899	9663	1689	1429	1118
铁合金冶炼	3240	3414	579	1048	1546	241
有色金属冶炼及压延加工业	3300	24454	13359	5843	3923	1329
常用有色金属冶炼	3310	6442	2146	2195	1749	352
贵金属冶炼	3320	685	184	275	171	55
稀有稀土金属冶炼	3330	1496	331	617	417	131
有色金属合金制造	3340	2660	1496	638	346	180
有色金属压延加工	3350	13171	9202	2118	1240	611
金属制品业	3400	160747	122800	17413	11495	9039
结构性金属制品制造	3410	56082	37462	8717	5683	4220
金属工具制造	3420	20857	16279	2207	1450	921
集装箱及金属包装容器制造	3430	6234	4375	788	517	554
金属丝绳及其制品的制造	3440	7903	6205	866	486	346
建筑、安全用金属制品制造	3450	18759	15100	1669	1034	956
金属表面处理及热处理加工	3460	11737	9452	623	677	985
搪瓷制品制造	3470	1229	970	141	75	43
不锈钢及类似日用金属制品制造	3480	15258	13380	897	609	372
其他金属制品制造	3490	22688	19577	1505	964	642
通用设备制造业	3500	214101	153049	26289	14374	20389
锅炉及原动机制造	3510	8443	4774	1560	845	1264
金属加工机械制造	3520	29349	20827	3705	2534	2283
起重运输设备制造	3530	6708	4457	1366	263	622
泵、阀门、压缩机及类似机械的制造	3540	27610	21476	2415	1000	2719
轴承、齿轮、传动和驱动部件的制造	3550	14143	10769	1438	551	1385
烘炉、熔炉及电炉制造	3560	1990	1475	212	144	159
风机、衡器、包装设备等通用设备制造	3570	28196	22316	2457	1480	1943
通用零部件制造及机械修理	3580	64963	46809	6184	5112	6858
金属铸、锻加工	3590	32699	20146	6952	2445	3156
专用设备制造业	3600	116929	84597	15312	8003	9017
矿山、冶金、建筑专用设备制造	3610	19871	10512	4411	2145	2803
化工、木材、非金属加工专用设备制造	3620	32336	26938	2358	1353	1687
食品、饮料、烟草及饲料生产专用设备制造	3630	4137	2535	796	458	348
印刷、制药、日化生产专用设备制造	3640	7300	5584	900	382	434
纺织、服装和皮革工业专用设备制造	3650	9629	8658	641	162	168
电子和电工机械专用设备制造	3660	8717	6405	1128	642	542
农、林、牧、渔专用机械制造	3670	8886	4492	2297	1209	888
医疗仪器设备及器械制造	3680	6576	4805	808	511	452
环保、社会公共安全及其他专用设备制造	3690	19477	14668	1973	1141	1695

单位：个

行业中类	代码	企业单位数	东部地区	中部地区	西部地区	东北地区
交通运输设备制造业	3700	93528	58621	14279	13231	7397
铁路运输设备制造	3710	3285	1441	759	406	679
汽车制造	3720	63169	37609	11531	8656	5373
摩托车制造	3730	7526	3831	441	3224	30
自行车制造	3740	5980	5443	348	131	58
船舶及浮动装置制造	3750	10977	8551	863	462	1101
航空航天器制造	3760	460	202	42	161	55
交通器材及其他交通运输设备制造	3790	2131	1544	295	191	101
电气机械及器材制造业	3900	115973	91584	11345	6270	6774
电机制造	3910	12374	9789	1185	682	718
输配电及控制设备制造	3920	37533	28313	3558	2447	3215
电线、电缆、光缆及电工器材制造	3930	19171	14150	2596	1213	1212
电池制造	3940	4847	3677	764	251	155
家用电力器具制造	3950	14274	12617	840	431	386
非电力家用器具制造	3960	4794	3579	600	399	216
照明器具制造	3970	16384	14419	1100	420	445
其他电气机械及器材制造	3990	6596	5040	702	427	427
通信设备、计算机及其他电子设备制造业	4000	60906	52012	4652	2558	1684
通信设备制造	4010	6548	5106	731	465	246
雷达及配套设备制造	4020	145	79	22	34	10
广播电视设备制造	4030	1699	1422	122	82	73
电子计算机制造	4040	5088	4316	353	240	179
电子器件制造	4050	8769	7339	736	402	292
电子元件制造	4060	26362	23170	1857	845	490
家用视听设备制造	4070	3914	3620	175	69	50
其他电子设备制造	4090	8381	6960	656	421	344
仪器仪表及文化、办公用机械制造业	4100	27777	20723	2835	1845	2374
通用仪器仪表制造	4110	13481	9471	1510	898	1602
专用仪器仪表制造	4120	4779	3399	609	340	431
钟表与计时仪器制造	4130	1994	1859	59	31	45
光学仪器及眼镜制造	4140	3971	3225	338	327	81
文化、办公用机械制造	4150	1911	1641	134	69	67
其他仪器仪表的制造及修理	4190	1641	1128	185	180	148
工艺品及其他制造业	4200	60346	44943	9090	3917	2396
工艺美术品制造	4210	35309	27609	4194	2068	1438
日用杂品制造	4220	9155	7160	1421	401	173
煤制品制造	4230	4405	983	2376	697	349
其他未列明的制造业	4290	11477	9191	1099	751	436
废弃资源和废旧材料回收加工业	4300	10116	5705	2810	1104	497
金属废料和碎屑的加工处理	4310	5037	2794	1469	589	185
非金属废料和碎屑的加工处理	4320	5079	2911	1341	515	312

单位：个

行业中类	代码	企业单位数	东部地区	中部地区	西部地区	东北地区
电力、燃气及水的生产和供应业	D	**63037**	**25701**	**15454**	**17941**	**3941**
电力、热力的生产和供应业	4400	41902	17033	10050	12084	2735
电力生产	4410	34465	14905	8665	10046	849
电力供应	4420	3662	982	1084	1210	386
热力生产和供应	4430	3775	1146	301	828	1500
燃气生产和供应业	4500	4175	1526	960	1333	356
水的生产和供应业	4600	16960	7142	4444	4524	850
自来水的生产和供应	4610	13908	5308	3934	4047	619
污水处理及其再生利用	4620	2379	1379	432	371	197
其他水的处理、利用与分配	4690	673	455	78	106	34
建筑业	E	**302215**	**170384**	**54742**	**47388**	**29701**
房屋和土木工程建筑业	4700	111475	56196	23790	20636	10853
房屋工程建筑	4710	68220	31951	16055	14086	6128
土木工程建筑	4720	43255	24245	7735	6550	4725
建筑安装业	4800	59646	36989	8512	6850	7295
建筑装饰业	4900	92833	56687	14283	13735	8128
其他建筑业	5000	38261	20512	8157	6167	3425
工程准备	5010	11406	6432	2170	1397	1407
提供施工设备服务	5020	4554	2261	1104	880	309
其他未列明的建筑活动	5090	22301	11819	4883	3890	1709
交通运输、仓储和邮政业	F	**185975**	**109163**	**30446**	**30543**	**15823**
铁路运输业	5100	966	408	234	246	78
铁路旅客运输	5110	78	42	14	17	5
铁路货物运输	5120	441	195	85	131	30
铁路运输辅助活动	5130	447	171	135	98	43
道路运输业	5200	85723	44444	17134	16913	7232
公路旅客运输	5210	8797	2933	2705	2455	704
道路货物运输	5220	68680	37946	12528	12366	5840
道路运输辅助活动	5230	8246	3565	1901	2092	688
城市公共交通业	5300	8173	3069	1990	2067	1047
公共电汽车客运	5310	2281	803	647	600	231
轨道交通	5320	98	47	20	22	9
出租车客运	5330	5307	2013	1208	1310	776
城市轮渡	5340	73	36	28	5	4
其他城市公共交通	5390	414	170	87	130	27
水上运输业	5400	8759	5597	1701	1061	400
水上旅客运输	5410	1006	416	260	259	71
水上货物运输	5420	5519	3578	1118	636	187
水上运输辅助活动	5430	2234	1603	323	166	142

 单位：个

行业中类	代码	企业单位数	东部地区	中部地区	西部地区	东北地区
航空运输业	5500	1003	463	128	289	123
航空客货运输	5510	371	201	33	103	34
通用航空服务	5520	248	100	34	73	41
航空运输辅助活动	5530	384	162	61	113	48
管道运输业	5600	148	71	30	30	17
装卸搬运和其他运输服务业	5700	53140	38091	4941	5868	4240
装卸搬运	5710	8719	4521	1992	1616	590
运输代理服务	5720	44421	33570	2949	4252	3650
仓储业	5800	20073	11672	3312	2920	2169
谷物、棉花等农产品仓储	5810	5540	1728	1615	1092	1105
其他仓储	5890	14533	9944	1697	1828	1064
邮政业	5900	7990	5348	976	1149	517
国家邮政	5910	1549	834	235	401	79
其他寄递服务	5990	6441	4514	741	748	438
信息传输、计算机服务和软件业	**G**	**181726**	**108459**	**28109**	**32516**	**12642**
电信和其他信息传输服务业	6000	27796	14783	4465	6166	2382
电信	6010	8803	4242	1584	2099	878
互联网信息服务	6020	16649	9642	2307	3480	1220
广播电视传输服务	6030	2146	768	538	566	274
卫星传输服务	6040	198	131	36	21	10
计算机服务业	6100	99479	53443	19502	21280	5254
计算机系统服务	6110	19995	13808	2463	2523	1201
数据处理	6120	1024	711	112	106	95
计算机维修	6130	3508	2273	391	566	278
其他计算机服务	6190	74952	36651	16536	18085	3680
软件业	6200	54451	40233	4142	5070	5006
公共软件服务	6210	42825	31764	3219	4017	3825
其他软件服务	6290	11626	8469	923	1053	1181
批发和零售业	**H**	**1963277**	**1203989**	**292274**	**309177**	**157837**
批发业	6300	1224281	801854	152510	171835	98082
农畜产品批发	6310	55812	19787	17007	10587	8431
食品、饮料及烟草制品批发	6320	89164	54499	13373	13743	7549
纺织、服装及日用品批发	6330	127674	103766	8622	8397	6889
文化、体育用品及器材批发	6340	37070	27671	3325	3804	2270
医药及医疗器材批发	6350	33721	19232	5446	6003	3040
矿产品、建材及化工产品批发	6360	402228	252644	51887	63221	34476
机械设备、五金交电及电子产品批发	6370	336901	229338	35716	45399	26448
贸易经纪与代理	6380	36435	26245	3418	3952	2820
其他批发	6390	105276	68672	13716	16729	6159
零售业	6500	738996	402135	139764	137342	59755
综合零售	6510	91081	40216	28825	16408	5632

行业中类	代码	企业单位数	东部地区	中部地区	西部地区	东北地区
食品、饮料及烟草制品专门零售	6520	57128	32088	10332	10123	4585
纺织、服装及日用品专门零售	6530	70890	41580	12401	10460	6449
文化、体育用品及器材专门零售	6540	44976	28326	6472	7042	3136
医药及医疗器材专门零售	6550	66722	35118	10771	13424	7409
汽车、摩托车、燃料及零配件专门零售	6560	104543	51690	20221	22977	9655
家用电器及电子产品专门零售	6570	122294	68457	21489	23679	8669
五金、家具及室内装修材料专门零售	6580	92373	53421	14457	16248	8247
无店铺及其他零售	6590	88989	51239	14796	16981	5973
住宿和餐饮业	I	**158544**	**85308**	**32251**	**30663**	**10322**
住宿业	6600	57947	28011	11980	13988	3968
旅游饭店	6610	19996	9373	4214	5043	1366
一般旅馆	6620	34044	16766	6914	8078	2286
其他住宿服务	6690	3907	1872	852	867	316
餐饮业	6700	100597	57297	20271	16675	6354
正餐服务	6710	81896	45307	17215	13894	5480
快餐服务	6720	7029	4631	1311	661	426
饮料及冷饮服务	6730	4252	2843	584	678	147
其他餐饮服务	6790	7420	4516	1161	1442	301
金融业	J	**42829**	**20310**	**8141**	**10515**	**3863**
银行业	6800	9891	3517	2083	3338	953
中央银行	6810	123	33	43	34	13
商业银行	6820	8374	2981	1757	2862	774
其他银行	6890	1394	503	283	442	166
证券业	6900	1765	1013	340	296	116
证券市场管理	6910	97	36	32	17	12
证券经纪与交易	6920	918	501	175	174	68
证券投资	6930	460	288	72	71	29
证券分析与咨询	6940	290	188	61	34	7
保险业	7000	11333	5253	2383	2575	1122
人寿保险	7010	4093	1682	1025	956	430
非人寿保险	7020	4357	1722	1001	1213	421
保险辅助服务	7030	2883	1849	357	406	271
其他金融活动	7100	19840	10527	3335	4306	1672
金融信托与管理	7110	2126	1113	436	415	162
金融租赁	7120	367	196	62	86	23
财务公司	7130	824	414	143	191	76
邮政储蓄	7140	681	265	127	202	87
典当	7150	4013	1851	676	964	522
其他未列明的金融活动	7190	11829	6688	1891	2448	802

行业中类	代码	企 业 单位数	东部 地区	中部 地区	西部 地区	东北 地区
房地产业	K	**278640**	**150780**	**49239**	**56121**	**22500**
房地产业	7200	278640	150780	49239	56121	22500
房地产开发经营	7210	124720	59006	25986	29358	10370
物业管理	7220	71974	39147	12095	13859	6873
房地产中介服务	7230	46525	29992	5440	7553	3540
其他房地产活动	7290	35421	22635	5718	5351	1717
租赁和商务服务业	L	**515596**	**345987**	**60099**	**74574**	**34936**
租赁业	7300	27021	15172	3755	6313	1781
机械设备租赁	7310	26021	14566	3628	6132	1695
文化及日用品出租	7320	1000	606	127	181	86
商务服务业	7400	488575	330815	56344	68261	33155
企业管理服务	7410	92810	67355	9410	11665	4380
法律服务	7420	8984	4984	1335	1837	828
咨询与调查	7430	144738	107433	13287	14767	9251
广告业	7440	98955	61615	13566	16597	7177
知识产权服务	7450	4367	3276	397	397	297
职业中介服务	7460	23108	13389	3061	4114	2544
市场管理	7470	16894	9804	2161	3128	1801
旅行社	7480	24755	12341	5075	4975	2364
其他商务服务	7490	73964	50618	8052	10781	4513
科学研究、技术服务和地质勘查业	M	**177722**	**121576**	**19469**	**21581**	**15096**
研究与试验发展	7500	23360	16268	2298	2177	2617
自然科学研究与试验发展	7510	2574	1337	494	323	420
工程和技术研究与试验发展	7520	13590	10307	1039	848	1396
农业科学研究与试验发展	7530	2774	1290	445	561	478
医学研究与试验发展	7540	4100	3139	277	397	287
社会人文科学研究与试验发展	7550	322	195	43	48	36
专业技术服务业	7600	92006	60244	11313	13099	7350
气象服务	7610	1120	354	509	207	50
地震服务	7620	83	49	15	11	8
海洋服务	7630	183	148	7	11	17
测绘服务	7640	3374	1561	478	892	443
技术检测	7650	8656	4794	1326	1546	990
环境监测	7660	1384	801	192	246	145
工程技术与规划管理	7670	42240	26269	5601	6896	3474
其他专业技术服务	7690	34966	26268	3185	3290	2223
科技交流和推广服务业	7700	59356	44105	5403	5031	4817
技术推广服务	7710	43404	33535	3654	3137	3078
科技中介服务	7720	5825	3671	693	729	732
其他科技服务	7790	10127	6899	1056	1165	1007
地质勘查业	7800	3000	959	455	1274	312
矿产地质勘查	7810	1386	356	190	700	140
基础地质勘查	7820	419	191	70	110	48
地质勘查技术服务	7830	1195	412	195	464	124

行业中类	代码	企业单位数	东部地区	中部地区	西部地区	东北地区
水利、环境和公共设施管理业	N	**28693**	**16434**	**4968**	**5209**	**2082**
水利管理业	7900	2228	1077	461	506	184
防洪管理	7910	172	91	35	32	14
水资源管理	7920	1131	538	216	286	91
其他水利管理	7990	925	448	210	188	79
环境管理业	8000	6427	3706	991	1340	390
自然保护	8010	406	164	89	122	31
环境治理	8020	6021	3542	902	1218	359
公共设施管理业	8100	20038	11651	3516	3363	1508
市政公共设施管理	8110	2854	1731	463	429	231
城市绿化管理	8120	11028	6916	1564	1640	908
游览景区管理	8130	6156	3004	1489	1294	369
居民服务和其他服务业	O	**141736**	**85969**	**24125**	**21044**	**10598**
居民服务业	8200	60160	35193	11171	8499	5297
家庭服务	8210	5341	3136	811	966	428
托儿所	8220	349	187	66	53	43
洗染服务	8230	2317	1522	343	288	164
理发及美容保健服务	8240	16552	11123	2794	1568	1067
洗浴服务	8250	9981	5359	2019	1190	1413
婚姻服务	8260	3368	1909	549	528	382
殡葬服务	8270	1890	858	340	412	280
摄影扩印服务	8280	7052	4012	1473	1002	565
其他居民服务	8290	13310	7087	2776	2492	955
其他服务业	8300	81576	50776	12954	12545	5301
修理与维护	8310	37923	22204	6285	6596	2838
清洁服务	8320	14453	9649	1753	2146	905
其他未列明的服务	8390	29200	18923	4916	3803	1558
教育	P	**25723**	**13832**	**4946**	**4937**	**2008**
教育	8400	25723	13832	4946	4937	2008
学前教育	8410	4177	2038	1081	792	266
初等教育	8420	612	302	222	66	22
中等教育	8430	1127	440	355	212	120
高等教育	8440	243	142	32	43	26
其他教育	8490	19564	10910	3256	3824	1574
卫生、社会保障和社会福利业	Q	**16222**	**7969**	**3541**	**2917**	**1795**
卫生	8500	15085	7374	3349	2743	1619
医院	8510	4902	1929	1026	1381	566

行业中类	代码	企业单位数	东部地区	中部地区	西部地区	东北地区
卫生院及社区医疗活动	8520	1843	718	511	412	202
门诊部医疗活动	8530	6696	3783	1525	676	712
计划生育技术服务活动	8540	243	192	32	14	5
妇幼保健活动	8550	99	45	23	25	6
专科疾病防治活动	8560	305	196	38	35	36
疾病预防控制及防疫活动	8570	149	73	24	29	23
其他卫生活动	8590	848	438	170	171	69
社会保障业	8600	330	168	56	45	61
社会福利业	8700	807	427	136	129	115
提供住宿的社会福利	8710	563	283	100	83	97
不提供住宿的社会福利	8720	244	144	36	46	18
文化、体育和娱乐业	**R**	**47435**	**30245**	**7346**	**7123**	**2721**
新闻出版业	8800	3040	1968	440	404	228
新闻业	8810	148	64	39	29	16
出版业	8820	2892	1904	401	375	212
广播、电视、电影和音像业	8900	7186	4404	1097	1252	433
广播	8910	289	139	71	62	17
电视	8920	1815	1318	223	174	100
电影	8930	3507	2034	548	710	215
音像制作	8940	1575	913	255	306	101
文化艺术业	9000	13012	9157	1682	1478	695
文艺创作与表演	9010	2581	1518	435	448	180
艺术表演场馆	9020	401	209	84	67	41
图书馆与档案馆	9030	141	78	21	11	31
文物及文化保护	9040	207	89	67	43	8
博物馆	9050	154	87	21	30	16
烈士陵园、纪念馆	9060	37	14	17	4	2
群众文化活动	9070	1344	970	189	129	56
文化艺术经纪代理	9080	3018	2326	270	277	145
其他文化艺术	9090	5129	3866	578	469	216
体育	9100	2395	1673	287	286	149
体育组织	9110	834	593	102	93	46
体育场馆	9120	716	501	69	83	63
其他体育	9190	845	579	116	110	40
娱乐业	9200	21802	13043	3840	3703	1216
室内娱乐活动	9210	12981	7425	2439	2446	671
游乐园	9220	694	375	131	124	64
休闲健身娱乐活动	9230	5729	3904	820	661	344
其他娱乐活动	9290	2398	1339	450	472	137

2-3 按行业(大类)、直辖市和省会城市

(2010年)

行业大类	代码	企业单位数	北京	天津	石家庄	太原	呼和浩特
总计		**2792940**	**353802**	**149382**	**33441**	**27971**	**15101**
农、林、牧、渔业	A	**41115**	**2639**	**1541**	**1025**	**1727**	**412**
农业	0100	17052	1193	541	292	728	101
林业	0200	4215	430	111	110	211	68
畜牧业	0300	11476	719	456	522	655	173
渔业	0400	4212	92	266	20	13	5
农、林、牧、渔服务业	0500	4160	205	167	81	120	65
采矿业	B	**9978**	**188**	**87**	**585**	**719**	**299**
煤炭开采和洗选业	0600	1813	27	4	111	446	72
石油和天然气开采业	0700	164	15	29		3	
黑色金属矿采选业	0800	991	23	10	199	184	82
有色金属矿采选业	0900	544	4	3	10	1	19
非金属矿采选业	1000	6261	118	34	265	83	116
其他采矿业	1100	205	1	7		2	10
制造业	C	**650565**	**35311**	**43000**	**13390**	**4037**	**1940**
农副食品加工业	1300	22204	955	986	1012	128	143
食品制造业	1400	14270	1075	957	365	168	135
饮料制造业	1500	7442	424	263	168	51	67
烟草制品业	1600	88	1	1	1	1	1
纺织业	1700	26889	742	1205	1541	40	152
纺织服装、鞋、帽制造业	1800	35046	2442	1802	412	49	75
皮革、毛皮、羽毛(绒)及其制品业	1900	9975	210	304	670	4	18
木材加工及木、竹、藤、棕、草制品业	2000	12061	695	566	302	38	23
家具制造业	2100	15773	1397	698	403	60	30
造纸及纸制品业	2200	19814	967	1383	448	78	37
印刷业和记录媒介的复制	2300	21559	1694	1029	283	201	116
文教体育用品制造业	2400	7703	338	446	24	10	5
石油加工、炼焦及核燃料加工业	2500	1790	214	165	72	39	5
化学原料及化学制品制造业	2600	32055	2275	2725	1362	252	95
医药制造业	2700	6690	611	409	205	49	62
化学纤维制造业	2800	1070	38	55	61	6	1
橡胶制品业	2900	7575	222	673	88	27	10
塑料制品业	3000	37948	1520	2227	608	128	56
非金属矿物制品业	3100	43617	2832	1900	1637	432	338
黑色金属冶炼及压延加工业	3200	4828	154	1020	134	77	38
有色金属冶炼及压延加工业	3300	5891	261	475	141	68	28

以及计划单列市分组的企业法人单位数

单位：个

沈阳	长春	哈尔滨	上海	南京	杭州	合肥	福州	南昌	济南	郑州	武汉	长沙	代码
81155	**32993**	**56540**	**375023**	**78964**	**136340**	**37115**	**48908**	**20923**	**72388**	**45385**	**110486**	**42418**	
2179	**631**	**1301**	**2305**	**1014**	**2254**	**300**	**1570**	**542**	**649**	**692**	**1253**	**986**	A
830	164	468	1244	429	948	89	604	147	179	212	403	565	0100
99	79	109	383	171	283	38	127	51	44	82	183	60	0200
957	325	462	291	212	326	105	210	170	210	332	240	220	0300
103	28	37	186	102	437	35	543	88	6	17	192	28	0400
190	35	225	201	100	260	33	86	86	210	49	235	113	0500
151	**216**	**323**	**4**	**206**	**342**	**76**	**296**	**141**	**253**	**591**	**127**	**604**	B
21	29	10		1	2		1	3	19	254	2	63	0600
	9	6	2	3		2	1		4		2	2	0700
12	1	7		17	6	9	3	1	29	11	2	24	0800
4	3	7		3	22		4	1	5	38	1	16	0900
112	168	276	2	181	312	63	284	132	194	284	109	485	1000
2	6	17		1		2	3	4	2	4	11	14	1100
21201	**8226**	**13231**	**86565**	**17404**	**41382**	**8333**	**11568**	**6845**	**15073**	**11212**	**17596**	**13459**	C
864	849	1474	771	330	729	422	818	756	1003	500	673	756	1300
428	293	541	1240	249	536	198	373	309	342	425	501	479	1400
231	297	412	271	95	481	65	284	91	182	167	151	232	1500
2	9	2	2	1	4	1	3	1	2	2	5	6	1600
292	59	243	4340	320	4646	174	989	537	290	136	515	212	1700
552	132	161	6369	1053	2582	319	554	579	290	267	1161	212	1800
254	23	58	1083	138	681	78	163	49	49	30	76	229	1900
434	253	878	1663	251	760	109	377	317	306	138	342	436	2000
469	190	318	3062	316	696	292	282	90	322	142	465	409	2100
418	119	205	2700	424	1943	180	377	145	288	290	355	502	2200
674	395	551	2700	512	1194	343	379	294	512	374	703	531	2300
96	15	99	1244	242	893	53	74	100	89	45	70	66	2400
133	35	57	145	46	78	9	23	11	63	29	57	37	2500
1078	373	593	3580	1005	2066	330	381	289	797	844	745	2012	2600
241	159	259	576	186	245	128	105	206	235	182	282	244	2700
14	4	13	137	21	155	9	39	7	25	19	26	4	2800
375	82	82	1165	161	341	76	110	39	114	88	114	78	2900
978	342	433	5437	739	2470	459	994	215	495	343	709	432	3000
1394	833	1128	3145	1307	1978	921	1263	662	1644	3237	1628	2063	3100
190	33	77	358	110	177	21	64	47	97	99	132	81	3200
264	36	89	820	207	272	12	46	107	83	245	150	174	3300

行业大类	代码	企业单位数	北京	天津	石家庄	太原	呼和浩特
金属制品业	3400	57934	3688	5974	776	449	158
通用设备制造业	3500	73566	3021	5258	1079	707	95
专用设备制造业	3600	42552	2439	3077	445	332	64
交通运输设备制造业	3700	35716	1427	3062	242	145	59
电气机械及器材制造业	3900	43350	2108	2196	503	167	65
通信设备、计算机及其他电子设备制造业	4000	27521	1452	1582	99	85	26
仪器仪表及文化、办公用机械制造业	4100	13765	1239	963	60	92	6
工艺品及其他制造业	4200	19596	784	1338	198	136	23
废弃资源和废旧材料回收加工业	4300	2277	86	261	51	18	9
电力、燃气及水的生产和供应业	D	**7839**	**440**	**386**	**128**	**52**	**135**
电力、热力的生产和供应业	4400	4275	295	198	72	24	90
燃气生产和供应业	4500	941	42	70	15	9	17
水的生产和供应业	4600	2623	103	118	41	19	28
建筑业	E	**140765**	**12316**	**7607**	**1060**	**1900**	**842**
房屋和土木工程建筑业	4700	38965	2508	2323	427	478	338
建筑安装业	4800	32529	2589	2260	285	483	147
建筑装饰业	4900	50712	6283	2034	252	619	266
其他建筑业	5000	18559	936	990	96	320	91
交通运输、仓储和邮政业	F	**84430**	**7740**	**7089**	**907**	**561**	**508**
铁路运输业	5100	333	31	28	2	13	7
道路运输业	5200	32111	3803	1938	510	298	352
城市公共交通业	5300	2576	309	85	55	25	24
水上运输业	5400	2921	14	206	1	3	1
航空运输业	5500	623	42	21	5	22	4
管道运输业	5600	56	6	4			
装卸搬运和其他运输服务业	5700	33250	2172	3712	161	84	58
仓储业	5800	9109	856	1025	137	94	46
邮政业	5900	3451	507	70	36	22	16
信息传输、计算机服务和软件业	G	**100701**	**20773**	**2153**	**779**	**929**	**376**
电信和其他信息传输服务业	6000	13081	3028	398	129	222	73
计算机服务业	6100	43828	6453	1039	456	448	184
软件业	6200	43792	11292	716	194	259	119
批发和零售业	H	**961902**	**116391**	**51762**	**10071**	**10646**	**5512**
批发业	6300	633566	59002	35674	6722	5986	2387
零售业	6500	328336	57389	16088	3349	4660	3125

单位：个

沈阳	长春	哈尔滨	上海	南京	杭州	合肥	福州	南昌	济南	郑州	武汉	长沙	代码
1525	535	975	10535	1896	3031	722	508	399	1008	522	1727	611	3400
4117	744	1554	10876	2327	4962	828	604	308	3188	851	1704	990	3500
1678	453	858	6736	1268	1985	566	466	324	1178	1123	1250	701	3600
1092	1134	542	3528	1169	1901	640	516	393	847	306	941	628	3700
2056	391	725	5842	1239	3020	771	468	244	568	467	999	474	3900
421	117	268	2570	845	1303	288	351	122	245	110	676	294	4000
457	115	285	1930	558	851	182	168	53	310	101	504	193	4100
429	169	312	3516	310	1265	91	758	115	451	91	802	306	4200
45	37	39	224	79	137	46	31	36	50	39	133	67	4300
332	**236**	**263**	**291**	**168**	**471**	**79**	**547**	**88**	**158**	**113**	**171**	**202**	D
247	163	153	56	29	331	22	396	30	57	47	59	120	4400
29	31	25	48	33	25	9	18	15	50	26	20	27	4500
56	42	85	187	106	115	48	133	43	51	40	92	55	4600
5459	**1745**	**3781**	**20058**	**5981**	**5945**	**2988**	**2144**	**1168**	**4284**	**2780**	**9580**	**1469**	E
1367	565	1084	4805	1804	1870	596	757	392	1589	731	2548	583	4700
1869	450	851	5127	1630	990	533	403	235	955	546	2279	229	4800
1705	483	1145	8673	1825	2376	1137	626	381	1147	877	2619	399	4900
518	247	701	1453	722	709	722	358	160	593	626	2134	258	5000
2261	**1017**	**1494**	**14370**	**2064**	**2760**	**792**	**1752**	**397**	**1142**	**856**	**3085**	**657**	F
8	9	3	18	16		7	8	1	7	13	6	2	5100
1373	509	826	3384	898	1674	479	537	163	579	338	1800	289	5200
199	25	142	215	66	97	13	36	19	50	61	108	48	5300
6		22	282	161	93	28	613	20	16	3	148	9	5400
20	18	36	51	15	25	8	14	8	7	14	10	14	5500
2	1	2	5	2				2	6	2	2	2	5600
375	159	190	7196	612	540	102	358	103	308	235	714	220	5700
200	271	212	2234	238	153	128	124	70	148	158	223	46	5800
78	25	61	985	56	178	27	62	11	21	32	74	27	5900
2634	**836**	**1489**	**11952**	**3077**	**6583**	**1818**	**1642**	**460**	**3027**	**1457**	**3280**	**1461**	G
531	174	265	856	355	501	275	285	77	245	148	452	258	6000
884	371	536	6726	1201	2571	938	806	215	1540	776	1834	559	6100
1219	291	688	4370	1521	3511	605	551	168	1242	533	994	644	6200
27766	**12355**	**19820**	**130212**	**28332**	**41144**	**12794**	**16790**	**5991**	**31818**	**15626**	**44031**	**12881**	H
19918	5266	11929	94034	18216	33321	7605	11408	4226	20559	9468	23807	8102	6300
7848	7089	7891	36178	10116	7823	5189	5382	1765	11259	6158	20224	4779	6500

2-3 续表 2

行业大类	代码	企业单位数	北京	天津	石家庄	太原	呼和浩特
住宿和餐饮业	I	**70918**	**12832**	**2851**	**565**	**835**	**511**
住宿业	6600	23544	3915	635	255	304	170
餐饮业	6700	47374	8917	2216	310	531	341
金融业	J	**13876**	**1284**	**866**	**206**	**266**	**254**
银行业	6800	2593	91	322	51	71	55
证券业	6900	935	134	60	13	13	17
保险业	7000	3707	473	129	70	71	57
其他金融活动	7100	6641	586	355	72	111	125
房地产业	K	**127393**	**14022**	**4616**	**1463**	**1526**	**1009**
房地产业	7200	127393	14022	4616	1463	1526	1009
租赁和商务服务业	L	**324538**	**66985**	**13350**	**1749**	**2192**	**1879**
租赁业	7300	14583	2465	786	68	132	117
商务服务业	7400	309955	64520	12564	1681	2060	1762
科学研究、技术服务和地质勘查业	M	**120687**	**32573**	**6673**	**660**	**954**	**545**
研究与试验发展	7500	16998	2609	328	76	158	62
专业技术服务业	7600	59063	11111	2854	439	616	279
科技交流和推广服务业	7700	43188	18621	3442	134	154	135
地质勘查业	7800	1438	232	49	11	26	69
水利、环境和公共设施管理业	N	**12140**	**1753**	**623**	**134**	**129**	**121**
水利管理业	7900	708	57	43	6	17	15
环境管理业	8000	2881	338	110	10	37	31
公共设施管理业	8100	8551	1358	470	118	75	75
居民服务和其他服务业	O	**76748**	**14189**	**5439**	**423**	**868**	**491**
居民服务业	8200	33127	6671	1471	184	407	225
其他服务业	8300	43621	7518	3968	239	461	266
教育	P	**13029**	**2860**	**294**	**80**	**170**	**73**
教育	8400	13029	2860	294	80	170	73
卫生、社会保障和社会福利业	Q	**7820**	**1194**	**267**	**84**	**211**	**38**
卫生	8500	7285	1132	234	83	199	36
社会保障业	8600	130	12	23		5	
社会福利业	8700	405	50	10	1	7	2
文化、体育和娱乐业	R	**28496**	**10312**	**778**	**132**	**249**	**156**
新闻出版业	8800	2560	991	54	23	38	25
广播、电视、电影和音像业	8900	4087	1629	88	32	45	41
文化艺术业	9000	9669	5306	249	31	68	56
体育	9100	1670	592	58	4	11	6
娱乐业	9200	10510	1794	329	42	87	28

单位：个

沈阳	长春	哈尔滨	上海	南京	杭州	合肥	福州	南昌	济南	郑州	武汉	长沙	代码
1048	**646**	**1169**	**10631**	**2066**	**2472**	**1034**	**1235**	**593**	**1692**	**920**	**2405**	**1130**	I
469	263	493	2682	614	1037	285	493	266	347	377	749	440	6600
579	383	676	7949	1452	1435	749	742	327	1345	543	1656	690	6700
474	**267**	**398**	**901**	**506**	**610**	**371**	**306**	**148**	**318**	**317**	**411**	**274**	J
86	50	133	143	40	48	67	42	29	56	49	44	46	6800
20	15	14	129	25	31	27	9	12	18	13	9	23	6900
137	59	87	295	135	120	81	91	57	151	104	101	90	7000
231	143	164	334	306	411	196	164	50	93	151	257	115	7100
3884	**1291**	**2491**	**13507**	**2982**	**4842**	**2076**	**2118**	**1165**	**2472**	**2740**	**6083**	**2401**	K
3884	1291	2491	13507	2982	4842	2076	2118	1165	2472	2740	6083	2401	7200
7442	**2765**	**5445**	**49236**	**9178**	**16210**	**3681**	**5108**	**1810**	**7492**	**5411**	**11367**	**3662**	L
285	166	301	1438	450	493	268	302	104	282	237	494	152	7300
7157	2599	5144	47798	8728	15717	3413	4806	1706	7210	5174	10873	3510	7400
3000	**1157**	**2401**	**16811**	**2663**	**6498**	**1201**	**1332**	**410**	**1823**	**1309**	**4310**	**1232**	M
879	175	368	1886	483	399	170	212	44	224	160	730	269	7500
1425	541	1061	9193	1648	3325	797	866	240	1117	784	2492	680	7600
652	419	917	5705	516	2749	210	237	112	458	329	1042	264	7700
44	22	55	27	16	25	24	17	14	24	36	46	19	7800
252	**175**	**322**	**1545**	**281**	**754**	**181**	**207**	**101**	**188**	**183**	**476**	**183**	N
26	6	20	82	12	40	8	20	7	20	15	28	24	7900
59	31	59	352	84	165	28	88	27	38	31	134	41	8000
167	138	243	1111	185	549	145	99	67	130	137	314	118	8100
1515	**945**	**1883**	**12399**	**1905**	**2299**	**801**	**1211**	**741**	**1287**	**675**	**4382**	**809**	O
590	356	938	6316	732	847	370	625	235	483	322	1146	482	8200
925	589	945	6083	1173	1452	431	586	506	804	353	3236	327	8300
455	**183**	**264**	**503**	**274**	**557**	**236**	**247**	**90**	**270**	**161**	**571**	**323**	P
455	183	264	503	274	557	236	247	90	270	161	571	323	8400
509	**94**	**105**	**680**	**148**	**270**	**89**	**387**	**35**	**124**	**63**	**442**	**142**	Q
489	73	85	609	141	255	80	383	35	114	60	424	130	8500
3	3	13	6	2	5	3	2		2		6	5	8600
17	18	7	65	5	10	6	2		8	3	12	7	8700
593	**208**	**360**	**3053**	**715**	**947**	**265**	**448**	**198**	**318**	**279**	**916**	**543**	R
97	41	29	166	81	74	42	24	27	45	41	94	64	8800
104	45	48	272	105	151	43	47	28	55	54	132	55	8900
200	44	140	427	193	245	48	46	45	74	70	340	185	9000
29	8	15	163	41	55	12	17	10	18	14	66	23	9100
163	70	128	2025	295	422	120	314	88	126	100	284	216	9200

2-3 续表 3

行业大类	代码	广州	南宁	海口	重庆	成都	贵阳
总计		**146722**	**26248**	**17841**	**97031**	**72194**	**20571**
农、林、牧、渔业	A	**819**	**304**	**505**	**4628**	**1774**	**537**
农业	0100	319	97	257	2141	857	218
林业	0200	65	47	33	391	155	35
畜牧业	0300	101	101	157	1314	531	261
渔业	0400	56	17	27	490	56	10
农、林、牧、渔服务业	0500	278	42	31	292	175	13
采矿业	B	**36**	**262**	**51**	**1390**	**169**	**443**
煤炭开采和洗选业	0600		3		477	15	99
石油和天然气开采业	0700	1	1		6	17	
黑色金属矿采选业	0800		54	3	12	1	8
有色金属矿采选业	0900	2	41	20	12	7	66
非金属矿采选业	1000	32	152	18	874	121	267
其他采矿业	1100	1	11	10	9	8	3
制造业	C	**32287**	**4047**	**1315**	**22159**	**17851**	**3365**
农副食品加工业	1300	436	416	94	1090	843	122
食品制造业	1400	605	222	90	665	780	152
饮料制造业	1500	184	231	47	531	738	101
烟草制品业	1600	2	3	1	3	4	3
纺织业	1700	1266	48	15	1135	258	21
纺织服装、鞋、帽制造业	1800	4656	55	71	419	367	27
皮革、毛皮、羽毛(绒)及其制品业	1900	2651	56	1	215	535	5
木材加工及木、竹、藤、棕、草制品业	2000	388	330	39	377	380	60
家具制造业	2100	798	79	51	663	870	76
造纸及纸制品业	2200	1159	259	48	474	476	96
印刷业和记录媒介的复制	2300	1226	247	103	688	713	168
文教体育用品制造业	2400	548	19	2	51	64	8
石油加工、炼焦及核燃料加工业	2500	69	15	4	55	40	5
化学原料及化学制品制造业	2600	2092	303	88	898	940	219
医药制造业	2700	252	108	88	172	375	105
化学纤维制造业	2800	27	3	7	12	23	1
橡胶制品业	2900	404	12	12	255	168	73
塑料制品业	3000	1828	170	54	803	842	178
非金属矿物制品业	3100	972	501	102	2228	1808	662
黑色金属冶炼及压延加工业	3200	99	35	7	231	175	50
有色金属冶炼及压延加工业	3300	192	39	7	230	171	53

单位：个

昆明	拉萨	西安	兰州	西宁	银川	乌鲁木齐	大连	宁波	厦门	青岛	深圳	代码
52270	**1616**	**56555**	**18709**	**7449**	**10937**	**22228**	**79295**	**115729**	**46767**	**114146**	**168297**	
1599	**5**	**715**	**261**	**242**	**406**	**109**	**2270**	**2041**	**427**	**1323**	**130**	A
721	1	237	56	70	163	42	841	1059	205	571	60	0100
233	3	117	24	39	31	18	153	88	14	122	8	0200
566	1	236	156	111	147	31	445	312	116	288	17	0300
27		12	4	1	21	6	649	350	62	200	26	0400
52		113	21	21	44	12	182	232	30	142	19	0500
803	**55**	**207**	**200**	**167**	**67**	**119**	**227**	**150**	**21**	**387**	**16**	B
52		6	22	8	6	57	1			2		0600
1		28	3		6	5	1	1		5	11	0700
115	8	1	10	5		1	14	1		138		0800
139	37	26	4	15	1	17	8	1	1	6		0900
476	10	125	154	132	52	32	201	146	20	226	5	1000
20		21	7	7	2	7	2	1		10		1100
6190	**179**	**11067**	**3037**	**1205**	**1640**	**2250**	**22259**	**59928**	**10880**	**36764**	**44369**	C
406	17	356	126	90	147	77	1505	666	225	2267	152	1300
314	12	381	120	52	95	67	592	269	233	794	213	1400
228	14	107	39	26	46	40	214	306	86	479	93	1500
6		4	8					3	1	2	3	1600
72	4	151	33	23	51	52	498	4320	345	1490	674	1700
94	6	167	29	16	17	54	1601	2316	897	3070	2173	1800
22	3	20	8	8	13	7	121	309	197	954	733	1900
136	2	142	35	15	18	27	641	533	147	687	216	2000
156	2	273	79	14	44	83	286	631	225	827	975	2100
196	2	454	54	5	33	71	428	1519	519	1175	1987	2200
325	11	471	196	54	105	169	427	1447	389	880	1455	2300
21		31	9	2	2	9	91	1512	204	425	796	2400
27		37	47	8	18	23	90	59	21	31	23	2500
486	11	557	238	57	93	193	1112	1108	467	1461	930	2600
128	15	274	46	38	27	40	131	136	71	180	120	2700
2		16	5	1	1	2	30	191	24	58	33	2800
72		97	29	5	13	20	189	672	250	902	557	2900
322	2	306	205	35	78	259	1040	6126	901	2067	4147	3000
793	28	1078	481	281	215	288	1245	1360	580	2000	653	3100
69		106	87	32	27	38	189	616	51	61	46	3200
171	4	129	36	40	25	12	81	748	70	155	250	3300

2-3 续表 4

行业大类	代码	广州	南宁	海口	重庆	成都	贵阳
金属制品业	3400	2666	205	60	1318	1588	262
通用设备制造业	3500	1525	114	17	1809	1641	280
专用设备制造业	3600	1387	189	35	932	926	121
交通运输设备制造业	3700	1543	108	156	5062	1007	293
电气机械及器材制造业	3900	1821	121	39	756	989	113
通信设备、计算机及其他电子设备制造业	4000	1888	60	17	227	574	40
仪器仪表及文化、办公用机械制造业	4100	471	20	4	541	270	26
工艺品及其他制造业	4200	1040	77	47	243	202	35
废弃资源和废旧材料回收加工业	4300	92	2	9	76	84	10
电力、燃气及水的生产和供应业	D	**228**	**153**	**31**	**835**	**579**	**68**
电力、热力的生产和供应业	4400	82	73	12	421	342	35
燃气生产和供应业	4500	28	6	4	78	88	10
水的生产和供应业	4600	118	74	15	336	149	23
建筑业	E	**4129**	**1073**	**1992**	**5541**	**4128**	**995**
房屋和土木工程建筑业	4700	852	356	342	1837	1429	290
建筑安装业	4800	1197	200	362	784	885	144
建筑装饰业	4900	1740	357	1067	1810	1358	392
其他建筑业	5000	340	160	221	1110	456	169
交通运输、仓储和邮政业	F	**4768**	**762**	**364**	**3319**	**2047**	**374**
铁路运输业	5100	14	8	2	6	10	11
道路运输业	5200	1435	445	125	1864	998	193
城市公共交通业	5300	101	30	19	89	145	10
水上运输业	5400	227	37	29	268	6	4
航空运输业	5500	16	11	8	20	18	7
管道运输业	5600			1	1	2	
装卸搬运和其他运输服务业	5700	2525	120	134	732	666	92
仓储业	5800	389	92	27	244	149	45
邮政业	5900	61	19	19	95	53	12
信息传输、计算机服务和软件业	G	**5645**	**1353**	**561**	**3023**	**3413**	**718**
电信和其他信息传输服务业	6000	784	171	110	580	260	103
计算机服务业	6100	2207	966	270	1540	2059	441
软件业	6200	2654	216	181	903	1094	174
批发和零售业	H	**49299**	**10300**	**5657**	**29655**	**21320**	**7639**
批发业	6300	35456	6344	2824	15821	14826	4587
零售业	6500	13843	3956	2833	13834	6494	3052

单位：个

昆明	拉萨	西安	兰州	西宁	银川	乌鲁木齐	大连	宁波	厦门	青岛	深圳	代码
496	7	791	262	123	179	224	1722	4526	1130	3602	3734	3400
514		1465	270	81	151	152	5358	10784	586	3726	1880	3500
265		1044	203	25	56	121	1303	3826	797	2630	3749	3600
252	12	436	189	66	50	48	1465	4037	249	1533	638	3700
245	5	986	101	43	77	133	861	7089	659	1524	5485	3900
46		500	20	1	3	9	302	2146	679	730	9425	4000
120		388	30	3	26	10	446	1144	260	324	1615	4100
167	20	254	37	56	22	18	249	1183	605	2650	1597	4200
39	2	46	15	5	8	4	42	346	12	80	17	4300
208	**9**	**168**	**70**	**63**	**77**	**65**	**299**	**351**	**56**	**238**	**81**	D
129	7	90	55	52	50	56	179	150	33	91	29	4400
23		29	4	1	13	2	46	28	1	64	7	4500
56	2	49	11	10	14	7	74	173	22	83	45	4600
3661	**139**	**4045**	**785**	**580**	**712**	**823**	**6119**	**3508**	**2059**	**6636**	**2733**	E
1035	106	1156	261	256	286	276	1720	970	455	1869	704	4700
558	11	924	206	120	143	241	1563	654	408	1645	623	4800
1302	10	1463	257	148	242	205	2041	1570	771	1912	1220	4900
766	12	502	61	56	41	101	795	314	425	1210	186	5000
1070	**76**	**1213**	**398**	**125**	**151**	**815**	**3590**	**3186**	**1818**	**4184**	**6718**	F
11	1	17	6	5	1	13	1	7	12	22	7	5100
505	29	603	117	53	55	263	874	1169	362	1175	2096	5200
55	25	97	15	9	13	18	157	56	31	50	79	5300
9		1	1		1		191	211	91	78	141	5400
35	1	16	17	2	6	13	21	3	14	17	64	5500
1		6			1	2	3		1	2		5600
300	8	286	148	28	42	410	2005	1391	1142	2311	3611	5700
84	3	158	81	21	17	77	270	235	116	435	303	5800
70	9	29	13	7	15	19	68	114	49	94	417	5900
1986	**64**	**2047**	**336**	**205**	**387**	**787**	**2992**	**2196**	**1711**	**2997**	**5554**	G
234	15	319	114	17	44	68	287	213	265	662	563	6000
1181	47	894	143	150	287	569	847	1241	565	1621	1263	6100
571	2	834	79	38	56	150	1858	742	881	714	3728	6200
22695	**548**	**20963**	**8611**	**2702**	**4811**	**11307**	**22185**	**28211**	**18354**	**39920**	**63783**	H
16126	90	11850	5482	1504	2896	8340	17506	23200	14402	30317	44365	6300
6569	458	9113	3129	1198	1915	2967	4679	5011	3952	9603	19418	6500

2-3 续表 5

行业大类	代码	广州	南宁	海口	重庆	成都	贵阳
住宿和餐饮业	I	**4914**	**511**	**517**	**3446**	**2721**	**537**
住宿业	6600	1421	290	251	950	957	246
餐饮业	6700	3493	221	266	2496	1764	291
金融业	J	**367**	**180**	**137**	**826**	**537**	**220**
银行业	6800	54	34	16	381	102	31
证券业	6900	24	6	12	24	32	8
保险业	7000	210	48	45	120	131	37
其他金融活动	7100	79	92	64	301	272	144
房地产业	K	**10617**	**2134**	**2369**	**5768**	**4555**	**1851**
房地产业	7200	10617	2134	2369	5768	4555	1851
租赁和商务服务业	L	**19610**	**3111**	**2754**	**10062**	**7638**	**2188**
租赁业	7300	408	128	146	922	585	155
商务服务业	7400	19202	2983	2608	9140	7053	2033
科学研究、技术服务和地质勘查业	M	**4910**	**858**	**636**	**1880**	**2246**	**584**
研究与试验发展	7500	1039	107	91	219	376	76
专业技术服务业	7600	3165	519	406	1153	1406	386
科技交流和推广服务业	7700	673	198	111	466	401	79
地质勘查业	7800	33	34	28	42	63	43
水利、环境和公共设施管理业	N	**554**	**93**	**70**	**617**	**362**	**110**
水利管理业	7900	27	8	7	35	14	17
环境管理业	8000	207	31	29	210	103	27
公共设施管理业	8100	320	54	34	372	245	66
居民服务和其他服务业	O	**4495**	**694**	**426**	**2340**	**1396**	**613**
居民服务业	8200	2194	207	190	1168	646	244
其他服务业	8300	2301	487	236	1172	750	369
教育	P	**1618**	**115**	**120**	**564**	**560**	**90**
教育	8400	1618	115	120	564	560	90
卫生、社会保障和社会福利业	Q	**854**	**59**	**33**	**176**	**277**	**85**
卫生	8500	802	57	30	152	263	83
社会保障业	8600	4			1	3	1
社会福利业	8700	48	2	3	23	11	1
文化、体育和娱乐业	R	**1572**	**239**	**303**	**802**	**621**	**154**
新闻出版业	8800	174	29	30	74	58	10
广播、电视、电影和音像业	8900	232	46	48	115	91	21
文化艺术业	9000	236	50	104	157	124	28
体育	9100	136	12	18	35	35	8
娱乐业	9200	794	102	103	421	313	87

单位：个

昆明	拉萨	西安	兰州	西宁	银川	乌鲁木齐	大连	宁波	厦门	青岛	深圳	代码
995	**154**	**2098**	**722**	**279**	**324**	**327**	**1356**	**1571**	**872**	**2037**	**2902**	I
491	121	794	276	163	147	209	642	721	347	571	1153	6600
504	33	1304	446	116	177	118	714	850	525	1466	1749	6700
541	**22**	**349**	**133**	**52**	**132**	**182**	**340**	**394**	**263**	**266**	**758**	J
114	11	67	47	12	18	30	58	52	31	50	62	6800
19	1	41	4	2	6	4	10	9	18	11	122	6900
94	4	106	40	15	23	35	69	73	44	112	193	7000
314	6	135	42	23	85	113	203	260	170	93	381	7100
2870	**63**	**3512**	**1211**	**613**	**612**	**1063**	**4391**	**2450**	**2137**	**3597**	**6892**	K
2870	63	3512	1211	613	612	1063	4391	2450	2137	3597	6892	7200
5653	**158**	**5161**	**1558**	**689**	**878**	**2413**	**7593**	**7378**	**5053**	**9519**	**18160**	L
256	33	484	121	51	133	185	366	439	405	721	505	7300
5397	125	4677	1437	638	745	2228	7227	6939	4648	8798	17655	7400
1610	**39**	**2103**	**437**	**266**	**263**	**994**	**2889**	**1872**	**1196**	**1942**	**10410**	M
379	5	183	60	11	16	68	597	268	115	410	3746	7500
861	23	1054	286	192	207	547	1419	1076	827	1051	5017	7600
306	5	811	77	45	29	166	858	523	246	460	1638	7700
64	6	55	14	18	11	213	15	5	8	21	9	7800
267	**3**	**283**	**56**	**27**	**57**	**92**	**365**	**403**	**175**	**592**	**406**	N
13		22	5	5	6	13	11	36	4	30	9	7900
75	1	62	16	8	10	22	63	87	50	87	130	8000
179	2	199	35	14	41	57	291	280	121	475	267	8100
1181	**66**	**1800**	**606**	**133**	**279**	**579**	**1430**	**1230**	**1181**	**2577**	**3460**	O
393	29	689	309	70	88	199	705	620	516	803	1657	8200
788	37	1111	297	63	191	380	725	610	665	1774	1803	8300
207	**14**	**189**	**99**	**26**	**34**	**118**	**280**	**174**	**182**	**362**	**666**	P
207	14	189	99	26	34	118	280	174	182	362	666	8400
126	**9**	**60**	**47**	**23**	**41**	**77**	**229**	**215**	**40**	**200**	**387**	Q
114	9	53	43	22	41	73	205	203	38	167	368	8500
7		2	2			1	5	2		11	1	8600
5		5	2	1		3	19	10	2	22	18	8700
608	**13**	**575**	**142**	**52**	**66**	**108**	**481**	**471**	**342**	**605**	**872**	R
19		65	12	2	4	17	24	9	12	22	43	8800
72	1	142	19	15	12	20	52	42	33	61	91	8900
203	2	151	24	9	4	24	161	65	98	226	236	9000
56		17	5	5	1	7	44	24	22	38	65	9100
258	10	200	82	21	45	40	200	331	177	258	437	9200

2-4 按行业(中类)、登记注册

(2010年)

行业中类	代码	企业单位数	内资企业	国有企业	集体企业	股份合作企业
总计		**6517670**	**6300453**	**153847**	**192341**	**71810**
农、林、牧、渔业	A	**185917**	**185011**	**4058**	**4037**	**942**
农业	0100	64756	64289	1151	1109	333
谷物及其他作物的种植	0110	17356	17290	703	325	86
蔬菜、园艺作物的种植	0120	27178	26914	173	368	136
水果、坚果、饮料和香料作物的种植	0130	17072	16951	257	373	94
中药材的种植	0140	3150	3134	18	43	17
林业	0200	18843	18718	1604	1105	167
林木的培育和种植	0210	17442	17323	1231	1034	159
木材和竹材的采运	0220	730	728	224	42	4
林产品的采集	0230	671	667	149	29	4
畜牧业	0300	65989	65807	495	555	283
牲畜的饲养	0310	21291	21234	231	191	97
猪的饲养	0320	23604	23558	120	171	74
家禽的饲养	0330	15963	15912	76	135	82
狩猎和捕捉动物	0340	71	71	1		
其他畜牧业	0390	5060	5032	67	58	30
渔业	0400	13983	13905	217	452	68
海洋渔业	0410	4407	4367	50	160	17
内陆渔业	0420	9576	9538	167	292	51
农、林、牧、渔服务业	0500	22346	22292	591	816	91
农业服务业	0510	17380	17343	316	656	59
林业服务业	0520	1237	1235	134	33	10
畜牧服务业	0530	2515	2508	104	82	16
渔业服务业	0540	1214	1206	37	45	6
采矿业	B	**104064**	**103403**	**1704**	**5166**	**1325**
煤炭开采和洗选业	0600	22912	22830	847	1882	562
烟煤和无烟煤的开采洗选	0610	21595	21524	804	1793	537
褐煤的开采洗选	0620	639	633	30	50	10
其他煤炭采选	0690	678	673	13	39	15
石油和天然气开采业	0700	1682	1647	97	34	17
天然原油和天然气开采	0710	377	359	47	7	6
与石油和天然气开采有关的服务活动	0790	1305	1288	50	27	11
黑色金属矿采选业	0800	18451	18370	128	545	130
铁矿采选	0810	16379	16314	101	478	113
其他黑色金属矿采选	0890	2072	2056	27	67	17
有色金属矿采选业	0900	11462	11316	243	559	168
常用有色金属矿采选	0910	8026	7924	101	250	113
贵金属矿采选	0920	2189	2158	104	276	39
稀有稀土金属矿采选	0930	1247	1234	38	33	16

类型分组的企业法人单位数

单位：个

国有联营企业	集体联营企业	国有与集体联营	其他联营	国有独资公司	其他有限责任公司	股份有限公司	私营独资	私营合伙	代码
2186	**5184**	**1798**	**3864**	**12940**	**760384**	**119175**	**1492000**	**248660**	
29	**189**	**49**	**101**	**102**	**9343**	**1270**	**31550**	**5702**	A
8	64	24	33	34	3358	411	7601	1560	0100
3	25	6	5	16	874	105	1301	294	0110
3	12	7	16	17	1565	170	3828	661	0120
2	24	10	11	1	716	104	2007	512	0130
	3	1	1		203	32	465	93	0140
6	50	12	19	20	1406	215	3151	676	0200
6	45	10	17	12	1341	200	2994	623	0210
	3	2	2	7	29	8	65	37	0220
	2			1	36	7	92	16	0230
6	37	10	27	25	2752	379	15244	2178	0300
2	13	4	7	7	1051	151	3985	744	0310
1	11	2	7	11	861	116	6208	801	0320
2	9	3	11	5	599	80	4035	471	0330
					6	1	15	4	0340
1	4	1	2	2	235	31	1001	158	0390
2	11	2	9	9	683	109	2593	578	0400
	4	1	1	6	297	44	800	199	0410
2	7	1	8	3	386	65	1793	379	0420
7	27	1	13	14	1144	156	2961	710	0500
6	21	1	10	12	947	104	2231	490	0510
	2			1	77	21	165	45	0520
1	4		2		66	17	358	78	0530
			1	1	54	14	207	97	0540
59	**138**	**25**	**124**	**208**	**8476**	**1858**	**44472**	**14407**	B
23	47	8	37	103	3006	596	7109	3114	0600
22	45	7	34	92	2813	562	6711	2980	0610
	1		1	10	125	18	165	40	0620
1	1	1	2	1	68	16	233	94	0690
		2	4	9	272	75	300	62	0700
				5	87	34	84	6	0710
		2	4	4	185	41	216	56	0790
8	13	3	15	30	1435	321	7178	2582	0800
5	13	3	13	28	1285	280	6424	2240	0810
3			2	2	150	41	754	342	0890
19	21	8	12	29	1376	323	3516	1344	0900
7	18	3	5	11	896	200	2601	1034	0910
8	1	4	4	8	264	77	635	170	0920
4	2	1	3	10	216	46	280	140	0930

行业中类	代码	企业单位数	内资企业	国有企业	集体企业	股份合作企业
非金属矿采选业	1000	48050	47743	372	2122	435
土砂石开采	1010	40647	40423	223	1571	369
化学矿采选	1020	1612	1600	35	128	26
采盐	1030	865	859	81	245	3
石棉及其他非金属矿采选	1090	4926	4861	33	178	37
其他采矿业	1100	1507	1497	17	24	13
制造业	**C**	**2098319**	**1963866**	**18062**	**51616**	**23572**
农副食品加工业	1300	108825	104726	2039	2203	855
谷物磨制	1310	29082	28908	401	321	147
饲料加工	1320	12907	12383	147	135	127
植物油加工	1330	10247	10036	118	209	60
制糖	1340	678	643	40	14	6
屠宰及肉类加工	1350	17268	16864	1083	879	176
水产品加工	1360	9256	8157	96	270	153
蔬菜、水果和坚果加工	1370	14770	13668	55	146	61
其他农副食品加工	1390	14617	14067	99	229	125
食品制造业	1400	46556	43616	651	774	400
焙烤食品制造	1410	11448	10828	147	160	89
糖果、巧克力及蜜饯制造	1420	4971	4687	27	83	39
方便食品制造	1430	7235	6840	103	116	50
液体乳及乳制品制造	1440	1991	1833	57	31	26
罐头制造	1450	3259	2950	40	50	24
调味品、发酵制品制造	1460	7051	6715	122	176	70
其他食品制造	1490	10601	9763	155	158	102
饮料制造业	1500	37383	35969	578	1452	378
酒精制造	1510	490	469	15	6	3
酒的制造	1520	13956	13525	220	307	153
软饮料制造	1530	13159	12362	185	365	132
精制茶加工	1540	9778	9613	158	774	90
烟草制品业	1600	298	293	107	27	3
烟叶复烤	1610	107	105	36	5	1
卷烟制造	1620	103	102	59	7	1
其他烟草制品加工	1690	88	86	12	15	1
纺织业	1700	122699	113390	681	1735	886
棉、化纤纺织及印染精加工	1710	47823	45260	266	593	324
毛纺织和染整精加工	1720	5485	5060	60	95	53
麻纺织	1730	1031	963	15	21	12
丝绢纺织及精加工	1740	7106	6688	48	83	33
纺织制成品制造	1750	28026	25713	145	511	234
针织品、编织品及其制品制造	1760	33228	29706	147	432	230

单位：个

国有联营企业	集体联营企业	国有与集体联营	其他联营	国有独资公司	其他有限责任公司	股份有限公司	私营独资	私营合伙	代码
7	55	4	54	33	2224	499	25880	7182	1000
4	42	3	47	21	1570	366	22931	6300	1010
	5		2	4	192	30	543	160	1020
1			2	6	109	23	134	139	1030
2	8	1	3	2	353	80	2272	583	1090
2	2		2	4	163	44	489	123	1100
334	**1267**	**465**	**767**	**1499**	**179366**	**26370**	**701879**	**92241**	**C**
32	85	31	74	73	8773	1705	48316	5209	1300
9	18	11	19	19	1625	300	17692	1480	1310
4	5	3	6	4	1509	317	4532	516	1320
1	5	1	4	4	884	147	5070	453	1330
2		1		8	152	31	140	20	1340
13	36	9	21	23	1582	325	6165	888	1350
	7	3	7	2	778	130	2608	456	1360
1	5	2	7	5	1042	221	5667	659	1370
2	9	1	10	8	1201	234	6442	737	1390
10	28	10	16	28	4398	819	17518	1800	1400
2	5			6	897	126	4818	423	1410
	2	1		1	333	41	2097	178	1420
4	7	1	5	4	596	125	3138	322	1430
1		2	2	3	378	108	419	54	1440
1	1		2	1	295	63	1091	203	1450
	4	3	2	4	647	119	2963	266	1460
2	9	3	5	9	1252	237	2992	354	1490
19	35	6	18	46	3195	685	15565	1863	1500
				1	82	14	133	15	1510
4	13	1	5	20	1306	333	6361	565	1520
12	11	3	7	19	1296	223	5035	689	1530
3	11	2	6	6	511	115	4036	594	1540
	1			14	55	10	25	3	1600
				2	30	3	3	3	1610
	1			12	12	3	3		1620
					13	4	19		1690
8	38	11	36	62	7784	1117	38448	4093	1700
4	12	3	20	29	3493	505	14981	1662	1710
	3	1	3	7	397	62	1566	211	1720
1	2		1	2	95	24	340	44	1730
1			1	5	355	79	2291	149	1740
	12	3	3	10	1702	255	8961	1058	1750
2	9	4	8	9	1742	192	10309	969	1760

2-4 续表 2

行业中类	代码	企业单位数	内资企业	国有企业	集体企业	股份合作企业
纺织服装、鞋、帽制造业	1800	96743	85274	346	1573	675
纺织服装制造	1810	90086	79263	328	1454	613
纺织面料鞋的制造	1820	4944	4546	14	82	44
制帽	1830	1713	1465	4	37	18
皮革、毛皮、羽毛(绒)及其制品业	1900	36703	32218	114	512	373
皮革鞣制加工	1910	2897	2563	16	54	45
皮革制品制造	1920	28598	24760	72	383	297
毛皮鞣制及制品加工	1930	3360	3190	10	45	11
羽毛(绒)加工及制品制造	1940	1848	1705	16	30	20
木材加工及木、竹、藤、棕、草制品业	2000	67881	65956	418	1096	402
锯材、木片加工	2010	24208	23990	209	451	110
人造板制造	2020	19166	18609	96	131	88
木制品制造	2030	16683	15902	89	395	149
竹、藤、棕、草制品制造	2040	7824	7455	24	119	55
家具制造业	2100	42015	39328	103	551	262
木质家具制造	2110	30219	28546	68	428	183
竹、藤家具制造	2120	767	714	3	8	3
金属家具制造	2130	4678	4219	23	74	43
塑料家具制造	2140	662	610	2	7	3
其他家具制造	2190	5689	5239	7	34	30
造纸及纸制品业	2200	55703	53045	273	1567	680
纸浆制造	2210	1051	1001	17	34	7
造纸	2220	13122	12475	119	475	167
纸制品制造	2230	41530	39569	137	1058	506
印刷业和记录媒介的复制	2300	57748	56350	1531	3371	1312
印刷	2310	52239	50972	1423	2995	1177
装订及其他印刷服务活动	2320	5197	5103	94	366	135
记录媒介的复制	2330	312	275	14	10	
文教体育用品制造业	2400	22036	18431	89	381	182
文化用品制造	2410	6195	5540	48	156	78
体育用品制造	2420	5583	4460	15	66	39
乐器制造	2430	1488	1268	9	33	20
玩具制造	2440	7918	6392	16	118	39
游艺器材及娱乐用品制造	2450	852	771	1	8	6
石油加工及炼焦	2500	7208	6837	135	206	193
精炼石油产品的制造	2510	5288	4991	103	171	90
炼焦	2520	1893	1819	29	35	103
化学原料及化学制品制造业	2600	107165	99936	1135	3255	1475
基础化学原料制造	2610	18697	17686	296	749	289
肥料制造	2620	10928	10541	217	239	124
农药制造	2630	2787	2624	54	82	45
涂料、油墨、颜料及类似产品制造	2640	19942	18332	103	556	307

单位：个

国有联营企业	集体联营企业	国有与集体联营	其他联营	国有独资公司	其他有限责任公司	股份有限公司	私营独资	私营合伙	代码
6	50	10	17	39	6289	841	28871	2768	1800
6	45	10	16	38	5889	806	26316	2475	1810
	5		1		319	30	2020	231	1820
				1	81	5	535	62	1830
1	7	5	6	8	2113	299	11934	1203	1900
	1		1		224	40	1001	150	1910
1	6	5	3	8	1589	174	8929	872	1920
					151	69	1347	105	1930
			2		149	16	657	76	1940
4	30	4	29	17	3443	550	34556	4666	2000
3	8	2	11	7	873	172	15116	1588	2010
	5	2	6	4	1175	206	8960	1432	2020
1	13		6	4	1099	130	6477	807	2030
	4		6	2	296	42	4003	839	2040
3	17	4	10	7	3175	316	17356	1462	2100
1	10	2	6	7	2089	221	13660	1072	2110
					47	6	347	69	2120
1	5	2	3		363	45	1331	130	2130
	1		1		78	5	235	24	2140
1	1				598	39	1783	167	2190
5	26	11	15	20	4389	619	19402	2750	2200
					131	26	366	66	2210
2	7	3	4	14	1149	222	4328	722	2220
3	19	8	11	6	3109	371	14708	1962	2230
22	69	17	30	44	5123	774	19146	2327	2300
21	63	15	27	37	4624	702	17259	2115	2310
1	6	1	3	5	428	64	1843	210	2320
		1		2	71	8	44	2	2330
	9	8	7	5	1234	142	7144	631	2400
	4	2	4	2	319	42	1970	200	2410
		4	2	1	355	43	1434	142	2420
				1	100	14	424	44	2430
	5	2	1	1	382	39	3121	225	2440
					78	4	195	20	2450
5	9	3	6	18	1020	215	1606	228	2500
4	6	3	4	11	621	154	1252	137	2510
1	3		2	6	395	61	350	90	2520
26	79	37	45	121	11967	2078	30592	4954	2600
6	11	4	12	38	2670	461	4561	763	2610
5	9	5	8	16	1443	337	3310	482	2620
	3		2	5	407	97	655	70	2630
3	11	2	5	6	1996	274	5695	662	2640

行业中类	代码	企业单位数	内资企业	国有企业	集体企业	股份合作企业
合成材料制造	2650	7234	6347	52	174	78
专用化学产品制造	2660	36981	34891	318	1185	478
日用化学产品制造	2670	10596	9515	95	270	154
医药制造业	2700	17809	15927	327	281	207
化学药品原药制造	2710	2595	2291	42	51	29
化学药品制剂制造	2720	2480	2099	80	37	20
中药饮片加工	2730	2283	2155	26	34	34
中成药制造	2740	3026	2731	88	54	35
兽用药品制造	2750	1535	1454	37	24	25
生物、生化制品的制造	2760	3101	2699	29	21	30
卫生材料及医药用品制造	2770	2789	2498	25	60	34
化学纤维制造业	2800	5265	4720	48	67	30
纤维素纤维原料及纤维制造	2810	979	874	14	15	7
合成纤维制造	2820	4286	3846	34	52	23
橡胶制品业	2900	23617	21897	154	759	318
轮胎制造	2910	2139	1974	23	51	20
橡胶板、管、带的制造	2920	4524	4317	27	148	61
橡胶零件制造	2930	6525	6142	30	273	97
再生橡胶制造	2940	1153	1129	5	42	9
日用及医用橡胶制品制造	2950	1078	924	14	35	15
橡胶靴鞋制造	2960	2036	1734	15	58	48
其他橡胶制品制造	2990	6162	5677	40	152	68
塑料制品业	3000	112936	104731	308	2269	1292
塑料薄膜制造	3010	10391	9606	43	209	108
塑料板、管、型材的制造	3020	15922	15034	66	295	149
塑料丝、绳及编织品的制造	3030	10920	10600	45	349	151
泡沫塑料制造	3040	5543	5190	10	131	80
塑料人造革、合成革制造	3050	1324	1149	3	25	16
塑料包装箱及容器制造	3060	12465	11611	33	246	148
塑料零件制造	3070	14799	13575	15	230	155
日用塑料制造	3080	14380	13146	37	373	259
其他塑料制品制造	3090	27192	24820	56	411	226
非金属矿物制品业	3100	223919	218711	1598	8324	2403
水泥、石灰和石膏的制造	3110	15804	15467	365	754	225
水泥及石膏制品制造	3120	50429	49711	369	1116	381
砖瓦、石材及其他建筑材料制造	3130	101736	100341	442	4991	1285
玻璃及玻璃制品制造	3140	18426	17256	113	383	192
陶瓷制品制造	3150	10803	9988	106	211	90
耐火材料制品制造	3160	12454	12169	71	529	103
石墨及其他非金属矿物制品制造	3190	14267	13779	132	340	127

单位：个

国有联营企业	集体联营企业	国有与集体联营	其他联营	国有独资公司	其他有限责任公司	股份有限公司	私营独资	私营合伙	代码
	2	2	6	12	830	142	1679	224	2650
11	38	18	6	40	3659	600	12022	2349	2660
1	5	6	6	4	962	167	2670	404	2670
10	10	9	14	31	3541	904	2716	369	2700
2	2	2	1	7	573	121	337	64	2710
1		3	5	8	668	170	209	27	2720
	2	2	1	3	381	103	543	70	2730
	3	2	2	7	768	265	367	54	2740
1			2	1	259	60	257	39	2750
4			1	4	561	132	405	52	2760
2	3		2	1	331	53	598	63	2770
	4	1	1	3	380	89	1017	164	2800
	1			3	92	25	238	31	2810
	3	1	1		288	64	779	133	2820
1	13	4	7	15	1820	267	7638	977	2900
1	2	1	1	5	203	42	563	78	2910
			2	3	362	60	1426	173	2920
	7		4	3	423	59	2531	307	2930
	1				85	16	458	84	2940
				1	74	10	311	32	2950
	1			3	152	15	552	94	2960
	2	3			521	65	1797	209	2990
6	45	14	31	27	8845	948	38631	4703	3000
1	3		7	4	862	108	3518	386	3010
	3	4	4	6	1467	195	4904	553	3020
	8	1	2	2	809	105	4608	553	3030
	4	4	1	4	402	45	2021	256	3040
			1		124	21	274	39	3050
3	7	2	1		987	110	4100	474	3060
1	5	1	6	3	866	70	5527	760	3070
	4			1	1197	95	5053	705	3080
1	11	2	9	7	2131	199	8626	977	3090
43	261	52	131	108	15977	2560	107572	19411	3100
10	26	13	17	36	2152	409	5529	1162	3110
10	37	10	26	26	3373	544	28706	3094	3120
17	165	15	71	20	4938	778	52428	12703	3130
2	9	6	6	13	1757	268	5667	676	3140
1	5	2	2	4	937	161	4314	563	3150
	8	2	2	2	1171	178	5464	584	3160
3	11	4	7	7	1649	222	5464	629	3190

行业中类	代码	企业单位数	内资企业	国有企业	集体企业	股份合作企业
黑色金属冶炼及压延加工业	3200	20893	20078	228	558	297
炼铁	3210	2645	2600	32	88	28
炼钢	3220	935	903	21	29	9
钢压延加工	3230	13899	13249	124	341	224
铁合金冶炼	3240	3414	3326	51	100	36
有色金属冶炼及压延加工业	3300	24454	23122	265	655	293
常用有色金属冶炼	3310	6442	6222	92	146	68
贵金属冶炼	3320	685	662	24	23	6
稀有稀土金属冶炼	3330	1496	1407	25	38	13
有色金属合金制造	3340	2660	2460	22	65	34
有色金属压延加工	3350	13171	12371	102	383	172
金属制品业	3400	160747	152656	693	4217	1838
结构性金属制品制造	3410	56082	54300	267	1446	615
金属工具制造	3420	20857	19767	104	526	224
集装箱及金属包装容器制造	3430	6234	5752	59	238	88
金属丝绳及其制品的制造	3440	7903	7550	50	265	84
建筑、安全用金属制品制造	3450	18759	17631	60	402	196
金属表面处理及热处理加工	3460	11737	11098	44	618	306
搪瓷制品制造	3470	1229	1149	8	37	10
不锈钢及类似日用金属制品制造	3480	15258	14003	31	250	135
其他金属制品制造	3490	22688	21406	70	435	180
通用设备制造业	3500	214101	205312	1547	5723	3097
锅炉及原动机制造	3510	8443	8131	147	338	156
金属加工机械制造	3520	29349	28165	263	667	337
起重运输设备制造	3530	6708	6241	100	198	93
泵、阀门、压缩机及类似机械的制造	3540	27610	26022	196	643	576
轴承、齿轮、传动和驱动部件的制造	3550	14143	13332	95	224	156
烘炉、熔炉及电炉制造	3560	1990	1891	11	47	26
风机、衡器、包装设备等通用设备制造	3570	28196	26453	197	555	367
通用零部件制造及机械修理	3580	64963	63159	379	1909	858
金属铸、锻加工	3590	32699	31918	159	1142	528
专用设备制造业	3600	116929	109031	1147	2261	1299
矿山、冶金、建筑专用设备制造	3610	19871	19198	316	550	229
化工、木材、非金属加工专用设备制造	3620	32336	29454	117	423	270
食品、饮料、烟草及饲料生产专用设备制造	3630	4137	3907	63	105	95
印刷、制药、日化生产专用设备制造	3640	7300	6745	48	119	100
纺织、服装和皮革工业专用设备制造	3650	9629	8982	56	166	133
农、林、牧、渔专用机械制造	3670	8886	8645	160	297	96
医疗仪器设备及器械制造	3680	6576	5767	84	116	114
环保、社会公共安全及其他专用设备制造	3690	19477	18295	174	358	182

单位：个

国有联营企业	集体联营企业	国有与集体联营	其他联营	国有独资公司	其他有限责任公司	股份有限公司	私营独资	私营合伙	代码
4	8	6	12	39	2482	362	5620	1101	3200
1			2	4	336	48	963	215	3210
		1	2	3	149	30	235	52	3220
3	6	4	5	27	1427	200	3677	639	3230
	2	1	3	5	570	84	745	195	3240
9	19	10	16	48	2927	523	6479	1036	3300
4	7	3	7	16	846	209	1854	366	3310
1		1		6	99	32	145	28	3320
1	4		2	8	254	52	325	82	3330
1	2	2		3	297	48	649	97	3340
2	6	4	7	15	1431	182	3506	463	3350
23	84	39	40	48	13687	1634	51008	5696	3400
11	24	12	19	24	5298	711	17320	1753	3410
4	10	5	4	6	1433	155	7769	745	3420
	5	4	1	5	665	87	1658	159	3430
2	6	2	1	1	554	62	2841	360	3440
	7	2	3	2	1572	180	5656	750	3450
	12	8	7	1	741	112	4002	604	3460
		1			110	13	348	46	3470
3	8	1	1	1	1271	116	4912	468	3480
3	12	4	4	8	2043	198	6502	811	3490
23	112	51	63	138	17419	2507	69943	8212	3500
1	12	1	4	22	1021	178	2291	266	3510
3	16	7	6	30	2705	377	8713	989	3520
2	4	2	4	13	802	118	1451	202	3530
3	9	5	6	12	2463	403	6990	1020	3540
1	7	4	6	9	1055	169	4663	661	3550
		1	1		164	26	647	59	3560
3	13	5	6	12	2646	321	6492	793	3570
9	33	19	19	20	4468	593	24015	2644	3580
1	18	7	11	20	2095	322	14681	1578	3590
14	61	29	27	139	12152	1619	29620	3800	3600
5	20	6	7	36	2817	373	5138	555	3610
3	10	8	5	20	2807	244	8181	1286	3620
	2			5	384	76	1239	168	3630
	2	3	4	7	699	97	1810	235	3640
	2	6	1	8	589	92	3195	434	3650
1	11	3	2	3	745	134	4000	332	3670
3	2	2	3	3	796	124	1042	158	3680
1	11	1	3	16	2228	308	3480	412	3690

行业中类	代码	企业单位数	内资企业			
				国有企业	集体企业	股份合作企业
交通运输设备制造业	3700	93528	87737	1560	2841	1290
铁路运输设备制造	3710	3285	3177	238	437	69
汽车制造	3720	63169	58969	978	1874	904
摩托车制造	3730	7526	7280	28	137	124
自行车制造	3740	5980	5479	32	87	55
船舶及浮动装置制造	3750	10977	10444	194	253	123
航空航天器制造	3760	460	366	59	9	2
交通器材及其他交通运输设备制造	3790	2131	2022	31	44	13
电气机械及器材制造业	3900	115973	106316	779	2460	1549
电机制造	3910	12374	11463	125	207	173
输配电及控制设备制造	3920	37533	34762	306	1045	697
电线、电缆、光缆及电工器材制造	3930	19171	17578	125	543	271
电池制造	3940	4847	4200	52	65	32
家用电力器具制造	3950	14274	12788	52	184	103
非电力家用器具制造	3960	4794	4548	13	56	32
照明器具制造	3970	16384	14760	54	182	163
其他电气机械及器材制造	3990	6596	6217	52	178	78
通信设备、计算机及其他电子设备制造业	4000	60906	48887	459	603	402
通信设备制造	4010	6548	5473	93	84	53
雷达及配套设备制造	4020	145	136	18		4
广播电视设备制造	4030	1699	1432	20	20	18
电子计算机制造	4040	5088	3672	31	35	22
电子器件制造	4050	8769	6721	91	78	52
电子元件制造	4060	26362	21209	126	277	197
家用视听设备制造	4070	3914	2964	20	34	14
其他电子设备制造	4090	8381	7280	60	75	42
仪器仪表及文化、办公用机械制造业	4100	27777	24658	397	682	501
通用仪器仪表制造	4110	13481	12505	184	353	271
专用仪器仪表制造	4120	4779	4353	113	129	78
钟表与计时仪器制造	4130	1994	1469	25	56	27
光学仪器及眼镜制造	4140	3971	3299	36	47	77
文化、办公用机械制造	4150	1911	1490	23	36	21
其他仪器仪表的制造及修理	4190	1641	1542	16	61	27
工艺品及其他制造业	4200	60386	54937	272	1020	598
工艺美术品制造	4210	35309	31503	132	667	410
日用杂品制造	4220	9155	8216	21	130	112
煤制品制造	4230	4405	4391	29	88	21
其他未列明的制造业	4290	11477	10793	86	135	55
废弃资源和废旧材料回收加工业	4300	10116	9777	80	193	82
金属废料和碎屑的加工处理	4310	5037	4811	27	120	31
非金属废料和碎屑的加工处理	4320	5079	4966	53	73	51

单位：个

国有联营企业	集体联营企业	国有与集体联营	其他联营	国有独资公司	其他有限责任公司	股份有限公司	私营独资	私营合伙	代码
23	58	29	32	180	9627	1386	26685	3827	3700
1	6	1		17	493	72	615	73	3710
15	42	16	26	86	6792	984	18872	2746	3720
	2	1	2	6	723	76	2613	329	3730
1		2		1	399	47	1627	219	3740
5	7	9	4	22	897	152	2458	405	3750
	1			44	110	21	27	3	3760
1				4	213	34	473	52	3790
16	49	32	41	75	12398	1604	25517	3594	3900
2	5	3	3	16	1211	180	2575	456	3910
11	17	13	20	26	4268	619	7212	1159	3920
2	8	5	6	11	2083	287	4636	633	3930
	2	2	2	7	564	87	828	125	3940
1	8	2	2	5	1585	127	3300	439	3950
	2	2	1	1	542	78	1126	119	3960
	4	3	5	2	1464	147	4630	502	3970
	3	2	2	7	681	79	1210	161	3990
12	14	14	17	70	6331	786	8888	1454	4000
3	1	3		14	935	130	776	129	4010
				16	26	5	17	1	4020
		1	1	4	174	33	328	54	4030
1	3	2	2	3	511	87	408	104	4040
1	1		3	11	991	153	904	180	4050
3	6	7	7	17	2244	240	4700	667	4060
2	1		1	3	354	37	648	96	4070
2	2	1	3	2	1096	101	1107	223	4090
4	14	12	7	39	3079	422	4881	831	4100
2	1	6	4	18	1625	245	2342	396	4110
1	4	2	1	8	605	89	731	114	4120
	3			2	139	18	388	44	4130
			1	9	334	33	788	174	4140
1	2	4		2	181	26	287	50	4150
	4		1		195	11	345	53	4190
3	22	4	16	27	4685	474	21134	2669	4200
1	13	3	15	9	2643	265	12429	1243	4210
	2			2	512	49	3032	835	4220
1	2		1	2	167	33	3137	228	4230
1	5	1		13	1354	126	2535	361	4290
2	10	2	3	10	1058	115	4051	440	4300
2	8	1	2	7	612	73	1640	185	4310
	2	1	1	3	446	42	2411	255	4320

行业中类	代码	企业单位数	内资企业	国有企业	集体企业	股份合作企业
电力、燃气及水的生产和供应业	D	**63037**	**61513**	**7982**	**7430**	**1365**
电力、热力的生产和供应业	4400	41902	41091	4668	3843	1092
电力生产	4410	34465	33753	2282	3490	1008
电力供应	4420	3662	3642	1947	216	41
热力生产和供应	4430	3775	3696	439	137	43
燃气生产和供应业	4500	4175	3785	245	95	68
水的生产和供应业	4600	16960	16637	3069	3492	205
自来水的生产和供应	4610	13908	13748	2679	3335	134
污水处理及其再生利用	4620	2379	2229	372	141	17
其他水的处理、利用与分配	4690	673	660	18	16	54
建筑业	E	**302215**	**300359**	**8456**	**10283**	**2308**
房屋和土木工程建筑业	4700	111475	111035	5813	6748	916
房屋工程建筑	4710	68220	68004	2099	4851	593
土木工程建筑	4720	43255	43031	3714	1897	323
建筑安装业	4800	59646	59128	1336	1831	515
建筑装饰业	4900	92833	92099	497	987	626
其他建筑业	5000	38261	38097	810	717	251
工程准备	5010	11406	11367	300	265	76
提供施工设备服务	5020	4554	4532	61	72	27
其他未列明的建筑活动	5090	22301	22198	449	380	148
交通运输、仓储和邮政业	F	**185975**	**181326**	**11200**	**7469**	**2234**
铁路运输业	5100	966	962	190	68	11
铁路旅客运输	5110	78	78	21		
铁路货物运输	5120	441	439	75	21	7
铁路运输辅助活动	5130	447	445	94	47	4
道路运输业	5200	85723	84755	3261	3204	1157
公路旅客运输	5210	8797	8695	896	505	270
道路货物运输	5220	68680	68059	1103	1846	703
道路运输辅助活动	5230	8246	8001	1262	853	184
城市公共交通业	5300	8173	8065	762	453	192
公共电汽车客运	5310	2281	2242	415	100	53
轨道交通	5320	98	87	17	3	1
出租车客运	5330	5307	5255	267	294	130
城市轮渡	5340	73	71	16	12	
其他城市公共交通	5390	414	410	47	44	8
水上运输业	5400	8759	8441	489	731	103
水上旅客运输	5410	1006	976	60	143	21
水上货物运输	5420	5519	5427	227	474	59
水上运输辅助活动	5430	2234	2038	202	114	23

单位：个

国有联营企业	集体联营企业	国有与集体联营	其他联营	国有独资公司	其他有限责任公司	股份有限公司	私营独资	私营合伙	代码
99	**239**	**62**	**95**	**639**	**6960**	**1862**	**13724**	**9326**	D
67	172	36	76	351	4647	1378	8884	8250	4400
47	166	30	68	185	3315	1079	8133	8110	4410
14	3	5	3	124	449	166	196	61	4420
6	3	1	5	42	883	133	555	79	4430
5	7	2	3	44	764	183	893	169	4500
27	60	24	16	244	1549	301	3947	907	4600
25	58	20	13	169	1020	220	3538	781	4610
2	1	3	1	71	445	71	248	47	4620
	1	1	2	4	84	10	161	79	4690
76	**258**	**72**	**242**	**804**	**54142**	**7865**	**37355**	**7922**	E
41	151	51	127	573	23491	3956	16144	3256	4700
19	98	25	89	207	14927	2703	11459	2358	4710
22	53	26	38	366	8564	1253	4685	898	4720
12	52	7	50	98	10441	1361	5696	1187	4800
10	27	9	38	46	13486	1658	10271	2440	4900
13	28	5	27	87	6724	890	5244	1039	5000
3	6		10	28	1847	226	1674	312	5010
3	2		3	9	792	127	702	125	5020
7	20	5	14	50	4085	537	2868	602	5090
166	**314**	**101**	**204**	**712**	**24804**	**4951**	**27792**	**8502**	F
3	2	1		12	166	35	122	21	5100
					15	3	8		5110
1	2			10	80	19	48	12	5120
2		1		2	71	13	66	9	5130
42	174	31	119	213	11903	2605	15082	4184	5200
17	38	10	31	61	1656	662	1050	718	5210
10	86	11	66	73	9095	1610	12829	3045	5220
15	50	10	22	79	1152	333	1203	421	5230
18	22	9	17	72	1698	512	948	347	5300
9	8	6	10	38	467	151	270	111	5310
1	1			6	21	7	8	1	5320
8	13	2	7	22	1127	336	619	212	5330
					11	2	6	7	5340
		1		6	72	16	45	16	5390
13	25	2	9	50	1247	303	905	810	5400
	3		3	9	171	44	128	75	5410
7	16	2	5	20	731	192	508	636	5420
6	6		1	21	345	67	269	99	5430

行业中类	代码	企业单位数	内资企业	国有企业	集体企业	股份合作企业
航空运输业	5500	1003	942	164	15	15
航空客货运输	5510	371	340	60	4	3
通用航空服务	5520	248	241	19	5	5
航空运输辅助活动	5530	384	361	85	6	7
管道运输业	5600	148	136	27	1	1
装卸搬运和其他运输服务业	5700	53140	51347	1309	1952	504
装卸搬运	5710	8719	8625	271	1376	110
运输代理服务	5720	44421	42722	1038	576	394
仓储业	5800	20073	18755	3875	975	194
谷物、棉花等农产品仓储	5810	5540	5515	2933	190	33
其他仓储	5890	14533	13240	942	785	161
邮政业	5900	7990	7923	1123	70	57
国家邮政	5910	1549	1548	919	33	10
其他寄递服务	5990	6441	6375	204	37	47
信息传输、计算机服务和软件业	**G**	**181726**	**174210**	**2871**	**635**	**1042**
电信和其他信息传输服务业	6000	27796	26860	2346	294	223
电信	6010	8803	8091	1528	117	100
互联网信息服务	6020	16649	16444	159	33	86
广播电视传输服务	6030	2146	2132	636	141	30
卫星传输服务	6040	198	193	23	3	7
计算机服务业	6100	99479	98158	291	241	539
计算机系统服务	6110	19995	19324	123	73	100
数据处理	6120	1024	914	24	9	3
计算机维修	6130	3508	3456	19	11	45
其他计算机服务	6190	74952	74464	125	148	391
软件业	6200	54451	49192	234	100	280
公共软件服务	6210	42825	38606	188	77	192
其他软件服务	6290	11626	10586	46	23	88
批发和零售业	**H**	**1963277**	**1937172**	**38614**	**50232**	**18186**
批发业	6300	1224281	1202824	24388	24483	8456
农畜产品批发	6310	55812	55566	5802	2483	425
食品、饮料及烟草制品批发	6320	89164	87609	5689	2100	694
纺织、服装及日用品批发	6330	127674	123558	891	1333	586
文化、体育用品及器材批发	6340	37070	36066	806	506	341
医药及医疗器材批发	6350	33721	33283	763	301	294
矿产品、建材及化工产品批发	6360	402228	399115	5723	11550	2668
机械设备、五金交电及电子产品批发	6370	336901	329961	2892	3522	2570
贸易经纪与代理	6380	36435	34996	604	271	187
其他批发	6390	105276	102670	1218	2417	691
零售业	6500	738996	734348	14226	25749	9730
综合零售	6510	91081	90226	2326	11305	1158

单位：个

国有联营企业	集体联营企业	国有与集体联营	其他联营	国有独资公司	其他有限责任公司	股份有限公司	私营独资	私营合伙	代码
5			2	25	199	43	57	14	5500
1			1	9	68	18	14	6	5510
2				2	51	9	25	3	5520
2			1	14	80	16	18	5	5530
1				1	32	10	22	4	5600
50	46	17	28	117	6587	918	6406	1975	5700
7	29	2	10	9	883	168	1876	574	5710
43	17	15	18	108	5704	750	4530	1401	5720
26	37	24	22	201	2176	392	3216	949	5800
9	8	4	5	138	329	101	854	105	5810
17	29	20	17	63	1847	291	2362	844	5890
8	8	17	7	21	796	133	1034	198	5900
6	3	15		10	67	10	36	14	5910
2	5	2	7	11	729	123	998	184	5990
62	**36**	**25**	**109**	**238**	**17470**	**2942**	**57678**	**7181**	G
38	15	14	53	152	3128	1208	7091	1004	6000
22	7	9	18	95	1118	705	914	164	6010
3	4	4	32	16	1533	266	6012	803	6020
11	4	1	3	37	418	229	155	33	6030
2				4	59	8	10	4	6040
9	14	9	40	41	6452	837	48045	5235	6100
2	5	5	8	23	2832	328	1526	405	6110
					188	18	86	22	6120
				2	374	50	599	114	6130
7	9	4	32	16	3058	441	45834	4694	6190
15	7	2	16	45	7890	897	2542	942	6200
14	3	2	14	37	6199	709	1802	708	6210
1	4		2	8	1691	188	740	234	6290
630	**1473**	**464**	**1294**	**2089**	**241563**	**31187**	**371156**	**54019**	H
324	716	242	630	1483	152901	17807	176155	29657	6300
52	80	23	40	275	6588	1116	13458	1680	6310
38	53	27	78	356	10672	1491	14073	2667	6320
17	32	15	43	75	13338	1387	14087	2679	6330
10	19	10	17	55	4482	527	3669	851	6340
9	13	7	31	32	5700	852	3967	778	6350
109	285	74	206	398	51813	6281	66150	10062	6360
65	133	59	134	167	42895	4377	35492	7443	6370
6	12	8	22	65	4407	514	4478	695	6380
18	89	19	59	60	13006	1262	20781	2802	6390
306	757	222	664	606	88662	13380	195001	24362	6500
27	197	31	121	59	10623	1770	26043	3033	6510

行业中类	代码	企　业 单位数	内资企业	国有企业	集体企业	股份合作 企　业
食品、饮料及烟草制品专门零售	6520	57128	56675	3183	2409	950
纺织、服装及日用品专门零售	6530	70890	69860	735	2106	975
文化、体育用品及器材专门零售	6540	44976	44660	2458	1256	1089
医药及医疗器材专门零售	6550	66722	66584	1200	1127	952
汽车、摩托车、燃料及零配件专门零售	6560	104543	103977	1910	2550	1153
家用电器及电子产品专门零售	6570	122294	121826	481	800	1208
五金、家具及室内装修材料专门零售	6580	92373	92031	716	2126	1304
无店铺及其他零售	6590	88989	88509	1217	2070	941
住宿和餐饮业	**I**	**158544**	**153817**	**8851**	**6600**	**2454**
住宿业	6600	57947	56364	6944	4272	1014
旅游饭店	6610	19996	18765	3200	936	272
一般旅馆	6620	34044	33759	3336	2988	674
其他住宿服务	6690	3907	3840	408	348	68
餐饮业	6700	100597	97453	1907	2328	1440
正餐服务	6710	81896	79682	1609	1849	1096
快餐服务	6720	7029	6537	86	127	134
饮料及冷饮服务	6730	4252	4059	26	46	88
其他餐饮服务	6790	7420	7175	186	306	122
金融业	**J**	**42829**	**41484**	**4369**	**2044**	**1878**
银行业	6800	9891	9537	2392	1828	1291
中央银行	6810	123	120	71	2	3
商业银行	6820	8374	8046	1753	1711	1188
其他银行	6890	1394	1371	568	115	100
证券业	6900	1765	1709	146	2	17
证券市场管理	6910	97	97	15		3
证券经纪与交易	6920	918	868	109	1	10
证券投资	6930	460	455	19		1
证券分析与咨询	6940	290	289	3	1	3
保险业	7000	11333	10596	810	55	330
人寿保险	7010	4093	3681	364	27	150
非人寿保险	7020	4357	4108	387	21	142
保险辅助服务	7030	2883	2807	59	7	38
其他金融活动	7100	19840	19642	1021	159	240
金融信托与管理	7110	2126	2107	139	25	38
金融租赁	7120	367	322	15	1	2
财务公司	7130	824	809	36	5	3
邮政储蓄	7140	681	681	409	8	5
典当	7150	4013	4011	43	27	59
其他未列明的金融活动	7190	11829	11712	379	93	133

单位：个

国有联营企业	集体联营企业	国有与集体联营	其他联营	国有独资公司	其他有限责任公司	股份有限公司	私营独资	私营合伙	代码
31	66	13	43	147	5878	920	14713	1752	6520
15	66	10	48	26	7517	1029	19512	2106	6530
19	32	8	20	131	5352	773	8520	1299	6540
53	101	26	168	53	6966	1367	27478	2566	6550
117	120	96	97	81	14240	2596	32693	3867	6560
7	37	11	50	42	16284	2121	22650	3801	6570
10	67	6	48	22	10975	1294	23127	2842	6580
27	71	21	69	45	10827	1510	20265	3096	6590
98	**176**	**71**	**143**	**280**	**15749**	**2882**	**53359**	**7944**	**I**
81	110	46	53	208	7027	1436	15573	2978	6600
41	21	19	16	126	3695	706	3182	644	6610
33	75	25	34	70	2875	644	11349	2154	6620
7	14	2	3	12	457	86	1042	180	6690
17	66	25	90	72	8722	1446	37786	4966	6700
14	48	24	80	61	7151	1209	31756	3973	6710
2	7		3	4	561	78	2506	324	6720
1	2		2		341	47	1388	287	6730
	9	1	5	7	669	112	2136	382	6790
48	**46**	**34**	**30**	**376**	**6444**	**9581**	**2389**	**737**	**J**
17	22	18	4	49	244	2890	137	14	6800
1		1		1	4	22	4	1	6810
9	17	10	4	40	146	2698	78	7	6820
7	5	7		8	94	170	55	6	6890
1	2	2	1	36	531	299	108	27	6900
1				3	15	23	10		6910
	2	1		11	330	231	34	3	6920
		1		21	102	35	36	17	6930
			1	1	84	10	28	7	6940
13	9	4	4	50	1221	5410	351	121	7000
5	4	2	2	20	239	2297	106	23	7010
6	5	1		22	199	2873	85	15	7020
2		1	2	8	783	240	160	83	7030
17	13	10	21	241	4448	982	1793	575	7100
1	2	2	1	45	415	129	212	61	7110
				6	67	16	60	19	7120
1		1		17	180	44	56	20	7130
2			1	21	131	27	8	7	7140
5	2	5	8	5	1240	179	385	103	7150
8	9	2	11	147	2415	587	1072	365	7190

行业中类	代码	企业单位数	内资企业	国有企业	集体企业	股份合作企业
房地产业	K	**278640**	**268687**	**12020**	**11594**	**2833**
房地产业	7200	278640	268687	12020	11594	2833
房地产开发经营	7210	124720	117822	4343	1641	801
物业管理	7220	71974	70490	2973	2841	842
房地产中介服务	7230	46525	45972	757	601	333
其他房地产活动	7290	35421	34403	3947	6511	857
租赁和商务服务业	L	**515596**	**501618**	**15111**	**20998**	**6090**
租赁业	7300	27021	26805	457	501	319
机械设备租赁	7310	26021	25822	407	449	299
文化及日用品出租	7320	1000	983	50	52	20
商务服务业	7400	488575	474813	14654	20497	5771
企业管理服务	7410	92810	89926	6121	11255	1142
法律服务	7420	8984	8957	196	200	118
咨询与调查	7430	144738	136281	1686	1519	1604
广告业	7440	98955	98466	982	524	712
知识产权服务	7450	4367	4308	86	31	47
职业中介服务	7460	23108	23000	900	1101	250
市场管理	7470	16894	16783	876	3361	300
旅行社	7480	24755	24615	1628	568	461
其他商务服务	7490	73964	72477	2179	1938	1137
科学研究、技术服务和地质勘查业	M	**177722**	**171699**	**9418**	**4411**	**2574**
研究与试验发展	7500	23360	21631	813	333	393
自然科学研究与试验发展	7510	2574	2463	88	26	29
工程和技术研究与试验发展	7520	13590	12624	472	173	148
农业科学研究与试验发展	7530	2774	2701	158	79	41
医学研究与试验发展	7540	4100	3528	75	52	156
社会人文科学研究与试验发展	7550	322	315	20	3	19
专业技术服务业	7600	92006	89532	6220	2364	1275
气象服务	7610	1120	1112	256	102	12
地震服务	7620	83	81	14	8	3
海洋服务	7630	183	174	16	7	
测绘服务	7640	3374	3363	367	190	51
技术检测	7650	8656	8411	1102	497	171
环境监测	7660	1384	1369	109	41	32
工程技术与规划管理	7670	42240	41365	3660	970	544
其他专业技术服务	7690	34966	33657	696	549	462
科技交流和推广服务业	7700	59356	57597	1881	1647	868
技术推广服务	7710	43404	42055	1312	1174	646
科技中介服务	7720	5825	5655	298	277	127
其他科技服务	7790	10127	9887	271	196	95
地质勘查业	7800	3000	2939	504	67	38
矿产地质勘查	7810	1386	1344	205	30	18
基础地质勘查	7820	419	416	127	15	7
地质勘查技术服务	7830	1195	1179	172	22	13

单位：个

国有联营企业	集体联营企业	国有与集体联营	其他联营	国有独资公司	其他有限责任公司	股份有限公司	私营独资	私营合伙	代码
171	**203**	**113**	**166**	**1463**	**70061**	**9828**	**21014**	**5288**	K
171	203	113	166	1463	70061	9828	21014	5288	7200
65	64	48	65	871	40831	5607	5714	1337	7210
51	68	28	58	340	17088	2427	6281	1354	7220
11	21	4	26	46	6685	993	6545	1924	7230
44	50	33	17	206	5457	801	2474	673	7290
192	**350**	**142**	**288**	**3019**	**71882**	**9852**	**51641**	**19457**	L
9	18	9	9	46	3514	566	4654	1115	7300
9	16	8	8	44	3409	548	4493	1079	7310
	2	1	1	2	105	18	161	36	7320
183	332	133	279	2973	68368	9286	46987	18342	7400
51	104	52	58	2194	15549	2026	4958	1886	7410
1	3	1	9	8	390	71	1158	4041	7420
21	38	17	55	160	18728	2051	11644	4977	7430
12	20	12	32	121	13102	1738	11908	2832	7440
		3	2	13	582	57	385	417	7450
23	17	1	17	64	3222	499	3868	768	7460
10	70	17	33	75	2478	462	2156	701	7470
27	24	8	31	121	4494	1146	2979	766	7480
38	56	22	42	217	9823	1236	7931	1954	7490
97	**132**	**65**	**94**	**645**	**26274**	**3943**	**13466**	**3900**	M
11	12	12	15	60	3278	457	1949	560	7500
1		2	1	7	458	61	222	65	7510
3	6	3	11	37	1762	227	822	277	7520
3	4	3	3	9	414	86	504	80	7530
4	1	3		7	603	73	362	125	7540
	1	1			41	10	39	13	7550
53	72	31	51	439	15008	2539	6919	2215	7600
	1	1		13	171	25	42	13	7610
				1	7	2	10	1	7620
1				2	24	3	7	2	7630
	3	1	2	15	531	127	322	114	7640
18	15	7	9	60	1587	357	828	207	7650
3				7	211	51	136	35	7660
26	35	16	26	288	7760	1424	2769	1015	7670
5	18	6	14	53	4717	550	2805	828	7690
29	46	19	27	113	7404	832	4373	1068	7700
25	35	15	20	83	5297	577	2951	725	7710
4	6	3	4	20	767	94	613	151	7720
	5	1	3	10	1340	161	809	192	7790
4	2	3	1	33	584	115	225	57	7800
3		2		23	263	57	113	25	7810
		1		3	73	16	25	8	7820
1	2		1	7	248	42	87	24	7830

行业中类	代码	企业单位数	内资企业	国有企业	集体企业	股份合作企业
水利、环境和公共设施管理业	N	**28693**	**28222**	**2542**	**1538**	**354**
水利管理业	7900	2228	2217	572	255	21
防洪管理	7910	172	172	55	17	2
水资源管理	7920	1131	1124	316	144	9
其他水利管理	7990	925	921	201	94	10
环境管理业	8000	6427	6255	573	322	85
自然保护	8010	406	391	57	17	9
环境治理	8020	6021	5864	516	305	76
公共设施管理业	8100	20038	19750	1397	961	248
市政公共设施管理	8110	2854	2805	449	203	26
城市绿化管理	8120	11028	10982	418	285	135
游览景区管理	8130	6156	5963	530	473	87
居民服务和其他服务业	O	**141736**	**140155**	**2495**	**4621**	**2683**
居民服务业	8200	60160	59403	1083	2075	1307
家庭服务	8210	5341	5326	32	121	83
托儿所	8220	349	348	7	6	3
洗染服务	8230	2317	2268	31	64	72
理发及美容保健服务	8240	16552	16272	58	206	472
洗浴服务	8250	9981	9857	123	276	195
婚姻服务	8260	3368	3342	49	77	43
殡葬服务	8270	1890	1861	224	343	41
摄影扩印服务	8280	7052	6914	130	215	220
其他居民服务	8290	13310	13215	429	767	178
其他服务业	8300	81576	80752	1412	2546	1376
修理与维护	8310	37923	37630	591	1297	844
清洁服务	8320	14453	14335	135	317	176
其他未列明的服务	8390	29200	28787	686	932	356
教育	P	**25723**	**25415**	**1204**	**957**	**592**
教育	8400	25723	25415	1204	957	592
学前教育	8410	4177	4142	110	190	32
初等教育	8420	612	605	33	20	14
中等教育	8430	1127	1114	82	35	20
高等教育	8440	243	236	27	6	6
其他教育	8490	19564	19318	952	706	520
卫生、社会保障和社会福利业	Q	**16222**	**16093**	**1172**	**1341**	**446**
卫生	8500	15085	14964	974	1158	428
医院	8510	4902	4838	432	180	198

单位：个

国有联营企业	集体联营企业	国有与集体联营	其他联营	国有独资公司	其他有限责任公司	股份有限公司	私营独资	私营合伙	代码
32	**49**	**21**	**26**	**433**	**4717**	**949**	**3454**	**756**	N
8	8	2	1	68	323	71	203	51	7900
				10	22	4	16	3	7910
5	5	2	1	41	167	32	103	29	7920
3	3			17	134	35	84	19	7990
7	7	5	5	106	1051	197	695	165	8000
1	1	1		4	49	13	41	11	8010
6	6	4	5	102	1002	184	654	154	8020
17	34	14	20	259	3343	681	2556	540	8100
4	3	4	1	114	518	76	227	46	8110
6	12	2	6	52	1855	275	1311	253	8120
7	19	8	13	93	970	330	1018	241	8130
30	**192**	**49**	**69**	**152**	**14669**	**2240**	**38223**	**6058**	O
11	83	27	33	54	4727	875	19895	3020	8200
	4	1	1	8	555	91	1014	244	8210
1					8		165	23	8220
1	2		1	1	216	41	585	83	8230
	10		5	3	851	131	7068	958	8240
1	9	3	6	5	593	134	4485	682	8250
	3		2	2	284	48	797	167	8260
4	16	20	7	6	223	54	303	77	8270
	8		6	1	536	116	2376	275	8280
4	31	3	5	28	1461	260	3102	511	8290
19	109	22	36	98	9942	1365	18328	3038	8300
8	48	12	17	20	3878	637	11608	1663	8310
2	10	3	7	18	1763	251	2361	508	8320
9	51	7	12	60	4301	477	4359	867	8390
20	**43**	**12**	**46**	**33**	**2172**	**464**	**7128**	**1607**	P
20	43	12	46	33	2172	464	7128	1607	8400
3	7	1	6		104	22	2003	263	8410
	1				19	4	255	55	8420
1	3	1	6	1	69	29	341	78	8430
			3		23		44	10	8440
16	32	10	31	32	1957	409	4485	1201	8490
11	**29**	**7**	**24**	**21**	**757**	**205**	**6052**	**1304**	Q
10	24	4	22	18	677	187	5829	1268	8500
2	8		5	10	302	100	1657	479	8510

行业中类	代码	企业单位数	内资企业	国有企业	集体企业	股份合作企业
卫生院及社区医疗活动	8520	1843	1840	246	284	19
门诊部医疗活动	8530	6696	6665	166	553	171
计划生育技术服务活动	8540	243	242	26	50	
妇幼保健活动	8550	99	98	13	5	4
专科疾病防治活动	8560	305	302	10	13	7
疾病预防控制及防疫活动	8570	149	149	28	25	3
其他卫生活动	8590	848	830	53	48	26
社会保障业	8600	330	330	76	77	3
社会福利业	8700	807	799	122	106	15
提供住宿的社会福利	8710	563	558	57	54	14
不提供住宿的社会福利	8720	244	241	65	52	1
文化、体育和娱乐业	**R**	**47428**	**46400**	**3718**	**1369**	**932**
新闻出版业	8800	3040	3023	1371	151	43
新闻业	8810	47435	46403	3718	1369	932
出版业	8820	2892	2875	1336	145	39
广播、电视、电影和音像业	8900	7186	7083	1449	356	102
广播	8910	289	287	56	14	4
电视	8920	1815	1796	253	64	32
电影	8930	3507	3441	1085	258	49
音像制作	8940	1575	1559	55	20	17
文化艺术业	9000	13012	12897	454	284	377
文艺创作与表演	9010	2581	2560	108	57	53
艺术表演场馆	9020	401	392	92	21	5
图书馆与档案馆	9030	141	140	31	35	1
文物及文化保护	9040	207	206	31	15	4
博物馆	9050	154	150	20	7	6
烈士陵园、纪念馆	9060	37	37	4	11	1
群众文化活动	9070	1344	1336	82	64	42
文化艺术经纪代理	9080	3018	2986	37	24	97
其他文化艺术	9090	5129	5090	49	50	168
体育	9100	2395	2297	129	62	61
体育组织	9110	834	809	42	19	27
体育场馆	9120	716	680	64	30	12
其他体育	9190	845	808	23	13	22
娱乐业	9200	21802	21103	315	516	349
室内娱乐活动	9210	12981	12763	134	299	181
游乐园	9220	694	650	36	35	13
休闲健身娱乐活动	9230	5729	5364	87	110	128
其他娱乐活动	9290	2398	2326	58	72	27

单位：个

国有联营企业	集体联营企业	国有与集体联营	其他联营	国有独资公司	其他有限责任公司	股份有限公司	私营独资	私营合伙	代码
2	6		4	3	48	21	630	98	8520
3	6	2	11	2	209	36	3099	614	8530
1	2				1		76	14	8540
		1			12	1	22	4	8550
			1		15	2	141	16	8560
					12	1	23	3	8570
2	2	1	1	3	78	26	181	40	8590
	1				35	13	30	4	8600
1	4	3	2	3	45	5	193	32	8700
1	3	2	1	1	32	3	167	29	8710
	1	1	1	2	13	2	26	3	8720
32	**50**	**21**	**42**	**227**	**5534**	**926**	**9668**	**2309**	**R**
14	3	2	6	66	405	58	142	34	8800
32	50	21	42	227	5535	926	9668	2309	8810
13	2	2	6	63	385	57	130	29	8820
8	5	6	6	72	1120	238	495	139	8900
	1		2	5	47	18	21	10	8910
1	1	2	1	17	319	78	59	26	8920
5	2	4	3	42	504	105	201	55	8930
2	1			8	250	37	214	48	8940
5	12	5	6	55	1826	227	1454	362	9000
1	6	1	1	19	373	46	436	116	9010
		1	2	11	54	7	47	10	9020
					11	4	11	2	9030
		1		8	30	13	26	3	9040
1	1			2	29	2	23	2	9050
	1			1	2		5	3	9060
2				2	182	22	163	38	9070
	1		2	7	452	57	226	72	9080
1	3	2	1	5	693	76	517	116	9090
	3		4	20	379	48	349	85	9100
	2		1	5	146	18	104	20	9110
	1		2	10	100	12	147	38	9120
			1	5	133	18	98	27	9190
5	27	8	20	14	1805	355	7228	1689	9200
2	15	2	7		833	192	4992	1182	9210
	3	2	3	5	86	26	154	34	9220
	6	3	6	7	654	94	1392	321	9230
3	3	1	4	2	232	43	690	152	9290

行业中类	代码	私营有限责任公司	私营股份有限公司	其他	港、澳、台商投资企业	与港、澳、台商合资经营
总计		**2777609**	**165582**	**293073**	**99049**	**24696**
农、林、牧、渔业	A	**29651**	**3411**	**94577**	**463**	**97**
农业	0100	10667	1148	36788	258	49
谷物及其他作物的种植	0110	2184	273	11090	33	6
蔬菜、园艺作物的种植	0120	5384	532	14042	138	27
水果、坚果、饮料和香料作物的种植	0130	2495	251	10094	80	13
中药材的种植	0140	604	92	1562	7	3
林业	0200	4255	502	5530	63	9
林木的培育和种植	0210	4033	474	5144	60	9
木材和竹材的采运	0220	114	17	174	2	
林产品的采集	0230	108	11	212	1	
畜牧业	0300	8688	1097	34031	75	18
牲畜的饲养	0310	2903	414	11434	17	2
猪的饲养	0320	2846	328	12001	28	8
家禽的饲养	0330	2049	250	8105	22	5
狩猎和捕捉动物	0340	12	3	29		
其他畜牧业	0390	878	102	2462	8	3
渔业	0400	2938	272	5962	42	14
海洋渔业	0410	1143	93	1552	19	7
内陆渔业	0420	1795	179	4410	23	7
农、林、牧、渔服务业	0500	3103	392	12266	25	7
农业服务业	0510	2442	310	9738	19	6
林业服务业	0520	245	44	458		
畜牧服务业	0530	220	29	1531	1	1
渔业服务业	0540	196	9	539	5	
采矿业	B	**20137**	**2813**	**2491**	**308**	**158**
煤炭开采和洗选业	0600	4583	616	297	42	24
烟煤和无烟煤的开采洗选	0610	4296	558	270	35	20
褐煤的开采洗选	0620	152	27	4	5	2
其他煤炭采选	0690	135	31	23	2	2
石油和天然气开采业	0700	638	80	57	13	2
天然原油和天然气开采	0710	60	9	14	11	1
与石油和天然气开采有关的服务活动	0790	578	71	43	2	1
黑色金属矿采选业	0800	4923	681	378	42	24
铁矿采选	0810	4410	604	317	40	23
其他黑色金属矿采选	0890	513	77	61	2	1
有色金属矿采选业	0900	3058	417	223	52	31
常用有色金属矿采选	0910	2219	305	161	41	25
贵金属矿采选	0920	463	61	44	7	4
稀有稀土金属矿采选	0930	376	51	18	4	2

单位：个

与港、澳、台商合作经营	港、澳、台商独资	港、澳、台商投资股份有限公司	外商投资企业	中外合资经营	中外合作经营	外资企业	外商投资股份有限公司	代码
4290	**67221**	**2842**	**118168**	**35421**	**3910**	**75355**	**3482**	
26	**320**	**20**	**443**	**133**	**31**	**243**	**36**	A
12	185	12	209	62	17	109	21	0100
1	25	1	33	10	3	16	4	0110
7	99	5	126	35	11	70	10	0120
4	57	6	41	12	2	21	6	0130
	4		9	5	1	2	1	0140
3	48	3	62	19	2	36	5	0200
2	46	3	59	18	2	34	5	0210
	2							0220
1			3	1		2		0230
8	46	3	107	28	6	67	6	0300
2	12	1	40	6	1	30	3	0310
2	18		18	3	1	13	1	0320
4	12	1	29	12	3	13	1	0330
								0340
	4	1	20	7	1	11	1	0390
2	25	1	36	13	5	14	4	0400
	12		21	10	3	7	1	0410
2	13	1	15	3	2	7	3	0420
1	16	1	29	11	1	17		0500
1	11	1	18	7	1	10		0510
			2	1		1		0520
			6	2		4		0530
	5		3	1		2		0540
21	**116**	**13**	**353**	**172**	**45**	**104**	**32**	B
4	13	1	40	21	5	9	5	0600
4	10	1	36	20	5	6	5	0610
	3		1			1		0620
			3	1		2		0690
4	6	1	22	12	5	4	1	0700
3	6	1	7	1	3	3		0710
1			15	11	2	1	1	0790
2	13	3	39	18	5	13	3	0800
1	13	3	25	7	3	12	3	0810
1			14	11	2	1		0890
3	14	4	94	47	21	19	7	0900
2	10	4	61	34	8	15	4	0910
1	2		24	6	13	3	2	0920
	2		9	7		1	1	0930

行业中类	代码	私营有限责任公司	私营股份有限公司	其他	港、澳、台商投资企业	与港、澳、台商合资经营
非金属矿采选业	1000	6493	946	1437	157	76
土砂石开采	1010	4969	755	1252	116	48
化学矿采选	1020	388	53	34	6	3
采盐	1030	101	3	12	2	2
石棉及其他非金属矿采选	1090	1035	135	139	33	23
其他采矿业	1100	442	73	99	2	1
制造业	**C**	**778142**	**43379**	**44907**	**64063**	**16728**
农副食品加工业	1300	28540	2313	4478	1387	580
谷物磨制	1310	5286	444	1136	61	26
饲料加工	1320	4323	361	394	211	109
植物油加工	1330	2468	249	363	68	33
制糖	1340	188	21	20	17	13
屠宰及肉类加工	1350	4711	376	577	181	67
水产品加工	1360	3177	204	266	334	136
蔬菜、水果和坚果加工	1370	4533	303	961	329	125
其他农副食品加工	1390	3854	355	761	186	71
食品制造业	1400	14513	1104	1547	1169	357
焙烤食品制造	1410	3545	238	372	286	68
糖果、巧克力及蜜饯制造	1420	1627	106	152	143	32
方便食品制造	1430	1909	161	299	168	55
液体乳及乳制品制造	1440	654	54	44	34	10
罐头制造	1450	995	65	119	114	53
调味品、发酵制品制造	1460	1941	161	237	122	36
其他食品制造	1490	3842	319	324	302	103
饮料制造业	1500	9663	880	1586	507	183
酒精制造	1510	171	19	10	8	4
酒的制造	1520	3622	338	277	133	58
软饮料制造	1530	3692	341	352	275	106
精制茶加工	1540	2178	182	947	91	15
烟草制品业	1600	34		14	4	3
烟叶复烤	1610	14		8	1	1
卷烟制造	1620	4			1	1
其他烟草制品加工	1690	16		6	2	1
纺织业	1700	54608	2036	1847	5262	1728
棉、化纤纺织及印染精加工	1710	21830	822	716	1583	608
毛纺织和染整精加工	1720	2410	92	100	261	86
麻纺织	1730	339	40	27	40	16
丝绢纺织及精加工	1740	3412	159	72	249	100
纺织制成品制造	1750	11851	487	481	1102	348
针织品、编织品及其制品制造	1760	14766	436	451	2027	570

单位：个

与港、澳、台商合作经营	港、澳、台商独资	港、澳、台商投资股份有限公司	外商投资企业	中外合资经营	中外合作经营	外资企业	外商投资股份有限公司	代码
8	70	3	150	70	9	56	15	1000
5	61	2	108	41	8	48	11	1010
2		1	6	3		2	1	1020
			4			4		1030
1	9		32	26	1	2	3	1090
		1	8	4		3	1	1100
2383	**43465**	**1487**	**70390**	**24536**	**2067**	**42443**	**1344**	C
68	705	34	2712	1293	115	1246	58	1300
3	31	1	113	62	3	41	7	1310
7	91	4	313	145	17	146	5	1320
1	32	2	143	71	2	67	3	1330
1	3		18	10		6	2	1340
14	97	3	223	129	8	78	8	1350
27	160	11	765	391	55	313	6	1360
11	185	8	773	342	21	395	15	1370
4	106	5	364	143	9	200	12	1390
47	727	38	1771	636	73	1004	58	1400
11	205	2	334	77	20	223	14	1410
8	97	6	141	31	9	96	5	1420
8	101	4	227	83	8	132	4	1430
1	22	1	124	60	2	50	12	1440
7	50	4	195	97	11	79	8	1450
4	75	7	214	80	7	125	2	1460
8	177	14	536	208	16	299	13	1490
23	284	17	907	434	32	395	46	1500
	4		13	7	1	5		1510
9	61	5	298	135	8	137	18	1520
11	152	6	522	264	20	213	25	1530
3	67	6	74	28	3	40	3	1540
	1		1	1				1600
			1	1				1610
								1620
	1							1690
196	3236	102	4047	1718	118	2153	58	1700
53	892	30	980	409	39	510	22	1710
11	157	7	164	97	5	60	2	1720
1	23		28	14	2	12		1730
3	138	8	169	88	2	77	2	1740
33	698	23	1211	431	20	746	14	1750
95	1328	34	1495	679	50	748	18	1760

行业中类	代码	私营有限责任公司	私营股份有限公司	其他	港、澳、台商投资企业	与港、澳、台商合资经营
纺织服装、鞋、帽制造业	1800	39749	1757	2283	5963	1287
纺织服装制造	1810	37507	1653	2107	5638	1230
纺织面料鞋的制造	1820	1577	79	144	205	31
制帽	1830	665	25	32	120	26
皮革、毛皮、羽毛(绒)及其制品业	1900	14421	544	678	2522	467
皮革鞣制加工	1910	893	71	67	194	52
皮革制品制造	1920	11561	377	483	2179	348
毛皮鞣制及制品加工	1930	1307	58	87	70	30
羽毛(绒)加工及制品制造	1940	660	38	41	79	37
木材加工及木、竹、藤、棕、草制品业	2000	16886	1285	2570	921	299
锯材、木片加工	2010	3584	401	1455	102	33
人造板制造	2020	5655	419	430	287	115
木制品制造	2030	6044	337	351	350	101
竹、藤、棕、草制品制造	2040	1603	128	334	182	50
家具制造业	2100	14243	691	1128	1355	241
木质家具制造	2110	9522	477	800	846	147
竹、藤家具制造	2120	181	22	28	29	8
金属家具制造	2130	2003	91	105	245	48
塑料家具制造	2140	229	15	10	30	1
其他家具制造	2190	2308	86	185	205	37
造纸及纸制品业	2200	21189	1059	1040	1569	385
纸浆制造	2210	298	19	37	27	6
造纸	2220	4628	310	325	373	125
纸制品制造	2230	16263	730	678	1169	254
印刷业和记录媒介的复制	2300	20401	1049	1134	888	278
印刷	2310	18607	918	989	810	245
装订及其他印刷服务活动	2320	1695	118	134	59	25
记录媒介的复制	2330	99	13	11	19	8
文教体育用品制造业	2400	7969	345	285	2070	317
文化用品制造	2410	2543	100	72	330	75
体育用品制造	2420	2198	92	69	551	88
乐器制造	2430	571	34	18	76	23
玩具制造	2440	2217	109	117	1065	125
游艺器材及娱乐用品制造	2450	440	10	9	48	6
石油加工及炼焦	2500	2837	228	128	131	62
精炼石油产品的制造	2510	2186	156	93	104	44
炼焦	2520	643	72	29	27	18
化学原料及化学制品制造业	2600	39382	2792	1998	3166	1052
基础化学原料制造	2610	6943	570	313	383	196
肥料制造	2620	3681	387	278	163	68
农药制造	2630	1046	94	64	73	39
涂料、油墨、颜料及类似产品制造	2640	7967	417	328	811	205

单位：个

与港、澳、台商合作经营	港、澳、台商独资	港、澳、台商投资股份有限公司	外商投资企业	中外合资经营	中外合作经营	外资企业	外商投资股份有限公司	代码
184	4370	122	5506	2010	169	3241	86	1800
176	4122	110	5185	1924	158	3027	76	1810
2	164	8	193	53	5	127	8	1820
6	84	4	128	33	6	87	2	1830
108	1864	83	1963	631	70	1215	47	1900
13	126	3	140	62	10	65	3	1910
90	1664	77	1659	485	57	1075	42	1920
2	37	1	100	50	1	48	1	1930
3	37	2	64	34	2	27	1	1940
42	550	30	1004	396	47	542	19	2000
2	63	4	116	35	1	77	3	2010
8	155	9	270	125	14	126	5	2020
14	223	12	431	152	19	256	4	2030
18	109	5	187	84	13	83	7	2040
58	1026	30	1332	409	29	874	20	2100
42	642	15	827	256	20	538	13	2110
	20	1	24	4	1	19		2120
6	184	7	214	79	2	128	5	2130
	27	2	22	6		16		2140
10	153	5	245	64	6	173	2	2190
72	1078	34	1089	427	43	607	12	2200
1	17	3	23	12		11		2210
16	226	6	274	144	11	114	5	2220
55	835	25	792	271	32	482	7	2230
64	520	26	510	212	36	250	12	2300
57	484	24	457	187	33	225	12	2310
4	29	1	35	17	2	16		2320
3	7	1	18	8	1	9		2330
95	1613	45	1535	423	47	1033	32	2400
12	236	7	325	110	10	198	7	2410
15	434	14	572	125	15	425	7	2420
7	43	3	144	52	2	87	3	2430
60	861	19	461	127	19	300	15	2440
1	39	2	33	9	1	23		2450
6	57	6	240	134	9	93	4	2500
4	52	4	193	100	7	84	2	2510
2	5	2	47	34	2	9	2	2520
98	1940	76	4063	1662	143	2181	77	2600
12	167	8	628	324	26	260	18	2610
5	83	7	224	108	8	97	11	2620
1	28	5	90	51	3	33	3	2630
22	571	13	799	304	34	446	15	2640

行业中类	代码	私营有限责任公司	私营股份有限公司	其他	港、澳、台商投资企业	与港、澳、台商合资经营
合成材料制造	2650	2862	171	113	382	119
专用化学产品制造	2660	12582	869	716	857	311
日用化学产品制造	2670	4301	284	186	497	114
医药制造业	2700	6602	573	333	715	381
化学药品原药制造	2710	930	86	44	111	79
化学药品制剂制造	2720	768	69	34	147	73
中药饮片加工	2730	801	87	68	46	20
中成药制造	2740	948	97	41	143	84
兽用药品制造	2750	668	55	26	20	14
生物、生化制品的制造	2760	1303	94	63	130	56
卫生材料及医药用品制造	2770	1184	85	57	118	55
化学纤维制造业	2800	2771	88	57	302	136
纤维素纤维原料及纤维制造	2810	414	18	16	48	15
合成纤维制造	2820	2357	70	41	254	121
橡胶制品业	2900	9049	499	376	869	155
轮胎制造	2910	881	57	46	60	18
橡胶板、管、带的制造	2920	1863	114	78	99	25
橡胶零件制造	2930	2217	111	80	166	30
再生橡胶制造	2940	369	27	33	12	3
日用及医用橡胶制品制造	2950	401	20	11	73	19
橡胶靴鞋制造	2960	739	35	22	199	31
其他橡胶制品制造	2990	2579	135	106	260	29
塑料制品业	3000	43663	2011	1938	4729	883
塑料薄膜制造	3010	3931	203	223	452	123
塑料板、管、型材的制造	3020	6755	365	268	403	127
塑料丝、绳及编织品的制造	3030	3577	201	189	146	46
泡沫塑料制造	3040	2013	112	107	219	48
塑料人造革、合成革制造	3050	609	25	12	109	37
塑料包装箱及容器制造	3060	5082	209	209	448	128
塑料零件制造	3070	5593	194	149	663	92
日用塑料制造	3080	5038	198	186	783	124
其他塑料制品制造	3090	11065	504	595	1506	158
非金属矿物制品业	3100	50259	4194	5818	2449	929
水泥、石灰和石膏的制造	3110	3998	426	345	172	96
水泥及石膏制品制造	3120	9689	823	1507	385	192
砖瓦、石材及其他建筑材料制造	3130	18041	1631	2816	654	233
玻璃及玻璃制品制造	3140	7446	408	310	515	187
陶瓷制品制造	3150	3115	236	241	439	120
耐火材料制品制造	3160	3508	315	232	104	48
石墨及其他非金属矿物制品制造	3190	4462	355	367	180	53

单位：个

与港、澳、台商合作经营	港、澳、台商独资	港、澳、台商投资股份有限公司	外商投资企业	中外合资经营	中外合作经营	外资企业	外商投资股份有限公司	代码
11	239	13	505	183	10	306	6	2650
27	496	23	1233	511	44	659	19	2660
20	356	7	584	181	18	380	5	2670
18	290	26	1167	617	38	479	33	2700
2	27	3	193	114	7	65	7	2710
5	60	9	234	129	10	90	5	2720
	24	2	82	49	2	29	2	2730
3	54	2	152	87	8	52	5	2740
1	5		61	36	1	22	2	2750
4	61	9	272	129	6	128	9	2760
3	59	1	173	73	4	93	3	2770
1	155	10	243	114	4	124	1	2800
	33		57	23	1	33		2810
1	122	10	186	91	3	91	1	2820
35	664	15	851	258	21	557	15	2900
	40	2	105	46	1	56	2	2910
5	68	1	108	34	2	70	2	2920
7	126	3	217	66	7	140	4	2930
	9		12	3	1	8		2940
3	51		81	41	2	37	1	2950
11	152	5	103	29	4	69	1	2960
9	218	4	225	39	4	177	5	2990
210	3555	81	3476	987	117	2306	66	3000
26	296	7	333	101	15	210	7	3010
8	258	10	485	204	18	255	8	3020
3	93	4	174	75	5	90	4	3030
13	155	3	134	45	6	80	3	3040
3	67	2	66	27	3	36		3050
19	292	9	406	119	9	268	10	3060
29	532	10	561	113	11	426	11	3070
35	617	7	451	127	19	295	10	3080
74	1245	29	866	176	31	646	13	3090
180	1271	69	2759	1204	157	1326	72	3100
10	57	9	165	87	7	66	5	3110
25	160	8	333	174	19	134	6	3120
19	385	17	741	293	43	383	22	3130
23	289	16	655	280	24	339	12	3140
92	219	8	376	143	54	168	11	3150
	51	5	181	94	4	77	6	3160
11	110	6	308	133	6	159	10	3190

行业中类	代码	私营有限责任公司	私营股份有限公司	其他	港、澳、台商投资企业	与港、澳、台商合资经营
黑色金属冶炼及压延加工业	3200	8509	545	307	375	192
炼铁	3210	729	86	68	23	8
炼钢	3220	309	36	27	19	15
钢压延加工	3230	6109	304	159	298	155
铁合金冶炼	3240	1362	119	53	35	14
有色金属冶炼及压延加工业	3300	9541	897	404	631	244
常用有色金属冶炼	3310	2206	271	127	102	41
贵金属冶炼	3320	254	24	19	12	5
稀有稀土金属冶炼	3330	512	61	30	29	13
有色金属合金制造	3340	1118	84	38	74	25
有色金属压延加工	3350	5451	457	190	414	160
金属制品业	3400	67074	3433	3142	4129	904
结构性金属制品制造	3410	24260	1331	1209	880	210
金属工具制造	3420	7952	441	389	505	111
集装箱及金属包装容器制造	3430	2550	128	105	222	83
金属丝绳及其制品的制造	3440	3049	156	117	149	58
建筑、安全用金属制品制造	3450	8016	423	362	506	132
金属表面处理及热处理加工	3460	4271	202	170	344	83
搪瓷制品制造	3470	533	24	19	34	9
不锈钢及类似日用金属制品制造	3480	6373	229	204	773	135
其他金属制品制造	3490	10070	499	567	716	83
通用设备制造业	3500	88135	4676	3666	3189	1034
锅炉及原动机制造	3510	3247	241	206	84	36
金属加工机械制造	3520	12398	812	842	489	127
起重运输设备制造	3530	2969	198	85	157	63
泵、阀门、压缩机及类似机械的制造	3540	12860	541	295	456	164
轴承、齿轮、传动和驱动部件的制造	3550	5851	285	146	294	118
烘炉、熔炉及电炉制造	3560	830	53	26	30	9
风机、衡器、包装设备等通用设备制造	3570	13747	706	590	640	211
通用零部件制造及机械修理	3580	26044	1236	913	743	187
金属铸、锻加工	3590	10189	604	563	296	119
专用设备制造业	3600	51994	2789	2080	3188	745
矿山、冶金、建筑专用设备制造	3610	8149	612	385	203	83
化工、木材、非金属加工专用设备制造	3620	15059	590	431	1360	229
食品、饮料、烟草及饲料生产专用设备制造	3630	1582	95	93	77	22
印刷、制药、日化生产专用设备制造	3640	3307	189	125	260	71
纺织、服装和皮革工业专用设备制造	3650	4072	151	77	333	83
农、林、牧、渔专用机械制造	3670	2435	153	273	70	24
医疗仪器设备及器械制造	3680	3058	167	95	242	88
环保、社会公共安全及其他专用设备制造	3690	10107	609	405	368	104

单位：个

与港、澳、台商合作经营	港、澳、台商独资	港、澳、台商投资股份有限公司	外商投资企业	中外合资经营	中外合作经营	外资企业	外商投资股份有限公司	代码
9	162	12	440	214	15	202	9	3200
1	11	3	22	7		14	1	3210
	4		13	5	1	6	1	3220
7	128	8	352	168	11	166	7	3230
1	19	1	53	34	3	16		3240
22	344	21	701	326	21	340	14	3300
6	46	9	118	65	5	45	3	3310
2	5		11	6	2	3		3320
3	11	2	60	33	5	20	2	3330
1	45	3	126	49	2	74	1	3340
10	237	7	386	173	7	198	8	3350
196	2939	90	3962	1334	115	2428	85	3400
29	622	19	902	332	24	528	18	3410
32	347	15	585	196	16	358	15	3420
12	123	4	260	114	4	135	7	3430
6	82	3	204	89	8	101	6	3440
20	342	12	622	206	14	390	12	3450
20	234	7	295	88	12	189	6	3460
2	23		46	20		23	3	3470
56	568	14	482	151	23	300	8	3480
19	598	16	566	138	14	404	10	3490
90	1989	76	5600	2009	135	3361	95	3500
4	41	3	228	111	4	104	9	3510
22	332	8	695	213	17	451	14	3520
2	87	5	310	134	8	163	5	3530
12	271	9	1132	390	18	709	15	3540
10	155	11	517	207	14	291	5	3550
	20	1	69	23	1	43	2	3560
14	401	14	1103	370	25	691	17	3570
16	524	16	1061	330	20	694	17	3580
10	158	9	485	231	28	215	11	3590
80	2299	64	4710	1316	101	3218	75	3600
3	114	3	470	188	12	262	8	3610
26	1081	24	1522	326	30	1145	21	3620
7	47	1	153	50	7	94	2	3630
12	170	7	295	83	12	193	7	3640
14	227	9	314	102	9	198	5	3650
3	42	1	171	55		113	3	3670
3	149	2	567	187	11	356	13	3680
6	248	10	814	244	15	546	9	3690

行业中类	代码	私营有限责任公司	私营股份有限公司	其他	港、澳、台商投资企业	与港、澳、台商合资经营
交通运输设备制造业	3700	36761	1947	1491	1849	695
铁路运输设备制造	3710	1013	82	60	27	13
汽车制造	3720	23280	1282	1072	1230	485
摩托车制造	3730	3021	161	57	115	46
自行车制造	3740	2842	89	78	276	62
船舶及浮动装置制造	3750	5473	279	163	145	65
航空航天器制造	3760	81	5	4	17	11
交通器材及其他交通运输设备制造	3790	1051	49	57	39	13
电气机械及器材制造业	3900	54123	2551	1528	4784	1305
电机制造	3910	6007	354	146	384	124
输配电及控制设备制造	3920	18115	795	459	1273	355
电线、电缆、光缆及电工器材制造	3930	8249	467	252	854	202
电池制造	3940	2265	114	55	314	113
家用电力器具制造	3950	6608	241	131	768	204
非电力家用器具制造	3960	2343	121	112	101	33
照明器具制造	3970	7143	268	193	942	226
其他电气机械及器材制造	3990	3393	191	180	148	48
通信设备、计算机及其他电子设备制造业	4000	27806	1218	813	5589	1067
通信设备制造	4010	2957	158	137	459	114
雷达及配套设备制造	4020	48		1	3	2
广播电视设备制造	4030	743	24	12	125	28
电子计算机制造	4040	2287	100	76	681	80
电子器件制造	4050	3995	177	84	813	195
电子元件制造	4060	11971	468	279	2409	466
家用视听设备制造	4070	1635	68	51	571	104
其他电子设备制造	4090	4170	223	173	528	78
仪器仪表及文化、办公用机械制造业	4100	12810	659	320	1429	326
通用仪器仪表制造	4110	6544	368	146	319	121
专用仪器仪表制造	4120	2294	127	57	142	44
钟表与计时仪器制造	4130	715	24	28	401	46
光学仪器及眼镜制造	4140	1707	56	37	315	63
文化、办公用机械制造	4150	809	27	21	223	43
其他仪器仪表的制造及修理	4190	741	57	31	29	9
工艺品及其他制造业	4200	21430	1000	1583	2809	455
工艺美术品制造	4210	12302	549	822	1884	326
日用杂品制造	4220	3210	137	174	570	77
煤制品制造	4230	490	54	138	4	3
其他未列明的制造业	4290	5413	260	448	349	47
废弃资源和废旧材料回收加工业	4300	3180	216	335	113	38
金属废料和碎屑的加工处理	4310	1835	105	163	65	24
非金属废料和碎屑的加工处理	4320	1345	111	172	48	14

单位：个

与港、澳、台商合作经营	港、澳、台商独资	港、澳、台商投资股份有限公司	外商投资企业	中外合资经营	中外合作经营	外资企业	外商投资股份有限公司	代码
53	1064	37	3942	1534	82	2251	75	3700
1	13		81	49	4	27	1	3710
38	680	27	2970	1128	58	1735	49	3720
5	62	2	131	61	5	62	3	3730
4	205	5	225	65	3	151	6	3740
3	75	2	388	159	8	209	12	3750
1	4	1	77	44	4	27	2	3760
1	25		70	28		40	2	3790
127	3226	126	4873	1686	114	2980	93	3900
6	240	14	527	196	21	307	3	3910
33	858	27	1498	513	25	928	32	3920
32	594	26	739	219	15	493	12	3930
3	190	8	333	136	8	185	4	3940
24	513	27	718	255	23	422	18	3950
4	62	2	145	60	1	78	6	3960
20	675	21	682	228	19	423	12	3970
5	94	1	231	79	2	144	6	3990
147	4244	131	6430	1269	96	4949	116	4000
13	321	11	616	185	5	415	11	4010
	1		6	4		2		4020
2	93	2	142	42		96	4	4030
11	565	25	735	109	6	607	13	4040
16	579	23	1235	269	23	919	24	4050
71	1817	55	2744	452	44	2197	51	4060
20	441	6	379	98	11	267	3	4070
14	427	9	573	110	7	446	10	4090
45	1020	38	1690	559	44	1062	25	4100
4	182	12	657	252	10	385	10	4110
4	90	4	284	91	7	181	5	4120
21	330	4	124	31	13	77	3	4130
6	238	8	357	117	12	224	4	4140
7	165	8	198	43	2	150	3	4150
3	15	2	70	25		45		4190
107	2200	47	2640	637	68	1899	36	4200
84	1445	29	1922	449	48	1404	21	4210
11	470	12	369	105	11	249	4	4220
	1		10	3	1	4	2	4230
12	284	6	335	77	8	241	9	4290
2	72	1	226	86	8	127	5	4300
1	40		161	68	4	87	2	4310
1	32	1	65	18	4	40	3	4320

行业中类	代码	私营有限责任公司	私营股份有限公司	其他	港、澳、台商投资企业	与港、澳、台商合资经营
电力、燃气及水的生产和供应业	D	**8604**	**1580**	**1546**	**707**	**369**
电力、热力的生产和供应业	4400	5547	1237	843	389	214
电力生产	4410	4099	1068	673	345	191
电力供应	4420	269	56	92	10	4
热力生产和供应	4430	1179	113	78	34	19
燃气生产和供应业	4500	1032	134	141	182	97
水的生产和供应业	4600	2025	209	562	136	58
自来水的生产和供应	4610	1149	144	463	80	34
污水处理及其再生利用	4620	689	49	72	54	24
其他水的处理、利用与分配	4690	187	16	27	2	
建筑业	E	**153583**	**9982**	**7011**	**926**	**509**
房屋和土木工程建筑业	4700	43924	3381	2463	194	118
房屋工程建筑	4710	24861	2182	1533	94	66
土木工程建筑	4720	19063	1199	930	100	52
建筑安装业	4800	33260	1909	1373	240	116
建筑装饰业	4900	56934	3285	1785	420	246
其他建筑业	5000	19465	1407	1390	72	29
工程准备	5010	6037	322	261	16	7
提供施工设备服务	5020	2261	179	169	12	5
其他未列明的建筑活动	5090	11167	906	960	44	17
交通运输、仓储和邮政业	F	**82196**	**5428**	**5253**	**2354**	**691**
铁路运输业	5100	241	22	68		
铁路旅客运输	5110	19	2	10		
铁路货物运输	5120	129	10	25		
铁路运输辅助活动	5130	93	10	33		
道路运输业	5200	37187	2818	2775	528	129
公路旅客运输	5210	2142	343	296	81	27
道路货物运输	5220	33148	2282	2152	333	72
道路运输辅助活动	5230	1897	193	327	114	30
城市公共交通业	5300	2503	342	170	62	30
公共电汽车客运	5310	474	79	51	24	14
轨道交通	5320	15	1	5	5	2
出租车客运	5330	1881	237	100	28	12
城市轮渡	5340	12	2	3	2	1
其他城市公共交通	5390	121	23	11	3	1
水上运输业	5400	3278	240	236	156	95
水上旅客运输	5410	250	35	34	21	18
水上货物运输	5420	2266	152	132	45	18
水上运输辅助活动	5430	762	53	70	90	59

单位：个

与港、澳、台商合作经营	港、澳、台商独资	港、澳、台商投资股份有限公司	外商投资企业	中外合资经营	中外合作经营	外资企业	外商投资股份有限公司	代码
72	**235**	**31**	**817**	**414**	**91**	**257**	**55**	D
44	115	16	422	228	59	92	43	4400
40	100	14	367	193	56	77	41	4410
1	5		10	7	1	1	1	4420
3	10	2	45	28	2	14	1	4430
11	63	11	208	116	12	71	9	4500
17	57	4	187	70	20	94	3	4600
16	27	3	80	32	14	33	1	4610
1	28	1	96	34	3	57	2	4620
	2		11	4	3	4		4690
58	**328**	**31**	**930**	**431**	**59**	**405**	**35**	E
9	62	5	246	123	16	96	11	4700
4	21	3	122	55	8	55	4	4710
5	41	2	124	68	8	41	7	4720
17	99	8	278	125	12	133	8	4800
25	133	16	314	143	21	136	14	4900
7	34	2	92	40	10	40	2	5000
2	6	1	23	14	6	3		5010
2	5		10	4	1	5		5020
3	23	1	59	22	3	32	2	5090
319	**1216**	**128**	**2295**	**860**	**225**	**1097**	**113**	F
			4	3		1		5100
								5110
			2	2				5120
			2	1		1		5130
262	103	34	440	144	168	106	22	5200
48	2	4	21	11	5	4	1	5210
156	81	24	288	105	79	90	14	5220
58	20	6	131	28	84	12	7	5230
9	17	6	46	25	9	8	4	5300
5	5		15	6	6	2	1	5310
1	1	1	6	3	1	2		5320
2	10	4	24	16	1	4	3	5330
		1						5340
1	1		1		1			5390
7	37	17	162	107	7	38	10	5400
3			9	7		2		5410
	22	5	47	29	1	15	2	5420
4	15	12	106	71	6	21	8	5430

行业中类	代码	私营有限责任公司	私营股份有限公司	其他	港、澳、台商投资企业	与港、澳、台商合资经营
航空运输业	5500	356	22	25	21	12
航空客货运输	5510	141	8	7	9	5
通用航空服务	5520	101	8	11	3	3
航空运输辅助活动	5530	114	6	7	9	4
管道运输业	5600	27	5	5	3	1
装卸搬运和其他运输服务业	5700	29022	1350	1066	1025	246
装卸搬运	5710	2819	194	297	38	24
运输代理服务	5720	26203	1156	769	987	222
仓储业	5800	5613	397	658	530	166
谷物、棉花等农产品仓储	5810	571	55	180	10	5
其他仓储	5890	5042	342	478	520	161
邮政业	5900	3969	232	250	29	12
国家邮政	5910	341	42	42	1	
其他寄递服务	5990	3628	190	208	28	12
信息传输、计算机服务和软件业	G	**75028**	**3358**	**5535**	**2432**	**333**
电信和其他信息传输服务业	6000	9316	560	1418	409	50
电信	6010	2789	157	348	327	33
互联网信息服务	6020	6126	371	996	73	14
广播电视传输服务	6030	336	28	70	6	2
卫星传输服务	6040	65	4	4	3	1
计算机服务业	6100	31389	1514	3502	424	81
计算机系统服务	6110	12909	531	454	231	43
数据处理	6120	523	27	14	29	6
计算机维修	6130	2061	106	75	27	4
其他计算机服务	6190	15896	850	2959	137	28
软件业	6200	34323	1284	615	1599	202
公共软件服务	6210	27276	979	406	1275	161
其他软件服务	6290	7047	305	209	324	41
批发和零售业	H	**998809**	**55269**	**72187**	**10152**	**1419**
批发业	6300	689889	33630	42063	8097	967
农畜产品批发	6310	16633	1140	5771	79	17
食品、饮料及烟草制品批发	6320	39119	2451	8101	607	81
纺织、服装及日用品批发	6330	84010	3020	2045	1709	168
文化、体育用品及器材批发	6340	23132	991	650	483	48
医药及医疗器材批发	6350	18258	1261	1017	170	31
矿产品、建材及化工产品批发	6360	221772	11176	10848	1153	195
机械设备、五金交电及电子产品批发	6370	214501	9480	6231	2569	303
贸易经纪与代理	6380	19424	997	3306	479	46
其他批发	6390	53040	3114	4094	848	78
零售业	6500	308920	21639	30124	2055	452
综合零售	6510	26565	2149	4819	354	80

单位：个

与港、澳、台商合作经营	港、澳、台商独资	港、澳、台商投资股份有限公司	外商投资企业	中外合资经营	中外合作经营	外资企业	外商投资股份有限公司	代码
	7	2	40	15	1	16	8	5500
	3	1	22	6		10	6	5510
			4	1		3		5520
	4	1	14	8	1	3	2	5530
		2	9	8		1		5600
26	707	46	768	279	22	433	34	5700
4	7	3	56	39	3	11	3	5710
22	700	43	712	240	19	422	31	5720
14	331	19	788	251	17	487	33	5800
	5		15	8		6	1	5810
14	326	19	773	243	17	481	32	5890
1	14	2	38	28	1	7	2	5900
	1							5910
1	13	2	38	28	1	7	2	5990
41	**1864**	**194**	**5084**	**867**	**64**	**3825**	**328**	G
8	248	103	527	64	9	335	119	6000
3	200	91	385	37	4	238	106	6010
4	45	10	132	23	5	92	12	6020
	2	2	8	3		4	1	6030
1	1		2	1		1		6040
13	301	29	897	161	19	669	48	6100
6	170	12	440	85	6	334	15	6110
	22	1	81	17	1	58	5	6120
1	17	5	25	2	1	17	5	6130
6	92	11	351	57	11	260	23	6190
20	1315	62	3660	642	36	2821	161	6200
17	1044	53	2944	515	30	2259	140	6210
3	271	9	716	127	6	562	21	6290
174	**8225**	**334**	**15953**	**2602**	**268**	**12606**	**477**	H
101	6796	233	13360	1809	157	11049	345	6300
3	56	3	167	52	8	102	5	6310
15	487	24	948	200	25	694	29	6320
24	1482	35	2407	290	24	2024	69	6330
4	419	12	521	68	10	428	15	6340
4	127	8	268	54	6	201	7	6350
19	905	34	1960	356	30	1512	62	6360
21	2154	91	4371	535	37	3688	111	6370
3	417	13	960	97	6	832	25	6380
8	749	13	1758	157	11	1568	22	6390
73	1429	101	2593	793	111	1557	132	6500
20	238	16	501	145	25	308	23	6510

行业中类	代码	私营有限责任公司	私营股份有限公司	其他	港、澳、台商投资企业	与港、澳、台商合资经营
食品、饮料及烟草制品专门零售	6520	21071	1485	4014	185	30
纺织、服装及日用品专门零售	6530	31206	1896	2613	559	106
文化、体育用品及器材专门零售	6540	21143	1310	1250	155	29
医药及医疗器材专门零售	6550	19748	1784	2995	59	19
汽车、摩托车、燃料及零配件专门零售	6560	37781	3153	3523	213	72
家用电器及电子产品专门零售	6570	67190	4011	3133	188	44
五金、家具及室内装修材料专门零售	6580	43694	2885	2915	140	17
无店铺及其他零售	6590	40522	2966	4862	202	55
住宿和餐饮业	**I**	**44797**	**3783**	**6630**	**2116**	**653**
住宿业	6600	13485	1369	1768	832	368
旅游饭店	6610	4887	525	495	672	315
一般旅馆	6620	7693	740	1069	129	40
其他住宿服务	6690	905	104	204	31	13
餐饮业	6700	31312	2414	4862	1284	285
正餐服务	6710	24732	1962	4118	958	237
快餐服务	6720	2253	150	302	153	18
饮料及冷饮服务	6730	1597	115	119	75	9
其他餐饮服务	6790	2730	187	323	98	21
金融业	**J**	**10785**	**1177**	**1546**	**274**	**72**
银行业	6800	258	65	308	89	5
中央银行	6810	6		4		
商业银行	6820	148	46	191	84	5
其他银行	6890	104	19	113	5	
证券业	6900	425	47	65	7	6
证券市场管理	6910	15	1	11		
证券经纪与交易	6920	88	15	33	6	5
证券投资	6930	189	20	14	1	1
证券分析与咨询	6940	133	11	7		
保险业	7000	1640	249	329	99	26
人寿保险	7010	204	85	153	16	12
非人寿保险	7020	189	75	88	61	4
保险辅助服务	7030	1247	89	88	22	10
其他金融活动	7100	8462	816	844	79	35
金融信托与管理	7110	843	80	114	10	7
金融租赁	7120	105	16	15	19	12
财务公司	7130	359	43	44	4	2
邮政储蓄	7140	36	2	24		
典当	7150	1670	163	117	1	
其他未列明的金融活动	7190	5449	512	530	45	14

单位：个

与港、澳、台商合作经营	港、澳、台商独资	港、澳、台商投资股份有限公司	外商投资企业	中外合资经营	中外合作经营	外资企业	外商投资股份有限公司	代码
5	136	14	268	79	16	163	10	6520
11	421	21	471	97	10	345	19	6530
3	122	1	161	25	7	122	7	6540
2	32	6	79	39		33	7	6550
15	115	11	353	183	26	122	22	6560
2	129	13	280	75	7	181	17	6570
6	108	9	202	52	7	131	12	6580
9	128	10	278	98	13	152	15	6590
158	**1222**	**83**	**2611**	**729**	**165**	**1585**	**132**	I
95	338	31	751	310	86	316	39	6600
73	261	23	559	252	71	215	21	6610
22	60	7	156	47	11	86	12	6620
	17	1	36	11	4	15	6	6690
63	884	52	1860	419	79	1269	93	6700
51	626	44	1256	310	54	830	62	6710
7	127	1	339	62	19	243	15	6720
2	61	3	118	10	3	99	6	6730
3	70	4	147	37	3	97	10	6790
6	**176**	**20**	**1071**	**478**	**10**	**400**	**183**	J
	77	7	265	13	1	217	34	6800
			3			2	1	6810
	73	6	244	12		206	26	6820
	4	1	18	1	1	9	7	6890
		1	49	43		4	2	6900
								6910
		1	44	40		2	2	6920
			4	3		1		6930
			1			1		6940
2	63	8	638	378	5	114	141	7000
1	2	1	396	292	4	30	70	7010
1	53	3	188	51		69	68	7020
	8	4	54	35	1	15	3	7030
4	36	4	119	44	4	65	6	7100
2	1		9	3		4	2	7110
	7		26	10	1	15		7120
	2		11	4	2	5		7130
								7140
		1	1	1				7150
2	26	3	72	26	1	41	4	7190

行业中类	代码	私营有限责任公司	私营股份有限公司	其他	港、澳、台商投资企业	与港、澳、台商合资经营
房地产业	K	**117887**	**9634**	**6412**	**6180**	**2115**
房地产业	7200	117887	9634	6412	6180	2115
房地产开发经营	7210	49225	4930	2280	4381	1651
物业管理	7220	31560	2397	2182	886	241
房地产中介服务	7230	25428	1519	1079	302	52
其他房地产活动	7290	11674	788	871	611	171
租赁和商务服务业	L	**268619**	**14244**	**19733**	**5473**	**732**
租赁业	7300	13548	1021	1019	83	29
机械设备租赁	7310	13075	993	985	72	23
文化及日用品出租	7320	473	28	34	11	6
商务服务业	7400	255071	13223	18714	5390	703
企业管理服务	7410	35934	2002	6594	1145	190
法律服务	7420	1450	102	1209	12	1
咨询与调查	7430	87004	3419	3358	3246	313
广告业	7440	60917	3270	2284	233	59
知识产权服务	7450	2503	98	84	25	3
职业中介服务	7460	10644	727	899	52	17
市场管理	7470	4949	409	886	58	19
旅行社	7480	10635	985	742	54	16
其他商务服务	7490	41035	2211	2658	565	85
科学研究、技术服务和地质勘查业	M	**91781**	**4482**	**10417**	**2124**	**404**
研究与试验发展	7500	12361	623	754	586	97
自然科学研究与试验发展	7510	1273	93	137	37	9
工程和技术研究与试验发展	7520	8041	337	305	350	46
农业科学研究与试验发展	7530	1034	98	185	38	8
医学研究与试验发展	7540	1883	85	99	159	33
社会人文科学研究与试验发展	7550	130	10	28	2	1
专业技术服务业	7600	47097	2495	2754	926	179
气象服务	7610	350	16	110	7	
地震服务	7620	28	2	5		
海洋服务	7630	105	4	3	2	
测绘服务	7640	1378	134	128	3	1
技术检测	7650	3038	217	298	78	24
环境监测	7660	656	40	48	2	
工程技术与规划管理	7670	20689	1250	893	280	65
其他专业技术服务	7690	20853	832	1269	554	89
科技交流和推广服务业	7700	31219	1264	6807	598	125
技术推广服务	7710	22695	809	5691	448	86
科技中介服务	7720	2655	160	476	59	11
其他科技服务	7790	5869	295	640	91	28
地质勘查业	7800	1104	100	102	14	3
矿产地质勘查	7810	511	53	41	9	2
基础地质勘查	7820	117	8	16	2	1
地质勘查技术服务	7830	476	39	45	3	

单位：个

与港、澳、台商合作经营	港、澳、台商独资	港、澳、台商投资股份有限公司	外商投资企业	中外合资经营	中外合作经营	外资企业	外商投资股份有限公司	代码
670	**3219**	**176**	**3773**	**1444**	**329**	**1886**	**114**	K
670	3219	176	3773	1444	329	1886	114	7200
521	2092	117	2517	1079	224	1141	73	7210
61	558	26	598	188	45	345	20	7220
16	219	15	251	51	6	180	14	7230
72	350	18	407	126	54	220	7	7290
141	**4427**	**173**	**8505**	**1182**	**224**	**6764**	**335**	L
6	41	7	133	33	10	83	7	7300
5	38	6	127	33	8	79	7	7310
1	3	1	6		2	4		7320
135	4386	166	8372	1149	214	6681	328	7400
40	869	46	1739	240	47	1360	92	7410
1	10		15	3	1	7	4	7420
43	2808	82	5211	572	98	4362	179	7430
15	152	7	256	85	17	148	6	7440
1	20	1	34	7	4	21	2	7450
3	30	2	56	24	4	26	2	7460
1	36	2	53	20	5	27	1	7470
2	33	3	86	21	4	58	3	7480
29	428	23	922	177	34	672	39	7490
49	**1600**	**71**	**3899**	**955**	**122**	**2655**	**167**	M
10	465	14	1143	256	23	824	40	7500
1	24	3	74	25	1	47	1	7510
5	293	6	616	125	12	451	28	7520
1	26	3	35	14	3	17	1	7530
3	121	2	413	91	7	305	10	7540
	1		5	1		4		7550
20	687	40	1548	395	42	1026	85	7600
2	5		1			1		7610
			2			2		7620
	2		7	2	1	4		7630
	2		8	1		7		7640
2	48	4	167	80	5	72	10	7650
	2		13	4	1	7	1	7660
7	190	18	595	121	15	420	39	7670
9	438	18	755	187	20	513	35	7690
17	439	17	1161	300	29	790	42	7700
15	336	11	901	246	21	601	33	7710
1	44	3	111	13	4	90	4	7720
1	59	3	149	41	4	99	5	7790
2	9		47	4	28	15		7800
1	6		33	3	21	9		7810
	1		1		1			7820
1	2		13	1	6	6		7830

行业中类	代码	私营有限责任公司	私营股份有限公司	其他	港、澳、台商投资企业	与港、澳、台商合资经营
水利、环境和公共设施管理业	N	**11319**	**892**	**1140**	**219**	**78**
水利管理业	7900	462	43	129	5	2
防洪管理	7910	29	2	12		
水资源管理	7920	184	16	70	3	1
其他水利管理	7990	249	25	47	2	1
环境管理业	8000	2581	179	277	56	17
自然保护	8010	142	12	33	5	1
环境治理	8020	2439	167	244	51	16
公共设施管理业	8100	8276	670	734	158	59
市政公共设施管理	8110	953	59	122	25	13
城市绿化管理	8120	5643	354	375	20	9
游览景区管理	8130	1680	257	237	113	37
居民服务和其他服务业	O	**57795**	**3956**	**6923**	**624**	**142**
居民服务业	8200	21400	1659	3154	326	78
家庭服务	8210	2787	163	222	11	2
托儿所	8220	75	6	54		
洗染服务	8230	1037	60	74	17	2
理发及美容保健服务	8240	5445	399	666	99	11
洗浴服务	8250	2653	258	434	63	22
婚姻服务	8260	1579	134	157	10	2
殡葬服务	8270	401	44	98	18	6
摄影扩印服务	8280	2587	192	252	81	25
其他居民服务	8290	4836	403	1197	27	8
其他服务业	8300	36395	2297	3769	298	64
修理与维护	8310	14662	1010	1335	112	27
清洁服务	8320	7901	431	452	49	16
其他未列明的服务	8390	13832	856	1982	137	21
教育	P	**7408**	**622**	**3107**	**115**	**28**
教育	8400	7408	622	3107	115	28
学前教育	8410	545	57	799	20	5
初等教育	8420	76	9	119	3	
中等教育	8430	202	38	208	6	2
高等教育	8440	66	7	44	4	1
其他教育	8490	6519	511	1937	82	20
卫生、社会保障和社会福利业	Q	**2597**	**325**	**1802**	**42**	**17**
卫生	8500	2410	310	1645	39	16
医院	8510	928	157	380	23	8

单位：个

与港、澳、台商合作经营	港、澳、台商独资	港、澳、台商投资股份有限公司	外商投资企业	中外合资经营	中外合作经营	外资企业	外商投资股份有限公司	代码
19	**113**	**9**	**252**	**100**	**29**	**99**	**24**	N
1	2		6	2		4		7900
								7910
	2		4	1		3		7920
1			2	1		1		7990
5	32	2	116	44	16	49	7	8000
2	2		10	4	3	2	1	8010
3	30	2	106	40	13	47	6	8020
13	79	7	130	54	13	46	17	8100
3	9		24	11	7	2	4	8110
	9	2	26	11	2	9	4	8120
10	61	5	80	32	4	35	9	8130
45	**404**	**33**	**957**	**241**	**53**	**603**	**60**	O
28	208	12	431	101	21	279	30	8200
2	7		4			4		8210
			1			1		8220
2	10	3	32	13	3	15	1	8230
3	81	4	181	25	5	141	10	8240
6	34	1	61	25	3	27	6	8250
	8		16	2	1	12	1	8260
6	5	1	11	2	5	3	1	8270
7	47	2	57	15	2	35	5	8280
2	16	1	68	19	2	41	6	8290
17	196	21	526	140	32	324	30	8300
8	64	13	181	62	13	90	16	8310
1	30	2	69	19	6	41	3	8320
8	102	6	276	59	13	193	11	8390
18	**64**	**5**	**193**	**47**	**23**	**112**	**11**	P
18	64	5	193	47	23	112	11	8400
4	11		15	5	2	8		8410
	3		4	1		1	2	8420
	4		7	1	2	4		8430
2	1		3	1	1	1		8440
12	45	5	164	39	18	98	9	8490
8	**11**	**6**	**87**	**43**	**28**	**13**	**3**	Q
7	11	5	82	42	28	9	3	8500
7	4	4	41	24	15	1	1	8510

行业中类	代码	私营有限责任公司	私营股份有限公司	其他	港、澳、台商投资企业	与港、澳、台商合资经营
卫生院及社区医疗活动	8520	139	31	309	3	2
门诊部医疗活动	8530	931	76	786	8	5
计划生育技术服务活动	8540	18	3	51		
妇幼保健活动	8550	25	3	8		
专科疾病防治活动	8560	72	8	17	1	1
疾病预防控制及防疫活动	8570	31	5	18		
其他卫生活动	8590	266	27	76	4	
社会保障业	8600	58	1	32		
社会福利业	8700	129	14	125	3	1
提供住宿的社会福利	8710	96	9	89	1	1
不提供住宿的社会福利	8720	33	5	36	2	
文化、体育和娱乐业	**R**	**18469**	**1247**	**1856**	**475**	**151**
新闻出版业	8800	559	44	125	8	3
新闻业	8810	18471	1247	1856	477	151
出版业	8820	520	39	109	8	3
广播、电视、电影和音像业	8900	2746	163	178	58	25
广播	8910	80	16	13		
电视	8920	858	40	45	11	4
电影	8930	990	58	80	38	17
音像制作	8940	818	49	40	9	4
文化艺术业	9000	6946	360	524	51	16
文艺创作与表演	9010	1108	79	156	10	3
艺术表演场馆	9020	106	14	22	5	2
图书馆与档案馆	9030	30		15		
文物及文化保护	9040	52	6	17		
博物馆	9050	45	3	9		
烈士陵园、纪念馆	9060	1	1	7		
群众文化活动	9070	640	41	58	3	1
文化艺术经纪代理	9080	1875	76	60	15	6
其他文化艺术	9090	3089	140	180	18	4
体育	9100	998	68	91	44	8
体育组织	9110	361	22	42	14	2
体育场馆	9120	235	13	16	19	3
其他体育	9190	402	33	33	11	3
娱乐业	9200	7222	612	938	316	99
室内娱乐活动	9210	4014	349	561	98	42
游乐园	9220	204	19	30	22	3
休闲健身娱乐活动	9230	2212	160	184	161	42
其他娱乐活动	9290	792	84	163	35	12

单位：个

与港、澳、台商合作经营	港、澳、台商独资	港、澳、台商投资股份有限公司	外商投资企业	中外合资经营	中外合作经营	外资企业	外商投资股份有限公司	代码
	1							8520
	3		23	10	9	3	1	8530
			1		1			8540
			1			1		8550
			2	1		1		8560
								8570
	3	1	14	7	3	3	1	8590
								8600
1		1	5	1		4		8700
			4	1		3		8710
1		1	1			1		8720
82	**214**	**28**	**553**	**187**	**77**	**256**	**33**	R
1	3	1	9	4		5		8800
82	216	28	555	187	77	258	33	8810
1	3	1	9	4		5		8820
7	25	1	45	24	2	18	1	8900
			2			2		8910
2	5		8	3		5		8920
4	16	1	28	19	1	8		8930
1	4		7	2	1	3	1	8940
4	29	2	64	19	4	38	3	9000
1	5	1	11	7		4		9010
1	1	1	4	2		2		9020
			1			1		9030
			1	1				9040
			4	1	1	2		9050
								9060
	2		5	2	1	1	1	9070
1	8		17	5	1	10	1	9080
1	13		21	1	1	18	1	9090
7	27	2	54	15	4	32	3	9100
3	8	1	11	3	2	5	1	9110
4	12		17	5	2	8	2	9120
	7	1	26	7		19		9190
63	132	22	383	125	67	165	26	9200
21	30	5	120	53	24	35	8	9210
2	14	3	22	6	4	9	3	9220
33	74	12	204	55	33	104	12	9230
7	14	2	37	11	6	17	3	9290

2-5 按地区、登记注册类型

(2010年)

地 区	企 业 单位数	内资企业	国有企业	集体企业	股份合作 企 业	国有联营 企 业
全 国	**6517670**	**6300453**	**153847**	**192341**	**71810**	**2186**
北 京	353802	339727	7499	11924	15435	75
天 津	149382	142452	4183	5517	996	59
河 北	234754	232307	6082	8651	2061	72
山 西	127218	126731	6005	6343	1284	45
内蒙古	89791	89263	2505	1563	752	25
辽 宁	293675	283904	9619	16424	3889	68
吉 林	75975	75083	3033	2253	500	29
黑龙江	122302	121391	5837	4646	2010	38
上 海	375023	342196	5590	9376	2468	166
江 苏	756400	727701	7017	12879	4063	104
浙 江	570258	549566	5343	10427	6816	82
安 徽	171775	169667	5298	5517	1795	65
福 建	231539	218249	6096	7512	2416	172
江 西	112502	110452	5414	2963	2332	70
山 东	592306	578880	8825	11081	2392	123
河 南	258797	257356	6326	7693	1594	63
湖 北	239300	236820	7484	7530	2647	97
湖 南	176147	174366	5651	5716	1859	82
广 东	686522	632794	11713	22728	5959	306
广 西	117828	116230	5456	5327	1396	61
海 南	27164	26444	1456	804	292	29
重 庆	132525	131283	2972	2928	1258	55
四 川	193641	191705	5499	6089	2461	67
贵 州	54865	54454	3568	2287	849	51
云 南	111062	110144	3361	3796	1154	32
西 藏	3037	3002	582	244	52	10
陕 西	119935	118959	5080	5566	1788	56
甘 肃	52559	52292	2386	2680	823	34
青 海	13225	13102	882	504	195	7
宁 夏	21446	21322	694	369	116	10
新 疆	52915	52611	2391	1004	158	33

分组的企业法人单位数

单位：个

集体联营企业	国有与集体联营	其他联营	国有独资公司	其他有限责任公司	股份有限公司	私营独资	私营合伙
5184	**1798**	**3864**	**12940**	**760384**	**119175**	**1492000**	**248660**
178	122	68	1278	61529	5113	15386	4233
111	49	90	267	16540	1809	18646	4149
173	48	155	343	31602	6669	76861	13091
114	23	142	239	16314	4424	28256	4526
39	10	38	198	19330	2722	16643	2331
182	56	113	495	40564	4737	74348	5187
64	19	93	192	11212	2230	22555	1412
111	26	141	211	20478	4205	25994	2721
271	325	166	621	17101	1741	42268	10402
272	105	242	483	39652	9031	169918	15491
217	80	71	1400	41059	4409	116110	26065
143	46	127	575	20523	3930	40399	8429
243	65	249	504	27168	4077	38132	15624
430	69	111	184	15875	3568	29601	13278
363	82	198	470	50326	9819	188962	13950
156	37	170	348	35501	6569	120894	10613
360	83	272	279	41029	5798	65338	14273
219	143	168	443	12758	4096	66817	20286
461	133	516	1101	98749	8477	123538	21672
211	31	101	361	12731	3750	30564	6705
26	14	23	71	9359	899	1983	909
104	33	102	543	16433	3525	35964	7106
213	65	164	569	32523	7185	53758	9331
77	27	77	337	14540	1632	13012	4114
134	31	64	377	11918	2864	19615	3778
18	5	9	22	420	175	512	104
148	31	76	336	24927	2664	30474	4644
88	21	70	114	7865	1757	13026	2150
14	4	17	86	2178	376	2579	604
8	3	14	105	2411	341	3963	576
36	12	17	388	7769	583	5884	906

地区	私营有限责任公司	私营股份有限公司	其他	港、澳、台商投资企业	与港、澳、台商合资经营	与港、澳、台商合作经营
全国	**2777609**	**165582**	**293073**	**99049**	**24696**	**4290**
北京	207761	8514	612	4824	1316	240
天津	79561	2772	7703	1768	655	41
河北	64961	7380	14158	759	418	32
山西	34629	4410	19977	196	100	19
内蒙古	36342	2295	4470	163	71	7
辽宁	110005	7443	10774	2183	1060	107
吉林	26104	2366	3021	184	97	10
黑龙江	41753	4446	8774	303	145	17
上海	241335	8709	1657	11248	1792	531
江苏	430153	16506	21785	11097	3471	195
浙江	318938	6205	12344	9575	4772	193
安徽	70348	5198	7274	852	359	16
福建	97840	6394	11757	8209	1581	136
江西	22639	4772	9146	1223	293	26
山东	232207	14991	45091	2680	1252	108
河南	49192	5300	12900	616	282	28
湖北	68549	6005	17076	1181	478	34
湖南	35453	6780	13895	968	549	35
广东	305577	11788	20076	37365	4658	2333
广西	38709	4802	6025	808	276	58
海南	8374	832	1373	390	88	20
重庆	42966	5229	12065	538	192	16
四川	59044	5902	8835	698	256	25
贵州	10171	1762	1950	187	74	7
云南	51080	4727	7213	367	170	23
西藏	687	97	65	3		1
陕西	29958	6494	6717	341	143	17
甘肃	16286	1559	3433	108	53	3
青海	4172	722	762	57	26	3
宁夏	11149	588	975	34	12	4
新疆	31666	594	1170	124	57	5

单位：个

港、澳、台商独资	港、澳、台商投资股份有限公司	外商投资企业	中外合资经营	中外合作经营	外资企业	外商投资股份有限公司
67221	**2842**	**118168**	**35421**	**3910**	**75355**	**3482**
3192	76	9251	2429	294	6353	175
1018	54	5162	1528	123	3436	75
260	49	1688	863	75	677	73
61	16	291	182	15	78	16
65	20	365	171	21	150	23
914	102	7588	3208	351	3806	223
64	13	708	269	38	381	20
118	23	608	280	33	251	44
8777	148	21579	3458	684	17169	268
6989	442	17602	5315	307	11297	683
4388	222	11117	5457	205	5209	246
437	40	1256	564	34	597	61
6273	219	5081	1323	112	3466	180
835	69	827	296	24	404	103
1232	88	10746	3183	198	7103	262
271	35	825	462	43	265	55
597	72	1299	599	38	592	70
342	42	813	480	41	256	36
29516	858	16363	3258	1022	11571	512
438	36	790	318	65	347	60
261	21	330	117	11	183	19
288	42	704	314	23	324	43
361	56	1238	532	53	564	89
95	11	224	91	14	101	18
156	18	551	198	28	280	45
1	1	32	17	2	11	2
148	33	635	259	25	304	47
44	8	159	79	5	61	14
26	2	66	33	8	22	3
7	11	90	53	6	27	4
47	15	180	85	12	70	13

2-6 按行业(中类)、开业(成立)

(2010年)

行业中类	代码	企业单位数	1949年及以前	1950-1977年
总计		**6517670**	**3710**	**70093**
农、林、牧、渔业	A	**185917**	**57**	**1739**
农业	0100	64756	37	571
谷物及其他作物的种植	0110	17356	30	380
蔬菜、园艺作物的种植	0120	27178	2	33
水果、坚果、饮料和香料作物的种植	0130	17072	5	151
中药材的种植	0140	3150		7
林业	0200	18843	10	781
林木的培育和种植	0210	17442	3	529
木材和竹材的采运	0220	730	7	130
林产品的采集	0230	671		122
畜牧业	0300	65989	6	161
牲畜的饲养	0310	21291	4	97
猪的饲养	0320	23604	1	21
家禽的饲养	0330	15963		20
狩猎和捕捉动物	0340	71		
其他畜牧业	0390	5060	1	23
渔业	0400	13983	1	84
海洋渔业	0410	4407		33
内陆渔业	0420	9576	1	51
农、林、牧、渔服务业	0500	22346	3	142
农业服务业	0510	17380	2	72
林业服务业	0520	1237		22
畜牧服务业	0530	2515		35
渔业服务业	0540	1214	1	13
采矿业	B	**104064**	**68**	**1394**
煤炭开采和洗选业	0600	22912	36	745
烟煤和无烟煤的开采洗选	0610	21595	36	705
褐煤的开采洗选	0620	639		30
其他煤炭采选	0690	678		10
石油和天然气开采业	0700	1682	2	10
天然原油和天然气开采	0710	377	1	2
与石油和天然气开采有关的服务活动	0790	1305	1	8
黑色金属矿采选业	0800	18451	3	73
铁矿采选	0810	16379	3	53
其他黑色金属矿采选	0890	2072		20
有色金属矿采选业	0900	11462	4	109
常用有色金属矿采选	0910	8026	1	67
贵金属矿采选	0920	2189	2	24
稀有稀土金属矿采选	0930	1247	1	18

时间分组的企业法人单位数

单位：个

1978-1991年	1992-1995年	1996年	1997年	1998年	1999年	2000年	代码
186335	**240527**	**81530**	**89776**	**161338**	**151088**	**236947**	
2152	**1374**	**567**	**571**	**5040**	**1657**	**3743**	A
553	444	181	169	1646	423	987	0100
191	117	35	24	246	77	162	0110
130	154	82	68	988	190	454	0120
208	159	61	68	380	131	298	0130
24	14	3	9	32	25	73	0140
680	233	94	107	574	227	530	0200
590	210	81	103	553	218	507	0210
65	13	7	2	13	5	13	0220
25	10	6	2	8	4	10	0230
370	341	152	159	1343	635	1499	0300
119	91	29	39	279	164	350	0310
110	105	64	68	462	252	554	0320
106	109	40	39	454	170	488	0330
1	2		1	1	1	2	0340
34	34	19	12	147	48	105	0390
232	194	62	62	640	179	351	0400
112	82	18	24	149	69	110	0410
120	112	44	38	491	110	241	0420
317	162	78	74	837	193	376	0500
198	122	60	54	641	132	248	0510
45	12	4	3	23	12	17	0520
43	18	10	13	90	26	57	0530
31	10	4	4	83	23	54	0540
4961	**4168**	**1655**	**1510**	**2877**	**2296**	**3896**	B
2069	1506	600	535	821	618	935	0600
2005	1468	573	515	791	591	888	0610
38	19	18	13	19	16	24	0620
26	19	9	7	11	11	23	0690
23	51	13	18	93	39	57	0700
7	17	7	11	55	17	13	0710
16	34	6	7	38	22	44	0790
427	397	178	131	295	267	561	0800
377	354	160	115	272	242	498	0810
50	43	18	16	23	25	63	0890
468	443	185	171	250	256	405	0900
220	268	106	88	170	165	271	0910
207	143	47	57	55	69	96	0920
41	32	32	26	25	22	38	0930

行业中类	代码	企业单位数	1949年及以前	1950-1977年
非金属矿采选业	1000	48050	23	453
土砂石开采	1010	40647	9	304
化学矿采选	1020	1612	2	35
采盐	1030	865	10	68
石棉及其他非金属矿采选	1090	4926	2	46
其他采矿业	1100	1507		4
制造业	**C**	**2098319**	**939**	**19441**
农副食品加工业	1300	108825	34	1462
谷物磨制	1310	29082	17	299
饲料加工	1320	12907		22
植物油加工	1330	10247	7	159
制糖	1340	678	1	50
屠宰及肉类加工	1350	17268	3	748
水产品加工	1360	9256	2	51
蔬菜、水果和坚果加工	1370	14770	1	39
其他农副食品加工	1390	14617	3	94
食品制造业	1400	46556	31	517
焙烤食品制造	1410	11448	8	128
糖果、巧克力及蜜饯制造	1420	4971	2	32
方便食品制造	1430	7235	3	76
液体乳及乳制品制造	1440	1991	2	34
罐头制造	1450	3259	2	24
调味品、发酵制品制造	1460	7051	9	165
其他食品制造	1490	10601	5	58
饮料制造业	1500	37383	59	627
酒精制造	1510	490	2	6
酒的制造	1520	13956	49	307
软饮料制造	1530	13159	5	45
精制茶加工	1540	9778	3	269
烟草制品业	1600	298	18	25
烟叶复烤	1610	107		2
卷烟制造	1620	103	18	21
其他烟草制品加工	1690	88		2
纺织业	1700	122699	60	770
棉、化纤纺织及印染精加工	1710	47823	29	328
毛纺织和染整精加工	1720	5485	4	31
麻纺织	1730	1031		13
丝绢纺织及精加工	1740	7106	6	52
纺织制成品制造	1750	28026	7	186
针织品、编织品及其制品制造	1760	33228	14	160

单位：个

1978-1991年	1992-1995年	1996年	1997年	1998年	1999年	2000年	代码
1950	1755	674	647	1398	1098	1912	1000
1407	1439	554	520	1147	920	1606	1010
99	75	32	31	55	34	76	1020
231	57	15	15	32	20	30	1030
213	184	73	81	164	124	200	1090
24	16	5	8	20	18	26	1100
80579	**105237**	**35545**	**37919**	**65470**	**60359**	**94076**	**C**
4064	5118	2065	2282	4283	3842	6099	1300
1134	1547	627	676	1423	1141	1985	1310
340	525	252	310	516	511	684	1320
470	437	186	181	359	343	581	1330
63	46	7	14	18	14	23	1340
862	796	332	387	704	578	871	1350
475	684	213	236	373	348	489	1360
320	584	254	258	460	482	745	1370
400	499	194	220	430	425	721	1390
1914	2591	921	1071	1897	1551	2480	1400
446	551	219	235	421	330	573	1410
224	401	119	166	267	194	259	1420
252	355	132	139	273	227	410	1430
80	84	35	41	78	88	129	1440
144	215	55	92	133	111	193	1450
441	438	178	189	373	274	382	1460
327	547	183	209	352	327	534	1490
2079	2076	810	859	1676	1441	2092	1500
17	26	8	10	16	12	15	1510
1107	953	376	438	808	661	902	1520
295	559	240	258	510	497	755	1530
660	538	186	153	342	271	420	1540
40	21	5	6	11	11	11	1600
8	9	1	2	5	6	6	1610
17	3	1		2	1	2	1620
15	9	3	4	4	4	3	1690
3511	5047	1742	1995	3471	3500	6323	1700
1388	1663	638	784	1302	1298	2560	1710
250	349	125	120	218	203	330	1720
53	41	14	21	34	29	70	1730
205	257	86	107	244	221	459	1740
804	1187	399	459	830	822	1273	1750
811	1550	480	504	843	927	1631	1760

行业中类	代码	企业单位数	1949年及以前	1950-1977年
纺织服装、鞋、帽制造业	1800	96743	17	479
纺织服装制造	1810	90086	13	418
纺织面料鞋的制造	1820	4944	3	35
制帽	1830	1713	1	26
皮革、毛皮、羽毛(绒)及其制品业	1900	36703	10	182
皮革鞣制加工	1910	2897	1	25
皮革制品制造	1920	28598	7	122
毛皮鞣制及制品加工	1930	3360	2	23
羽毛(绒)加工及制品制造	1940	1848		12
木材加工及木、竹、藤、棕、草制品业	2000	67881	8	324
锯材、木片加工	2010	24208	2	148
人造板制造	2020	19166	5	42
木制品制造	2030	16683	1	89
竹、藤、棕、草制品制造	2040	7824		45
家具制造业	2100	42015	2	200
木质家具制造	2110	30219	2	156
竹、藤家具制造	2120	767		2
金属家具制造	2130	4678		30
塑料家具制造	2140	662		2
其他家具制造	2190	5689		10
造纸及纸制品业	2200	55703	34	384
纸浆制造	2210	1051		12
造纸	2220	13122	24	161
纸制品制造	2230	41530	10	211
印刷业和记录媒介的复制	2300	57748	106	1010
印刷	2310	52239	102	929
装订及其他印刷服务活动	2320	5197	4	76
记录媒介的复制	2330	312		5
文教体育用品制造业	2400	22036	10	125
文化用品制造	2410	6195	6	72
体育用品制造	2420	5583		19
乐器制造	2430	1488	2	19
玩具制造	2440	7918	1	14
游艺器材及娱乐用品制造	2450	852	1	1
石油加工及炼焦	2500	7208	7	64
精炼石油产品的制造	2510	5288	6	43
炼焦	2520	1893	1	20
化学原料及化学制品制造业	2600	107165	64	1145
基础化学原料制造	2610	18697	16	246
肥料制造	2620	10928	5	254
农药制造	2630	2787	2	51
涂料、油墨、颜料及类似产品制造	2640	19942	12	103

单位：个

1978-1991年	1992-1995年	1996年	1997年	1998年	1999年	2000年	代码
2142	3760	1223	1376	2098	2094	3877	1800
1962	3461	1134	1257	1927	1928	3625	1810
126	200	71	76	118	119	149	1820
54	99	18	43	53	47	103	1830
1043	2087	685	618	979	990	1507	1900
114	224	64	60	101	84	136	1910
804	1693	544	472	750	761	1154	1920
59	71	29	32	61	72	125	1930
66	99	48	54	67	73	92	1940
1546	2022	869	886	1761	1589	2811	2000
595	553	265	291	632	543	1014	2010
223	472	208	246	458	439	799	2020
518	663	254	241	441	404	652	2030
210	334	142	108	230	203	346	2040
966	1708	717	770	1309	1178	1866	2100
764	1270	548	579	994	899	1431	2110
20	34	8	15	16	18	35	2120
111	228	89	90	156	125	189	2130
4	22	10	10	16	20	21	2140
67	154	62	76	127	116	190	2190
2392	3044	1122	1121	1843	1791	2607	2200
38	72	23	17	22	28	40	2210
742	833	338	288	447	473	657	2220
1612	2139	761	816	1374	1290	1910	2230
4888	4844	1472	1593	2431	1881	2917	2300
4412	4372	1340	1444	2221	1687	2644	2310
461	451	126	136	195	176	262	2320
15	21	6	13	15	18	11	2330
822	1311	410	400	638	669	985	2400
260	344	137	136	212	231	311	2410
152	272	104	82	163	160	237	2420
62	92	31	30	40	49	89	2430
329	556	125	138	197	214	320	2440
19	47	13	14	26	15	28	2450
280	384	124	141	226	216	303	2500
229	309	97	114	176	182	249	2510
50	75	26	27	50	32	54	2520
4831	6450	2084	2293	3923	3718	5491	2600
998	1077	368	375	654	626	961	2610
299	397	189	171	367	296	448	2620
189	209	67	70	126	122	156	2630
852	1365	418	500	786	794	1129	2640

行业中类	代码	企业单位数	1949年及以前	1950-1977年
合成材料制造	2650	7234	4	57
专用化学产品制造	2660	36981	13	365
日用化学产品制造	2670	10596	12	69
医药制造业	2700	17809	38	347
化学药品原药制造	2710	2595	6	50
化学药品制剂制造	2720	2480	15	103
中药饮片加工	2730	2283	1	21
中成药制造	2740	3026	11	124
兽用药品制造	2750	1535		22
生物、生化制品的制造	2760	3101	4	7
卫生材料及医药用品制造	2770	2789	1	20
化学纤维制造业	2800	5265	2	20
纤维素纤维原料及纤维制造	2810	979	1	5
合成纤维制造	2820	4286	1	15
橡胶制品业	2900	23617	11	221
轮胎制造	2910	2139	1	21
橡胶板、管、带的制造	2920	4524	4	53
橡胶零件制造	2930	6525	1	77
再生橡胶制造	2940	1153		5
日用及医用橡胶制品制造	2950	1078		11
橡胶靴鞋制造	2960	2036	3	20
其他橡胶制品制造	2990	6162	2	34
塑料制品业	3000	112936	10	428
塑料薄膜制造	3010	10391	1	60
塑料板、管、型材的制造	3020	15922	3	81
塑料丝、绳及编织品的制造	3030	10920		60
泡沫塑料制造	3040	5543		13
塑料人造革、合成革制造	3050	1324		3
塑料包装箱及容器制造	3060	12465	1	50
塑料零件制造	3070	14799		42
日用塑料制造	3080	14380	2	59
其他塑料制品制造	3090	27192	3	60
非金属矿物制品业	3100	223919	69	2809
水泥、石灰和石膏的制造	3110	15804	15	664
水泥及石膏制品制造	3120	50429	8	301
砖瓦、石材及其他建筑材料制造	3130	101736	19	1277
玻璃及玻璃制品制造	3140	18426	10	141
陶瓷制品制造	3150	10803	7	179
耐火材料制品制造	3160	12454	8	147
石墨及其他非金属矿物制品制造	3190	14267	2	100

单位：个

1978–1991年	1992–1995年	1996年	1997年	1998年	1999年	2000年	代码
267	396	142	151	239	231	360	2650
1797	2191	649	730	1324	1246	1904	2660
429	815	251	296	427	403	533	2670
780	1227	370	391	688	584	849	2700
140	178	49	72	114	77	119	2710
154	266	68	62	116	84	127	2720
82	109	37	36	74	62	76	2730
168	263	91	79	142	104	162	2740
66	79	28	37	60	85	79	2750
58	173	52	50	84	87	142	2760
112	159	45	55	98	85	144	2770
151	237	68	90	145	151	276	2800
28	53	8	19	21	27	53	2810
123	184	60	71	124	124	223	2820
1114	1373	508	508	796	764	1101	2900
72	100	41	37	65	49	91	2910
211	262	86	96	152	139	196	2920
375	451	179	162	249	261	345	2930
50	68	23	24	31	33	52	2940
49	76	27	32	45	35	63	2950
129	171	59	56	68	88	104	2960
228	245	93	101	186	159	250	2990
3594	5487	1812	2021	3376	3343	5297	3000
341	560	199	200	330	330	529	3010
417	678	193	210	500	454	814	3020
462	543	213	235	416	334	580	3030
209	285	121	140	173	183	289	3040
42	96	25	27	50	56	61	3050
378	578	218	228	375	334	550	3060
492	751	248	259	404	456	709	3070
573	868	260	290	487	492	688	3080
680	1128	335	432	641	704	1077	3090
14029	13620	4711	4182	8103	6507	10277	3100
1205	1116	369	279	621	478	723	3110
2492	2783	1103	977	2070	1487	2565	3120
7992	6777	2212	1827	3524	2789	4484	3130
681	903	326	351	555	556	793	3140
428	625	194	216	398	369	480	3150
726	813	258	295	482	436	567	3160
505	603	249	237	453	392	665	3190

行业中类	代码	企业单位数		
			1949年及以前	1950-1977年
黑色金属冶炼及压延加工业	3200	20893	8	195
炼铁	3210	2645		23
炼钢	3220	935	1	21
钢压延加工	3230	13899	7	127
铁合金冶炼	3240	3414		24
有色金属冶炼及压延加工业	3300	24454	11	182
常用有色金属冶炼	3310	6442	4	57
贵金属冶炼	3320	685		18
稀有稀土金属冶炼	3330	1496		14
有色金属合金制造	3340	2660	1	19
有色金属压延加工	3350	13171	6	74
金属制品业	3400	160747	28	1228
结构性金属制品制造	3410	56082	4	266
金属工具制造	3420	20857	6	324
集装箱及金属包装容器制造	3430	6234	1	73
金属丝绳及其制品的制造	3440	7903	5	76
建筑、安全用金属制品制造	3450	18759	3	124
金属表面处理及热处理加工	3460	11737		153
搪瓷制品制造	3470	1229	1	23
不锈钢及类似日用金属制品制造	3480	15258	4	84
其他金属制品制造	3490	22688	4	105
通用设备制造业	3500	214101	90	2202
锅炉及原动机制造	3510	8443	11	209
金属加工机械制造	3520	29349	23	327
起重运输设备制造	3530	6708	6	148
泵、阀门、压缩机及类似机械的制造	3540	27610	16	343
轴承、齿轮、传动和驱动部件的制造	3550	14143	3	152
烘炉、熔炉及电炉制造	3560	1990		17
风机、衡器、包装设备等通用设备制造	3570	28196	15	249
通用零部件制造及机械修理	3580	64963	10	416
金属铸、锻加工	3590	32699	6	341
专用设备制造业	3600	116929	65	1341
矿山、冶金、建筑专用设备制造	3610	19871	13	293
化工、木材、非金属加工专用设备制造	3620	32336	5	145
食品、饮料、烟草及饲料生产专用设备制造	3630	4137		101
印刷、制药、日化生产专用设备制造	3640	7300	5	74
纺织、服装和皮革工业专用设备制造	3650	9629	9	124
农、林、牧、渔专用机械制造	3670	8886	13	296
医疗仪器设备及器械制造	3680	6576	5	87
环保、社会公共安全及其他专用设备制造	3690	19477	4	119

单位：个

1978-1991年	1992-1995年	1996年	1997年	1998年	1999年	2000年	代码
756	1004	337	337	583	565	824	3200
94	114	38	27	56	53	100	3210
31	56	8	15	21	22	32	3220
489	719	238	230	423	406	574	3230
142	115	53	65	83	84	118	3240
830	1209	404	450	692	689	1065	3300
186	272	90	109	153	196	277	3310
26	41	13	15	14	13	37	3320
35	61	26	33	47	35	57	3330
82	124	34	42	80	70	115	3340
501	711	241	251	398	375	579	3350
5259	7159	2283	2625	4456	4411	6716	3400
1433	2128	745	812	1530	1423	2123	3410
690	1016	307	411	644	627	1110	3420
319	441	114	146	214	227	298	3430
323	383	117	149	268	273	374	3440
555	823	278	322	494	534	790	3450
949	806	193	251	443	400	590	3460
47	56	25	21	44	26	52	3470
376	743	245	252	351	446	689	3480
567	763	259	261	468	455	690	3490
8492	10487	3487	3784	6690	5897	9099	3500
473	519	168	202	339	288	397	3510
866	1071	344	436	757	642	1098	3520
278	365	129	142	216	205	270	3530
1122	1562	525	547	917	823	1304	3540
503	664	285	242	417	428	670	3550
65	110	29	43	58	55	82	3560
801	1233	410	458	847	743	1095	3570
2400	2797	922	1000	1780	1639	2509	3580
1984	2166	675	714	1359	1074	1674	3590
3512	4738	1626	1806	3226	2972	4536	3600
622	750	262	308	582	526	723	3610
679	1051	380	389	722	672	1139	3620
217	264	103	86	156	139	211	3630
243	346	120	163	222	227	334	3640
435	477	165	187	308	316	578	3650
450	377	145	160	302	270	401	3670
227	408	125	123	204	220	295	3680
497	789	246	278	531	426	613	3690

行业中类	代码	企　业 单位数	1949年及以前	1950-1977年
交通运输设备制造业	3700	93528	76	1152
铁路运输设备制造	3710	3285	18	89
汽车制造	3720	63169	33	682
摩托车制造	3730	7526		41
自行车制造	3740	5980	3	51
船舶及浮动装置制造	3750	10977	20	205
航空航天器制造	3760	460	1	72
交通器材及其他交通运输设备制造	3790	2131	1	12
电气机械及器材制造业	3900	115973	36	911
电机制造	3910	12374	5	153
输配电及控制设备制造	3920	37533	8	377
电线、电缆、光缆及电工器材制造	3930	19171	7	148
电池制造	3940	4847	9	39
家用电力器具制造	3950	14274	3	65
非电力家用器具制造	3960	4794		17
照明器具制造	3970	16384	4	80
其他电气机械及器材制造	3990	6596		32
通信设备、计算机及其他电子设备制造业	4000	60906	9	319
通信设备制造	4010	6548	6	41
雷达及配套设备制造	4020	145		19
广播电视设备制造	4030	1699		2
电子计算机制造	4040	5088		11
电子器件制造	4050	8769	1	66
电子元件制造	4060	26362	2	139
家用视听设备制造	4070	3914		21
其他电子设备制造	4090	8381		20
仪器仪表及文化、办公用机械制造业	4100	27777	17	373
通用仪器仪表制造	4110	13481	10	173
专用仪器仪表制造	4120	4779	2	104
钟表与计时仪器制造	4130	1994	4	29
光学仪器及眼镜制造	4140	3971		33
文化、办公用机械制造	4150	1911	1	20
其他仪器仪表的制造及修理	4190	1641		14
工艺品及其他制造业	4200	60386	9	390
工艺美术品制造	4210	35309	4	243
日用杂品制造	4220	9155	3	67
煤制品制造	4230	4405	1	19
其他未列明的制造业	4290	11477	1	61
废弃资源和废旧材料回收加工业	4300	10116		9
金属废料和碎屑的加工处理	4310	5037		6
非金属废料和碎屑的加工处理	4320	5079		3

单位：个

1978-1991年	1992-1995年	1996年	1997年	1998年	1999年	2000年	代码
3829	5020	1581	1683	2860	2693	3778	3700
364	216	58	40	108	105	162	3710
2625	3443	1104	1182	2005	1878	2639	3720
263	559	206	218	304	302	365	3730
138	257	64	91	143	139	255	3740
366	456	124	119	234	215	269	3750
19	19	8	7	12	10	12	3760
54	70	17	26	54	44	76	3790
3687	5707	1825	2036	3215	3326	4710	3900
341	570	185	199	350	356	506	3910
1461	1984	609	734	1066	1219	1579	3920
815	1167	353	446	693	625	905	3930
134	188	50	65	145	105	174	3940
330	693	253	233	333	381	586	3950
81	135	58	63	103	91	146	3960
368	733	236	222	393	415	622	3970
157	237	81	74	132	134	192	3990
1142	2599	766	894	1371	1285	2145	4000
152	381	112	108	168	176	261	4010
4	15		4	2	2	7	4020
55	109	41	45	63	48	102	4030
67	185	59	74	121	110	175	4040
155	334	72	118	178	147	306	4050
542	1124	338	378	617	590	953	4060
84	193	60	79	83	92	133	4070
83	258	84	88	139	120	208	4090
1088	1920	566	639	931	943	1267	4100
549	908	288	341	505	512	638	4110
194	286	80	93	154	140	211	4120
117	222	51	51	46	66	81	4130
111	270	75	73	119	116	191	4140
61	137	44	47	53	52	73	4150
56	97	28	34	54	57	73	4190
1620	2760	892	978	1624	1581	2457	4200
1084	1776	543	594	1000	997	1456	4210
247	486	157	170	254	250	427	4220
144	210	86	98	202	164	313	4230
142	281	105	116	168	170	258	4290
178	227	60	84	168	177	310	4300
108	124	37	46	90	91	133	4310
70	103	23	38	78	86	177	4320

行业中类	代码	企业单位数	1949年及以前	1950-1977年
电力、燃气及水的生产和供应业	D	**63037**	**156**	**3415**
电力、热力的生产和供应业	4400	41902	93	2437
电力生产	4410	34465	38	1702
电力供应	4420	3662	54	720
热力生产和供应	4430	3775	1	15
燃气生产和供应业	4500	4175	8	22
水的生产和供应业	4600	16960	55	956
自来水的生产和供应	4610	13908	55	951
污水处理及其再生利用	4620	2379		5
其他水的处理、利用与分配	4690	673		
建筑业	E	**302215**	**109**	**5360**
房屋和土木工程建筑业	4700	111475	85	4841
房屋工程建筑	4710	68220	56	3809
土木工程建筑	4720	43255	29	1032
建筑安装业	4800	59646	16	360
建筑装饰业	4900	92833	5	62
其他建筑业	5000	38261	3	97
工程准备	5010	11406		33
提供施工设备服务	5020	4554	1	10
其他未列明的建筑活动	5090	22301	2	54
交通运输、仓储和邮政业	F	**185975**	**224**	**3571**
铁路运输业	5100	966	1	15
铁路旅客运输	5110	78	1	4
铁路货物运输	5120	441		3
铁路运输辅助活动	5130	447		8
道路运输业	5200	85723	63	1318
公路旅客运输	5210	8797	30	490
道路货物运输	5220	68680	27	582
道路运输辅助活动	5230	8246	6	246
城市公共交通业	5300	8173	11	209
公共电汽车客运	5310	2281	8	169
轨道交通	5320	98		2
出租车客运	5330	5307	1	27
城市轮渡	5340	73	2	4
其他城市公共交通	5390	414		7
水上运输业	5400	8759	12	416
水上旅客运输	5410	1006	2	75
水上货物运输	5420	5519	5	289
水上运输辅助活动	5430	2234	5	52

单位：个

1978-1991年	1992-1995年	1996年	1997年	1998年	1999年	2000年	代码
7793	**3722**	**1220**	**1298**	**1972**	**1726**	**2366**	D
4850	2275	763	844	1301	1190	1465	4400
4067	1848	668	754	1096	947	1170	4410
600	232	55	48	116	163	146	4420
183	195	40	42	89	80	149	4430
152	180	59	59	106	119	172	4500
2791	1267	398	395	565	417	729	4600
2727	1176	364	365	505	368	643	4610
21	34	12	11	41	37	62	4620
43	57	22	19	19	12	24	4690
12855	**15788**	**4546**	**4766**	**8093**	**7234**	**9749**	E
9294	8017	2001	2031	3689	3024	3941	4700
6860	5301	1374	1343	2441	1891	2465	4710
2434	2716	627	688	1248	1133	1476	4720
1931	3121	973	1156	1728	1670	2106	4800
1040	3639	1313	1269	2026	1918	2813	4900
590	1011	259	310	650	622	889	5000
198	415	86	114	234	219	308	5010
57	87	27	20	70	66	96	5020
335	509	146	176	346	337	485	5090
6376	**6821**	**2201**	**2477**	**4329**	**3781**	**5605**	F
67	40	11	6	21	13	26	5100
3	2	1			1	1	5110
17	18	8	6	7	4	11	5120
47	20	2		14	8	14	5130
2414	2434	835	999	1711	1678	2534	5200
546	439	166	180	352	282	424	5210
1395	1559	472	616	1058	1106	1767	5220
473	436	197	203	301	290	343	5230
426	958	264	316	391	349	409	5300
138	126	38	69	93	93	112	5310
6	12	6	4	5	7	8	5320
237	789	210	237	281	232	270	5330
25	3	1			2	1	5340
20	28	9	6	12	15	18	5390
656	487	131	153	256	190	290	5400
114	64	24	15	32	27	46	5410
410	271	75	90	144	117	168	5420
132	152	32	48	80	46	76	5430

行业中类	代码	企业单位数	1949年及以前	1950-1977年
航空运输业	5500	1003	1	6
航空客货运输	5510	371	1	1
通用航空服务	5520	248		
航空运输辅助活动	5530	384		5
管道运输业	5600	148		
装卸搬运和其他运输服务业	5700	53140	27	472
装卸搬运	5710	8719	20	407
运输代理服务	5720	44421	7	65
仓储业	5800	20073	77	1093
谷物、棉花等农产品仓储	5810	5540	68	864
其他仓储	5890	14533	9	229
邮政业	5900	7990	32	42
国家邮政	5910	1549	32	39
其他寄递服务	5990	6441		3
信息传输、计算机服务和软件业	G	**181726**	**29**	**62**
电信和其他信息传输服务业	6000	27796	25	42
电信	6010	8803	23	27
互联网信息服务	6020	16649		3
广播电视传输服务	6030	2146	2	11
卫星传输服务	6040	198		1
计算机服务业	6100	99479	2	16
计算机系统服务	6110	19995		11
数据处理	6120	1024		
计算机维修	6130	3508		
其他计算机服务	6190	74952	2	5
软件业	6200	54451	2	4
公共软件服务	6210	42825	2	3
其他软件服务	6290	11626		1
批发和零售业	H	**1963277**	**1572**	**24360**
批发业	6300	1224281	532	11673
农畜产品批发	6310	55812	113	2822
食品、饮料及烟草制品批发	6320	89164	68	1954
纺织、服装及日用品批发	6330	127674	20	459
文化、体育用品及器材批发	6340	37070	38	189
医药及医疗器材批发	6350	33721	3	422
矿产品、建材及化工产品批发	6360	402228	243	4622
机械设备、五金交电及电子产品批发	6370	336901	21	612
贸易经纪与代理	6380	36435	7	121
其他批发	6390	105276	19	472
零售业	6500	738996	1040	12687
综合零售	6510	91081	465	7412

单位：个

1978-1991年	1992-1995年	1996年	1997年	1998年	1999年	2000年	代码
35	62	10	19	29	28	37	5500
21	26	6	6	12	11	15	5510
	10		6	5	4	9	5520
14	26	4	7	12	13	13	5530
7	10		3	6	1	13	5600
1321	1530	589	587	950	884	1358	5700
794	402	124	115	220	164	257	5710
527	1128	465	472	730	720	1101	5720
1395	1248	335	338	605	498	748	5800
676	364	86	95	259	176	203	5810
719	884	249	243	346	322	545	5890
55	52	26	56	360	140	190	5900
42	24	9	33	296	65	43	5910
13	28	17	23	64	75	147	5990
470	**1606**	**689**	**951**	**1915**	**2652**	**6049**	G
187	369	118	173	373	591	1016	6000
97	148	55	89	178	368	447	6010
25	64	39	44	115	159	407	6020
61	136	20	39	75	59	152	6030
4	21	4	1	5	5	10	6040
162	611	299	401	859	1181	3236	6100
43	244	115	119	263	345	689	6110
7	20	6	6	26	19	44	6120
12	48	28	30	47	62	127	6130
100	299	150	246	523	755	2376	6190
121	626	272	377	683	880	1797	6200
95	504	227	297	556	715	1495	6210
26	122	45	80	127	165	302	6290
35580	**48638**	**19172**	**22197**	**42561**	**41713**	**64275**	H
19458	28343	11136	13130	26067	25413	38281	6300
2764	1514	513	534	1196	1157	1837	6310
3019	2459	920	1036	2108	2156	2924	6320
1211	2301	951	1223	2205	2381	3787	6330
469	919	378	472	810	843	1315	6340
562	943	352	432	815	832	1140	6350
6369	10210	3918	4461	9241	8808	13086	6360
2963	7430	3145	3889	7401	7291	10813	6370
369	651	232	242	487	423	713	6380
1732	1916	727	841	1804	1522	2666	6390
16122	20295	8036	9067	16494	16300	25994	6500
4719	2789	957	963	1824	1724	3121	6510

行业中类	代码	企业单位数	1949年及以前	1950-1977年
食品、饮料及烟草制品专门零售	6520	57128	49	1747
纺织、服装及日用品专门零售	6530	70890	39	772
文化、体育用品及器材专门零售	6540	44976	421	1029
医药及医疗器材专门零售	6550	66722	18	645
汽车、摩托车、燃料及零配件专门零售	6560	104543	19	246
家用电器及电子产品专门零售	6570	122294	5	120
五金、家具及室内装修材料专门零售	6580	92373	10	328
无店铺及其他零售	6590	88989	14	388
住宿和餐饮业	**I**	**158544**	**74**	**1542**
住宿业	6600	57947	40	949
旅游饭店	6610	19996	25	392
一般旅馆	6620	34044	15	503
其他住宿服务	6690	3907		54
餐饮业	6700	100597	34	593
正餐服务	6710	81896	25	466
快餐服务	6720	7029		34
饮料及冷饮服务	6730	4252	1	3
其他餐饮服务	6790	7420	8	90
金融业	**J**	**42829**	**67**	**705**
银行业	6800	9891	26	688
中央银行	6810	123	8	9
商业银行	6820	8374	18	646
其他银行	6890	1394		33
证券业	6900	1765		1
证券市场管理	6910	97		
证券经纪与交易	6920	918		1
证券投资	6930	460		
证券分析与咨询	6940	290		
保险业	7000	11333	40	6
人寿保险	7010	4093	17	3
非人寿保险	7020	4357	23	3
保险辅助服务	7030	2883		
其他金融活动	7100	19840	1	10
金融信托与管理	7110	2126		2
金融租赁	7120	367		
财务公司	7130	824		
邮政储蓄	7140	681		1
典当	7150	4013		2
其他未列明的金融活动	7190	11829	1	5

单位：个

1978-1991年	1992-1995年	1996年	1997年	1998年	1999年	2000年	代码
2147	1698	589	658	1337	1416	2136	6520
1516	1657	785	883	1573	1501	2515	6530
1072	1495	540	631	1036	1157	1714	6540
1125	1172	497	488	1094	1033	1780	6550
1875	4721	1751	2003	3498	3143	4962	6560
761	1954	952	1226	2296	2541	4093	6570
1495	2656	1071	1264	2130	2136	3089	6580
1412	2153	894	951	1706	1649	2584	6590
6610	**6490**	**2509**	**2644**	**4324**	**4040**	**6623**	I
4595	3585	1262	1288	1955	1681	2497	6600
1502	1449	502	557	752	684	929	6610
2783	1923	696	667	1092	883	1413	6620
310	213	64	64	111	114	155	6690
2015	2905	1247	1356	2369	2359	4126	6700
1713	2508	1073	1146	2029	2011	3461	6710
106	192	74	106	133	166	288	6720
27	44	22	23	53	65	136	6730
169	161	78	81	154	117	241	6790
2450	**1250**	**990**	**597**	**529**	**414**	**619**	J
2062	627	578	279	167	141	166	6800
20	4	5	1	3	1		6810
1975	565	379	203	145	114	151	6820
67	58	194	75	19	26	15	6890
26	175	43	50	24	31	47	6900
3	6		2	1	2	3	6910
20	134	34	26	12	20	28	6920
3	18	4	5	6	3	8	6930
	17	5	17	5	6	8	6940
207	164	301	186	149	68	131	7000
52	43	181	83	62	35	60	7010
152	109	113	99	78	28	45	7020
3	12	7	4	9	5	26	7030
155	284	68	82	189	174	275	7100
52	25	8	7	15	16	28	7110
10	3	3	2	1		2	7120
13	32	5	7	4	3	15	7130
14	7	3	2	5	7	5	7140
41	169	31	45	106	71	71	7150
25	48	18	19	58	77	154	7190

行业中类	代码	企业单位数	1949年及以前	1950-1977年
房地产业	K	**278640**	**78**	**3184**
房地产业	7200	278640	78	3184
房地产开发经营	7210	124720	3	76
物业管理	7220	71974	16	252
房地产中介服务	7230	46525	4	109
其他房地产活动	7290	35421	55	2747
租赁和商务服务业	L	**515596**	**175**	**1890**
租赁业	7300	27021	3	133
机械设备租赁	7310	26021	3	109
文化及日用品出租	7320	1000		24
商务服务业	7400	488575	172	1757
企业管理服务	7410	92810	147	1271
法律服务	7420	8984	1	9
咨询与调查	7430	144738	3	34
广告业	7440	98955	3	27
知识产权服务	7450	4367		
职业中介服务	7460	23108		10
市场管理	7470	16894	6	210
旅行社	7480	24755	6	45
其他商务服务	7490	73964	6	151
科学研究、技术服务和地质勘查业	M	**177722**	**19**	**799**
研究与试验发展	7500	23360	2	129
自然科学研究与试验发展	7510	2574		19
工程和技术研究与试验发展	7520	13590	1	85
农业科学研究与试验发展	7530	2774	1	18
医学研究与试验发展	7540	4100		6
社会人文科学研究与试验发展	7550	322		1
专业技术服务业	7600	92006	11	459
气象服务	7610	1120		7
地震服务	7620	83		
海洋服务	7630	183		
测绘服务	7640	3374	1	5
技术检测	7650	8656	1	30
环境监测	7660	1384		
工程技术与规划管理	7670	42240	7	366
其他专业技术服务	7690	34966	2	51
科技交流和推广服务业	7700	59356	6	146
技术推广服务	7710	43404	4	113
科技中介服务	7720	5825	1	4
其他科技服务	7790	10127	1	29
地质勘查业	7800	3000		65
矿产地质勘查	7810	1386		31
基础地质勘查	7820	419		12
地质勘查技术服务	7830	1195		22

单位：个

1978-1991年	1992-1995年	1996年	1997年	1998年	1999年	2000年	代码
7107	**15960**	**3638**	**4273**	**7736**	**7139**	**10382**	K
7107	15960	3638	4273	7736	7139	10382	7200
2267	9172	1687	2017	3788	3355	5076	7210
864	2581	1133	1294	2049	2189	2968	7220
294	737	272	346	613	726	1172	7230
3682	3470	546	616	1286	869	1166	7290
9292	**15377**	**4354**	**5699**	**8079**	**9334**	**15286**	L
358	640	244	249	396	419	667	7300
331	602	235	234	376	401	630	7310
27	38	9	15	20	18	37	7320
8934	14737	4110	5450	7683	8915	14619	7400
4647	4834	928	1694	1526	1563	2160	7410
450	775	201	186	362	344	638	7420
665	2258	717	890	1456	2528	4449	7430
353	2327	859	1084	1624	1696	2878	7440
12	73	22	29	43	66	89	7450
327	489	113	135	307	294	551	7460
775	1078	402	456	715	632	860	7470
622	1066	338	398	636	726	1222	7480
1083	1837	530	578	1014	1066	1772	7490
3425	**6018**	**1647**	**1723**	**2871**	**3338**	**5375**	M
335	524	136	169	329	315	610	7500
30	36	13	13	20	33	50	7510
195	303	73	99	187	158	303	7520
63	71	26	32	57	53	101	7530
43	101	23	24	61	66	145	7540
4	13	1	1	4	5	11	7550
2057	3606	1065	1065	1666	2007	3126	7600
19	62	4	17	11	25	49	7610
1	4	2	3		3	5	7620
6	17		4	3	2	9	7630
59	113	26	31	50	66	108	7640
247	391	114	91	158	184	270	7650
17	47	13	7	15	19	30	7660
1406	2246	661	604	940	1135	1758	7670
302	726	245	308	489	573	897	7690
868	1749	428	463	824	962	1568	7700
655	1316	323	344	614	739	1181	7710
114	206	48	58	101	98	185	7720
99	227	57	61	109	125	202	7790
165	139	18	26	52	54	71	7800
60	46	5	14	26	21	30	7810
50	43	7	6	8	14	8	7820
55	50	6	6	18	19	33	7830

行业中类	代码	企业单位数		
			1949年及以前	1950-1977年
水利、环境和公共设施管理业	N	**28693**	**12**	**252**
水利管理业	7900	2228	6	172
防洪管理	7910	172	1	15
水资源管理	7920	1131	4	131
其他水利管理	7990	925	1	26
环境管理业	8000	6427	1	29
自然保护	8010	406		18
环境治理	8020	6021	1	11
公共设施管理业	8100	20038	5	51
市政公共设施管理	8110	2854	2	19
城市绿化管理	8120	11028	1	15
游览景区管理	8130	6156	2	17
居民服务和其他服务业	O	**141736**	**34**	**588**
居民服务业	8200	60160	24	320
家庭服务	8210	5341		2
托儿所	8220	349		1
洗染服务	8230	2317	3	6
理发及美容保健服务	8240	16552	6	98
洗浴服务	8250	9981	7	40
婚姻服务	8260	3368		1
殡葬服务	8270	1890	1	20
摄影扩印服务	8280	7052	7	77
其他居民服务	8290	13310		75
其他服务业	8300	81576	10	268
修理与维护	8310	37923	1	154
清洁服务	8320	14453		5
其他未列明的服务	8390	29200	9	109
教育	P	**25723**	**7**	**150**
教育	8400	25723	7	150
学前教育	8410	4177		86
初等教育	8420	612	6	16
中等教育	8430	1127		16
高等教育	8440	243		1
其他教育	8490	19564	1	31
卫生、社会保障和社会福利业	Q	**16222**	**34**	**943**
卫生	8500	15085	34	931
医院	8510	4902	30	258

单位：个

1978-1991年	1992-1995年	1996年	1997年	1998年	1999年	2000年	代码
652	**1049**	**316**	**322**	**683**	**690**	**1113**	N
181	128	34	23	74	66	80	7900
13	11	1	1	7	6	10	7910
104	66	17	11	37	33	37	7920
64	51	16	11	30	27	33	7990
90	176	49	47	113	130	236	8000
8	22	5	5	15	19	21	8010
82	154	44	42	98	111	215	8020
381	745	233	252	496	494	797	8100
78	155	39	26	60	71	92	8110
146	363	116	135	270	277	445	8120
157	227	78	91	166	146	260	8130
2844	**4197**	**1568**	**1816**	**3060**	**2971**	**4863**	O
1136	1662	683	846	1484	1424	2335	8200
20	45	15	16	67	62	112	8210
11	9	2	7	12	8	16	8220
45	76	36	43	74	68	114	8230
191	292	118	161	345	363	618	8240
141	226	136	182	359	341	516	8250
15	55	26	38	68	53	100	8260
140	202	50	55	69	50	98	8270
286	371	178	164	251	248	363	8280
287	386	122	180	239	231	398	8290
1708	2535	885	970	1576	1547	2528	8300
1146	1698	625	635	1022	962	1518	8310
102	250	71	112	207	223	392	8320
460	587	189	223	347	362	618	8390
653	**836**	**300**	**299**	**583**	**540**	**1059**	P
653	836	300	299	583	540	1059	8400
206	190	77	87	163	117	272	8410
17	12	8	12	25	31	36	8420
53	46	18	15	35	29	64	8430
10	13	5	1	6	6	9	8440
367	575	192	184	354	357	678	8490
989	**635**	**203**	**236**	**383**	**311**	**529**	Q
917	598	184	221	342	254	465	8500
226	165	47	50	79	68	114	8510

行业中类	代码	企业单位数	1949年及以前	1950-1977年
卫生院及社区医疗活动	8520	1843		231
门诊部医疗活动	8530	6696	4	401
计划生育技术服务活动	8540	243		18
妇幼保健活动	8550	99		3
专科疾病防治活动	8560	305		4
疾病预防控制及防疫活动	8570	149		9
其他卫生活动	8590	848		7
社会保障业	8600	330		2
社会福利业	8700	807		10
提供住宿的社会福利	8710	563		7
不提供住宿的社会福利	8720	244		3
文化、体育和娱乐业	**R**	**47435**	**56**	**698**
新闻出版业	8800	3040	15	79
新闻业	8810	148		2
出版业	8820	2892	15	77
广播、电视、电影和音像业	8900	7186	29	535
广播	8910	289		1
电视	8920	1815		8
电影	8930	3507	29	523
音像制作	8940	1575		3
文化艺术业	9000	13012	9	62
文艺创作与表演	9010	2581	3	17
艺术表演场馆	9020	401	6	28
图书馆与档案馆	9030	141		1
文物及文化保护	9040	207		2
博物馆	9050	154		
烈士陵园、纪念馆	9060	37		1
群众文化活动	9070	1344		8
文化艺术经纪代理	9080	3018		2
其他文化艺术	9090	5129		3
体育	9100	2395		4
体育组织	9110	834		1
体育场馆	9120	716		2
其他体育	9190	845		1
娱乐业	9200	21802	3	18
室内娱乐活动	9210	12981	2	11
游乐园	9220	694		3
休闲健身娱乐活动	9230	5729		2
其他娱乐活动	9290	2398	1	2

单位：个

1978-1991年	1992-1995年	1996年	1997年	1998年	1999年	2000年	代码
144	84	26	30	34	35	69	8520
462	289	85	126	197	123	237	8530
33	14	7	4	4	7	6	8540
8	2	2	1	1	1	3	8550
11	10	6	1	6	6	12	8560
8	6	1	2	2	6	6	8570
25	28	10	7	19	8	18	8590
13	12	2	1	7	9	32	8600
59	25	17	14	34	48	32	8700
39	16	13	11	17	25	27	8710
20	9	4	3	17	23	5	8720
1547	**1361**	**410**	**478**	**833**	**893**	**1339**	R
463	279	53	32	72	98	131	8800
10	6	2	2		2	7	8810
453	273	51	30	72	96	124	8820
643	262	60	66	116	129	211	8900
17	1	3	5	4	5	13	8910
26	86	22	23	35	52	68	8920
578	133	26	24	60	45	77	8930
22	42	9	14	17	27	53	8940
183	190	67	78	144	170	270	9000
36	48	27	14	43	42	61	9010
39	11	6	5	7	7	5	9020
6	8	1		2	8	11	9030
9	9	1	2	5	3	8	9040
6	5	1	2	2	2	4	9050
2	4		1	1			9060
51	27	6	10	18	16	33	9070
11	36	15	12	27	45	63	9080
23	42	10	32	39	47	85	9090
29	55	30	24	44	39	89	9100
9	21	9	7	17	17	31	9110
14	21	14	10	14	14	25	9120
6	13	7	7	13	8	33	9190
229	575	200	278	457	457	638	9200
139	349	121	193	300	287	366	9210
29	28	11	8	21	21	26	9220
42	140	45	60	92	97	178	9230
19	58	23	17	44	52	68	9290

行业中类	代码	2001年	2002年	2003年
总计		**287797**	**325843**	**409680**
农、林、牧、渔业	A	**3643**	**3253**	**3714**
农业	0100	955	985	1070
谷物及其他作物的种植	0110	189	162	171
蔬菜、园艺作物的种植	0120	464	502	543
水果、坚果、饮料和香料作物的种植	0130	256	265	297
中药材的种植	0140	46	56	59
林业	0200	592	524	534
林木的培育和种植	0210	561	491	506
木材和竹材的采运	0220	20	21	14
林产品的采集	0230	11	12	14
畜牧业	0300	1361	1147	1328
牲畜的饲养	0310	379	389	454
猪的饲养	0320	547	402	452
家禽的饲养	0330	318	265	309
狩猎和捕捉动物	0340	1	1	2
其他畜牧业	0390	116	90	111
渔业	0400	295	227	290
海洋渔业	0410	108	75	107
内陆渔业	0420	187	152	183
农、林、牧、渔服务业	0500	440	370	492
农业服务业	0510	322	282	365
林业服务业	0520	34	18	26
畜牧服务业	0530	54	40	68
渔业服务业	0540	30	30	33
采矿业	B	**4985**	**5156**	**7557**
煤炭开采和洗选业	0600	1116	1044	1655
烟煤和无烟煤的开采洗选	0610	1067	992	1589
褐煤的开采洗选	0620	22	25	36
其他煤炭采选	0690	27	27	30
石油和天然气开采业	0700	76	61	90
天然原油和天然气开采	0710	12	14	24
与石油和天然气开采有关的服务活动	0790	64	47	66
黑色金属矿采选业	0800	756	818	1380
铁矿采选	0810	684	741	1225
其他黑色金属矿采选	0890	72	77	155
有色金属矿采选业	0900	488	509	726
常用有色金属矿采选	0910	352	348	520
贵金属矿采选	0920	102	112	134
稀有稀土金属矿采选	0930	34	49	72

单位：个

2004年	2005年	2006年	2007年	2008年	2009年	2010年	开业时间不详	代码
433921	**495860**	**585355**	**586135**	**505311**	**770985**	**811943**	**83496**	
3991	**6360**	**9575**	**14172**	**17574**	**51864**	**47323**	**7548**	A
1125	1834	2510	4319	5004	18902	20567	2474	0100
190	370	564	787	1065	5992	6065	539	0110
521	846	1042	2013	2181	7291	8599	1075	0120
344	518	744	1237	1477	4915	4816	742	0130
70	100	160	282	281	704	1087	118	0140
549	781	1073	1284	1487	4169	3999	615	0200
491	736	1013	1200	1403	3936	3741	570	0210
26	26	32	39	48	110	118	21	0220
32	19	28	45	36	123	140	24	0230
1437	2479	4081	5873	7730	18682	14279	2926	0300
476	744	1165	1708	2181	6952	5084	587	0310
516	926	1504	2309	3196	6452	4077	1586	0320
331	592	1127	1424	1791	3950	3826	604	0330
1	3	4	6	8	16	20	1	0340
113	214	281	426	554	1312	1272	148	0390
385	528	748	1129	1269	3513	2945	849	0400
172	198	294	337	435	1117	691	276	0410
213	330	454	792	834	2396	2254	573	0420
495	738	1163	1567	2084	6598	5533	684	0500
364	553	903	1085	1578	5294	4552	553	0510
33	42	63	92	93	368	292	38	0520
53	84	134	324	301	653	480	32	0530
45	59	63	66	112	283	209	61	0540
9105	**10041**	**11027**	**9664**	**7911**	**7769**	**6514**	**1510**	B
1802	1957	1798	1449	1327	1416	1111	372	0600
1728	1870	1685	1342	1216	1233	947	354	0610
38	51	62	58	48	66	50	6	0620
36	36	51	49	63	117	114	12	0690
102	101	167	161	166	221	219	12	0700
14	15	22	24	22	49	45	6	0710
88	86	145	137	144	172	174	6	0790
2219	2333	2178	2007	1845	1250	1053	280	0800
2004	2057	1946	1793	1651	1053	906	245	0810
215	276	232	214	194	197	147	35	0890
869	1084	1495	1330	965	811	642	252	0900
624	779	1147	1001	717	582	431	169	0910
153	140	174	189	144	146	136	59	0920
92	165	174	140	104	83	75	24	0930

行业中类	代码	2001年	2002年	2003年
非金属矿采选业	1000	2508	2689	3660
土砂石开采	1010	2154	2352	3194
化学矿采选	1020	68	68	109
采盐	1030	23	30	34
石棉及其他非金属矿采选	1090	263	239	323
其他采矿业	1100	41	35	46
制造业	C	**114318**	**127126**	**153043**
农副食品加工业	1300	6728	7065	8331
谷物磨制	1310	2138	2073	2401
饲料加工	1320	739	806	949
植物油加工	1330	685	703	877
制糖	1340	49	42	56
屠宰及肉类加工	1350	935	1013	1208
水产品加工	1360	586	647	696
蔬菜、水果和坚果加工	1370	829	927	1091
其他农副食品加工	1390	767	854	1053
食品制造业	1400	2775	2741	3254
焙烤食品制造	1410	648	595	784
糖果、巧克力及蜜饯制造	1420	284	315	345
方便食品制造	1430	392	404	466
液体乳及乳制品制造	1440	153	170	174
罐头制造	1450	207	206	253
调味品、发酵制品制造	1460	459	430	481
其他食品制造	1490	632	621	751
饮料制造业	1500	2230	2324	2677
酒精制造	1510	29	22	32
酒的制造	1520	873	855	994
软饮料制造	1530	844	938	1038
精制茶加工	1540	484	509	613
烟草制品业	1600	15	7	18
烟叶复烤	1610	6	2	7
卷烟制造	1620	4		6
其他烟草制品加工	1690	5	5	5
纺织业	1700	6965	9479	10828
棉、化纤纺织及印染精加工	1710	2818	4046	4408
毛纺织和染整精加工	1720	352	406	473
麻纺织	1730	59	66	120
丝绢纺织及精加工	1740	467	649	986
纺织制成品制造	1750	1453	1954	2193
针织品、编织品及其制品制造	1760	1816	2358	2648

单位：个

2004年	2005年	2006年	2007年	2008年	2009年	2010年	开业时间不详	代码
4051	4479	5268	4624	3490	3681	3124	566	1000
3473	3904	4594	3984	2967	3071	2607	441	1010
125	129	167	155	143	107	73	29	1020
105	59	44	29	11	31	19	2	1030
348	387	463	456	369	472	425	94	1090
62	87	121	93	118	390	365	28	1100
153750	**165387**	**193010**	**179404**	**139210**	**171070**	**179098**	**23338**	C
8495	9387	9739	8815	6868	7251	5923	974	1300
2484	2534	2487	1972	1409	1452	1165	118	1310
968	1275	1272	1079	855	908	782	114	1320
854	813	850	744	662	712	532	92	1330
44	46	46	39	33	49	35	3	1340
1289	1364	1364	1384	1221	1138	945	126	1350
590	733	752	659	496	598	483	145	1360
1240	1355	1608	1523	1107	958	810	179	1370
1026	1267	1360	1415	1085	1436	1171	197	1390
3349	3692	4062	3883	3169	3334	2867	457	1400
790	895	1050	1093	909	880	802	91	1410
339	381	469	434	277	219	213	31	1420
523	585	637	627	568	619	477	70	1430
181	175	149	137	110	106	49	16	1440
239	298	276	229	194	176	183	29	1450
511	502	562	533	412	361	287	64	1460
766	856	919	830	699	973	856	156	1490
2540	2904	3130	2922	2222	2354	2013	348	1500
30	65	62	28	26	39	39	6	1510
833	910	947	847	648	725	610	113	1520
1064	1192	1315	1147	840	818	643	156	1530
613	737	806	900	708	772	721	73	1540
9	14	22	6	12	17	28	2	1600
5	9	8	1	4	10	16		1610
3	2	9	3	4	2	5		1620
1	3	5	2	4	5	7	2	1690
9972	10359	12211	10016	6797	8713	9858	1082	1700
4028	4310	4887	3644	2348	3298	3661	385	1710
382	361	470	436	293	318	338	26	1720
108	85	89	59	46	66	52	6	1730
699	537	645	533	314	262	351	26	1740
2111	2351	2742	2327	1813	2268	2575	272	1750
2644	2715	3378	3017	1983	2501	2881	367	1760

行业中类	代码	2001年	2002年	2003年
纺织服装、鞋、帽制造业	1800	4678	5452	6620
纺织服装制造	1810	4339	5113	6192
纺织面料鞋的制造	1820	238	218	281
制帽	1830	101	121	147
皮革、毛皮、羽毛(绒)及其制品业	1900	1886	2079	2327
皮革鞣制加工	1910	187	212	220
皮革制品制造	1920	1431	1594	1753
毛皮鞣制及制品加工	1930	144	148	217
羽毛(绒)加工及制品制造	1940	124	125	137
木材加工及木、竹、藤、棕、草制品业	2000	3598	4083	5184
锯材、木片加工	2010	1336	1509	1815
人造板制造	2020	1012	1141	1623
木制品制造	2030	838	899	1134
竹、藤、棕、草制品制造	2040	412	534	612
家具制造业	2100	2205	2310	2938
木质家具制造	2110	1663	1670	2154
竹、藤家具制造	2120	43	49	44
金属家具制造	2130	249	307	331
塑料家具制造	2140	33	36	41
其他家具制造	2190	217	248	368
造纸及纸制品业	2200	3214	3566	4164
纸浆制造	2210	51	52	67
造纸	2220	802	884	1060
纸制品制造	2230	2361	2630	3037
印刷业和记录媒介的复制	2300	3492	3768	4629
印刷	2310	3239	3421	4226
装订及其他印刷服务活动	2320	245	325	380
记录媒介的复制	2330	8	22	23
文教体育用品制造业	2400	1210	1297	1693
文化用品制造	2410	367	399	473
体育用品制造	2420	271	325	386
乐器制造	2430	105	86	112
玩具制造	2440	428	441	659
游艺器材及娱乐用品制造	2450	39	46	63
石油加工、炼焦及核燃料加工业	2500	427	445	610
精炼石油产品的制造	2510	351	334	380
炼焦	2520	75	111	228
化学原料及化学制品制造业	2600	6794	7030	8169
基础化学原料制造	2610	1066	1109	1519
肥料制造	2620	545	631	726
农药制造	2630	176	150	190
涂料、油墨、颜料及类似产品制造	2640	1372	1486	1670

单位：个

2004年	2005年	2006年	2007年	2008年	2009年	2010年	开业时间不详	代码
6972	7706	9521	9375	7134	9720	11404	1095	1800
6572	7237	8948	8806	6699	9003	10414	1038	1810
271	336	439	420	333	589	874	48	1820
129	133	134	149	102	128	116	9	1830
2426	2792	3469	3373	2649	3353	3607	641	1900
195	262	231	168	138	168	279	28	1910
1898	2136	2746	2805	2194	2546	2646	542	1920
224	250	347	261	200	515	521	59	1930
109	144	145	139	117	124	161	12	1940
5340	6471	7923	7641	4860	4935	5460	570	2000
1940	2589	3100	3034	1649	1417	1649	127	2010
1667	1774	2323	2182	1390	1399	1580	183	2020
1192	1435	1681	1671	1237	1498	1646	189	2030
541	673	819	754	584	621	585	71	2040
3150	3379	4131	3935	2987	3568	4114	582	2100
2326	2455	2913	2787	2060	2298	2823	427	2110
52	65	95	77	52	64	65	13	2120
351	355	507	436	347	353	373	51	2130
49	42	71	67	57	79	76	6	2140
372	462	545	568	471	774	777	85	2190
4066	4268	4923	4536	3402	4453	4302	471	2200
58	72	79	75	66	126	135	18	2210
922	964	1053	995	741	830	807	101	2220
3086	3232	3791	3466	2595	3497	3360	352	2230
4200	3899	4264	3585	2523	3055	2941	250	2300
3794	3549	3828	3248	2272	2694	2588	229	2310
388	339	415	325	237	323	313	20	2320
18	11	21	12	14	38	40	1	2330
1753	1742	2062	1935	1528	1682	1561	203	2400
506	491	491	471	359	455	430	44	2410
476	447	550	503	425	496	448	67	2420
118	123	120	121	93	91	86	19	2430
588	620	828	763	577	533	518	69	2440
65	61	73	77	74	107	79	4	2450
636	542	563	527	468	618	480	147	2500
385	367	440	422	335	415	344	110	2510
248	175	120	103	133	198	130	37	2520
7958	8663	9562	7930	6117	7197	6455	1291	2600
1444	1539	1657	1393	1106	1235	1080	228	2610
769	918	915	818	797	1224	1009	150	2620
175	209	202	174	145	163	179	32	2630
1575	1509	1615	1422	1071	1062	958	243	2640

行业中类	代码	2001年	2002年	2003年
合成材料制造	2650	423	468	548
专用化学产品制造	2660	2548	2537	2775
日用化学产品制造	2670	664	649	741
医药制造业	2700	1084	1101	1335
化学药品原药制造	2710	149	165	198
化学药品制剂制造	2720	185	174	184
中药饮片加工	2730	121	137	187
中成药制造	2740	208	192	243
兽用药品制造	2750	101	102	92
生物、生化制品的制造	2760	145	178	214
卫生材料及医药用品制造	2770	175	153	217
化学纤维制造业	2800	258	381	480
纤维素纤维原料及纤维制造	2810	47	69	75
合成纤维制造	2820	211	312	405
橡胶制品业	2900	1411	1470	1776
轮胎制造	2910	114	119	157
橡胶板、管、带的制造	2920	279	307	355
橡胶零件制造	2930	473	454	526
再生橡胶制造	2940	75	76	94
日用及医用橡胶制品制造	2950	60	66	108
橡胶靴鞋制造	2960	102	125	133
其他橡胶制品制造	2990	308	323	403
塑料制品业	3000	6525	7760	8469
塑料薄膜制造	3010	635	749	787
塑料板、管、型材的制造	3020	958	1158	1256
塑料丝、绳及编织品的制造	3030	725	813	860
泡沫塑料制造	3040	351	375	462
塑料人造革、合成革制造	3050	79	100	80
塑料包装箱及容器制造	3060	691	851	976
塑料零件制造	3070	850	1080	1152
日用塑料制造	3080	874	1036	1036
其他塑料制品制造	3090	1362	1598	1860
非金属矿物制品业	3100	12123	12397	15685
水泥、石灰和石膏的制造	3110	835	863	1153
水泥及石膏制品制造	3120	2862	2958	3656
砖瓦、石材及其他建筑材料制造	3130	5171	5294	6770
玻璃及玻璃制品制造	3140	963	1096	1330
陶瓷制品制造	3150	615	639	778
耐火材料制品制造	3160	860	736	1020
石墨及其他非金属矿物制品制造	3190	817	811	978

单位：个

2004年	2005年	2006年	2007年	2008年	2009年	2010年	开业时间不详	代码
535	554	601	574	414	607	567	96	2650
2744	3202	3724	2800	2007	2056	1959	410	2660
716	732	848	749	577	850	703	132	2670
1369	1363	1322	1143	971	1331	1261	255	2700
195	182	180	175	146	174	183	43	2710
165	172	140	99	89	126	122	29	2720
224	218	194	185	151	184	155	29	2730
231	197	180	156	118	163	165	29	2740
132	137	146	94	73	115	73	14	2750
221	242	247	238	245	311	329	74	2760
201	215	235	196	149	258	234	37	2770
434	407	585	466	268	346	444	56	2800
69	77	96	74	64	79	97	17	2810
365	330	489	392	204	267	347	39	2820
1702	1853	2022	1854	1491	1769	1646	227	2900
132	169	225	196	188	188	150	24	2910
314	382	361	375	274	321	323	34	2920
491	508	494	433	327	352	313	54	2930
99	82	100	117	88	64	58	14	2940
67	79	107	78	55	54	59	7	2950
146	132	179	163	121	108	117	12	2960
453	501	556	492	438	682	626	82	2990
8521	9179	10906	9993	7478	8929	8617	1191	3000
734	883	963	798	602	863	736	91	3010
1228	1245	1503	1380	1118	1291	1244	191	3020
877	897	1064	923	639	634	563	82	3030
402	436	548	509	357	349	300	41	3040
107	107	114	84	86	74	106	27	3050
954	1024	1215	1150	839	978	958	117	3060
1177	1216	1530	1455	1021	989	819	149	3070
1046	1147	1325	1215	852	1029	920	181	3080
1996	2224	2644	2479	1964	2722	2971	312	3090
15545	17069	20978	19188	14923	14854	14717	2133	3100
1119	1013	1084	1005	897	1211	996	158	3110
3521	4014	4862	4601	3450	3134	3185	400	3120
6679	7593	10329	9243	7171	6148	5565	872	3130
1331	1459	1659	1651	1388	1423	1605	205	3140
735	824	811	803	512	858	1207	125	3150
1082	1050	1039	818	630	686	642	159	3160
1078	1116	1194	1067	875	1394	1517	214	3190

行业中类	代码	2001年	2002年	2003年
黑色金属冶炼及压延加工业	3200	1068	1265	2012
炼铁	3210	128	174	275
炼钢	3220	46	61	91
钢压延加工	3230	716	859	1248
铁合金冶炼	3240	178	171	398
有色金属冶炼及压延加工业	3300	1320	1392	1677
常用有色金属冶炼	3310	313	302	432
贵金属冶炼	3320	34	42	54
稀有稀土金属冶炼	3330	69	79	94
有色金属合金制造	3340	146	153	200
有色金属压延加工	3350	758	816	897
金属制品业	3400	8353	9378	11282
结构性金属制品制造	3410	2865	3284	4039
金属工具制造	3420	1159	1271	1502
集装箱及金属包装容器制造	3430	351	415	410
金属丝绳及其制品的制造	3440	454	492	578
建筑、安全用金属制品制造	3450	1019	1180	1326
金属表面处理及热处理加工	3460	707	756	978
搪瓷制品制造	3470	67	58	65
不锈钢及类似日用金属制品制造	3480	821	847	1058
其他金属制品制造	3490	910	1075	1326
通用设备制造业	3500	11433	12891	15766
锅炉及原动机制造	3510	464	455	560
金属加工机械制造	3520	1448	1453	1951
起重运输设备制造	3530	343	455	510
泵、阀门、压缩机及类似机械的制造	3540	1563	1857	2083
轴承、齿轮、传动和驱动部件的制造	3550	849	976	1166
烘炉、熔炉及电炉制造	3560	105	108	175
风机、衡器、包装设备等通用设备制造	3570	1370	1590	1908
通用零部件制造及机械修理	3580	3212	3719	4614
金属铸、锻加工	3590	2079	2278	2799
专用设备制造业	3600	5779	6562	8065
矿山、冶金、建筑专用设备制造	3610	948	1102	1459
化工、木材、非金属加工专用设备制造	3620	1494	1780	2187
食品、饮料、烟草及饲料生产专用设备制造	3630	244	248	290
印刷、制药、日化生产专用设备制造	3640	366	412	503
纺织、服装和皮革工业专用设备制造	3650	669	813	881
农、林、牧、渔专用机械制造	3670	499	505	602
医疗仪器设备及器械制造	3680	332	401	442
环保、社会公共安全及其他专用设备制造	3690	856	894	1171

单位：个

2004年	2005年	2006年	2007年	2008年	2009年	2010年	开业时间不详	代码
2027	1839	1790	1757	1490	1500	1301	235	3200
255	276	223	228	176	230	140	35	3210
81	55	55	72	59	101	97	10	3220
1201	1205	1275	1205	1008	946	874	149	3230
490	303	237	252	247	223	190	41	3240
1859	2015	2476	2506	1818	1872	1698	289	3300
513	581	726	694	476	508	455	98	3310
47	55	59	66	44	46	52	9	3320
126	166	190	163	144	76	65	16	3330
183	225	241	264	189	229	214	49	3340
990	988	1260	1319	965	1013	912	117	3350
11405	12491	14675	13880	11352	15330	16436	2000	3400
3994	4504	5532	5332	4518	5205	5635	710	3410
1520	1638	1761	1598	1245	1813	1996	219	3420
439	521	519	501	365	408	410	62	3430
649	698	715	661	456	619	551	62	3440
1352	1429	1778	1643	1236	1771	1837	265	3450
884	881	979	888	644	559	563	113	3460
82	84	101	104	102	110	146	15	3470
1097	1161	1434	1301	1083	1638	1470	158	3480
1388	1575	1856	1852	1703	3207	3828	396	3490
16008	17036	19119	18159	14247	17184	19431	2599	3500
571	590	576	543	407	760	827	84	3510
2017	2224	2550	2516	2078	3047	4117	384	3520
491	495	614	544	361	502	525	109	3530
2104	2148	2271	2211	1762	2005	2129	318	3540
1123	1191	1308	1208	947	861	1005	145	3550
149	152	202	192	138	142	160	8	3560
1935	2011	2313	2234	1910	3113	3614	347	3570
4858	5335	6383	6253	4940	5296	5915	965	3580
2760	2890	2902	2458	1704	1458	1139	239	3590
8336	9017	10511	9887	8021	11854	13586	1489	3600
1418	1579	1831	1701	1343	1901	2218	292	3610
2468	2781	3370	3367	2703	2977	3640	387	3620
270	278	290	277	238	355	323	47	3630
501	523	568	558	422	816	816	81	3640
786	781	818	672	428	538	592	52	3650
552	637	673	626	537	767	983	91	3670
519	529	590	481	414	553	538	83	3680
1234	1317	1590	1442	1293	2778	3074	325	3690

2-6 续表 17

行业中类	代码	2001年	2002年	2003年
交通运输设备制造业	3700	4562	5357	6646
铁路运输设备制造	3710	154	165	185
汽车制造	3720	3214	3820	4750
摩托车制造	3730	409	480	614
自行车制造	3740	316	393	486
船舶及浮动装置制造	3750	347	386	462
航空航天器制造	3760	26	12	22
交通器材及其他交通运输设备制造	3790	96	101	127
电气机械及器材制造业	3900	5991	6693	7883
电机制造	3910	671	758	870
输配电及控制设备制造	3920	2001	2304	2678
电线、电缆、光缆及电工器材制造	3930	1136	1178	1362
电池制造	3940	225	238	343
家用电力器具制造	3950	688	794	975
非电力家用器具制造	3960	189	195	237
照明器具制造	3970	805	940	1073
其他电气机械及器材制造	3990	276	286	345
通信设备、计算机及其他电子设备制造业	4000	2975	3295	3827
通信设备制造	4010	355	367	387
雷达及配套设备制造	4020	8	9	8
广播电视设备制造	4030	115	111	134
电子计算机制造	4040	282	307	352
电子器件制造	4050	457	458	558
电子元件制造	4060	1282	1466	1719
家用视听设备制造	4070	184	237	243
其他电子设备制造	4090	292	340	426
仪器仪表及文化、办公用机械制造业	4100	1712	1696	2041
通用仪器仪表制造	4110	856	844	1013
专用仪器仪表制造	4120	301	298	371
钟表与计时仪器制造	4130	96	100	124
光学仪器及眼镜制造	4140	262	247	300
文化、办公用机械制造	4150	122	112	126
其他仪器仪表的制造及修理	4190	75	95	107
工艺品及其他制造业	4200	3086	3367	3975
工艺美术品制造	4210	1832	2123	2465
日用杂品制造	4220	527	544	630
煤制品制造	4230	351	301	342
其他未列明的制造业	4290	375	394	536
废弃资源和废旧材料回收加工业	4300	421	475	682
金属废料和碎屑的加工处理	4310	194	238	325
非金属废料和碎屑的加工处理	4320	227	237	357

单位：个

2004年	2005年	2006年	2007年	2008年	2009年	2010年	开业时间不详	代码
6598	7007	8443	8092	6444	7832	8705	1170	3700
178	208	220	235	155	291	299	35	3710
4696	4867	5734	5376	4130	4751	5522	718	3720
552	584	622	549	444	408	529	77	3730
435	478	663	639	405	466	494	64	3740
585	688	965	1081	1145	1547	1522	241	3750
30	28	33	48	35	38	20	8	3760
122	154	206	164	130	331	319	27	3790
7935	8290	10234	10168	8587	11571	11679	1489	3900
916	880	1039	982	854	1237	1338	164	3910
2685	2773	3310	3140	2736	3285	3216	368	3920
1325	1425	1757	1614	1220	1424	1391	180	3930
324	371	462	483	398	504	500	90	3940
967	1051	1296	1324	1149	1573	1365	215	3950
243	326	448	417	465	770	662	148	3960
1068	1086	1384	1680	1337	1712	2022	204	3970
407	378	538	528	428	1066	1185	120	3990
4284	4497	5475	5512	5058	6585	7930	938	4000
414	427	490	475	461	801	869	97	4010
14	10	13	7	8	9	6		4020
139	119	145	141	105	112	96	17	4030
360	410	437	462	411	552	638	75	4040
595	682	757	794	771	950	1253	117	4050
1921	1929	2505	2523	2279	2528	3087	440	4060
360	335	403	395	312	307	349	44	4070
481	585	725	715	711	1326	1632	148	4090
2017	1982	2293	2199	1751	2006	2028	308	4100
992	996	1088	1033	791	865	932	147	4110
349	334	390	375	309	379	362	47	4120
141	132	129	167	153	140	121	24	4130
309	275	346	349	276	273	295	51	4140
135	125	188	173	145	141	132	24	4150
91	120	152	102	77	208	186	15	4190
4084	4628	5524	4975	3682	6717	7378	659	4200
2487	2750	3479	3129	2243	3219	3497	388	4210
709	749	886	841	647	824	672	65	4220
341	432	405	369	225	196	175	31	4230
544	694	754	634	565	2477	3027	175	4290
760	896	1075	1146	893	1140	1228	187	4300
397	407	483	537	465	599	669	88	4310
363	489	592	609	428	541	559	99	4320

行业中类	代码	2001年	2002年	2003年
电力、燃气及水的生产和供应业	D	**2787**	**3314**	**4594**
电力、热力的生产和供应业	4400	1843	2262	3279
电力生产	4410	1534	1930	2804
电力供应	4420	144	118	158
热力生产和供应	4430	165	214	317
燃气生产和供应业	4500	203	234	308
水的生产和供应业	4600	741	818	1007
自来水的生产和供应	4610	637	657	801
污水处理及其再生利用	4620	67	128	171
其他水的处理、利用与分配	4690	37	33	35
建筑业	E	**13569**	**14591**	**16793**
房屋和土木工程建筑业	4700	5961	5842	5939
房屋工程建筑	4710	3992	3752	3321
土木工程建筑	4720	1969	2090	2618
建筑安装业	4800	2776	2960	3489
建筑装饰业	4900	3526	4077	5340
其他建筑业	5000	1306	1712	2025
工程准备	5010	411	615	809
提供施工设备服务	5020	138	195	209
其他未列明的建筑活动	5090	757	902	1007
交通运输、仓储和邮政业	F	**7407**	**8574**	**10861**
铁路运输业	5100	24	18	28
铁路旅客运输	5110	1		1
铁路货物运输	5120	13	11	19
铁路运输辅助活动	5130	10	7	8
道路运输业	5200	3621	4138	5047
公路旅客运输	5210	591	607	574
道路货物运输	5220	2646	3118	3937
道路运输辅助活动	5230	384	413	536
城市公共交通业	5300	522	536	510
公共电汽车客运	5310	123	143	137
轨道交通	5320	7	4	
出租车客运	5330	365	361	351
城市轮渡	5340	2	3	4
其他城市公共交通	5390	25	25	18
水上运输业	5400	343	461	524
水上旅客运输	5410	48	73	65
水上货物运输	5420	214	293	344
水上运输辅助活动	5430	81	95	115

单位：个

2004年	2005年	2006年	2007年	2008年	2009年	2010年	开业时间不详	代码
4659	**4530**	**4379**	**3677**	**2973**	**3964**	**3501**	**991**	D
3457	3315	3005	2403	1809	2414	2207	690	4400
3069	2848	2615	1984	1467	1743	1590	591	4410
122	148	109	106	90	277	226	30	4420
266	319	281	313	252	394	391	69	4430
273	272	316	281	266	563	489	93	4500
929	943	1058	993	898	987	805	208	4600
734	739	810	721	553	577	441	84	4610
165	163	203	236	307	324	278	114	4620
30	41	45	36	38	86	86	10	4690
18645	**21650**	**24454**	**23681**	**20897**	**36059**	**39409**	**3967**	E
6195	7299	8053	7278	5845	10179	10740	1221	4700
3504	4219	4810	4217	3172	5374	5657	662	4710
2691	3080	3243	3061	2673	4805	5083	559	4720
3881	4485	4922	4637	3987	7384	7389	675	4800
6122	7091	8196	8775	8337	12146	13883	1255	4900
2447	2775	3283	2991	2728	6350	7397	816	5000
928	962	1133	982	963	1338	1389	269	5010
294	321	422	410	363	820	865	83	5020
1225	1492	1728	1599	1402	4192	5143	464	5090
13403	**16126**	**17739**	**17312**	**14691**	**20756**	**21623**	**2098**	F
31	42	26	41	44	207	283	22	5100
3	5	5	1	2	23	24		5110
19	17	8	25	23	101	122	9	5120
9	20	13	15	19	83	137	13	5130
6141	6704	8185	8132	6746	10756	11229	1038	5200
526	573	639	562	411	739	611	55	5210
5069	5551	6967	6977	5838	9211	9894	890	5220
546	580	579	593	497	806	724	93	5230
559	534	526	468	336	440	370	39	5300
151	149	163	151	111	172	125	10	5310
2	5	3	4	4	10	8	1	5320
372	353	330	283	191	206	186	25	5330
6	5	3	3	2	5	2		5340
28	22	27	27	28	47	49	3	5390
641	678	694	745	543	781	663	95	5400
60	48	49	60	35	73	85	11	5410
444	486	460	501	360	442	368	38	5420
137	144	185	184	148	266	210	46	5430

行业中类	代码	2001年	2002年	2003年
航空运输业	5500	38	39	67
航空客货运输	5510	12	14	22
通用航空服务	5520	10	7	16
航空运输辅助活动	5530	16	18	29
管道运输业	5600	5	2	8
装卸搬运和其他运输服务业	5700	1809	2181	3072
装卸搬运	5710	328	336	473
运输代理服务	5720	1481	1845	2599
仓储业	5800	869	975	1315
谷物、棉花等农产品仓储	5810	229	185	227
其他仓储	5890	640	790	1088
邮政业	5900	176	224	290
国家邮政	5910	8	10	14
其他寄递服务	5990	168	214	276
信息传输、计算机服务和软件业	**G**	**7741**	**9674**	**13786**
电信和其他信息传输服务业	6000	1271	1278	1885
电信	6010	584	521	695
互联网信息服务	6020	499	608	989
广播电视传输服务	6030	177	141	179
卫星传输服务	6040	11	8	22
计算机服务业	6100	4314	5831	8493
计算机系统服务	6110	805	860	1170
数据处理	6120	36	51	52
计算机维修	6130	143	185	258
其他计算机服务	6190	3330	4735	7013
软件业	6200	2156	2565	3408
公共软件服务	6210	1763	2078	2742
其他软件服务	6290	393	487	666
批发和零售业	**H**	**78419**	**90690**	**115556**
批发业	6300	48114	56305	72625
农畜产品批发	6310	2344	2419	2948
食品、饮料及烟草制品批发	6320	3415	3689	4543
纺织、服装及日用品批发	6330	4750	5610	7168
文化、体育用品及器材批发	6340	1540	1902	2498
医药及医疗器材批发	6350	1423	1803	2402
矿产品、建材及化工产品批发	6360	16384	18999	24771
机械设备、五金交电及电子产品批发	6370	14125	17001	21522
贸易经纪与代理	6380	820	1291	1551
其他批发	6390	3313	3591	5222
零售业	6500	30305	34385	42931
综合零售	6510	3329	3467	4193

单位：个

2004年	2005年	2006年	2007年	2008年	2009年	2010年	开业时间不详	代码
78	61	79	69	58	134	143	10	5500
29	23	30	27	23	41	48	3	5510
16	13	16	20	12	53	47	4	5520
33	25	33	22	23	40	48	3	5530
7	6	8	1	5	29	32	5	5600
4218	6090	6106	5719	5065	5592	5090	480	5700
495	515	643	754	719	948	930	75	5710
3723	5575	5463	4965	4346	4644	4160	405	5720
1305	1515	1578	1517	1172	1611	1589	290	5800
255	305	290	305	240	352	316	45	5810
1050	1210	1288	1212	932	1259	1273	245	5890
423	496	537	620	722	1206	2224	119	5900
11	16	10	15	30	165	682	5	5910
412	480	527	605	692	1041	1542	114	5990
14771	**17723**	**23437**	**23069**	**17703**	**19744**	**18267**	**1388**	G
2082	2226	2756	2723	2331	4221	3919	210	6000
754	646	682	607	664	1290	871	57	6010
1139	1375	1904	1939	1497	2791	2909	143	6020
170	188	157	163	153	125	130	8	6030
19	17	13	14	17	15	9	2	6040
8545	10602	14740	14066	9681	8520	7420	500	6100
1416	1784	2106	1959	1970	3017	2889	190	6110
84	90	116	121	82	137	113	14	6120
290	346	479	438	359	349	287	20	6130
6755	8382	12039	11548	7270	5017	4131	276	6190
4144	4895	5941	6280	5691	7003	6928	678	6200
3343	3913	4789	5116	4657	5142	4895	493	6210
801	982	1152	1164	1034	1861	2033	185	6290
120980	**140049**	**170936**	**175793**	**156251**	**281227**	**311846**	**21462**	H
75477	86489	105685	110066	97357	180747	202596	14787	6300
3065	3920	3910	3956	3423	8384	8571	422	6310
4430	5416	7160	8285	7889	12850	13840	1003	6320
7575	9593	11958	12667	11226	19948	21194	1447	6330
2662	2884	3328	3289	3085	4857	5231	361	6340
2530	2972	3258	2916	2443	4113	4065	295	6350
25091	27758	34337	35583	30555	56954	65312	5526	6360
22294	24849	31011	32103	28679	46982	51200	3570	6370
1909	2172	2768	3088	3006	7500	8453	632	6380
5921	6925	7955	8179	7051	19159	24730	1531	6390
45503	53560	65251	65727	58894	100480	109250	6675	6500
4209	5010	5896	5768	4767	14608	15150	710	6510

行业中类	代码	2001年	2002年	2003年
食品、饮料及烟草制品专门零售	6520	2327	2328	3036
纺织、服装及日用品专门零售	6530	2865	3254	4090
文化、体育用品及器材专门零售	6540	1915	2320	3077
医药及医疗器材专门零售	6550	2404	3521	4579
汽车、摩托车、燃料及零配件专门零售	6560	5485	6282	6978
家用电器及电子产品专门零售	6570	5068	5740	7455
五金、家具及室内装修材料专门零售	6580	3997	4320	5514
无店铺及其他零售	6590	2915	3153	4009
住宿和餐饮业	I	**6915**	**7553**	**9703**
住宿业	6600	2442	2677	3375
旅游饭店	6610	843	995	1279
一般旅馆	6620	1447	1525	1924
其他住宿服务	6690	152	157	172
餐饮业	6700	4473	4876	6328
正餐服务	6710	3749	4031	5299
快餐服务	6720	305	353	364
饮料及冷饮服务	6730	151	205	311
其他餐饮服务	6790	268	287	354
金融业	J	**771**	**1315**	**1927**
银行业	6800	121	91	111
中央银行	6810		1	3
商业银行	6820	112	79	96
其他银行	6890	9	11	12
证券业	6900	87	80	60
证券市场管理	6910	4	2	3
证券经纪与交易	6920	55	66	42
证券投资	6930	19	7	12
证券分析与咨询	6940	9	5	3
保险业	7000	214	605	963
人寿保险	7010	97	304	399
非人寿保险	7020	65	223	265
保险辅助服务	7030	52	78	299
其他金融活动	7100	349	539	793
金融信托与管理	7110	31	43	59
金融租赁	7120	4		3
财务公司	7130	15	16	24
邮政储蓄	7140	6	3	4
典当	7150	73	270	274
其他未列明的金融活动	7190	220	207	429

单位：个

2004年	2005年	2006年	2007年	2008年	2009年	2010年	开业时间不详	代码
3067	3924	4939	5650	5386	6730	7446	518	6520
4477	5637	6780	7381	6828	8653	8960	724	6530
3193	3457	4188	4227	3752	4582	4820	350	6540
5201	6479	6706	5859	4980	9134	9557	450	6550
6845	7222	8518	8002	6810	11841	13411	931	6560
8252	9675	12641	13176	12009	16900	16361	1069	6570
5816	6979	9160	9069	8400	11473	12660	806	6580
4443	5177	6423	6595	5962	16559	20885	1117	6590
10858	**13530**	**16056**	**17157**	**15813**	**12897**	**12133**	**1073**	I
3716	4512	5203	5585	5195	3614	3408	368	6600
1326	1435	1503	1610	1452	1322	1251	188	6610
2214	2820	3404	3647	3363	1873	1708	144	6620
176	257	296	328	380	419	449	36	6690
7142	9018	10853	11572	10618	9283	8725	705	6700
5878	7401	8888	9419	8452	7222	6604	521	6710
477	626	748	838	821	723	619	56	6720
349	433	540	609	578	378	293	31	6730
438	558	677	706	767	960	1209	97	6790
1770	**2563**	**3149**	**4023**	**4418**	**7440**	**7277**	**555**	J
121	424	501	590	591	1199	1324	84	6800
2	4	3	1	4	33	18	3	6810
111	390	461	551	521	842	964	51	6820
8	30	37	38	66	324	342	30	6890
49	43	70	104	125	342	387	21	6900
1	1	7	4	3	26	29		6910
30	29	35	41	55	141	143	6	6920
11	8	19	42	43	100	140	12	6930
7	5	9	17	24	75	75	3	6940
918	1054	1147	1365	1455	1289	1000	71	7000
218	196	229	397	592	597	498	30	7010
323	503	550	555	544	383	272	24	7020
377	355	368	413	319	309	230	17	7030
682	1042	1431	1964	2247	4610	4566	379	7100
57	67	108	95	164	657	625	67	7110
7	13	15	27	23	112	133	9	7120
30	31	51	48	59	226	229	16	7130
	3	6	83	252	110	159	11	7140
117	374	398	608	312	499	515	37	7150
471	554	853	1103	1437	3006	2905	239	7190

行业中类	代码	2001年	2002年	2003年
房地产业	K	**12816**	**14666**	**17853**
房地产业	7200	12816	14666	17853
房地产开发经营	7210	6162	6595	7725
物业管理	7220	3536	4184	5185
房地产中介服务	7230	1731	2050	2884
其他房地产活动	7290	1387	1837	2059
租赁和商务服务业	L	**17415**	**20302**	**27879**
租赁业	7300	954	1064	1312
机械设备租赁	7310	915	1003	1229
文化及日用品出租	7320	39	61	83
商务服务业	7400	16461	19238	26567
企业管理服务	7410	2439	3030	4006
法律服务	7420	819	607	559
咨询与调查	7430	4140	5353	7581
广告业	7440	3521	4007	5470
知识产权服务	7450	183	214	503
职业中介服务	7460	711	870	1284
市场管理	7470	937	1116	1428
旅行社	7480	1464	1334	1844
其他商务服务	7490	2247	2707	3892
科学研究、技术服务和地质勘查业	M	**6883**	**7827**	**10296**
研究与试验发展	7500	796	843	1086
自然科学研究与试验发展	7510	89	68	97
工程和技术研究与试验发展	7520	355	465	595
农业科学研究与试验发展	7530	124	115	135
医学研究与试验发展	7540	213	183	243
社会人文科学研究与试验发展	7550	15	12	16
专业技术服务业	7600	3944	4652	6064
气象服务	7610	47	51	91
地震服务	7620	7	1	6
海洋服务	7630	8	8	10
测绘服务	7640	154	191	305
技术检测	7650	343	427	585
环境监测	7660	46	53	89
工程技术与规划管理	7670	2195	2568	3041
其他专业技术服务	7690	1144	1353	1937
科技交流和推广服务业	7700	2039	2239	3000
技术推广服务	7710	1507	1631	2172
科技中介服务	7720	242	257	371
其他科技服务	7790	290	351	457
地质勘查业	7800	104	93	146
矿产地质勘查	7810	43	34	59
基础地质勘查	7820	12	19	29
地质勘查技术服务	7830	49	40	58

单位：个

2004年	2005年	2006年	2007年	2008年	2009年	2010年	开业时间不详	代码
18340	**19996**	**23680**	**25886**	**18455**	**28695**	**33525**	**5231**	K
18340	19996	23680	25886	18455	28695	33525	5231	7200
7314	8417	10130	11428	7522	12458	16854	2674	7210
5476	5914	6580	6492	5174	7369	7647	1071	7220
3393	3582	4538	5515	4066	6759	7110	624	7230
2157	2083	2432	2451	1693	2109	1914	862	7290
33260	**41203**	**46728**	**50286**	**50089**	**73718**	**77308**	**7922**	L
1559	1967	2355	2582	2505	4513	4719	382	7300
1491	1865	2276	2503	2434	4382	4625	377	7310
68	102	79	79	71	131	94	5	7320
31701	39236	44373	47704	47584	69205	72589	7540	7400
3947	5435	6427	7448	7863	13868	17501	2076	7410
571	657	641	592	501	539	489	43	7420
9999	12922	14094	15636	16416	22173	20963	2461	7430
6999	8371	9984	10917	10220	13724	13743	1148	7440
471	442	465	408	433	473	409	32	7450
1714	1976	2268	2584	2710	3139	3311	315	7460
1247	1460	1253	1148	1026	1134	880	131	7470
1980	2192	2328	2135	1724	1984	2504	207	7480
4773	5781	6913	6836	6691	12171	12789	1127	7490
11847	**14623**	**16150**	**16888**	**16696**	**23943**	**23939**	**3415**	M
1218	1553	1909	1982	2098	4208	4593	525	7500
111	155	173	153	211	616	619	68	7510
666	854	1143	1264	1299	2453	2818	274	7520
125	180	220	206	199	477	492	79	7530
288	347	342	332	365	629	591	98	7540
28	17	31	27	24	33	73	6	7550
6928	7917	8625	8353	7549	10698	10711	1503	7600
66	63	54	47	26	276	203	2	7610
7	8	3	9	4	8	12		7620
12	13	12	6	13	30	27	3	7630
334	360	338	282	204	346	362	39	7640
677	794	1084	813	665	848	845	89	7650
106	137	135	151	174	168	161	16	7660
3444	3745	3934	3710	3108	3552	3351	469	7670
2282	2797	3065	3335	3355	5470	5750	885	7690
3509	4914	5324	6205	6680	8722	8376	1334	7700
2535	3404	3947	4578	5220	6158	5886	1077	7710
384	472	569	727	643	597	670	78	7720
590	1038	808	900	817	1967	1820	179	7790
192	239	292	348	369	315	259	53	7800
87	120	147	188	188	132	117	38	7810
30	20	39	19	27	38	37	1	7820
75	99	106	141	154	145	105	14	7830

行业中类	代码	2001年	2002年	2003年
水利、环境和公共设施管理业	N	**1300**	**1520**	**2052**
水利管理业	7900	117	93	119
防洪管理	7910	10	8	11
水资源管理	7920	50	45	60
其他水利管理	7990	57	40	48
环境管理业	8000	245	272	403
自然保护	8010	15	19	20
环境治理	8020	230	253	383
公共设施管理业	8100	938	1155	1530
市政公共设施管理	8110	113	129	182
城市绿化管理	8120	556	707	893
游览景区管理	8130	269	319	455
居民服务和其他服务业	O	**5551**	**6436**	**8551**
居民服务业	8200	2614	3112	4026
家庭服务	8210	154	151	245
托儿所	8220	16	22	24
洗染服务	8230	116	175	155
理发及美容保健服务	8240	727	1044	1325
洗浴服务	8250	508	595	922
婚姻服务	8260	91	126	151
殡葬服务	8270	104	74	138
摄影扩印服务	8280	421	429	433
其他居民服务	8290	477	496	633
其他服务业	8300	2937	3324	4525
修理与维护	8310	1770	1899	2591
清洁服务	8320	466	603	795
其他未列明的服务	8390	701	822	1139
教育	P	**1136**	**1302**	**1644**
教育	8400	1136	1302	1644
学前教育	8410	221	270	306
初等教育	8420	39	39	53
中等教育	8430	55	48	61
高等教育	8440	8	12	13
其他教育	8490	813	933	1211
卫生、社会保障和社会福利业	Q	**619**	**737**	**1139**
卫生	8500	572	676	1068
医院	8510	137	231	383

单位：个

2004年	2005年	2006年	2007年	2008年	2009年	2010年	开业时间不详	代码
2008	**2184**	**2396**	**2425**	**2336**	**3486**	**3278**	**619**	N
111	122	149	130	115	246	218	44	7900
9	8	10	11	2	17	17	4	7910
54	55	84	59	59	103	91	31	7920
48	59	55	60	54	126	110	9	7990
452	487	554	554	655	951	831	152	8000
28	25	34	25	24	41	50	12	8010
424	462	520	529	631	910	781	140	8020
1445	1575	1693	1741	1566	2289	2229	423	8100
201	205	235	247	210	382	375	33	8110
845	902	919	918	824	1274	1269	153	8120
399	468	539	576	532	633	585	237	8130
9767	**11409**	**13229**	**13493**	**12186**	**19373**	**18383**	**1417**	O
4602	5420	6042	6279	5603	6405	5685	458	8200
399	451	522	533	602	953	915	77	8210
21	23	30	27	35	39	42	4	8220
189	200	236	237	204	165	159	16	8230
1433	1861	2056	2036	1835	1094	889	60	8240
958	1004	1089	1107	856	540	412	42	8250
209	279	367	488	401	472	395	33	8260
145	131	122	133	101	115	122	20	8270
501	626	614	613	526	483	421	40	8280
747	845	1006	1105	1043	2544	2330	166	8290
5165	5989	7187	7214	6583	12968	12698	959	8300
2811	3208	3846	3504	3047	3623	3616	247	8310
930	1101	1428	1726	1595	2227	2029	191	8320
1424	1680	1913	1984	1941	7118	7053	521	8390
2131	**2723**	**2795**	**2517**	**2159**	**2331**	**2327**	**231**	P
2131	2723	2795	2517	2159	2331	2327	231	8400
321	337	387	311	295	254	266	11	8410
27	56	48	67	33	47	36	4	8420
61	104	99	90	73	128	124	8	8430
24	14	21	19	26	28	25	2	8440
1698	2212	2240	2030	1732	1874	1876	206	8490
1294	**1675**	**1734**	**1532**	**1257**	**971**	**890**	**111**	Q
1224	1588	1646	1440	1187	853	801	84	8500
446	557	549	401	394	380	352	35	8510

行业中类	代码	2001年	2002年	2003年
卫生院及社区医疗活动	8520	77	87	100
门诊部医疗活动	8530	283	287	499
计划生育技术服务活动	8540	7	10	17
妇幼保健活动	8550	3	1	6
专科疾病防治活动	8560	19	26	14
疾病预防控制及防疫活动	8570	6	8	8
其他卫生活动	8590	40	26	41
社会保障业	8600	16	28	23
社会福利业	8700	31	33	48
提供住宿的社会福利	8710	22	26	30
不提供住宿的社会福利	8720	9	7	18
文化、体育和娱乐业	**R**	**1522**	**1807**	**2732**
新闻出版业	8800	136	127	167
新闻业	8810	5		6
出版业	8820	131	127	161
广播、电视、电影和音像业	8900	226	276	382
广播	8910	12	14	15
电视	8920	77	84	151
电影	8930	75	102	134
音像制作	8940	62	76	82
文化艺术业	9000	372	418	669
文艺创作与表演	9010	101	83	158
艺术表演场馆	9020	14	10	15
图书馆与档案馆	9030	4	6	6
文物及文化保护	9040	14	3	13
博物馆	9050	6	6	9
烈士陵园、纪念馆	9060	1		3
群众文化活动	9070	35	50	78
文化艺术经纪代理	9080	99	111	199
其他文化艺术	9090	98	149	188
体育	9100	82	106	155
体育组织	9110	28	35	61
体育场馆	9120	28	41	53
其他体育	9190	26	30	41
娱乐业	9200	706	880	1359
室内娱乐活动	9210	402	479	813
游乐园	9220	27	37	40
休闲健身娱乐活动	9230	198	265	396
其他娱乐活动	9290	79	99	110

单位：个

2004年	2005年	2006年	2007年	2008年	2009年	2010年	开业时间不详	代码
122	162	145	182	125	81	104	5	8520
535	704	777	664	529	248	222	24	8530
26	24	20	20	16	4	6		8540
3	9	9	15	10	10	8	4	8550
18	40	40	37	29	15	9	2	8560
12	7	12	12	16	13	15		8570
62	85	94	109	68	102	85	14	8590
31	29	18	28	16	37	22	4	8600
39	58	70	64	54	81	67	23	8700
27	39	54	50	39	56	44	21	8710
12	19	16	14	15	25	23	2	8720
3342	**4088**	**4881**	**5156**	**4692**	**5678**	**5302**	**620**	**R**
201	207	195	162	172	227	196	28	8800
6	10	13	7	8	31	30	1	8810
195	197	182	155	164	196	166	27	8820
520	572	646	622	508	618	700	65	8900
21	27	15	15	12	48	58	3	8910
190	170	228	199	115	160	112	9	8920
182	208	235	241	234	241	328	32	8930
127	167	168	167	147	169	202	21	8940
819	1000	1201	1436	1404	2107	2122	291	9000
164	198	244	252	264	367	422	37	9010
29	24	41	40	33	39	39	3	9020
6	10	10	13	11	20	17	1	9030
15	15	17	20	13	25	27	6	9040
11	6	22	13	13	23	17	6	9050
1	2	1		5	13	2		9060
103	103	144	148	134	180	176	24	9070
226	305	366	385	346	390	336	44	9080
264	337	356	565	585	1050	1086	170	9090
203	237	232	266	229	309	236	26	9100
69	86	95	100	90	81	67	10	9110
70	71	62	77	58	82	54	6	9120
64	80	75	89	81	146	115	10	9190
1599	2072	2607	2670	2379	2417	2048	210	9200
960	1275	1595	1647	1421	1337	1215	69	9210
56	46	38	70	71	79	61	22	9220
454	582	746	715	699	554	393	71	9230
129	169	228	238	188	447	379	48	9290

2-7 按地区、开业(成立)

(2010年)

地区	企业单位数	1949年及以前	1950-1977年	1978-1991年	1992-1995年	1996年	1997年	1998年	1999年
全国	**6517670**	**3710**	**70093**	**186335**	**240527**	**81530**	**89776**	**161338**	**151088**
北京	353802	64	1310	8591	16841	4951	5743	8922	10710
天津	149382	123	1098	3735	6494	2103	2131	3100	3275
河北	234754	308	3488	7315	7795	3251	3329	6235	5744
山西	127218	204	3497	4877	3753	1367	1525	2851	2590
内蒙古	89791	63	906	1725	1693	789	875	1851	1769
辽宁	293675	477	3597	12169	12858	3687	4185	7394	8240
吉林	75975	179	1331	2875	2078	794	877	2018	2010
黑龙江	122302	321	2423	4762	4076	1558	1567	3192	3111
上海	375023	166	1025	7359	20709	5799	6714	9314	9668
江苏	756400	231	4360	19734	23061	7529	8432	26545	13841
浙江	570258	143	2603	13396	22508	8191	8813	12875	14992
安徽	171775	78	2349	4751	4726	1866	2073	2820	2655
福建	231539	69	3113	6632	10117	3484	3418	5209	5380
江西	112502	64	2733	3374	2842	1079	1094	2273	2065
山东	592306	234	3266	12014	14820	6189	6472	13397	13378
河南	258797	203	4618	7942	8897	4125	4300	8094	7302
湖北	239300	115	3302	7598	6516	2724	2710	5150	4676
湖南	176147	75	2736	5869	5313	2093	2048	4593	3786
广东	686522	200	4708	22782	33623	8656	10546	13826	16220
广西	117828	36	3105	3625	4113	1195	1252	2048	1935
海南	27164	2	818	882	1257	299	313	490	526
重庆	132525	49	1329	3532	4590	1605	2203	3408	2596
四川	193641	69	3010	7206	8177	2987	3166	5582	4993
贵州	54865	22	1715	1581	1637	552	775	1221	1223
云南	111062	36	1928	2895	3228	1291	1411	2106	1996
西藏	3037	4	190	148	142	45	47	77	79
陕西	119935	121	2976	4490	4204	1555	1836	3180	2726
甘肃	52559	35	1287	2348	2286	860	914	1591	1407
青海	13225	6	302	400	315	151	144	349	316
宁夏	21446	1	320	541	603	293	308	556	505
新疆	52915	12	650	1187	1255	462	555	1071	1374

时间分组的企业法人单位数

单位：个

2000年	2001年	2002年	2003年	2004年	2005年	2006年	2007年	2008年	2009年	2010年	开业时间不详
236947	**287797**	**325843**	**409680**	**433921**	**495860**	**585355**	**586135**	**505311**	**770985**	**811943**	**83496**
15333	19808	23445	29381	33538	37429	33889	34424	29906	21207	14294	4016
4803	5803	6692	9009	9460	10658	13067	12926	13558	16077	20517	4753
9681	11218	11681	13570	14309	16267	19857	18402	17392	31399	31674	1839
3778	4141	5066	6305	6812	8265	10519	10770	9619	19496	18717	3066
3323	3713	3799	4866	5897	7417	9893	9980	7585	12702	10401	544
10856	12273	14101	17865	19804	23122	26856	27442	24634	28213	29562	6340
3661	4423	3929	4801	5133	7033	8283	7611	4595	6743	6849	752
5689	6257	5722	7018	7745	8945	10716	11325	7887	16431	13007	550
14708	18390	23669	30460	35515	40329	36342	30524	26197	32558	21393	4184
24132	31611	38925	48128	45469	50156	63640	64095	49111	98232	133595	5573
21802	25363	32858	38588	37583	40402	53356	55991	51718	63243	58323	7510
4608	5452	6828	8908	9905	11261	15728	17499	17141	21022	29514	2591
7118	8313	9524	12955	14104	15677	18374	19096	19162	31338	34509	3947
3706	5000	5288	6767	6855	8094	10177	9233	6926	15189	18895	848
23505	30317	30757	39026	38032	44250	53235	47037	34892	79793	95303	6389
12054	13561	13920	17378	17970	23144	26083	25850	19949	21715	16663	5029
8786	10561	11160	13840	15510	17947	21035	20190	16759	36191	33006	1524
7401	10191	9390	12497	13235	16334	18784	15586	10937	14957	18590	1732
22497	26447	30789	39213	44438	49451	61354	64207	58486	92538	77451	9090
2912	3470	4216	5345	5738	7109	8321	9604	9571	20952	21175	2106
694	986	1093	1498	1671	1989	2430	2715	2374	1648	5282	197
4247	5072	5168	7157	7006	7917	9813	15377	11034	13541	25801	1080
7810	9295	10064	12655	12837	14722	18058	18581	18076	17507	14220	4626
1758	1944	2236	3005	3514	4037	5142	5830	5374	6369	5528	1402
2612	2919	3354	4641	5669	6079	7741	8040	9007	18898	25685	1526
124	114	147	178	204	249	280	293	196	393	124	3
4009	4939	4864	5909	6369	7164	8998	9418	9163	18598	18684	732
2074	2499	2629	3195	3304	3511	4140	4267	4300	5346	5659	907
575	637	688	834	846	833	1018	1171	1136	1307	1958	239
767	777	990	1397	1543	1482	1781	1958	2113	3001	2335	175
1924	2303	2851	3291	3906	4587	6445	6693	6513	4381	3229	226

2-8 按开业(成立)时间、营业状态分组的企业法人单位数

(2010年)

单位：个

开业(成立)时间	企业单位数	营业	停业(歇业)	筹建	当年关闭	当年破产	其他
总计	**6517670**	**5721846**	**292806**	**387965**	**51785**	**5466**	**57802**
1949年及以前	3710	3315	268	23	27	17	60
1950-1977年	70093	59928	7866	47	797	414	1041
1978-1991年	186335	166780	14937	234	2302	490	1592
1992-1995年	240527	218904	16623	384	2497	305	1814
1996年	81530	75313	4772	111	792	99	443
1997年	89776	83318	4819	168	820	107	544
1998年	161338	142383	8547	7639	1617	224	928
1999年	151088	139595	8411	277	1616	189	1000
2000年	236947	217939	13366	633	2848	324	1837
2001年	287797	266422	15246	731	3171	324	1903
2002年	325843	301714	17038	1073	3691	332	1995
2003年	409680	378408	21843	1873	4363	418	2775
2004年	433921	400251	23084	2790	4470	403	2923
2005年	495860	454374	28134	4298	5301	418	3335
2006年	585355	535422	32227	7504	5619	470	4113
2007年	586135	529718	32767	13724	4987	393	4546
2008年	505311	420564	23839	51694	3551	323	5340
2009年	770985	644573	10830	104738	2005	115	8724
2010年	811943	661333	7870	132773	1278	95	8594
开业时间不详	83496	21592	319	57251	33	6	4295

2-9 按行业(中类)、营业状态分组的企业法人单位数

(2010年) 单位：个

行业中类	代码	企业单位数	营业	停业(歇业)	筹建	当年关闭	当年破产	其他
总计		**6517670**	**5721846**	**292806**	**387965**	**51785**	**5466**	**57802**
农、林、牧、渔业	A	**185917**	**153486**	**5055**	**18956**	**491**	**57**	**7872**
农业	0100	64756	52448	1709	8312	161	11	2115
谷物及其他作物的种植	0110	17356	14324	376	2061	47	3	545
蔬菜、园艺作物的种植	0120	27178	22237	827	3209	77	7	821
水果、坚果、饮料和香料作物的种植	0130	17072	13372	406	2606	27		661
中药材的种植	0140	3150	2515	100	436	10	1	88
林业	0200	18843	15499	623	2058	57	3	603
林木的培育和种植	0210	17442	14295	585	1952	53	3	554
木材和竹材的采运	0220	730	648	16	41	3		22
林产品的采集	0230	671	556	22	65	1		27
畜牧业	0300	65989	55279	1624	5366	169	31	3520
牲畜的饲养	0310	21291	17860	564	2010	64	14	779
猪的饲养	0320	23604	19625	454	1644	39	7	1835
家禽的饲养	0330	15963	13532	404	1250	48	9	720
狩猎和捕捉动物	0340	71	53	5	8	1		4
其他畜牧业	0390	5060	4209	197	454	17	1	182
渔业	0400	13983	11296	473	1328	40	4	842
海洋渔业	0410	4407	3408	227	461	18	1	292
内陆渔业	0420	9576	7888	246	867	22	3	550
农、林、牧、渔服务业	0500	22346	18964	626	1892	64	8	792
农业服务业	0510	17380	14651	474	1630	51	7	567
林业服务业	0520	1237	1035	35	93	6	1	67
畜牧服务业	0530	2515	2232	85	88	6		104
渔业服务业	0540	1214	1046	32	81	1		54
采矿业	B	**104064**	**83392**	**10334**	**7798**	**1844**	**189**	**507**
煤炭开采和洗选业	0600	22912	17868	2590	1572	676	38	168
烟煤和无烟煤的开采洗选	0610	21595	16790	2519	1429	667	35	155
褐煤的开采洗选	0620	639	529	40	63	2	1	4
其他煤炭采选	0690	678	549	31	80	7	2	9
石油和天然气开采业	0700	1682	1460	73	130	1	5	13
天然原油和天然气开采	0710	377	320	18	37			2
与石油和天然气开采有关的服务活动	0790	1305	1140	55	93	1	5	11
黑色金属矿采选业	0800	18451	13960	2421	1674	304	23	69
铁矿采选	0810	16379	12358	2232	1454	270	19	46
其他黑色金属矿采选	0890	2072	1602	189	220	34	4	23
有色金属矿采选业	0900	11462	7987	1668	1506	195	35	71
常用有色金属矿采选	0910	8026	5474	1243	1090	145	21	53
贵金属矿采选	0920	2189	1602	263	279	28	8	9
稀有稀土金属矿采选	0930	1247	911	162	137	22	6	9

单位：个

行业中类	代码	企业单位数	营业	停业(歇业)	筹建	当年关闭	当年破产	其他
非金属矿采选业	1000	48050	41027	3467	2654	648	84	170
土砂石开采	1010	40647	35130	2789	2003	529	63	133
化学矿采选	1020	1612	1212	220	130	37	9	4
采盐	1030	865	810	27	15	10		3
石棉及其他非金属矿采选	1090	4926	3875	431	506	72	12	30
其他采矿业	1100	1507	1090	115	262	20	4	16
制造业	**C**	**2098319**	**1861491**	**93501**	**109378**	**21456**	**3028**	**9465**
农副食品加工业	1300	108825	98454	4791	3946	989	228	417
谷物磨制	1310	29082	27328	932	453	215	64	90
饲料加工	1320	12907	11524	640	520	133	28	62
植物油加工	1330	10247	9201	477	407	98	36	28
制糖	1340	678	581	42	34	12	2	7
屠宰及肉类加工	1350	17268	15709	698	605	145	31	80
水产品加工	1360	9256	8122	505	478	95	8	48
蔬菜、水果和坚果加工	1370	14770	13161	785	616	140	25	43
其他农副食品加工	1390	14617	12828	712	833	151	34	59
食品制造业	1400	46556	41098	2473	2140	504	94	247
焙烤食品制造	1410	11448	10310	497	443	118	19	61
糖果、巧克力及蜜饯制造	1420	4971	4572	209	121	51	4	14
方便食品制造	1430	7235	6447	359	313	74	14	28
液体乳及乳制品制造	1440	1991	1685	169	89	28	5	15
罐头制造	1450	3259	2833	221	140	46	6	13
调味品、发酵制品制造	1460	7051	6330	354	246	72	17	32
其他食品制造	1490	10601	8921	664	788	115	29	84
饮料制造业	1500	37383	33121	2054	1614	375	57	162
酒精制造	1510	490	401	44	32	9	2	2
酒的制造	1520	13956	12281	907	542	142	29	55
软饮料制造	1530	13159	11584	705	626	157	19	68
精制茶加工	1540	9778	8855	398	414	67	7	37
烟草制品业	1600	298	269	13	8	5	1	2
烟叶复烤	1610	107	94	6	5	2		
卷烟制造	1620	103	99	2		2		
其他烟草制品加工	1690	88	76	5	3	1	1	2
纺织业	1700	122699	110916	5185	4339	1615	236	408
棉、化纤纺织及印染精加工	1710	47823	43731	1821	1434	584	119	134
毛纺织和染整精加工	1720	5485	4907	294	156	91	22	15
麻纺织	1730	1031	923	70	18	13	2	5
丝绢纺织及精加工	1740	7106	6360	429	199	91	15	12
纺织制成品制造	1750	28026	25069	1213	1246	340	29	129
针织品、编织品及其制品制造	1760	33228	29926	1358	1286	496	49	113

单位：个

行业中类	代码	企业单位数	营业	停业(歇业)	筹建	当年关闭	当年破产	其他
纺织服装、鞋、帽制造业	1800	96743	85191	4862	4859	1312	113	406
纺织服装制造	1810	90086	79201	4592	4553	1240	107	393
纺织面料鞋的制造	1820	4944	4431	192	256	48	6	11
制帽	1830	1713	1559	78	50	24		2
皮革、毛皮、羽毛(绒)及其制品业	1900	36703	32073	1976	1931	514	61	148
皮革鞣制加工	1910	2897	2437	293	103	39	7	18
皮革制品制造	1920	28598	25008	1404	1630	409	43	104
毛皮鞣制及制品加工	1930	3360	3004	162	126	40	9	19
羽毛(绒)加工及制品制造	1940	1848	1624	117	72	26	2	7
木材加工及木、竹、藤、棕、草制品业	2000	67881	61516	2846	2368	755	181	215
锯材、木片加工	2010	24208	22303	944	617	210	65	69
人造板制造	2020	19166	17465	673	610	286	81	51
木制品制造	2030	16683	14771	859	809	159	21	64
竹、藤、棕、草制品制造	2040	7824	6977	370	332	100	14	31
家具制造业	2100	42015	37349	1704	2335	415	29	183
木质家具制造	2110	30219	26978	1206	1596	305	21	113
竹、藤家具制造	2120	767	668	34	48	12	1	4
金属家具制造	2130	4678	4155	205	244	50	3	21
塑料家具制造	2140	662	571	37	48	4	1	1
其他家具制造	2190	5689	4977	222	399	44	3	44
造纸及纸制品业	2200	55703	50074	2368	2336	623	85	217
纸浆制造	2210	1051	859	58	93	28	5	8
造纸	2220	13122	11586	741	474	211	41	69
纸制品制造	2230	41530	37629	1569	1769	384	39	140
印刷业和记录媒介的复制	2300	57748	54103	1734	1186	399	65	261
印刷	2310	52239	48977	1548	1083	356	63	212
装订及其他印刷服务活动	2320	5197	4847	175	87	42	2	44
记录媒介的复制	2330	312	279	11	16	1		5
文教体育用品制造业	2400	22036	19647	914	1118	253	25	79
文化用品制造	2410	6195	5533	282	267	74	10	29
体育用品制造	2420	5583	4892	231	385	50	3	22
乐器制造	2430	1488	1316	59	87	18	2	6
玩具制造	2440	7918	7163	313	319	94	10	19
游艺器材及娱乐用品制造	2450	852	743	29	60	17		3
石油加工及炼焦	2500	7208	5845	579	615	112	16	41
精炼石油产品的制造	2510	5288	4426	357	420	46	8	31
炼焦	2520	1893	1396	221	193	66	8	9
化学原料及化学制品制造业	2600	107165	93221	6125	5863	1227	194	535
基础化学原料制造	2610	18697	15965	1242	1082	248	50	110
肥料制造	2620	10928	8884	888	899	158	32	67
农药制造	2630	2787	2383	210	123	38	13	20
涂料、油墨、颜料及类似产品制造	2640	19942	17600	1079	961	213	19	70

2-9 续表 3

单位：个

行业中类	代码	企业单位数	营业	停业(歇业)	筹建	当年关闭	当年破产	其他
合成材料制造	2650	7234	6277	333	484	84	13	43
专用化学产品制造	2660	36981	33003	1758	1641	380	44	155
日用化学产品制造	2670	10596	9109	615	673	106	23	70
医药制造业	2700	17809	15191	920	1383	137	33	145
化学药品原药制造	2710	2595	2165	162	203	33	5	27
化学药品制剂制造	2720	2480	2143	122	177	12	7	19
中药饮片加工	2730	2283	1996	118	133	19	4	13
中成药制造	2740	3026	2679	126	176	19	7	19
兽用药品制造	2750	1535	1379	62	69	12	6	7
生物、生化制品的制造	2760	3101	2423	211	403	22	1	41
卫生材料及医药用品制造	2770	2789	2406	119	222	20	3	19
化学纤维制造业	2800	5265	4621	248	278	84	11	23
纤维素纤维原料及纤维制造	2810	979	837	50	68	14	6	4
合成纤维制造	2820	4286	3784	198	210	70	5	19
橡胶制品业	2900	23617	21164	974	1139	223	31	86
轮胎制造	2910	2139	1849	113	137	28	4	8
橡胶板、管、带的制造	2920	4524	4037	190	230	41	5	21
橡胶零件制造	2930	6525	5987	256	218	44	7	13
再生橡胶制造	2940	1153	1017	64	52	14	4	2
日用及医用橡胶制品制造	2950	1078	988	47	31	8	2	2
橡胶靴鞋制造	2960	2036	1828	97	72	23	4	12
其他橡胶制品制造	2990	6162	5458	207	399	65	5	28
塑料制品业	3000	112936	101481	4475	5331	1106	139	404
塑料薄膜制造	3010	10391	9502	359	406	74	13	37
塑料板、管、型材的制造	3020	15922	14133	672	874	163	16	64
塑料丝、绳及编织品的制造	3030	10920	9962	480	289	123	30	36
泡沫塑料制造	3040	5543	5040	236	183	59	7	18
塑料人造革、合成革制造	3050	1324	1130	63	109	16		6
塑料包装箱及容器制造	3060	12465	11284	469	562	97	10	43
塑料零件制造	3070	14799	13550	491	588	115	12	43
日用塑料制造	3080	14380	12800	681	631	207	22	39
其他塑料制品制造	3090	27192	24080	1024	1689	252	29	118
非金属矿物制品业	3100	223919	199492	10760	9926	2477	426	838
水泥、石灰和石膏的制造	3110	15804	13597	943	789	342	60	73
水泥及石膏制品制造	3120	50429	45623	2161	2008	388	63	186
砖瓦、石材及其他建筑材料制造	3130	101736	91439	4617	4019	1185	149	327
玻璃及玻璃制品制造	3140	18426	16222	906	959	216	46	77
陶瓷制品制造	3150	10803	9481	413	722	90	63	34
耐火材料制品制造	3160	12454	10850	953	468	114	27	42
石墨及其他非金属矿物制品制造	3190	14267	12280	767	961	142	18	99

2-9 续表 4 单位：个

行业中类	代码	企业单位数	营业	停业(歇业)	筹建	当年关闭	当年破产	其他
黑色金属冶炼及压延加工业	3200	20893	17409	1669	1233	414	61	107
炼铁	3210	2645	1933	425	146	107	18	16
炼钢	3220	935	767	83	57	17	3	8
钢压延加工	3230	13899	11902	858	845	206	23	65
铁合金冶炼	3240	3414	2807	303	185	84	17	18
有色金属冶炼及压延加工业	3300	24454	20666	1662	1522	402	45	157
常用有色金属冶炼	3310	6442	5019	745	475	126	19	58
贵金属冶炼	3320	685	565	49	52	8		11
稀有稀土金属冶炼	3330	1496	1222	121	99	37	2	15
有色金属合金制造	3340	2660	2293	124	190	41	2	10
有色金属压延加工	3350	13171	11567	623	706	190	22	63
金属制品业	3400	160747	141548	7160	9628	1413	159	839
结构性金属制品制造	3410	56082	48588	2935	3644	539	53	323
金属工具制造	3420	20857	18731	842	1013	175	18	78
集装箱及金属包装容器制造	3430	6234	5590	262	296	53	3	30
金属丝绳及其制品的制造	3440	7903	7061	413	305	71	21	32
建筑、安全用金属制品制造	3450	18759	16513	844	1150	128	13	111
金属表面处理及热处理加工	3460	11737	10657	459	464	117	6	34
搪瓷制品制造	3470	1229	1029	71	105	12	1	11
不锈钢及类似日用金属制品制造	3480	15258	13568	540	902	152	19	77
其他金属制品制造	3490	22688	19811	794	1749	166	25	143
通用设备制造业	3500	214101	191022	8580	11406	1862	244	987
锅炉及原动机制造	3510	8443	7505	390	402	81	16	49
金属加工机械制造	3520	29349	25837	1119	1892	235	25	241
起重运输设备制造	3530	6708	5967	194	475	47	6	19
泵、阀门、压缩机及类似机械的制造	3540	27610	24752	1004	1488	231	40	95
轴承、齿轮、传动和驱动部件的制造	3550	14143	12920	444	588	125	26	40
烘炉、熔炉及电炉制造	3560	1990	1812	67	89	15	1	6
风机、衡器、包装设备等通用设备制造	3570	28196	24780	1083	1920	215	21	177
通用零部件制造及机械修理	3580	64963	57631	2756	3656	584	65	271
金属铸、锻加工	3590	32699	29818	1523	896	329	44	89
专用设备制造业	3600	116929	102514	4658	8017	902	117	721
矿山、冶金、建筑专用设备制造	3610	19871	17341	864	1370	144	24	128
化工、木材、非金属加工专用设备制造	3620	32336	28905	1082	1982	226	23	118
食品、饮料、烟草及饲料生产专用设备制造	3630	4137	3675	198	208	26	5	25
印刷、制药、日化生产专用设备制造	3640	7300	6368	300	528	50	8	46
纺织、服装和皮革工业专用设备制造	3650	9629	8686	429	372	92	11	39
农、林、牧、渔专用机械制造	3670	8886	7833	439	409	99	21	85
医疗仪器设备及器械制造	3680	6576	5700	224	545	44	3	60
环保、社会公共安全及其他专用设备制造	3690	19477	16531	809	1838	141	14	144

单位：个

行业中类	代码	企业单位数	营业	停业(歇业)	筹建	当年关闭	当年破产	其他
交通运输设备制造业	3700	93528	82637	3503	6088	782	114	404
铁路运输设备制造	3710	3285	2937	135	158	26	8	21
汽车制造	3720	63169	56485	2170	3729	476	77	232
摩托车制造	3730	7526	6806	254	374	70	6	16
自行车制造	3740	5980	5092	326	425	74	13	50
船舶及浮动装置制造	3750	10977	9107	505	1180	112	8	65
航空航天器制造	3760	460	397	10	42	3		8
交通器材及其他交通运输设备制造	3790	2131	1813	103	180	21	2	12
电气机械及器材制造业	3900	115973	101679	4644	7939	1040	104	567
电机制造	3910	12374	10633	473	1090	119	14	45
输配电及控制设备制造	3920	37533	33623	1445	1978	267	29	191
电线、电缆、光缆及电工器材制造	3930	19171	17120	792	980	181	19	79
电池制造	3940	4847	4094	213	462	44	5	29
家用电力器具制造	3950	14274	12327	580	1098	179	15	75
非电力家用器具制造	3960	4794	3924	210	589	38	2	31
照明器具制造	3970	16384	14399	643	1104	161	15	62
其他电气机械及器材制造	3990	6596	5559	288	638	51	5	55
通信设备、计算机及其他电子设备制造业	4000	60906	53071	2231	4684	522	51	347
通信设备制造	4010	6548	5714	252	483	50	3	46
雷达及配套设备制造	4020	145	133	9	2			1
广播电视设备制造	4030	1699	1536	75	65	12	3	8
电子计算机制造	4040	5088	4467	183	352	45	1	40
电子器件制造	4050	8769	7524	316	800	70	6	53
电子元件制造	4060	26362	23022	961	2000	237	26	116
家用视听设备制造	4070	3914	3496	131	220	45	3	19
其他电子设备制造	4090	8381	7179	304	762	63	9	64
仪器仪表及文化、办公用机械制造业	4100	27777	24865	1113	1428	195	22	154
通用仪器仪表制造	4110	13481	12153	535	624	88	11	70
专用仪器仪表制造	4120	4779	4272	174	260	37	4	32
钟表与计时仪器制造	4130	1994	1803	89	69	16	5	12
光学仪器及眼镜制造	4140	3971	3496	150	283	23	2	17
文化、办公用机械制造	4150	1911	1692	82	103	25		9
其他仪器仪表的制造及修理	4190	1641	1449	83	89	6		14
工艺品及其他制造业	4200	60386	52929	2623	3812	645	64	313
工艺美术品制造	4210	35309	31083	1628	1944	417	45	192
日用杂品制造	4220	9155	8331	301	399	89	5	30
煤制品制造	4230	4405	3948	274	121	52	4	6
其他未列明的制造业	4290	11477	9533	418	1345	86	10	85
废弃资源和废旧材料回收加工业	4300	10116	8325	657	906	154	22	52
金属废料和碎屑的加工处理	4310	5037	4123	316	469	89	12	28
非金属废料和碎屑的加工处理	4320	5079	4202	341	437	65	10	24

单位：个

行业中类	代码	企业单位数	营业	停业（歇业）	筹建	当年关闭	当年破产	其他
电力、燃气及水的生产和供应业	D	**63037**	**56196**	**1344**	**4904**	**279**	**35**	**279**
电力、热力的生产和供应业	4400	41902	37185	937	3389	183	18	190
电力生产	4410	34465	30431	742	2997	143	13	139
电力供应	4420	3662	3397	82	130	22	1	30
热力生产和供应	4430	3775	3357	113	262	18	4	21
燃气生产和供应业	4500	4175	3532	110	465	30	9	29
水的生产和供应业	4600	16960	15479	297	1050	66	8	60
自来水的生产和供应	4610	13908	13206	173	437	52	8	32
污水处理及其再生利用	4620	2379	1716	82	547	11		23
其他水的处理、利用与分配	4690	673	557	42	66	3		5
建筑业	E	**302215**	**260147**	**18124**	**18676**	**2334**	**163**	**2771**
房屋和土木工程建筑业	4700	111475	97478	6036	6244	826	78	813
房屋工程建筑	4710	68220	60505	3435	3292	493	45	450
土木工程建筑	4720	43255	36973	2601	2952	333	33	363
建筑安装业	4800	59646	52106	3336	3259	428	33	484
建筑装饰业	4900	92833	79046	6234	5779	752	38	984
其他建筑业	5000	38261	31517	2518	3394	328	14	490
工程准备	5010	11406	9070	1086	966	162	3	119
提供施工设备服务	5020	4554	3812	266	399	33	5	39
其他未列明的建筑活动	5090	22301	18635	1166	2029	133	6	332
交通运输、仓储和邮政业	F	**185975**	**164487**	**7827**	**10848**	**1363**	**125**	**1325**
铁路运输业	5100	966	826	34	93	2		11
铁路旅客运输	5110	78	69	3	5			1
铁路货物运输	5120	441	365	16	56	1		3
铁路运输辅助活动	5130	447	392	15	32	1		7
道路运输业	5200	85723	75852	3804	4656	733	78	600
公路旅客运输	5210	8797	8255	200	238	49	9	46
道路货物运输	5220	68680	60274	3241	3997	629	63	476
道路运输辅助活动	5230	8246	7323	363	421	55	6	78
城市公共交通业	5300	8173	7767	152	165	39	1	49
公共电汽车客运	5310	2281	2142	54	56	12		17
轨道交通	5320	98	84	2	11			1
出租车客运	5330	5307	5100	81	79	20	1	26
城市轮渡	5340	73	69	2	2			
其他城市公共交通	5390	414	372	13	17	7		5
水上运输业	5400	8759	7613	399	614	75	6	52
水上旅客运输	5410	1006	904	43	47	8	1	3
水上货物运输	5420	5519	4878	244	312	54	4	27
水上运输辅助活动	5430	2234	1831	112	255	13	1	22

单位：个

行业中类	代码	企 业单位数	营业	停业（歇业）	筹建	当年关闭	当年破产	其他
航空运输业	5500	1003	870	33	73	8		19
航空客货运输	5510	371	330	11	25	2		3
通用航空服务	5520	248	207	9	25	1		6
航空运输辅助活动	5530	384	333	13	23	5		10
管道运输业	5600	148	121	4	23			
装卸搬运和其他运输服务业	5700	53140	47148	2172	3074	348	22	376
装卸搬运	5710	8719	7651	491	419	87	11	60
运输代理服务	5720	44421	39497	1681	2655	261	11	316
仓储业	5800	20073	17106	1045	1609	119	18	176
谷物、棉花等农产品仓储	5810	5540	4992	279	173	33	14	49
其他仓储	5890	14533	12114	766	1436	86	4	127
邮政业	5900	7990	7184	184	541	39		42
国家邮政	5910	1549	1519	6	13	3		8
其他寄递服务	5990	6441	5665	178	528	36		34
信息传输、计算机服务和软件业	G	**181726**	**165340**	**6564**	**7637**	**895**	**45**	**1245**
电信和其他信息传输服务业	6000	27796	25428	1008	962	156	11	231
电信	6010	8803	8086	307	267	51	5	87
互联网信息服务	6020	16649	15127	638	658	95	6	125
广播电视传输服务	6030	2146	2043	49	28	7		19
卫星传输服务	6040	198	172	14	9	3		
计算机服务业	6100	99479	92881	2558	2966	503	22	549
计算机系统服务	6110	19995	17676	879	1194	96	3	147
数据处理	6120	1024	893	51	68	5		7
计算机维修	6130	3508	3199	152	102	27	1	27
其他计算机服务	6190	74952	71113	1476	1602	375	18	368
软件业	6200	54451	47031	2998	3709	236	12	465
公共软件服务	6210	42825	37364	2357	2582	184	10	328
其他软件服务	6290	11626	9667	641	1127	52	2	137
批发和零售业	H	**1963277**	**1751536**	**70938**	**109554**	**12488**	**1146**	**17615**
批发业	6300	1224281	1079090	45549	80070	7630	709	11233
农畜产品批发	6310	55812	50290	2577	2027	411	117	390
食品、饮料及烟草制品批发	6320	89164	78958	3429	5380	576	61	760
纺织、服装及日用品批发	6330	127674	112569	4536	8503	892	50	1124
文化、体育用品及器材批发	6340	37070	33352	1214	1902	224	11	367
医药及医疗器材批发	6350	33721	31049	774	1470	131	13	284
矿产品、建材及化工产品批发	6360	402228	350649	15970	29551	2723	269	3066
机械设备、五金交电及电子产品批发	6370	336901	303541	10197	18700	1607	102	2754
贸易经纪与代理	6380	36435	30507	1707	3167	259	11	784
其他批发	6390	105276	88175	5145	9370	807	75	1704
零售业	6500	738996	672446	25389	29484	4858	437	6382
综合零售	6510	91081	82638	3780	3112	685	103	763

行业中类	代码	企业单位数	营业	停业(歇业)	筹建	当年关闭	当年破产	其他
食品、饮料及烟草制品专门零售	6520	57128	51194	2651	2319	429	51	484
纺织、服装及日用品专门零售	6530	70890	63744	2673	3238	532	41	662
文化、体育用品及器材专门零售	6540	44976	40566	2004	1608	305	13	480
医药及医疗器材专门零售	6550	66722	63665	1024	1323	303	16	391
汽车、摩托车、燃料及零配件专门零售	6560	104543	96002	2995	4150	716	53	627
家用电器及电子产品专门零售	6570	122294	113237	3283	3919	695	55	1105
五金、家具及室内装修材料专门零售	6580	92373	82452	4074	4222	704	63	858
无店铺及其他零售	6590	88989	78948	2905	5593	489	42	1012
住宿和餐饮业	**I**	**158544**	**147250**	**4575**	**4389**	**1502**	**89**	**739**
住宿业	6600	57947	53951	1740	1611	382	34	229
旅游饭店	6610	19996	18394	588	798	153	10	53
一般旅馆	6620	34044	32065	995	626	199	20	139
其他住宿服务	6690	3907	3492	157	187	30	4	37
餐饮业	6700	100597	93299	2835	2778	1120	55	510
正餐服务	6710	81896	76211	2292	2034	943	44	372
快餐服务	6720	7029	6581	164	173	70	5	36
饮料及冷饮服务	6730	4252	3941	139	125	35	1	11
其他餐饮服务	6790	7420	6566	240	446	72	5	91
金融业	**J**	**42829**	**38757**	**963**	**2642**	**158**	**8**	**301**
银行业	6800	9891	9643	7	206			35
中央银行	6810	123	116		6			1
商业银行	6820	8374	8212	5	131			26
其他银行	6890	1394	1315	2	69			8
证券业	6900	1765	1583	50	110	9	1	12
证券市场管理	6910	97	87	1	7	1		1
证券经纪与交易	6920	918	881	5	27	2		3
证券投资	6930	460	369	33	49	3		6
证券分析与咨询	6940	290	246	11	27	3	1	2
保险业	7000	11333	10901	108	240	39	4	41
人寿保险	7010	4093	3982	10	80	3		18
非人寿保险	7020	4357	4248	11	78	8	1	11
保险辅助服务	7030	2883	2671	87	82	28	3	12
其他金融活动	7100	19840	16630	798	2086	110	3	213
金融信托与管理	7110	2126	1726	92	267	7	1	33
金融租赁	7120	367	297	9	51	4		6
财务公司	7130	824	694	21	78	6		25
邮政储蓄	7140	681	660	1	19			1
典当	7150	4013	3711	72	202	12	1	15
其他未列明的金融活动	7190	11829	9542	603	1469	81	1	133

行业中类	代码	企业单位数	营业	停业（歇业）	筹建	当年关闭	当年破产	其他
房地产业	K	**278640**	**224925**	**23813**	**22221**	**2090**	**211**	**5380**
房地产业	7200	278640	224925	23813	22221	2090	211	5380
房地产开发经营	7210	124720	95359	13681	11187	1022	99	3372
物业管理	7220	71974	62543	3072	5288	378	29	664
房地产中介服务	7230	46525	39627	3074	2963	393	18	450
其他房地产活动	7290	35421	27396	3986	2783	297	65	894
租赁和商务服务业	L	**515596**	**435931**	**28265**	**41958**	**3790**	**214**	**5438**
租赁业	7300	27021	23011	1472	2026	215	31	266
机械设备租赁	7310	26021	22126	1422	1988	206	31	248
文化及日用品出租	7320	1000	885	50	38	9		18
商务服务业	7400	488575	412920	26793	39932	3575	183	5172
企业管理服务	7410	92810	72677	6684	11275	566	52	1556
法律服务	7420	8984	8505	199	162	56	2	60
咨询与调查	7430	144738	119958	9046	13110	1143	41	1440
广告业	7440	98955	87278	4439	5560	824	20	834
知识产权服务	7450	4367	3969	174	176	20		28
职业中介服务	7460	23108	19520	1354	1821	188	14	211
市场管理	7470	16894	15398	541	720	112	12	111
旅行社	7480	24755	22784	743	913	156	10	149
其他商务服务	7490	73964	62831	3613	6195	510	32	783
科学研究、技术服务和地质勘查业	M	**177722**	**149224**	**9785**	**15348**	**1085**	**62**	**2218**
研究与试验发展	7500	23360	18494	1473	2968	126	8	291
自然科学研究与试验发展	7510	2574	2017	155	354	8		40
工程和技术研究与试验发展	7520	13590	11021	641	1730	65	5	128
农业科学研究与试验发展	7530	2774	2073	236	376	25	3	61
医学研究与试验发展	7540	4100	3127	413	483	23		54
社会人文科学研究与试验发展	7550	322	256	28	25	5		8
专业技术服务业	7600	92006	80039	3693	6785	473	32	984
气象服务	7610	1120	1070	23	17	6		4
地震服务	7620	83	80	1	1	1		
海洋服务	7630	183	149	5	25	2		2
测绘服务	7640	3374	3081	91	158	14	1	29
技术检测	7650	8656	7676	294	566	43	5	72
环境监测	7660	1384	1192	60	105	9		18
工程技术与规划管理	7670	42240	37286	1640	2785	206	14	309
其他专业技术服务	7690	34966	29505	1579	3128	192	12	550
科技交流和推广服务业	7700	59356	48391	4386	5194	465	22	898
技术推广服务	7710	43404	35284	3381	3805	306	18	610
科技中介服务	7720	5825	4748	459	425	66	2	125
其他科技服务	7790	10127	8359	546	964	93	2	163
地质勘查业	7800	3000	2300	233	401	21		45
矿产地质勘查	7810	1386	945	148	251	15		27
基础地质勘查	7820	419	372	16	23	1		7
地质勘查技术服务	7830	1195	983	69	127	5		11

行业中类	代码	企业单位数	营业	停业(歇业)	筹建	当年关闭	当年破产	其他
水利、环境和公共设施管理业	N	**28693**	**23196**	**1673**	**3267**	**215**	**14**	**328**
水利管理业	7900	2228	1849	132	193	9	1	44
防洪管理	7910	172	131	19	21			1
水资源管理	7920	1131	939	59	105	6		22
其他水利管理	7990	925	779	54	67	3	1	21
环境管理业	8000	6427	5142	326	842	41	4	72
自然保护	8010	406	322	25	51	3		5
环境治理	8020	6021	4820	301	791	38	4	67
公共设施管理业	8100	20038	16205	1215	2232	165	9	212
市政公共设施管理	8110	2854	2359	149	264	26	1	55
城市绿化管理	8120	11028	9290	653	863	95	5	122
游览景区管理	8130	6156	4556	413	1105	44	3	35
居民服务和其他服务业	O	**141736**	**127068**	**5453**	**6611**	**1162**	**40**	**1402**
居民服务业	8200	60160	54557	2379	2228	489	17	490
家庭服务	8210	5341	4572	319	347	58	1	44
托儿所	8220	349	325	6	13		1	4
洗染服务	8230	2317	2099	105	68	26	2	17
理发及美容保健服务	8240	16552	15400	595	364	125	1	67
洗浴服务	8250	9981	9340	316	201	78	6	40
婚姻服务	8260	3368	2955	172	184	31		26
殡葬服务	8270	1890	1722	46	101	8		13
摄影扩印服务	8280	7052	6575	239	147	55	2	34
其他居民服务	8290	13310	11569	581	803	108	4	245
其他服务业	8300	81576	72511	3074	4383	673	23	912
修理与维护	8310	37923	35070	1289	1020	302	10	232
清洁服务	8320	14453	12630	720	839	120	4	140
其他未列明的服务	8390	29200	24811	1065	2524	251	9	540
教育	P	**25723**	**23150**	**1099**	**934**	**174**	**9**	**357**
教育	8400	25723	23150	1099	934	174	9	357
学前教育	8410	4177	3965	79	54	13	2	64
初等教育	8420	612	575	11	12	3	1	10
中等教育	8430	1127	1003	40	50	16		18
高等教育	8440	243	216	12	9	1		5
其他教育	8490	19564	17391	957	809	141	6	260
卫生、社会保障和社会福利业	Q	**16222**	**15239**	**368**	**408**	**71**	**7**	**129**
卫生	8500	15085	14317	284	316	62	6	100
医院	8510	4902	4649	68	140	17	2	26

单位：个

行业中类	代码	企 业单位数					
			营业	停业(歇业)	筹建	当年关闭	当年破产	其他
卫生院及社区医疗活动	8520	1843	1793	16	16	7		11
门诊部医疗活动	8530	6696	6389	141	96	26	3	41
计划生育技术服务活动	8540	243	231	2	4	1		5
妇幼保健活动	8550	99	92	3	4			
专科疾病防治活动	8560	305	292	6	3	1		3
疾病预防控制及防疫活动	8570	149	137	3	5	1		3
其他卫生活动	8590	848	734	45	48	9	1	11
社会保障业	8600	330	293	12	13			12
社会福利业	8700	807	629	72	79	9	1	17
提供住宿的社会福利	8710	563	456	32	62	4		9
不提供住宿的社会福利	8720	244	173	40	17	5	1	8
文化、体育和娱乐业	**R**	**47435**	**41031**	**3125**	**2436**	**388**	**24**	**431**
新闻出版业	8800	3040	2817	130	54	19	2	18
新闻业	8810	148	137	4	5			2
出版业	8820	2892	2680	126	49	19	2	16
广播、电视、电影和音像业	8900	7186	6227	539	287	46	2	85
广播	8910	289	264	11	11	1		2
电视	8920	1815	1578	146	62	11		18
电影	8930	3507	3023	279	131	24	2	48
音像制作	8940	1575	1362	103	83	10		17
文化艺术业	9000	13012	10632	1206	887	121	2	164
文艺创作与表演	9010	2581	2128	195	211	17		30
艺术表演场馆	9020	401	342	28	18	3	1	9
图书馆与档案馆	9030	141	133	4	4			
文物及文化保护	9040	207	155	14	30	1		7
博物馆	9050	154	120	12	20	2		
烈士陵园、纪念馆	9060	37	28	3	3			3
群众文化活动	9070	1344	1054	161	93	18		18
文化艺术经纪代理	9080	3018	2470	331	154	27		36
其他文化艺术	9090	5129	4202	458	354	53	1	61
体育	9100	2395	1942	225	176	27		25
体育组织	9110	834	656	91	61	13		13
体育场馆	9120	716	612	56	37	6		5
其他体育	9190	845	674	78	78	8		7
娱乐业	9200	21802	19413	1025	1032	175	18	139
室内娱乐活动	9210	12981	11996	471	341	99	11	63
游乐园	9220	694	540	71	73	6		4
休闲健身娱乐活动	9230	5729	4908	328	383	54	6	50
其他娱乐活动	9290	2398	1969	155	235	16	1	22

2-10 按地区、营业状态分组的企业法人单位数

(2010年) 单位：个

地区	企业单位数	营业	停业(歇业)	筹建	当年关闭	当年破产	其他
全国	**6517670**	**5721846**	**292806**	**387965**	**51785**	**5466**	**57802**
北京	353802	294176	42674	6068	5387	128	5369
天津	149382	104237	13147	26329	3038	120	2511
河北	234754	207804	11551	12187	1296	252	1664
山西	127218	104264	11250	8859	1573	209	1063
内蒙古	89791	80533	3414	4806	520	77	441
辽宁	293675	249370	24301	16700	1600	187	1517
吉林	75975	70660	3174	1497	330	69	245
黑龙江	122302	110463	4742	3990	660	100	2347
上海	375023	318830	10833	40327	601	4	4428
江苏	756400	670719	29082	45234	7236	578	3551
浙江	570258	501822	23352	38145	6761	167	11
安徽	171775	147454	6098	15567	1420	217	1019
福建	231539	189445	10342	25687	2367	150	3548
江西	112502	100942	3146	6147	1142	114	1011
山东	592306	550346	12682	19168	4038	674	5398
河南	258797	239743	7199	6046	1903	475	3431
湖北	239300	222954	7563	5307	1374	328	1774
湖南	176147	167434	3847	2610	961	320	975
广东	686522	612968	22607	41391	4161	243	5152
广西	117828	100999	5005	8015	1308	112	2389
海南	27164	21164	1934	2660	89	10	1307
重庆	132525	120135	3282	7706	707	86	609
四川	193641	174444	8406	7725	1224	230	1612
贵州	54865	43782	4138	5900	390	93	562
云南	111062	88706	5817	13465	63	2	3009
西藏	3037	2727	112	166	4	5	23
陕西	119935	107089	4429	6592	431	110	1284
甘肃	52559	46780	2430	2053	409	203	684
青海	13225	10562	822	1371	139	75	256
宁夏	21446	18826	1003	1368	119	16	114
新疆	52915	42468	4424	4879	534	112	498

2-11 按行业(大类)、控股情况分组的企业法人单位数

(2010年) 单位：个

行业大类	代码	企业单位数	国有控股	集体控股	私人控股	港澳台商控股	外商控股	其他
总计		**6517670**	**249622**	**269565**	**5126438**	**89681**	**98412**	**683952**
农、林、牧、渔业	A	**185917**	**5604**	**8198**	**120478**	**397**	**363**	**50877**
农业	0100	64756	1614	3106	42247	217	172	17400
林业	0200	18843	1744	1372	11586	59	52	4030
畜牧业	0300	65989	1000	1768	43832	62	92	19235
渔业	0400	13983	304	712	9568	33	25	3341
农、林、牧、渔服务业	0500	22346	942	1240	13245	26	22	6871
采矿业	B	**104064**	**3213**	**5923**	**87173**	**245**	**257**	**7253**
煤炭开采和洗选业	0600	22912	1503	2218	17928	32	22	1209
石油和天然气开采业	0700	1682	190	78	1189	12	16	197
黑色金属矿采选业	0800	18451	294	643	16369	33	30	1082
有色金属矿采选业	0900	11462	525	728	9303	41	71	794
非金属矿采选业	1000	48050	658	2218	41182	127	111	3754
其他采矿业	1100	1507	43	38	1202		7	217
制造业	C	**2098319**	**35419**	**68020**	**1727829**	**56145**	**55715**	**155191**
农副食品加工业	1300	108825	2902	3037	91035	1094	1861	8896
食品制造业	1400	46556	1122	1211	37569	1023	1384	4247
饮料制造业	1500	37383	1052	1741	30378	437	672	3103
烟草制品业	1600	298	167	34	85			12
纺织业	1700	122699	1278	2495	105127	4340	2973	6486
纺织服装、鞋、帽制造业	1800	96743	729	2078	77419	5324	4194	6999
皮革、毛皮、羽毛(绒)及其制品业	1900	36703	206	640	29848	2304	1549	2156
木材加工及木、竹、藤、棕、草制品业	2000	67881	718	1277	59410	735	720	5021
家具制造业	2100	42015	260	701	34856	1247	1085	3866
造纸及纸制品业	2200	55703	552	1900	46933	1426	852	4040
印刷业和记录媒介的复制	2300	57748	2029	4062	45793	762	393	4709
文教体育用品制造业	2400	22036	166	495	16966	1901	1233	1275
石油加工、炼焦及核燃料加工业	2500	7208	349	352	5660	100	140	607
化学原料及化学制品制造业	2600	107165	2622	4368	86245	2668	3128	8134
医药制造业	2700	17809	844	667	13182	559	828	1729
化学纤维制造业	2800	5265	116	109	4415	217	170	238
橡胶制品业	2900	23617	295	949	19314	784	683	1592
塑料制品业	3000	112936	874	2989	94315	4311	2862	7585
非金属矿物制品业	3100	223919	3317	9250	190255	2008	2053	17036
黑色金属冶炼及压延加工业	3200	20893	564	848	17400	269	292	1520
有色金属冶炼及压延加工业	3300	24454	753	917	20116	513	513	1642

行业大类	代码	企业单位数	国有控股	集体控股	私人控股	港澳台商控股	外商控股	其他
金属制品业	3400	160747	1594	5284	134181	3712	3168	12808
通用设备制造业	3500	214101	2888	7821	181724	2680	4443	14545
专用设备制造业	3600	116929	2416	3312	94853	2872	3985	9491
交通运输设备制造业	3700	93528	2966	3786	75379	1566	3129	6702
电气机械及器材制造业	3900	115973	1750	3915	94134	4199	3925	8050
通信设备、计算机及其他电子设备制造业	4000	60906	1350	1031	42768	5148	5704	4905
仪器仪表及文化、办公用机械制造业	4100	27777	817	1076	21261	1284	1403	1936
工艺品及其他制造业	4200	60386	566	1390	48692	2563	2199	4976
废弃资源和废旧材料回收加工业	4300	10116	157	285	8516	99	174	885
电力、燃气及水的生产和供应业	**D**	**63037**	**11364**	**8961**	**36679**	**559**	**563**	**4911**
电力、热力的生产和供应业	4400	41902	6962	5083	26139	280	254	3184
燃气生产和供应业	4500	4175	531	177	2682	162	159	464
水的生产和供应业	4600	16960	3871	3701	7858	117	150	1263
建筑业	**E**	**302215**	**13614**	**15464**	**242883**	**859**	**804**	**28591**
房屋和土木工程建筑业	4700	111475	8879	9590	83355	168	205	9278
建筑安装业	4800	59646	2236	2953	48081	232	240	5904
建筑装饰业	4900	92833	1103	1719	80580	393	282	8756
其他建筑业	5000	38261	1396	1202	30867	66	77	4653
交通运输、仓储和邮政业	**F**	**185975**	**16130**	**10425**	**134271**	**2096**	**1693**	**21360**
铁路运输业	5100	966	277	79	455			155
道路运输业	5200	85723	5037	4755	64774	477	303	10377
城市公共交通业	5300	8173	1190	823	5038	50	29	1043
水上运输业	5400	8759	920	866	5760	99	74	1040
航空运输业	5500	1003	275	30	517	13	22	146
管道运输业	5600	148	48	6	68	4	3	19
装卸搬运和其他运输服务业	5700	53140	2399	2429	41312	949	605	5446
仓储业	5800	20073	4738	1293	10912	477	634	2019
邮政业	5900	7990	1246	144	5435	27	23	1115
信息传输、计算机服务和软件业	**G**	**181726**	**5950**	**2082**	**148560**	**2307**	**4570**	**18257**
电信和其他信息传输服务业	6000	27796	4048	677	18677	302	354	3738
计算机服务业	6100	99479	975	689	86865	425	831	9694
软件业	6200	54451	927	716	43018	1580	3385	4825
批发和零售业	**H**	**1963277**	**59384**	**66131**	**1584078**	**10010**	**14940**	**228734**
批发业	6300	1224281	37411	33579	1000265	8015	12729	132282
零售业	6500	738996	21973	32552	583813	1995	2211	96452

2-11 续表 2

单位：个

行业大类	代码	企业单位数	国有控股	集体控股	私人控股	港澳台商控股	外商控股	其他
住宿和餐饮业	I	**158544**	**11223**	**8455**	**117288**	**1910**	**2135**	**17533**
住宿业	6600	57947	8542	5119	36698	707	540	6341
餐饮业	6700	100597	2681	3336	80590	1203	1595	11192
金融业	J	**42829**	**11729**	**4334**	**18871**	**267**	**703**	**6925**
银行业	6800	9891	4999	2628	767	92	264	1141
证券业	6900	1765	580	79	729	7	16	354
保险业	7000	11333	4093	1054	3484	97	325	2280
其他金融活动	7100	19840	2057	573	13891	71	98	3150
房地产业	K	**278640**	**20471**	**19209**	**200821**	**6079**	**3583**	**28477**
房地产业	7200	278640	20471	19209	200821	6079	3583	28477
租赁和商务服务业	L	**515596**	**25923**	**31248**	**384440**	**5386**	**7878**	**60721**
租赁业	7300	27021	796	789	21647	83	120	3586
商务服务业	7400	488575	25127	30459	362793	5303	7758	57135
科学研究、技术服务和地质勘查业	M	**177722**	**13982**	**7700**	**129961**	**2043**	**3522**	**20514**
研究与试验发展	7500	23360	1251	672	17059	565	1034	2779
专业技术服务业	7600	92006	8991	4146	66163	895	1361	10450
科技交流和推广服务业	7700	59356	3074	2784	44959	571	1086	6882
地质勘查业	7800	3000	666	98	1780	12	41	403
水利、环境和公共设施管理业	N	**28693**	**3936**	**2229**	**18519**	**192**	**201**	**3616**
水利管理业	7900	2228	739	278	876	7	7	321
环境管理业	8000	6427	892	467	4083	48	98	839
公共设施管理业	8100	20038	2305	1484	13560	137	96	2456
居民服务和其他服务业	O	**141736**	**3814**	**6235**	**110878**	**595**	**802**	**19412**
居民服务业	8200	60160	1573	2748	47767	296	361	7415
其他服务业	8300	81576	2241	3487	63111	299	441	11997
教育	P	**25723**	**1552**	**1369**	**18725**	**115**	**165**	**3797**
教育	8400	25723	1552	1369	18725	115	165	3797
卫生、社会保障和社会福利业	Q	**16222**	**1374**	**1522**	**10832**	**37**	**71**	**2386**
卫生	8500	15085	1152	1334	10322	35	67	2175
社会保障业	8600	330	85	71	107			67
社会福利业	8700	807	137	117	403	2	4	144
文化、体育和娱乐业	R	**47435**	**4940**	**2060**	**34152**	**439**	**447**	**5397**
新闻出版业	8800	3040	1652	205	875	7	6	295
广播、电视、电影和音像业	8900	7186	1859	490	4062	53	33	689
文化艺术业	9000	13012	719	515	10079	44	65	1590
体育	9100	2395	208	100	1695	39	47	306
娱乐业	9200	21802	502	750	17441	296	296	2517

2-12 按地区、控股情况分组的企业法人单位数

(2010年)　　　　单位：个

地区	企业单位数	国有控股	集体控股	私人控股	港澳台商控股	外商控股	其他
全国	**6517670**	**249622**	**269565**	**5126438**	**89681**	**98412**	**683952**
北京	353802	16539	20862	282726	4834	9434	19407
天津	149382	7768	6086	101465	1494	4161	28408
河北	234754	8623	11922	189638	496	1027	23048
山西	127218	8374	8965	95000	147	196	14536
内蒙古	89791	4363	2501	67903	138	200	14686
辽宁	293675	13661	22204	232034	1874	5958	17944
吉林	75975	4366	2631	58740	154	513	9571
黑龙江	122302	8620	5727	85945	255	390	21365
上海	375023	12407	13223	310753	10776	20123	7741
江苏	756400	12564	16959	662276	9675	14827	40099
浙江	570258	10193	19401	521940	7108	7940	3676
安徽	171775	8314	6601	132679	719	875	22587
福建	231539	9489	8171	167455	7562	4102	34760
江西	112502	7456	4232	83021	1127	660	16006
山东	592306	14696	16133	443405	2058	8356	107658
河南	258797	9702	10237	215665	492	489	22212
湖北	239300	11301	9338	162720	916	915	54110
湖南	176147	8080	8923	145391	710	547	12496
广东	686522	19443	35833	501866	35991	14057	79332
广西	117828	7604	6217	85255	691	529	17532
海南	27164	2166	1074	17677	352	228	5667
重庆	132525	5799	4066	99266	492	539	22363
四川	193641	8863	7133	158391	609	929	17716
贵州	54865	5096	2967	38465	174	182	7981
云南	111062	5766	5501	82867	294	419	16215
西藏	3037	735	319	1498	3	18	464
陕西	119935	7043	6106	78331	288	440	27727
甘肃	52559	3842	3304	34850	84	100	10379
青海	13225	1276	783	8944	33	42	2147
宁夏	21446	1124	567	17643	26	55	2031
新疆	52915	4349	1579	42629	109	161	4088

2-13 按行业(大类)、地区分组的

(2010年)

行业大类	代码	企业单位数	北京	天津	河北	山西	内蒙古
总计		**249622**	**16539**	**7768**	**8623**	**8374**	**4363**
农、林、牧、渔业	A	**5604**	**134**	**39**	**200**	**253**	**174**
农业	0100	1614	51	12	44	59	57
林业	0200	1744	23	4	62	82	59
畜牧业	0300	1000	26	11	37	90	37
渔业	0400	304	13	7	3		2
农、林、牧、渔服务业	0500	942	21	5	54	22	19
采矿业	B	**3213**	**19**	**17**	**137**	**421**	**123**
煤炭开采和洗选业	0600	1503	5		60	367	60
石油和天然气开采业	0700	190	5	10	4	10	10
黑色金属矿采选业	0800	294	5		40	12	8
有色金属矿采选业	0900	525		1	8	9	21
非金属矿采选业	1000	658	3	6	23	21	23
其他采矿业	1100	43	1		2	2	1
制造业	C	**35419**	**1637**	**1786**	**1306**	**1056**	**542**
农副食品加工业	1300	2902	50	46	70	112	38
食品制造业	1400	1122	37	46	35	52	23
饮料制造业	1500	1052	34	27	38	24	16
烟草制品业	1600	167	1	1	3	1	2
纺织业	1700	1278	35	149	57	19	17
纺织服装、鞋、帽制造业	1800	729	27	39	22	11	13
皮革、毛皮、羽毛(绒)及其制品业	1900	206	5	15	8	2	1
木材加工及木、竹、藤、棕、草制品业	2000	718	10	13	16	3	23
家具制造业	2100	260	8	14	13	3	3
造纸及纸制品业	2200	552	18	38	14	3	4
印刷业和记录媒介的复制	2300	2029	180	61	67	67	48
文教体育用品制造业	2400	166	11	15	1	4	1
石油加工、炼焦及核燃料加工业	2500	349	11	11	21	25	9
化学原料及化学制品制造业	2600	2622	103	129	98	106	38
医药制造业	2700	844	66	46	17	28	11
化学纤维制造业	2800	116	3	6	9	3	
橡胶制品业	2900	295	9	27	7	8	3
塑料制品业	3000	874	39	77	26	18	6
非金属矿物制品业	3100	3317	123	90	169	124	75
黑色金属冶炼及压延加工业	3200	564	12	47	38	27	9
有色金属冶炼及压延加工业	3300	753	17	24	25	28	33

国有控股企业法人单位数

单位：个

辽宁	吉林	黑龙江	上海	江苏	浙江	安徽	福建	江西	山东	代码
13661	**4366**	**8620**	**12407**	**12564**	**10193**	**8314**	**9489**	**7456**	**14696**	
322	**333**	**520**	**93**	**85**	**173**	**68**	**240**	**277**	**138**	A
98	56	201	44	30	54	29	59	53	39	0100
93	201	194	6	10	49	11	123	133	17	0200
70	46	63	19	16	16	9	17	29	29	0300
21	7	14	11	11	20	11	8	12	24	0400
40	23	48	13	18	34	8	33	50	29	0500
82	**61**	**109**	**1**	**57**	**28**	**88**	**97**	**153**	**225**	B
26	18	53		13	1	35	25	51	112	0600
7	13	18	1	5			1		31	0700
11	5	2		7	4	16	9	3	19	0800
8	14	11		2	3	11	14	54	29	0900
29	9	22		29	20	26	46	45	32	1000
1	2	3		1			2		2	1100
2693	**578**	**1423**	**1773**	**1796**	**784**	**1131**	**1032**	**1166**	**2289**	C
138	45	134	26	74	53	242	110	118	166	1300
89	11	53	53	52	24	27	51	46	73	1400
35	18	45	17	39	33	41	66	54	73	1500
3	5	6	2	6	4	4	7	4	16	1600
82	2	43	71	92	45	35	22	45	75	1700
50	10	13	40	71	22	18	33	43	71	1800
21		7	16	5	6	5	11	7	9	1900
36	46	93	17	16	7	25	32	54	36	2000
9	3	19	16	16	2	3	18	15	13	2100
33	11	32	14	19	6	11	28	21	50	2200
141	32	73	113	86	45	59	73	68	107	2300
5	1	7	30	8	5	2	3	7	11	2400
39	6	25	8	14	4	4	7	5	38	2500
180	36	85	113	115	75	67	62	78	200	2600
52	20	33	78	39	18	31	13	33	42	2700
8	3	2	10	15	10	2		3	14	2800
33	3	10	19	12	7	11	4	4	31	2900
68	11	50	56	45	18	24	23	27	66	3000
210	57	114	99	110	74	92	124	132	184	3100
71	8	12	17	16	13	14	10	7	30	3200
41	3	6	17	22	9	11	16	47	25	3300

行业大类	代码	企业单位数					
			北京	天津	河北	山西	内蒙古
金属制品业	3400	1594	68	117	74	30	26
通用设备制造业	3500	2888	119	148	108	118	55
专用设备制造业	3600	2416	154	147	113	91	28
交通运输设备制造业	3700	2966	139	150	98	53	31
电气机械及器材制造业	3900	1750	83	95	79	41	13
通信设备、计算机及其他电子设备制造业	4000	1350	140	101	23	16	4
仪器仪表及文化、办公用机械制造业	4100	817	96	73	27	17	4
工艺品及其他制造业	4200	566	31	29	18	14	6
废弃资源和废旧材料回收加工业	4300	157	8	5	12	8	2
电力、燃气及水的生产和供应业	D	**11364**	**138**	**135**	**538**	**342**	**449**
电力、热力的生产和供应业	4400	6962	92	93	330	163	328
燃气生产和供应业	4500	531	10	13	30	35	7
水的生产和供应业	4600	3871	36	29	178	144	114
建筑业	E	**13614**	**727**	**442**	**452**	**480**	**195**
房屋和土木工程建筑业	4700	8879	389	219	325	345	141
建筑安装业	4800	2236	137	118	59	60	26
建筑装饰业	4900	1103	144	53	20	25	14
其他建筑业	5000	1396	57	52	48	50	14
交通运输、仓储和邮政业	F	**16130**	**547**	**555**	**600**	**496**	**312**
铁路运输业	5100	277	17	4	13	30	20
道路运输业	5200	5037	122	123	215	188	82
城市公共交通业	5300	1190	84	27	35	23	10
水上运输业	5400	920	4	55	19	3	
航空运输业	5500	275	8	2	9	5	16
管道运输业	5600	48	2	3	5		
装卸搬运和其他运输服务业	5700	2399	168	151	71	30	37
仓储业	5800	4738	136	169	180	186	114
邮政业	5900	1246	6	21	53	31	33
信息传输、计算机服务和软件业	G	**5950**	**647**	**92**	**150**	**162**	**135**
电信和其他信息传输服务业	6000	4048	155	38	121	148	114
计算机服务业	6100	975	233	29	18	11	14
软件业	6200	927	259	25	11	3	7
批发和零售业	H	**59384**	**3405**	**1717**	**2321**	**2755**	**991**
批发业	6300	37411	2071	1170	1481	1591	600
零售业	6500	21973	1334	547	840	1164	391

单位：个

辽宁	吉林	黑龙江	上海	江苏	浙江	安徽	福建	江西	山东	代码
116	14	70	97	110	26	41	26	35	129	3400
390	51	132	171	195	70	72	59	64	210	3500
200	40	102	147	156	40	70	50	56	153	3600
285	83	107	199	159	53	93	63	85	204	3700
180	24	68	87	100	40	61	44	36	102	3900
82	14	29	104	123	39	39	31	32	59	4000
66	13	27	85	55	25	13	10	14	29	4100
22	4	20	40	21	7	9	30	19	67	4200
8	4	6	11	5	4	5	6	7	6	4300
412	**266**	**381**	**84**	**250**	**523**	**378**	**472**	**429**	**523**	D
271	180	271	31	104	271	226	318	295	322	4400
25	13	6	17	23	21	10	9	15	37	4500
116	73	104	36	123	231	142	145	119	164	4600
1035	**210**	**554**	**486**	**738**	**380**	**506**	**434**	**425**	**1013**	E
646	154	345	254	422	261	331	280	269	625	4700
235	31	116	97	143	62	76	53	74	157	4800
70	11	39	98	85	18	36	30	36	87	4900
84	14	54	37	88	39	63	71	46	144	5000
851	**374**	**696**	**776**	**813**	**708**	**654**	**729**	**502**	**992**	F
13	6	8	1	6	4	8	7	5	28	5100
227	105	192	148	214	238	217	244	188	235	5200
52	14	25	100	57	66	45	65	26	59	5300
45	4	18	73	69	91	26	68	29	50	5400
13	6	9	17	11	10	4	12	3	16	5500
3		2	3	6					7	5600
177	25	50	244	188	136	52	142	30	164	5700
281	195	368	181	222	137	254	150	184	233	5800
40	19	24	9	40	26	48	41	37	200	5900
214	**137**	**175**	**232**	**262**	**173**	**170**	**153**	**168**	**426**	G
139	116	138	59	135	113	128	103	146	299	6000
34	10	20	78	55	24	22	31	15	84	6100
41	11	17	95	72	36	20	19	7	43	6200
3248	**973**	**2159**	**2628**	**3082**	**1682**	**1906**	**2285**	**1821**	**3663**	H
2183	647	1421	1688	2216	1068	1304	1602	1184	2098	6300
1065	326	738	940	866	614	602	683	637	1565	6500

行业大类	代码	企业单位数	北京	天津	河北	山西	内蒙古
住宿和餐饮业	I	**11223**	**1168**	**237**	**510**	**344**	**218**
住宿业	6600	8542	897	170	427	256	155
餐饮业	6700	2681	271	67	83	88	63
金融业	J	**11729**	**281**	**349**	**406**	**347**	**289**
银行业	6800	4999	37	242	200	124	106
证券业	6900	580	52	24	25	11	10
保险业	7000	4093	72	32	135	142	113
其他金融活动	7100	2057	120	51	46	70	60
房地产业	K	**20471**	**1925**	**732**	**424**	**462**	**146**
房地产业	7200	20471	1925	732	424	462	146
租赁和商务服务业	L	**25923**	**2656**	**682**	**652**	**554**	**391**
租赁业	7300	796	78	37	19	16	15
商务服务业	7400	25127	2578	645	633	538	376
科学研究、技术服务和地质勘查业	M	**13982**	**1593**	**522**	**383**	**303**	**155**
研究与试验发展	7500	1251	145	51	33	20	18
专业技术服务业	7600	8991	736	338	275	219	92
科技交流和推广服务业	7700	3074	683	114	53	38	19
地质勘查业	7800	666	29	19	22	26	26
水利、环境和公共设施管理业	N	**3936**	**193**	**88**	**157**	**100**	**67**
水利管理业	7900	739	13	14	25	30	16
环境管理业	8000	892	49	13	38	28	17
公共设施管理业	8100	2305	131	61	94	42	34
居民服务和其他服务业	O	**3814**	**327**	**238**	**128**	**123**	**70**
居民服务业	8200	1573	112	67	52	52	39
其他服务业	8300	2241	215	171	76	71	31
教育	P	**1552**	**126**	**34**	**61**	**37**	**30**
教育	8400	1552	126	34	61	37	30
卫生、社会保障和社会福利业	Q	**1374**	**38**	**19**	**67**	**58**	**20**
卫生	8500	1152	20	16	54	52	18
社会保障业	8600	85	4	1		2	2
社会福利业	8700	137	14	2	13	4	
文化、体育和娱乐业	R	**4940**	**978**	**84**	**131**	**81**	**56**
新闻出版业	8800	1652	631	29	25	20	18
广播、电视、电影和音像业	8900	1859	147	23	74	40	26
文化艺术业	9000	719	101	12	14	13	6
体育	9100	208	49	5	3	4	1
娱乐业	9200	502	50	15	15	4	5

单位：个

辽宁	吉林	黑龙江	上海	江苏	浙江	安徽	福建	江西	山东	代码
487	**194**	**363**	**467**	**539**	**360**	**280**	**288**	**298**	**690**	I
381	150	293	327	376	296	208	234	241	365	6600
106	44	70	140	163	64	72	54	57	325	6700
472	**263**	**379**	**221**	**561**	**418**	**605**	**391**	**421**	**904**	J
186	108	193	38	171	123	252	145	198	407	6800
17	10	10	75	37	14	30	14	8	28	6900
199	95	124	57	222	175	191	142	153	307	7000
70	50	52	51	131	106	132	90	62	162	7100
839	**173**	**475**	**1722**	**1112**	**967**	**806**	**1105**	**587**	**930**	K
839	173	475	1722	1112	967	806	1105	587	930	7200
1184	**289**	**574**	**1902**	**1770**	**2197**	**763**	**1235**	**536**	**1307**	L
36	8	20	41	43	24	16	20	17	53	7300
1148	281	554	1861	1727	2173	747	1215	519	1254	7400
951	**227**	**391**	**1079**	**672**	**896**	**513**	**513**	**279**	**718**	M
120	21	34	85	77	49	39	23	8	60	7500
589	156	264	546	436	618	389	396	195	497	7600
210	38	73	438	132	210	61	77	54	126	7700
32	12	20	10	27	19	24	17	22	35	7800
170	**65**	**82**	**222**	**231**	**415**	**115**	**181**	**99**	**221**	N
43	17	23	14	32	79	15	39	11	44	7900
32	15	17	79	53	55	21	28	16	50	8000
95	33	42	129	146	281	79	114	72	127	8100
204	**105**	**111**	**295**	**216**	**108**	**86**	**126**	**109**	**263**	O
111	63	69	118	95	52	46	65	31	99	8200
93	42	42	177	121	56	40	61	78	164	8300
102	**23**	**48**	**64**	**89**	**87**	**58**	**51**	**30**	**95**	P
102	23	48	64	89	87	58	51	30	95	8400
135	**32**	**104**	**30**	**40**	**33**	**60**	**34**	**36**	**87**	Q
107	27	94	20	36	14	48	27	33	75	8500
17	2	7	2	1	5	6	2		9	8600
11	3	3	8	3	14	6	5	3	3	8700
260	**63**	**76**	**332**	**251**	**261**	**127**	**123**	**120**	**212**	R
91	17	17	129	70	65	17	18	20	43	8800
74	29	34	82	71	104	87	53	70	122	8900
50	7	8	51	52	62	16	17	16	23	9000
19	3	2	19	17	10	1	8	1	7	9100
26	7	15	51	41	20	6	27	13	17	9200

行业大类	代码	河南	湖北	湖南	广东	广西	海南
总计		**9702**	**11301**	**8080**	**19443**	**7604**	**2166**
农、林、牧、渔业	A	**188**	**146**	**139**	**559**	**244**	**126**
农业	0100	64	36	39	96	92	18
林业	0200	27	32	35	105	78	96
畜牧业	0300	43	21	27	55	28	7
渔业	0400	9	26	25	36	10	3
农、林、牧、渔服务业	0500	45	31	13	267	36	2
采矿业	B	**225**	**75**	**145**	**69**	**120**	**15**
煤炭开采和洗选业	0600	162	6	79		10	
石油和天然气开采业	0700	3	4	1	7	1	1
黑色金属矿采选业	0800	4	14	7	9	28	
有色金属矿采选业	0900	35	8	38	13	44	9
非金属矿采选业	1000	20	42	19	39	31	5
其他采矿业	1100	1	1	1	1	6	
制造业	C	**1366**	**1825**	**1197**	**2690**	**1075**	**287**
农副食品加工业	1300	140	195	105	274	182	84
食品制造业	1400	27	43	28	79	45	17
饮料制造业	1500	23	45	30	80	49	16
烟草制品业	1600	8	9	13	11	4	1
纺织业	1700	65	78	59	113	27	7
纺织服装、鞋、帽制造业	1800	25	43	30	78	7	3
皮革、毛皮、羽毛(绒)及其制品业	1900	9	7	6	41	6	
木材加工及木、竹、藤、棕、草制品业	2000	15	24	27	40	55	14
家具制造业	2100	17	18	3	24	2	4
造纸及纸制品业	2200	18	22	26	69	31	6
印刷业和记录媒介的复制	2300	55	113	50	142	76	15
文教体育用品制造业	2400	2	5	3	35	1	
石油加工、炼焦及核燃料加工业	2500	13	8	13	15	8	1
化学原料及化学制品制造业	2600	115	108	84	155	73	18
医药制造业	2700	19	21	26	62	24	6
化学纤维制造业	2800	4		1	3	1	2
橡胶制品业	2900	9	11	8	28	9	6
塑料制品业	3000	23	22	20	100	22	7
非金属矿物制品业	3100	194	189	149	175	141	29
黑色金属冶炼及压延加工业	3200	21	21	26	32	21	1
有色金属冶炼及压延加工业	3300	61	25	49	32	33	1

单位：个

重庆	四川	贵州	云南	西藏	陕西	甘肃	青海	宁夏	新疆	代码
5799	**8863**	**5096**	**5766**	**735**	**7043**	**3842**	**1276**	**1124**	**4349**	
103	**196**	**96**	**242**	**2**	**159**	**124**	**20**	**41**	**170**	A
34	39	35	95	1	37	49	11	19	63	0100
15	59	42	86	1	51	22	3	4	21	0200
35	66	13	28		46	37	5	11	63	0300
8	5	2	7		1	1		2	5	0400
11	27	4	26		24	15	1	5	18	0500
56	**143**	**154**	**122**	**19**	**172**	**78**	**44**	**15**	**143**	B
31	40	105	39	1	97	29	11	12	55	0600
12	24		2		10	2	1		7	0700
4	21	4	13	4	7	7	2		29	0800
1	34	16	35	8	38	25	11	1	24	0900
8	23	26	32	5	18	11	17	2	26	1000
	1	3	1	1	2	4	2		2	1100
701	**1135**	**767**	**611**	**67**	**1235**	**567**	**128**	**143**	**633**	C
46	89	83	28	10	76	45	16	13	94	1300
18	27	26	17	2	43	17	4	2	55	1400
18	44	60	34	4	32	24	1	4	28	1500
4	7	6	23		10	3		2	1	1600
7	24	7	7	1	47	13	1	2	31	1700
10	12	5	6		10	1	1	2	13	1800
5	2	3		1	3	4			1	1900
14	25	30	20	7	14	1		1	4	2000
8	6	3	3		11	3			3	2100
8	11	13	10	1	14	5		5	11	2200
34	64	48	43	7	59	35	9	9	50	2300
2	2	1	1		3					2400
4	14	3	5		14	11	1		12	2500
59	97	92	78	4	97	49	30	18	60	2600
23	35	6	16	7	36	16	4	1	15	2700
	5		1		3	2		1	5	2800
6	4	9	4		8	1	1		3	2900
11	14	16	9		17	17		2	40	3000
53	129	82	71	12	107	74	13	28	94	3100
12	20	16	21		18	7	2	4	11	3200
18	24	21	59		42	28	16	7	13	3300

行业大类	代码	河南	湖北	湖南	广东	广西	海南
金属制品业	3400	52	94	34	178	18	10
通用设备制造业	3500	112	143	81	146	47	1
专用设备制造业	3600	133	110	81	125	52	6
交通运输设备制造业	3700	78	230	98	168	77	20
电气机械及器材制造业	3900	60	85	71	183	28	3
通信设备、计算机及其他电子设备制造业	4000	25	63	34	189	12	4
仪器仪表及文化、办公用机械制造业	4100	21	53	15	46	6	
工艺品及其他制造业	4200	15	29	19	62	14	4
废弃资源和废旧材料回收加工业	4300	7	11	8	5	4	1
电力、燃气及水的生产和供应业	**D**	**392**	**486**	**665**	**657**	**533**	**95**
电力、热力的生产和供应业	4400	241	281	442	457	325	59
燃气生产和供应业	4500	16	10	16	31	6	6
水的生产和供应业	4600	135	195	207	169	202	30
建筑业	**E**	**524**	**728**	**561**	**906**	**277**	**183**
房屋和土木工程建筑业	4700	373	463	417	580	198	113
建筑安装业	4800	75	113	72	161	37	31
建筑装饰业	4900	31	53	24	74	13	21
其他建筑业	5000	45	99	48	91	29	18
交通运输、仓储和邮政业	**F**	**812**	**726**	**504**	**1286**	**532**	**128**
铁路运输业	5100	18	12	1	12	12	1
道路运输业	5200	261	262	174	420	139	34
城市公共交通业	5300	43	55	78	98	31	11
水上运输业	5400	12	70	19	156	19	21
航空运输业	5500	5	11	7	25	15	
管道运输业	5600			2			1
装卸搬运和其他运输服务业	5700	37	116	62	235	64	25
仓储业	5800	410	152	108	250	209	18
邮政业	5900	26	48	53	90	43	17
信息传输、计算机服务和软件业	**G**	**154**	**309**	**259**	**450**	**167**	**30**
电信和其他信息传输服务业	6000	113	232	204	271	144	16
计算机服务业	6100	27	47	21	86	16	9
软件业	6200	14	30	34	93	7	5
批发和零售业	**H**	**3369**	**2904**	**1533**	**5047**	**1932**	**366**
批发业	6300	2227	1681	880	3417	1096	160
零售业	6500	1142	1223	653	1630	836	206

单位：个

重庆	四川	贵州	云南	西藏	陕西	甘肃	青海	宁夏	新疆	代码
23	48	20	24	1	52	35	2	5	19	3400
58	76	39	28		108	50	14	11	12	3500
35	63	37	24	2	135	36	1	7	22	3600
122	115	62	31	4	112	21	6	7	13	3700
36	47	23	17		75	45	3	8	13	3900
21	85	22	5		45	7			2	4000
37	25	9	15		29	5		1	1	4100
8	12	19	8	4	13	11	3	3	5	4200
1	9	6	3		2	1			2	4300
341	**867**	**399**	**429**	**78**	**326**	**325**	**87**	**86**	**278**	D
149	445	228	266	66	181	234	58	54	181	4400
34	86	7	12	2	18	8	1	4	3	4500
158	336	164	151	10	127	83	28	28	94	4600
328	**463**	**230**	**287**	**48**	**380**	**217**	**91**	**107**	**207**	E
230	336	168	217	41	269	151	77	83	157	4700
30	73	19	31	5	50	46	9	14	26	4800
24	20	14	14	2	20	10	1	5	11	4900
44	34	29	25		41	10	4	5	13	5000
411	**532**	**287**	**268**	**54**	**359**	**216**	**114**	**72**	**224**	F
1	9	13	4		8	2	8	3	3	5100
143	229	125	97	26	161	65	43	13	107	5200
26	53	16	18	10	30	16	2	3	12	5300
38	25	3	2			1				5400
3	13	11	7	4	9	11	2	6	5	5500
1	2		2		5			1	3	5600
54	42	13	17	3	21	15	5	4	21	5700
60	111	91	45	2	104	76	32	29	51	5800
85	48	15	76	9	21	30	22	13	22	5900
210	**350**	**135**	**157**	**28**	**140**	**87**	**51**	**28**	**99**	G
178	305	120	130	27	125	72	49	26	84	6000
17	15	11	19	1	9	8	1	2	8	6100
15	30	4	8		6	7	1		7	6200
1059	**1677**	**1072**	**1268**	**195**	**1941**	**984**	**251**	**246**	**904**	H
636	1078	641	715	49	1030	542	112	135	688	6300
423	599	431	553	146	911	442	139	111	216	6500

行业大类	代码	河南	湖北	湖南	广东	广西	海南
住宿和餐饮业	I	**420**	**500**	**405**	**768**	**287**	**164**
住宿业	6600	328	328	307	606	226	151
餐饮业	6700	92	172	98	162	61	13
金融业	J	**492**	**453**	**402**	**676**	**377**	**60**
银行业	6800	209	167	147	243	220	21
证券业	6900	14	14	24	64	4	5
保险业	7000	208	185	191	272	105	26
其他金融活动	7100	61	87	40	97	48	8
房地产业	K	**441**	**873**	**697**	**1942**	**637**	**298**
房地产业	7200	441	873	697	1942	637	298
租赁和商务服务业	L	**555**	**870**	**700**	**2332**	**670**	**201**
租赁业	7300	27	24	27	47	33	22
商务服务业	7400	528	846	673	2285	637	179
科学研究、技术服务和地质勘查业	M	**350**	**643**	**352**	**872**	**350**	**96**
研究与试验发展	7500	28	48	41	123	24	8
专业技术服务业	7600	259	411	233	608	249	69
科技交流和推广服务业	7700	34	164	63	101	59	13
地质勘查业	7800	29	20	15	40	18	6
水利、环境和公共设施管理业	N	**93**	**204**	**124**	**253**	**113**	**29**
水利管理业	7900	9	56	28	48	16	3
环境管理业	8000	19	50	28	53	31	5
公共设施管理业	8100	65	98	68	152	66	21
居民服务和其他服务业	O	**88**	**182**	**94**	**283**	**87**	**22**
居民服务业	8200	44	55	50	111	25	10
其他服务业	8300	44	127	44	172	62	12
教育	P	**39**	**76**	**60**	**141**	**35**	**14**
教育	8400	39	76	60	141	35	14
卫生、社会保障和社会福利业	Q	**72**	**81**	**51**	**117**	**32**	**5**
卫生	8500	66	74	47	98	25	3
社会保障业	8600	2	2		13	2	1
社会福利业	8700	4	5	4	6	5	1
文化、体育和娱乐业	R	**122**	**220**	**192**	**395**	**136**	**47**
新闻出版业	8800	24	53	42	131	22	15
广播、电视、电影和音像业	8900	65	92	81	134	86	20
文化艺术业	9000	20	51	38	58	10	7
体育	9100	3	10	4	23		1
娱乐业	9200	10	14	27	49	18	4

单位：个

重庆	四川	贵州	云南	西藏	陕西	甘肃	青海	宁夏	新疆	代码
213	**531**	**226**	**306**	**61**	**402**	**197**	**53**	**47**	**200**	I
149	375	198	271	59	332	169	48	34	185	6600
64	156	28	35	2	70	28	5	13	15	6700
650	**533**	**218**	**480**	**94**	**311**	**269**	**89**	**45**	**273**	J
454	211	80	193	79	125	128	55	15	122	6800
7	26	7	11		22	10	3	1	3	6900
90	200	75	199	12	136	103	13	20	99	7000
99	96	56	77	3	28	28	18	9	49	7100
531	**578**	**575**	**339**	**21**	**476**	**196**	**91**	**84**	**287**	K
531	578	575	339	21	476	196	91	84	287	7200
564	**960**	**453**	**583**	**42**	**412**	**244**	**108**	**82**	**455**	L
23	20	40	13	7	25	21	3	3	18	7300
541	940	413	570	35	387	223	105	79	437	7400
275	**407**	**221**	**304**	**14**	**324**	**164**	**91**	**63**	**261**	M
30	44	22	26		31	17	7	4	15	7500
190	267	158	218	8	178	110	62	45	180	7600
42	59	19	38	1	87	17	10	9	32	7700
13	37	22	22	5	28	20	12	5	34	7800
134	**151**	**73**	**114**	**3**	**114**	**32**	**16**	**19**	**58**	N
35	32	22	18	1	22	7	3	4	20	7900
42	45	18	36	2	27	5	2	6	12	8000
57	74	33	60		65	20	11	9	26	8100
70	**82**	**63**	**92**	**3**	**94**	**61**	**10**	**19**	**55**	O
30	36	23	34		38	20	3	4	19	8200
40	46	40	58	3	56	41	7	15	36	8300
28	**51**	**33**	**51**	**3**	**24**	**22**	**10**	**2**	**28**	P
28	51	33	51	3	24	22	10	2	28	8400
27	**55**	**26**	**31**	**2**	**32**	**23**	**5**	**6**	**16**	Q
22	49	24	30	2	25	23	5	6	12	8500
1		2			1				1	8600
4	6		1		6				3	8700
98	**152**	**68**	**82**	**1**	**142**	**36**	**17**	**19**	**58**	R
33	49	6	8		38	7	1	3	10	8800
35	71	44	40	1	69	15	14	12	44	8900
21	14	11	11		24	5	1			9000
5	5	2	3		2			1		9100
4	13	5	20		9	9	1	3	4	9200

2-14 按行业(大类)、营业状态分组的国有控股企业法人单位数

(2010年)　　　　单位：个

行业大类	代码	企业单位数	营业	停业(歇业)	筹建	当年关闭	当年破产	其他
总计		**249622**	**219334**	**17354**	**7058**	**2013**	**726**	**3137**
农、林、牧、渔业	A	**5604**	**5177**	**188**	**162**	**19**		**58**
农业	0100	1614	1502	45	46	7		14
林业	0200	1744	1651	36	37	3		17
畜牧业	0300	1000	903	46	36	6		9
渔业	0400	304	261	23	13	2		5
农、林、牧、渔服务业	0500	942	860	38	30	1		13
采矿业	B	**3213**	**2559**	**238**	**308**	**49**	**11**	**48**
煤炭开采和洗选业	0600	1503	1175	94	168	21	8	37
石油和天然气开采业	0700	190	180	5	3			2
黑色金属矿采选业	0800	294	221	28	42	2		1
有色金属矿采选业	0900	525	404	52	54	10	2	3
非金属矿采选业	1000	658	551	54	32	15	1	5
其他采矿业	1100	43	28	5	9	1		
制造业	C	**35419**	**28835**	**4127**	**1009**	**530**	**342**	**576**
农副食品加工业	1300	2902	2408	361	42	42	20	29
食品制造业	1400	1122	836	219	18	20	13	16
饮料制造业	1500	1052	871	119	31	15	7	9
烟草制品业	1600	167	157	4	3	2		1
纺织业	1700	1278	884	289	12	32	33	28
纺织服装、鞋、帽制造业	1800	729	606	85	11	9	7	11
皮革、毛皮、羽毛(绒)及其制品业	1900	206	122	64	9	4	4	3
木材加工及木、竹、藤、棕、草制品业	2000	718	554	117	22	12	4	9
家具制造业	2100	260	192	49	8	3	4	4
造纸及纸制品业	2200	552	398	98	16	21	7	12
印刷业和记录媒介的复制	2300	2029	1823	141	3	24	12	26
文教体育用品制造业	2400	166	135	20	4	1	1	5
石油加工、炼焦及核燃料加工业	2500	349	297	22	24	3		3
化学原料及化学制品制造业	2600	2622	2116	292	107	43	31	33
医药制造业	2700	844	725	78	20	6	8	7
化学纤维制造业	2800	116	78	24	6	2	3	3
橡胶制品业	2900	295	227	40	8	10	5	5
塑料制品业	3000	874	709	113	18	13	7	14
非金属矿物制品业	3100	3317	2643	391	138	65	35	45
黑色金属冶炼及压延加工业	3200	564	436	84	22	8	4	10
有色金属冶炼及压延加工业	3300	753	593	72	46	13	5	24

2-14 续表 1 单位：个

行业大类	代码	企业单位数	营业	停业（歇业）	筹建	当年关闭	当年破产	其他
金属制品业	3400	1594	1304	174	54	21	11	30
通用设备制造业	3500	2888	2342	349	55	47	35	60
专用设备制造业	3600	2416	1978	238	83	34	26	57
交通运输设备制造业	3700	2966	2588	216	85	21	14	42
电气机械及器材制造业	3900	1750	1411	208	57	20	25	29
通信设备、计算机及其他电子设备制造业	4000	1350	1136	113	41	16	13	31
仪器仪表及文化、办公用机械制造业	4100	817	697	66	15	12	5	22
工艺品及其他制造业	4200	566	447	73	26	11	3	6
废弃资源和废旧材料回收加工业	4300	157	122	8	25			2
电力、燃气及水的生产和供应业	D	**11364**	**10269**	**210**	**769**	**56**	**7**	**53**
电力、热力的生产和供应业	4400	6962	6253	141	483	41	3	41
燃气生产和供应业	4500	531	451	12	58	5	2	3
水的生产和供应业	4600	3871	3565	57	228	10	2	9
建筑业	E	**13614**	**12124**	**771**	**456**	**130**	**9**	**124**
房屋和土木工程建筑业	4700	8879	7994	460	271	77	6	71
建筑安装业	4800	2236	2007	121	65	21	1	21
建筑装饰业	4900	1103	931	97	42	19	1	13
其他建筑业	5000	1396	1192	93	78	13	1	19
交通运输、仓储和邮政业	F	**16130**	**14716**	**693**	**431**	**107**	**35**	**148**
铁路运输业	5100	277	239	9	25	1		3
道路运输业	5200	5037	4569	232	122	44	20	50
城市公共交通业	5300	1190	1137	21	17	7		8
水上运输业	5400	920	807	54	43	8	1	7
航空运输业	5500	275	251	6	15	1		2
管道运输业	5600	48	44	2	2			
装卸搬运和其他运输服务业	5700	2399	2206	101	55	13	2	22
仓储业	5800	4738	4257	265	121	30	12	53
邮政业	5900	1246	1206	3	31	3		3
信息传输、计算机服务和软件业	G	**5950**	**5652**	**131**	**86**	**31**	**1**	**49**
电信和其他信息传输服务业	6000	4048	3912	42	41	26	1	26
计算机服务业	6100	975	886	44	27	2		16
软件业	6200	927	854	45	18	3		7
批发和零售业	H	**59384**	**51973**	**5207**	**854**	**509**	**201**	**640**
批发业	6300	37411	32490	3494	539	327	143	418
零售业	6500	21973	19483	1713	315	182	58	222

单位：个

行业大类	代码	企 业单位数	营业	停业(歇业)	筹建	当年关闭	当年破产	其他
住宿和餐饮业	**I**	**11223**	**10455**	**525**	**94**	**90**	**9**	**50**
住宿业	6600	8542	7987	386	58	70	7	34
餐饮业	6700	2681	2468	139	36	20	2	16
金融业	**J**	**11729**	**11396**	**80**	**206**	**10**	**2**	**35**
银行业	6800	4999	4912	2	69			16
证券业	6900	580	565	8	7			
保险业	7000	4093	4038	6	42	5	1	1
其他金融活动	7100	2057	1881	64	88	5	1	18
房地产业	**K**	**20471**	**17366**	**1818**	**551**	**125**	**52**	**559**
房地产业	7200	20471	17366	1818	551	125	52	559
租赁和商务服务业	**L**	**25923**	**22253**	**1851**	**1125**	**200**	**39**	**455**
租赁业	7300	796	664	64	18	14	3	33
商务服务业	7400	25127	21589	1787	1107	186	36	422
科学研究、技术服务和地质勘查业	**M**	**13982**	**12749**	**674**	**333**	**67**	**10**	**149**
研究与试验发展	7500	1251	1085	83	50	6	4	23
专业技术服务业	7600	8991	8399	295	181	33	4	79
科技交流和推广服务业	7700	3074	2663	271	74	25	2	39
地质勘查业	7800	666	602	25	28	3		8
水利、环境和公共设施管理业	**N**	**3936**	**3332**	**166**	**368**	**20**	**1**	**49**
水利管理业	7900	739	639	34	49	4		13
环境管理业	8000	892	681	26	170	5		10
公共设施管理业	8100	2305	2012	106	149	11	1	26
居民服务和其他服务业	**O**	**3814**	**3360**	**222**	**132**	**39**	**4**	**57**
居民服务业	8200	1573	1404	85	46	13	2	23
其他服务业	8300	2241	1956	137	86	26	2	34
教育	**P**	**1552**	**1401**	**87**	**31**	**11**		**22**
教育	8400	1552	1401	87	31	11		22
卫生、社会保障和社会福利业	**Q**	**1374**	**1281**	**49**	**24**	**6**	**1**	**13**
卫生	8500	1152	1100	24	16	2	1	9
社会保障业	8600	85	81	1				3
社会福利业	8700	137	100	24	8	4		1
文化、体育和娱乐业	**R**	**4940**	**4436**	**317**	**119**	**14**	**2**	**52**
新闻出版业	8800	1652	1587	52	11	1		1
广播、电视、电影和音像业	8900	1859	1644	142	33	8	2	30
文化艺术业	9000	719	613	48	45	2		11
体育	9100	208	171	23	9			5
娱乐业	9200	502	421	52	21	3		5

2-15 按地区、营业状态分组的国有控股企业法人单位数

(2010年)　　　　单位：个

地区	企业单位数	营业	停业(歇业)	筹建	当年关闭	当年破产	其他
全国	**249622**	**219334**	**17354**	**7058**	**2013**	**726**	**3137**
北京	16539	13918	2063	142	217	21	178
天津	7768	6003	857	442	166	26	274
河北	8623	7434	693	302	34	35	125
山西	8374	6866	971	313	119	33	72
内蒙古	4363	4027	115	168	21	10	22
辽宁	13661	11205	1891	306	85	67	107
吉林	4366	4098	168	51	13	14	22
黑龙江	8620	7823	433	154	45	19	146
上海	12407	11380	516	273	42		196
江苏	12564	11347	663	340	97	19	98
浙江	10193	9131	549	411	100	1	1
安徽	8314	7339	429	305	95	47	99
福建	9489	7876	820	457	104	18	214
江西	7456	6615	472	155	94	23	97
山东	14696	13642	502	314	89	29	120
河南	9702	8765	424	197	98	35	183
湖北	11301	10182	668	160	99	62	130
湖南	8080	7513	315	93	34	70	55
广东	19443	17038	1427	575	134	22	247
广西	7604	6382	689	230	74	27	202
海南	2166	1734	232	105	8	3	84
重庆	5799	5373	167	169	40	21	29
四川	8863	8004	493	223	49	13	81
贵州	5096	4191	513	239	39	30	84
云南	5766	5040	276	367	11		72
西藏	735	711	11	8			5
陕西	7043	6229	474	190	41	29	80
甘肃	3842	3516	179	81	22	23	21
青海	1276	1108	57	77	8	10	16
宁夏	1124	1045	24	41	5	1	8
新疆	4349	3799	263	170	30	18	69

第三部分

限额以上企业综合资料

3-1　限额以上企业按行业(大类)分组的单位数、从业人员数和营业收入

(2010年)

行业大类	代码	企业单位数(个)	单产业法人	多产业法人	从业人员数(万人)	营业收入(亿元)
总计		**859254**	**801113**	**58141**	**15367.24**	**1121096.95**
采矿业	B	**28297**	**26955**	**1342**	**850.60**	**46203.95**
煤炭开采和洗选业	0600	12901	12198	703	557.73	23945.51
石油和天然气开采业	0700	412	357	55	95.63	9757.35
黑色金属矿采选业	0800	5819	5623	196	74.20	5561.72
有色金属矿采选业	0900	3098	2948	150	58.37	3827.46
非金属矿采选业	1000	5970	5735	235	63.91	3078.16
其他采矿业	1100	97	94	3	0.77	33.75
制造业	C	**522425**	**502554**	**19871**	**8824.93**	**618111.23**
农副食品加工业	1300	29890	28590	1300	368.45	38111.31
食品制造业	1400	10542	9783	759	184.99	10897.65
饮料制造业	1500	7144	6528	616	133.75	9153.53
烟草制品业	1600	190	164	26	22.30	6011.35
纺织业	1700	43367	41983	1384	712.19	29614.84
纺织服装、鞋、帽制造业	1800	24637	23721	916	514.49	12712.44
皮革、毛皮、羽毛(绒)及其制品业	1900	11188	10823	365	291.93	8964.60
木材加工及木、竹、藤、棕、草制品业	2000	13774	13505	269	150.86	7152.18
家具制造业	2100	7379	6968	411	120.06	4372.24
造纸及纸制品业	2200	12629	12319	310	170.16	10212.71
印刷业和记录媒介的复制	2300	8582	8280	302	92.50	3745.93
文教体育用品制造业	2400	5902	5699	203	140.62	3290.01
石油加工、炼焦及核燃料加工业	2500	2930	2766	164	93.48	27791.10
化学原料及化学制品制造业	2600	34744	33430	1314	487.52	46522.25
医药制造业	2700	7824	7395	429	170.46	11344.57
化学纤维制造业	2800	2582	2535	47	48.85	5492.85
橡胶制品业	2900	5975	5777	198	110.52	6080.08
塑料制品业	3000	26480	25861	619	301.39	13950.51

行业大类	代码	企业单位数(个)	单产业法人	多产业法人	从业人员数(万人)	营业收入(亿元)
非金属矿物制品业	3100	42054	40751	1303	575.99	31241.60
黑色金属冶炼及压延加工业	3200	9790	9450	340	333.53	54649.31
有色金属冶炼及压延加工业	3300	10265	9981	284	197.39	28141.65
金属制品业	3400	33305	32314	991	376.62	20789.57
通用设备制造业	3500	49560	47759	1801	576.87	35903.73
专用设备制造业	3600	26000	24968	1032	364.28	22095.54
交通运输设备制造业	3700	24215	23171	1044	576.67	55993.03
电气机械及器材制造业	3900	33758	32187	1571	619.65	42860.32
通信设备、计算机及其他电子设备制造业	4000	18713	17778	935	785.97	56215.35
仪器仪表及文化、办公用机械制造业	4100	7175	6736	439	130.85	6453.01
工艺品及其他制造业	4200	10080	9621	459	158.56	6072.24
废弃资源和废旧材料回收加工业	4300	1751	1711	40	14.01	2275.75
电力、燃气及水的生产和供应业	**D**	**11574**	**9207**	**2367**	**346.61**	**45423.31**
电力、热力的生产和供应业	4400	7767	6049	1718	277.75	41876.41
燃气生产和供应业	4500	1235	991	244	20.89	2295.89
水的生产和供应业	4600	2572	2167	405	47.96	1251.01
建筑业	**E**	**91620**	**82492**	**9128**	**3908.99**	**88146.20**
房屋和土木工程建筑业	4700	50667	44248	6419	3339.55	75335.23
建筑安装业	4800	16597	15194	1403	286.99	7833.54
建筑装饰业	4900	16161	15186	975	143.62	3284.59
其他建筑业	5000	8195	7864	331	138.83	1692.84
批发和零售业	**H**	**154264**	**133144**	**21120**	**950.22**	**316085.25**
批发业	6300	84249	75262	8987	410.20	260438.99
零售业	6500	70015	57882	12133	540.02	55646.26
住宿和餐饮业	**I**	**51074**	**46761**	**4313**	**485.90**	**7127.02**
住宿业	6600	18597	16837	1760	230.05	3235.55
餐饮业	6700	32477	29924	2553	255.85	3891.47

3-2 限额以上企业按地区分组的单位数、从业人员数和营业收入

(2010年)

地区	企业单位数（个）	单产业法人	多产业法人	从业人员数（万人）	营业收入（亿元）
全国	**859254**	**801113**	**58141**	**15367.24**	**1121096.95**
北京	25163	21471	3692	295.69	56418.24
天津	14649	13519	1130	208.28	24307.22
河北	29129	27996	1133	547.78	41022.04
山西	14161	12955	1206	375.94	22906.87
内蒙古	11045	10272	773	192.07	14490.83
辽宁	37530	35873	1657	593.53	47190.44
吉林	9593	9252	341	197.74	17242.10
黑龙江	11992	11166	826	239.25	14793.65
上海	39920	35381	4539	540.88	80380.93
江苏	125320	120575	4745	1921.26	134925.33
浙江	101810	93957	7853	1511.64	90115.72
安徽	29295	27731	1564	496.80	27677.23
福建	31363	29446	1917	578.20	29948.24
江西	14769	14098	671	319.34	17982.71
山东	81828	78136	3692	1421.71	146098.97
河南	39955	38153	1802	813.88	49515.85
湖北	22445	20858	1587	434.85	24322.63
湖南	24153	23081	1072	476.38	25396.70
广东	91994	84420	7574	2023.33	125475.42
广西	11180	9651	1529	220.36	11967.89
海南	2305	2082	223	34.40	2821.66
重庆	17071	15078	1993	356.72	19150.09
四川	28662	26500	2162	646.64	32647.48
贵州	6309	5709	600	123.91	5961.40
云南	11585	10087	1498	210.76	12004.09
西藏	523	473	50	8.41	291.31
陕西	10579	9977	602	273.64	17855.40
甘肃	4993	4380	613	132.26	8781.07
青海	1545	1338	207	33.00	1742.12
宁夏	2874	2668	206	43.10	7455.37
新疆	5514	4830	684	95.47	10207.92

3-3 限额以上企业按地区、

(2010年)

地区	企业单位数	内资企业	国有企业	集体企业	股份合作企业	国有联营企业
全国	**859254**	**763236**	**28706**	**23963**	**8575**	**417**
北京	25163	22804	1251	791	650	9
天津	14649	12001	718	563	185	16
河北	29129	27809	1233	951	198	12
山西	14161	13893	1270	959	148	4
内蒙古	11045	10778	521	173	92	3
辽宁	37530	33885	1244	1859	411	7
吉林	9593	9135	461	263	47	2
黑龙江	11992	11584	816	494	158	3
上海	39920	30163	1150	981	446	50
江苏	125320	108005	1437	2031	922	24
浙江	101810	90686	914	826	1240	21
安徽	29295	28157	938	623	270	10
福建	31363	24521	864	658	368	48
江西	14769	13717	861	413	338	10
山东	81828	75011	2246	2564	494	20
河南	39955	39170	1574	2153	321	15
湖北	22445	21401	1146	619	264	11
湖南	24153	23323	1373	961	303	10
广东	91994	67362	1969	2171	401	78
广西	11180	10515	834	662	113	5
海南	2305	2120	215	59	11	5
重庆	17071	16626	605	449	156	9
四川	28662	27775	1132	828	344	9
贵州	6309	6170	699	261	104	8
云南	11585	11279	717	557	137	9
西藏	523	518	121	53	8	1
陕西	10579	10197	942	565	318	6
甘肃	4993	4910	621	283	70	4
青海	1545	1505	175	61	26	
宁夏	2874	2817	174	35	12	2
新疆	5514	5399	485	97	20	6

登记注册类型分组的单位数

单位：个

集体联营企业	国有与集体联营	其他联营	国有独资公司	其他有限责任公司	股份有限公司	私营独资	私营合伙
603	**410**	**537**	**3097**	**144268**	**21734**	**113802**	**20361**
11	14	4	273	7250	554	125	52
10	15	7	77	2224	256	787	207
12	5	17	105	6015	1071	4865	1263
18	3	17	82	3666	680	1418	262
5	3	3	47	3234	443	1034	161
19	9	15	124	5234	740	7721	453
1		3	63	2161	465	1430	87
7	3	5	52	2939	473	1231	115
48	129	42	176	3629	451	1690	704
31	38	94	104	10507	2197	17800	1809
22	18	23	199	11410	1123	10411	2747
12	8	11	145	5466	860	3772	758
16	22	34	68	4641	487	1900	836
119	13	9	48	3209	555	2096	878
54	13	26	126	12369	2160	17340	1168
26	8	16	108	9723	1841	11024	1201
17	6	23	68	5679	1067	2807	920
24	21	28	115	3816	984	3763	2153
67	36	71	248	16586	1205	10179	1451
8	4	14	68	1801	424	1447	403
2	2	3	3	956	100	155	22
8	4	12	179	3064	504	2751	665
19	13	14	121	7071	1407	3546	834
9	6	14	68	1855	219	1021	523
11	4	9	91	2139	438	1445	213
5			6	96	29	28	8
13	7	7	93	3309	490	1129	302
5	4	5	35	1459	258	450	86
		1	18	506	65	103	20
2		6	37	500	59	163	16
2	2	4	150	1754	129	171	44

地区	私营有限责任公司	私营股份有限公司	其他	港、澳、台商投资企业	与港、澳、台商合资经营	与港、澳、台商合作经营
全国	**364560**	**20978**	**11225**	**44277**	**13429**	**1659**
北京	11394	421	5	753	355	25
天津	6422	262	252	572	252	10
河北	10721	1029	312	385	249	14
山西	4713	477	176	102	63	7
内蒙古	4609	287	163	86	44	2
辽宁	14770	1032	247	789	464	40
吉林	3687	280	185	90	51	5
黑龙江	4178	313	797	146	84	7
上海	19385	1135	147	3011	687	257
江苏	67465	2738	808	6480	2315	88
浙江	60416	1272	44	5317	2956	92
安徽	13821	999	464	463	227	6
福建	13783	563	233	4306	904	48
江西	4320	661	187	630	151	14
山东	31930	1968	2533	1479	806	40
河南	9424	1100	636	339	168	12
湖北	7696	770	308	509	235	14
湖南	7497	1328	947	446	233	12
广东	30621	1015	1264	17031	2590	917
广西	4180	318	234	348	127	19
海南	444	45	98	76	22	4
重庆	7146	831	243	177	75	7
四川	11028	996	413	315	136	6
贵州	1173	152	58	62	31	1
云南	4981	351	177	145	82	6
西藏	137	20	6			
陕西	2530	332	154	113	62	4
甘肃	1458	102	70	29	18	
青海	447	73	10	16	10	
宁夏	1723	57	31	10	5	1
新疆	2461	51	23	52	27	1

单位：个

港、澳、台商独资	港、澳、台商投资股份有限公司	外商投资企业	中外合资经营	中外合作经营	外资企业	外商投资股份有限公司
28309	**880**	**51741**	**18553**	**1655**	**30560**	**973**
359	14	1606	626	39	907	34
295	15	2076	647	47	1366	16
108	14	935	538	26	350	21
25	7	166	118	3	42	3
37	3	181	109	7	59	6
266	19	2856	1389	152	1272	43
29	5	368	186	17	158	7
49	6	262	127	9	114	12
2004	63	6746	1453	327	4876	90
3922	155	10835	3418	182	7067	168
2169	100	5807	3245	110	2359	93
212	18	675	344	17	298	16
3316	38	2536	711	31	1748	46
431	34	422	181	11	194	36
601	32	5338	1964	111	3177	86
140	19	446	262	31	126	27
229	31	535	312	10	194	19
185	16	384	233	17	119	15
13293	231	7601	1646	427	5378	150
193	9	317	151	22	132	12
48	2	109	44	4	56	5
88	7	268	153	11	94	10
151	22	572	308	13	229	22
27	3	77	37	3	34	3
53	4	161	90	9	59	3
		5	2		3	
41	6	269	147	13	92	17
10	1	54	30	1	18	5
5	1	24	12	1	10	1
3	1	47	33	3	10	1
20	4	63	37	1	19	6

3-4 限额以上企业按地区、

(2010年)

地　区	从　业人员数	内资企业	国有企业	集体企业	股份合作企　业	国有联营企　业
全　国	**153672442**	**124405143**	**12946884**	**4970952**	**1098976**	**102672**
北　京	2956875	2320039	234783	62724	42163	413
天　津	2082831	1459590	194170	62721	19321	1295
河　北	5477772	4982105	551963	156099	30299	1609
山　西	3759435	3597500	556500	169789	24867	1771
内蒙古	1920652	1834211	243790	29626	22991	1848
辽　宁	5935304	5125277	755584	326532	37801	746
吉　林	1977399	1834075	290380	29945	3817	182
黑龙江	2392518	2229571	589965	97488	20954	64
上　海	5408826	3325838	234044	105968	36527	3259
江　苏	19212595	14309964	546889	326675	125611	2999
浙　江	15116372	12676992	218842	114015	89753	3175
安　徽	4968023	4640135	548014	129737	36537	2859
福　建	5782026	3710726	308738	93246	78664	9424
江　西	3193438	2743201	432919	190767	56610	885
山　东	14217103	12357648	1014715	719230	100683	25150
河　南	8138792	7780196	815494	361928	64835	10735
湖　北	4348512	3989332	654974	130937	43674	5745
湖　南	4763822	4512542	680529	227409	36607	1946
广　东	20233297	10272169	719067	745654	49512	10932
广　西	2203582	1955634	299871	116623	19723	1564
海　南	344040	290152	73686	18750	1295	558
重　庆	3567186	3389264	277407	88926	14058	2890
四　川	6466447	6169530	804427	258220	61061	1769
贵　州	1239088	1211678	429137	39796	12607	3050
云　南	2107642	2037123	292025	107502	15713	1083
西　藏	84054	83218	21715	7624	444	340
陕　西	2736387	2605777	646263	142721	32703	2957
甘　肃	1322638	1306800	248539	83859	13593	2907
青　海	330047	309111	73553	12500	3048	
宁　夏	431025	415637	48557	3654	1132	30
新　疆	954714	930108	140344	10287	2373	487

登记注册类型分组的从业人员数

单位：人

集体联营企业	国有与集体联营	其他联营	国有独资公司	其他有限责任公司	股份有限公司	私营独资	私营合伙
98863	**73756**	**104699**	**3969740**	**34590854**	**9865925**	**8610082**	**1637441**
400	776	145	144885	989914	249765	7252	1585
2656	1588	255	122478	399908	110834	39024	12799
981	4159	2921	95122	1697921	436490	344561	91751
4911	560	1559	376835	1425531	247491	101677	17483
233	333	131	77868	615615	202954	67650	11140
4363	7035	2252	187843	1153293	330799	559291	39626
60		571	96231	526723	276251	125307	7013
3165	1840	743	183225	690398	178899	77608	8670
6040	11446	4291	72146	753526	323932	124426	32047
4627	8057	31096	137249	3518065	815112	1087503	128328
3097	608	1512	71285	2992383	680929	527365	144244
1719	5726	1108	299075	1257115	415101	233116	44997
2639	1684	18283	40184	917876	182591	149598	60922
13117	2392	646	59011	662694	178819	220432	81909
8247	4450	2901	377279	3573007	1114448	1247726	88600
3011	1724	2028	208228	2630324	827534	1117568	112936
5475	1003	2232	104712	1163438	425073	234911	82227
4449	3036	4117	173572	1131322	399611	329052	230582
13222	8796	13691	182478	2692448	646706	899652	124622
360	1199	1359	127186	406922	180529	123009	28698
154	122	123	3291	104638	19675	9458	1318
868	329	2365	126273	926261	180511	206870	69009
5643	2904	4265	173380	1735254	555179	351316	93190
677	281	1915	47378	259529	94500	117825	66646
3534	823	2369	95475	508257	166624	152120	19143
345			807	17679	7108	2455	489
3891	633	640	137211	932599	183929	86445	25613
486	2050	232	118491	398535	156698	40036	7706
		11	11430	90354	56675	6542	1361
327		307	48505	98841	42676	9847	673
166	202	631	70607	320484	178482	10440	2114

地 区	私营有限责任公司	私营股份有限公司	其他	港、澳、台商投资企业	与港、澳、台商合资经营	与港、澳、台商合作经营
全 国	**42265255**	**3085499**	**983545**	**13775280**	**3652302**	**468239**
北 京	551554	33544	136	185200	88849	3004
天 津	450191	25907	16443	193584	61382	2823
河 北	1407663	137222	23344	182316	102099	10987
山 西	595045	55831	17650	90983	17495	3003
内蒙古	498486	44616	16930	20099	8813	380
辽 宁	1590505	102231	27376	168616	98405	9974
吉 林	420545	39670	17380	30037	18771	2739
黑龙江	324010	34879	17663	39951	25678	1815
上 海	1509219	93405	15562	630698	161705	48273
江 苏	7123698	399944	54111	1718401	516663	18811
浙 江	7577945	250273	1566	1176257	673949	17112
安 徽	1481780	136465	46786	137864	58166	1900
福 建	1700987	130106	15784	1267831	295045	29638
江 西	716206	114579	12215	270482	37821	5492
山 东	3593006	285776	202430	370549	210118	12994
河 南	1356493	196377	70981	188684	56455	1988
湖 北	1005529	105358	24044	128597	59516	3558
湖 南	987495	206660	96155	131225	61594	2123
广 东	3849434	149437	166518	6422675	931456	276783
广 西	579981	50776	17834	113320	43810	7846
海 南	43954	4611	8519	14017	5573	656
重 庆	1312941	153669	26887	77007	31855	2885
四 川	1905486	184870	32566	125881	36666	1568
贵 州	117522	16371	4444	10590	5732	39
云 南	599915	49731	22809	28622	17331	712
西 藏	19956	3760	496			
陕 西	352720	41771	15681	30558	15694	1026
甘 肃	211929	13938	7801	5831	4219	
青 海	43443	8918	1276	2555	2007	
宁 夏	155960	3947	1181	1014	558	27
新 疆	181657	10857	977	11836	4877	83

单位：人

港、澳、台商独资	港、澳、台商投资股份有限公司	外商投资企业	中外合资经营	中外合作经营	外资企业	外商投资股份有限公司
9345354	**309385**	**15492019**	**5263760**	**431832**	**9253153**	**543274**
84078	9269	451636	191022	10029	235808	14777
125613	3766	429657	165382	7846	253923	2506
66442	2788	313351	159892	4429	125371	23659
66897	3588	70952	54508	5111	10449	884
10126	780	66342	47360	1823	13117	4042
57865	2372	641411	285497	27538	309852	18524
7763	764	113287	68203	4409	38423	2252
11695	763	122996	56698	2706	39808	23784
382392	38328	1452290	388221	78569	946662	38838
1138549	44378	3184230	819794	38691	2244413	81332
460001	25195	1263123	725449	18632	478100	40942
69423	8375	190024	95558	4369	84150	5947
930992	12156	803469	205725	9374	573111	15259
209481	17688	179755	64094	2408	73899	39354
137521	9916	1488906	528312	34636	852602	73356
119157	11084	169912	110449	7514	41357	10592
59627	5896	230583	158460	1568	57888	12667
64235	3273	120055	71467	4154	39369	5065
5129298	85138	3538453	688383	150004	2612887	87179
59689	1975	134628	81313	3978	37916	11421
7644	144	39871	16571	1724	18673	2903
29071	13196	100915	60676	3926	32793	3520
84389	3258	171036	82507	1837	74623	12069
4319	500	16820	8477	1139	4994	2210
9440	1139	41897	23570	1465	13967	2895
		836	510		326	
12584	1254	100052	66859	2286	25746	5161
1462	150	10007	5923	460	3045	579
392	156	18381	14677	442	3155	107
331	98	14374	11143	533	2428	270
4878	1998	12770	7060	232	4298	1180

3-5 限额以上企业按地区、

(2010年)

地 区	全年营业收入	内资企业	国有企业	集体企业	股份合作企业	国有联营企业
全 国	**1121096.95**	**892250.80**	**119290.22**	**59631.93**	**6350.79**	**1478.68**
北 京	56418.24	42619.66	5534.11	575.84	289.84	7.82
天 津	24307.22	18265.34	5128.76	312.10	163.62	15.09
河 北	41022.04	36298.71	4632.75	707.55	171.05	8.56
山 西	22906.87	22150.80	5236.48	582.88	144.32	6.91
内蒙古	14490.83	13475.07	1768.49	106.00	72.58	15.74
辽 宁	47190.44	39934.93	4312.86	1070.67	254.80	1.68
吉 林	17242.10	13903.51	2714.71	107.24	31.53	0.18
黑龙江	14793.65	13797.90	2681.91	411.43	83.54	0.14
上 海	80380.93	45583.73	8410.75	642.39	279.09	60.58
江 苏	134925.33	94270.90	7425.41	2056.20	671.84	59.64
浙 江	90115.72	74939.20	5628.32	522.69	299.48	37.20
安 徽	27677.23	25193.72	3763.35	320.95	155.35	7.59
福 建	29948.24	19391.08	2913.77	881.27	764.87	98.42
江 西	17982.71	15695.38	2596.53	316.38	231.58	2.57
山 东	146098.97	131147.06	8311.66	44894.84	766.30	605.20
河 南	49515.85	46549.99	5928.75	1720.53	322.64	74.92
湖 北	24322.63	20990.33	5772.87	303.54	173.57	109.97
湖 南	25396.70	23911.55	4784.10	487.01	206.34	34.62
广 东	125475.42	74129.10	9588.25	1588.07	264.30	203.89
广 西	11967.89	10111.02	1982.94	274.09	91.25	5.49
海 南	2821.66	2172.28	395.62	21.76	1.92	1.14
重 庆	19150.09	15829.59	1645.25	275.41	94.02	22.41
四 川	32647.48	30235.53	4585.42	537.49	280.23	16.64
贵 州	5961.40	5809.43	2309.46	72.23	52.13	4.88
云 南	12004.09	11449.85	2542.95	220.56	48.05	12.33
西 藏	291.31	285.48	87.96	11.23	0.28	0.09
陕 西	17855.40	16582.78	4429.88	297.39	370.35	59.08
甘 肃	8781.07	8683.32	2144.20	202.61	31.54	2.64
青 海	1742.12	1477.34	372.84	22.72	20.76	
宁 夏	7455.37	7330.65	430.28	14.42	3.19	1.51
新 疆	10207.92	10035.59	1229.61	74.45	10.42	1.75

登记注册类型分组的全年营业收入

单位：亿元

集体联营企业	国有与集体联营	其他联营	国有独资公司	其他有限责任公司	股份有限公司	私营独资	私营合伙
420.36	**604.47**	**453.27**	**37841.86**	**230677.98**	**105619.08**	**47808.73**	**8103.23**
4.60	3.70	0.30	6844.72	16912.96	6514.92	27.96	9.09
5.03	42.25	7.57	875.05	4896.35	1611.84	234.23	75.00
14.04	7.01	18.40	1082.28	11463.79	3527.69	2748.20	684.29
13.57	2.83	10.06	2600.84	7353.56	1598.36	542.30	89.18
1.92	10.59	1.29	432.65	4657.24	1719.33	489.49	105.85
21.45	16.99	19.97	1088.76	8124.78	7691.02	4193.06	282.50
0.07		3.87	669.17	2807.86	3364.49	951.54	48.13
3.90	2.32	1.07	608.67	5391.35	1754.59	334.89	22.00
35.03	138.91	92.73	1975.00	10738.49	6642.44	954.64	407.44
24.33	58.50	54.39	1642.87	21580.53	8398.25	5757.07	795.93
24.57	8.27	23.64	615.43	19365.33	7073.55	2040.08	520.61
5.81	4.58	3.54	2081.32	6222.94	3677.05	964.64	214.96
7.15	37.84	26.05	476.71	3955.79	1403.12	437.06	211.58
51.05	8.15	2.74	738.16	3988.47	1420.55	992.46	317.52
72.86	143.73	17.00	3380.05	24606.46	10459.66	8973.82	600.76
10.36	12.64	5.83	1507.79	14052.96	5421.96	7500.94	732.00
9.45	1.99	18.03	692.79	5082.61	3461.90	849.76	273.05
9.59	24.33	9.31	850.86	5083.04	2949.64	1532.75	1022.82
60.00	50.43	94.59	1815.94	21768.21	10462.07	4083.00	572.41
0.91	2.53	6.47	436.77	2462.42	1155.71	519.69	118.25
0.24	0.72	0.37	14.92	1124.08	232.59	24.26	5.82
1.71	2.09	6.34	925.44	4401.39	1561.00	767.70	199.38
19.62	15.73	8.35	988.78	9360.41	3299.54	1565.29	368.14
1.55	0.68	3.84	216.57	1560.13	580.03	270.73	127.67
7.82	1.92	5.51	1062.30	2369.62	1398.47	375.11	39.69
0.34			3.05	85.29	39.59	3.52	2.95
9.51	2.31	8.83	1288.06	5451.48	2193.67	432.09	215.84
0.58	2.99	1.14	1765.11	2262.12	1454.28	119.67	21.44
		0.12	41.09	466.74	295.36	40.83	1.54
0.99		0.66	266.32	612.86	543.36	40.56	2.88
2.33	0.44	1.24	854.38	2468.73	3713.09	41.38	14.47

地区	私营有限责任公司	私营股份有限公司	其他	港、澳、台商投资企业	与港、澳、台商合资经营	与港、澳、台商合作经营
全　国	**250116.94**	**17547.88**	**6305.37**	**78617.13**	**26096.04**	**2281.17**
北　京	5642.99	250.20	0.61	2458.00	588.09	23.49
天　津	4644.72	149.52	104.21	1301.61	585.04	13.23
河　北	10248.76	834.42	149.92	2062.06	1171.84	124.63
山　西	3388.37	308.17	272.98	276.87	118.40	19.85
内蒙古	3647.11	304.46	142.29	286.51	133.98	10.80
辽　宁	11805.51	731.15	319.73	1592.87	879.28	47.54
吉　林	2895.08	194.61	115.02	263.41	160.54	22.12
黑龙江	2218.90	172.57	110.62	196.18	109.29	44.78
上　海	13891.73	1106.42	208.10	10681.80	1129.39	321.91
江　苏	43061.27	2201.98	482.69	11507.62	4491.79	106.96
浙　江	36707.32	2064.61	8.08	6945.22	4314.78	94.72
安　徽	6936.50	675.31	159.82	849.12	412.00	10.14
福　建	7407.09	330.24	440.11	5799.95	1233.44	122.94
江　西	4462.38	520.40	46.45	1033.22	262.50	10.17
山　东	25027.50	1770.99	1516.22	3104.28	1902.92	54.93
河　南	7557.35	1217.10	484.21	1294.38	369.42	8.03
湖　北	3720.74	395.39	124.66	771.48	341.53	18.29
湖　南	5440.32	1030.57	446.26	739.19	466.46	14.21
广　东	22131.72	879.33	566.91	24966.72	6288.52	1152.64
广　西	2799.57	179.13	75.79	469.62	234.47	22.30
海　南	294.70	33.09	21.03	89.55	13.92	1.17
重　庆	5250.35	547.58	129.53	656.87	281.11	16.58
四　川	8140.87	860.63	188.40	653.22	279.66	11.76
贵　州	506.02	88.16	15.36	55.40	27.31	0.06
云　南	3065.62	226.68	73.23	208.59	126.74	4.64
西　藏	36.78	13.34	1.07			
陕　西	1571.52	198.43	54.34	232.41	120.08	2.73
甘　肃	619.94	29.31	25.73	26.81	19.05	
青　海	170.86	39.37	5.12	13.13	7.99	
宁　夏	5376.23	27.73	9.65	9.68	5.31	0.42
新　疆	1449.10	166.99	7.20	71.35	21.20	0.13

单位：亿元

港、澳、台商独资	港、澳、台商投资股份有限公司	外商投资企业	中外合资经营	中外合作经营	外资企业	外商投资股份有限公司
47083.78	**3156.14**	**150229.02**	**63567.36**	**4102.39**	**77556.38**	**5002.90**
1473.55	372.87	11340.58	4389.74	43.91	6815.60	91.32
681.08	22.27	4740.28	2484.05	59.01	2177.16	20.06
751.47	14.12	2661.27	1348.47	30.40	889.67	392.73
117.62	21.00	479.20	342.89	62.24	59.00	15.08
136.57	5.15	729.26	506.40	14.43	188.04	20.38
652.20	13.84	5662.64	3581.73	163.94	1810.84	106.12
72.21	8.54	3075.19	2251.35	118.43	691.23	14.18
37.00	5.11	799.57	419.48	11.54	275.57	92.98
8289.15	941.35	24115.40	8972.48	970.14	13760.70	412.07
6490.45	418.43	29146.81	8911.76	1015.08	18540.70	679.27
2381.54	154.17	8231.30	4341.38	115.62	3400.25	374.04
376.68	50.31	1634.40	755.09	16.84	765.53	96.94
4338.32	105.26	4757.21	1896.29	43.59	2676.56	140.77
711.79	48.76	1254.11	550.44	43.85	325.03	334.80
987.59	158.84	11847.64	5035.93	468.64	5726.60	616.45
823.60	93.33	1671.48	1263.63	44.51	305.37	57.97
384.74	26.93	2560.82	2167.72	21.49	343.40	28.21
245.12	13.40	745.95	477.14	18.25	212.25	38.30
17089.84	435.72	26379.60	8884.82	704.36	15992.14	798.28
207.20	5.66	1387.25	974.40	18.60	216.06	178.19
74.36	0.10	559.82	450.28	11.94	92.97	4.63
183.43	175.75	2663.63	1104.07	30.86	1461.43	67.27
346.49	15.31	1758.73	982.20	28.05	405.17	343.30
25.81	2.23	96.57	53.77	3.56	27.72	11.52
65.48	11.73	345.65	220.28	9.23	99.26	16.89
		5.83	4.17		1.66	
93.71	15.90	1040.21	776.48	14.65	212.43	36.65
7.62	0.14	70.94	41.20	6.62	20.46	2.66
4.97	0.16	251.65	223.15	8.35	20.10	0.06
2.00	1.95	115.04	91.87	0.98	21.69	0.50
32.19	17.82	100.98	64.69	3.26	21.76	11.27

3-6 限额以上企业按地区、

(2010年)

地 区	资产总额	内资企业	国有企业	集体企业	股份合作企业	国有联营企业
全 国	**1858518.19**	**1678852.35**	**121987.30**	**10383.28**	**1004128.72**	**1265.75**
北 京	79351.79	60046.94	14926.75	466.29	192.89	2.94
天 津	17170.64	13043.55	3028.47	170.04	148.65	7.81
河 北	30879.66	26688.94	4321.71	326.16	122.20	13.57
山 西	25769.93	24596.74	4698.58	548.55	174.31	23.40
内蒙古	13542.38	12428.86	2253.95	41.43	38.30	36.25
辽 宁	35420.16	29039.26	6089.02	524.34	137.71	2.22
吉 林	12612.08	10638.39	2257.22	65.43	42.11	0.19
黑龙江	13395.63	12234.90	2433.97	323.06	64.11	0.18
上 海	50143.32	29734.14	5321.97	383.54	160.00	23.18
江 苏	89513.31	58984.58	7001.74	1096.67	485.69	26.34
浙 江	68360.61	54380.45	3715.31	360.66	247.34	13.11
安 徽	21514.83	19580.72	3259.44	148.94	102.43	12.96
福 建	1019927.83	1012679.63	2511.71	166.18	1000140.38	148.66
江 西	10884.63	8967.46	2028.41	141.57	123.46	3.02
山 东	74500.32	64430.50	7341.82	2421.23	364.86	459.94
河 南	31747.60	29285.63	6318.56	570.32	247.35	114.55
湖 北	21745.02	17857.31	4991.29	273.98	86.05	56.08
湖 南	19588.82	18430.63	6236.44	187.69	106.29	18.92
广 东	87053.91	49437.37	6707.65	924.77	136.04	120.40
广 西	10162.70	8613.32	1906.36	152.09	133.18	12.14
海 南	2968.25	2260.47	376.27	15.09	2.37	2.14
重 庆	12574.01	10844.78	1370.53	146.42	46.31	16.61
四 川	30507.90	28425.93	6603.31	281.36	152.28	11.27
贵 州	7459.01	7188.53	3245.93	52.24	46.17	21.25
云 南	17127.70	16516.37	3304.56	153.28	60.48	5.61
西 藏	476.16	468.14	237.02	8.55	0.61	0.35
陕 西	18200.55	17104.96	5189.38	179.99	457.93	98.07
甘 肃	15690.20	15479.34	1963.20	151.30	80.28	4.60
青 海	3050.03	2675.64	553.90	27.50	13.02	
宁 夏	7288.03	7151.96	476.54	7.13	5.04	5.97
新 疆	9891.19	9636.91	1316.27	67.47	10.89	4.03

登记注册类型分组的资产总额

单位：亿元

集体联营企业	国有与集体联营	其他联营	国有独资公司	其他有限责任公司	股份有限公司	私营独资	私营合伙
218.68	**339.24**	**305.36**	**49290.76**	**193311.59**	**89183.73**	**28571.96**	**3570.40**
1.37	3.64	0.45	7883.26	14535.44	8554.80	12.44	5.64
1.84	15.63	2.41	1263.78	4011.09	1998.18	102.29	27.55
6.87	5.81	27.02	1387.25	9859.75	3180.05	1155.09	271.79
15.71	8.69	8.68	3687.75	8844.33	2297.00	507.56	66.90
1.92	2.85	0.34	897.98	4368.54	1725.39	310.39	42.38
6.54	29.10	23.06	1407.65	7973.16	3440.69	1639.00	128.46
0.02		2.15	674.33	2433.34	2826.81	441.87	20.28
1.50	1.27	1.02	566.12	5686.29	1376.17	210.56	10.67
27.44	68.93	21.39	2060.39	6855.96	5636.14	505.25	157.02
11.41	30.41	37.40	1706.86	14456.44	5768.72	2812.43	379.70
23.67	2.00	11.83	833.24	14180.14	5318.52	1316.54	334.91
2.54	4.89	2.17	2835.80	4865.24	3189.89	491.80	89.10
3.84	25.27	13.32	530.75	2867.22	1490.38	217.18	106.43
37.59	3.26	1.02	821.50	2270.90	946.33	365.31	116.04
16.77	61.85	7.92	4039.78	18166.85	7415.07	10530.94	192.42
3.15	6.71	5.76	1576.80	9331.22	3895.08	2692.46	265.90
3.44	1.65	15.50	877.42	4235.69	2997.45	401.73	142.44
4.30	11.93	7.00	832.73	3534.65	2375.83	490.39	318.67
21.46	27.80	85.94	5288.49	13977.51	7145.99	1791.83	242.99
1.25	5.39	9.89	340.97	2468.50	1088.31	304.68	67.29
0.50	0.32	0.49	93.45	748.38	174.87	18.07	2.30
1.83	0.46	4.22	1364.74	2891.99	1357.10	284.34	74.81
5.02	11.37	3.95	1389.84	9683.21	3590.63	817.87	129.63
1.02	0.49	2.91	398.24	1593.97	946.11	242.59	128.39
5.01	2.31	2.59	1443.51	3812.39	1695.87	374.45	33.60
0.58			6.80	69.41	78.53	3.81	5.71
7.63	2.73	4.03	1924.62	4511.25	2998.79	253.47	170.83
0.79	2.93	0.74	1786.29	9513.23	1121.85	102.38	18.04
		0.83	41.51	1122.53	551.76	52.33	1.44
0.82		0.30	740.87	1698.68	475.33	88.24	1.20
2.83	1.55	1.02	588.03	2744.30	3526.11	34.65	17.85

地 区	私营有限责任公司	私营股份有限公司	其他	港、澳、台商投资企业	与港、澳、台商合资经营	与港、澳、台商合作经营
全 国	**158674.07**	**13774.31**	**3847.20**	**70365.13**	**22867.20**	**1816.77**
北 京	13250.52	210.29	0.21	11890.12	631.15	28.94
天 津	2095.22	85.98	84.61	1071.05	398.75	12.74
河 北	5303.81	624.82	83.02	1816.57	977.76	128.63
山 西	3016.98	270.28	428.02	416.75	196.61	27.09
内蒙古	2413.46	169.86	125.83	379.37	263.01	5.73
辽 宁	6942.41	455.40	240.50	1656.25	798.46	42.62
吉 林	1604.65	162.61	107.39	214.56	136.89	19.56
黑龙江	1406.70	118.53	34.76	293.33	156.01	34.92
上 海	7791.84	606.09	115.00	5618.56	948.85	262.63
江 苏	23318.04	1606.98	245.75	9495.17	3702.08	75.14
浙 江	26432.07	1587.40	3.71	6739.42	4038.85	80.58
安 徽	4082.90	413.95	78.66	740.23	307.65	11.31
福 建	4187.87	210.84	59.59	3563.27	901.38	71.24
江 西	1855.12	234.58	19.35	556.00	155.46	10.11
山 东	11551.00	951.46	908.58	2172.97	1342.90	41.95
河 南	3409.69	617.99	230.10	975.41	350.92	12.16
湖 北	3425.30	236.43	112.87	1285.31	986.00	10.45
湖 南	3628.52	474.13	203.15	567.35	345.81	7.30
广 东	11921.14	728.83	316.52	18346.44	5055.16	847.28
广 西	1951.30	142.62	29.34	494.09	281.58	22.98
海 南	777.74	21.86	26.61	69.56	21.22	4.52
重 庆	2902.91	330.99	51.52	616.33	183.13	31.28
四 川	5060.35	517.52	168.32	655.83	303.79	15.27
贵 州	405.87	90.68	12.69	97.03	73.95	0.04
云 南	3091.07	2456.11	75.54	191.89	123.49	6.47
西 藏	37.79	18.26	0.71			
陕 西	1131.54	134.66	40.05	182.07	67.08	3.07
甘 肃	681.15	29.49	23.07	82.43	69.00	
青 海	259.69	45.34	5.79	31.24	10.88	
宁 夏	3613.24	26.50	12.08	9.56	6.53	0.26
新 疆	1124.20	193.84	3.86	136.96	32.84	2.50

单位：亿元

港、澳、台商独资	港、澳、台商投资股份有限公司	外商投资企业	中外合资经营	中外合作经营	外资企业	外商投资股份有限公司
42502.78	**3178.39**	**109300.72**	**46003.29**	**3081.50**	**54692.73**	**5523.19**
10831.65	398.38	7414.73	2225.99	52.70	4950.34	185.71
635.29	24.26	3056.04	1318.97	50.34	1662.00	24.73
673.25	36.94	2374.14	1251.27	24.55	808.75	289.57
170.20	22.84	756.44	561.78	99.88	86.20	8.58
95.54	15.09	734.16	596.20	20.40	111.35	6.21
802.75	12.42	4724.65	2747.73	82.04	1767.57	127.31
52.20	5.91	1759.13	1209.31	147.44	386.80	15.58
95.45	6.95	867.40	444.10	17.95	302.46	102.89
3711.76	695.33	14790.62	5336.15	498.24	8092.95	863.28
5282.03	435.91	21033.56	6989.09	398.10	12786.06	860.31
2387.58	232.40	7240.75	3737.31	108.51	3027.35	367.57
383.99	37.28	1193.87	576.97	23.53	516.15	77.22
2436.00	154.66	3684.93	1444.12	29.94	2011.13	199.73
354.62	35.81	1361.17	525.88	74.51	519.95	240.82
679.57	108.55	7896.85	3617.95	503.40	3042.81	732.69
538.42	73.92	1486.55	1133.85	52.68	263.43	36.59
247.61	41.25	2602.40	2198.70	41.03	302.52	60.15
206.61	7.63	590.84	373.82	22.10	152.09	42.84
11968.55	475.45	19270.10	5531.91	673.82	12413.57	650.79
184.75	4.78	1055.30	620.05	20.75	271.47	143.02
43.40	0.42	638.23	450.08	17.84	115.87	54.44
174.43	227.49	1112.90	733.09	29.92	238.52	111.37
314.63	22.14	1426.13	828.49	17.48	433.05	147.11
20.52	2.53	173.45	62.52	27.12	26.04	57.76
57.82	4.13	419.44	296.21	10.77	91.48	20.97
		8.02	6.27		1.75	
95.84	16.07	913.52	632.52	15.73	199.49	65.78
13.24	0.19	128.43	73.78	2.34	36.14	16.17
20.25	0.11	343.14	299.40	14.89	28.84	0.01
1.16	1.60	126.52	96.13	2.81	26.47	1.11
23.66	77.96	117.31	83.64	0.67	20.13	12.87

3-7 限额以上企业按行业(中类)、

(2010年)

行业中类	代码	限额以上企业单位数	内资企业	国有企业	集体企业	股份合作企业
总计		**859254**	**763236**	**28706**	**23963**	**8575**
采矿业	B	**28297**	**27958**	**1028**	**2143**	**467**
煤炭开采和洗选业	0600	12901	12855	600	1186	337
烟煤和无烟煤的开采洗选	0610	12427	12386	573	1148	323
褐煤的开采洗选	0620	358	354	21	25	7
其他煤炭采选	0690	116	115	6	13	7
石油和天然气开采业	0700	412	394	64	18	7
天然原油和天然气开采	0710	167	158	33	4	2
与石油和天然气开采有关的服务活动	0790	245	236	31	14	5
黑色金属矿采选业	0800	5819	5768	73	243	37
铁矿采选	0810	5413	5372	60	214	30
其他黑色金属矿采选	0890	406	396	13	29	7
有色金属矿采选业	0900	3098	3026	128	264	29
常用有色金属矿采选	0910	1922	1872	54	84	16
贵金属矿采选	0920	674	661	45	166	9
稀有稀土金属矿采选	0930	502	493	29	14	4
非金属矿采选业	1000	5970	5819	162	429	56
土砂石开采	1010	4484	4379	84	315	42
化学矿采选	1020	459	451	19	43	6
采盐	1030	232	228	47	33	1
石棉及其他非金属矿采选	1090	795	761	12	38	7
其他采矿业	1100	97	96	1	3	1
制造业	C	**522425**	**437137**	**5906**	**9699**	**5372**
农副食品加工业	1300	29890	27160	508	332	256
谷物磨制	1310	7782	7675	169	49	59
饲料加工	1320	4161	3769	32	23	33
植物油加工	1330	2816	2671	35	34	22
制糖	1340	337	307	20	1	4
屠宰及肉类加工	1350	4779	4507	192	87	42
水产品加工	1360	2770	2063	24	68	35
蔬菜、水果和坚果加工	1370	4125	3386	13	25	20
其他农副食品加工	1390	3120	2782	23	45	41
食品制造业	1400	10542	8802	135	119	86
焙烤食品制造	1410	1818	1475	20	14	18
糖果、巧克力及蜜饯制造	1420	994	823	1	18	4
方便食品制造	1430	1629	1375	17	16	8
液体乳及乳制品制造	1440	904	784	22	11	14
罐头制造	1450	1123	903	7	10	9
调味品、发酵制品制造	1460	1454	1254	26	20	13
其他食品制造	1490	2620	2188	42	30	20

登记注册类型分组的单位数

单位：个

国有联营企业	集体联营企业	国有与集体联营	其他联营	国有独资公司	其他有限责任公司	股份有限公司	私营独资	私营合伙	代码
417	**603**	**410**	**537**	**3097**	**144268**	**21734**	**113802**	**20361**	
28	**55**	**14**	**40**	**156**	**4424**	**728**	**7167**	**2885**	B
12	28	5	24	90	2166	338	3148	1697	0600
11	28	5	24	82	2047	323	3068	1671	0610
				8	99	10	63	18	0620
1					20	5	17	8	0690
		1		6	126	40	24	5	0700
				3	54	27	10	2	0710
		1		3	72	13	14	3	0790
5	5	3	2	20	730	94	1769	478	0800
3	5	3	1	20	679	88	1697	455	0810
2			1		51	6	72	23	0890
9	7	4	2	21	647	114	449	202	0900
3	7			6	383	60	301	147	0910
4		3	1	6	137	33	96	25	0920
2		1	1	9	127	21	52	30	0930
2	14	1	12	18	741	140	1745	499	1000
1	10		11	8	471	95	1456	412	1010
	2			3	109	10	78	30	1020
1				5	55	17	17		1030
	2	1	1	2	106	18	194	57	1090
	1			1	14	2	32	4	1100
107	**261**	**197**	**182**	**1048**	**70725**	**10639**	**78414**	**12226**	C
8	14	10	13	40	4507	799	6474	852	1300
3	3	3	2	12	915	162	2721	317	1310
1	2	1	4	2	817	176	642	85	1320
	1	1	2	2	526	76	551	92	1330
1				7	116	25	17	2	1340
2	4	3	3	13	830	140	888	121	1350
	1				354	54	328	57	1360
		1	1	3	471	71	733	78	1370
1	3	1	1	1	478	95	594	100	1390
2	4	4	1	13	1875	335	1568	191	1400
					257	33	299	29	1410
		1		1	140	18	174	16	1420
1	2	1		3	270	49	310	51	1430
1		1		2	264	68	79	12	1440
					176	40	146	20	1450
				3	285	42	252	28	1460
	2	1	1	4	483	85	308	35	1490

行业中类	代码	限额以上企业单位数	内资企业			
				国有企业	集体企业	股份合作企业
饮料制造业	1500	7144	6238	118	109	58
酒精制造	1510	225	213	3	1	
酒的制造	1520	3147	2855	72	41	29
软饮料制造	1530	2153	1630	15	22	13
精制茶加工	1540	1619	1540	28	45	16
烟草制品业	1600	190	186	86	17	1
烟叶复烤	1610	59	57	21	4	1
卷烟制造	1620	89	88	57	4	
其他烟草制品加工	1690	42	41	8	9	
纺织业	1700	43367	36820	178	441	264
棉、化纤纺织及印染精加工	1710	18243	16347	89	181	103
毛纺织和染整精加工	1720	2147	1851	12	34	30
麻纺织	1730	378	326	1	5	6
丝绢纺织及精加工	1740	4107	3785	11	20	15
纺织制成品制造	1750	7621	6078	32	93	53
针织品、编织品及其制品制造	1760	10871	8433	33	108	57
纺织服装、鞋、帽制造业	1800	24637	17355	111	233	124
纺织服装制造	1810	23138	16246	108	219	108
纺织面料鞋的制造	1820	1022	788	3	10	14
制帽	1830	477	321		4	2
皮革、毛皮、羽毛(绒)及其制品业	1900	11188	8175	18	121	90
皮革鞣制加工	1910	1128	886	1	21	8
皮革制品制造	1920	8620	6058	13	79	70
毛皮鞣制及制品加工	1930	784	677	1	11	5
羽毛(绒)加工及制品制造	1940	656	554	3	10	7
木材加工及木、竹、藤、棕、草制品业	2000	13774	12658	87	127	63
锯材、木片加工	2010	2257	2162	30	35	7
人造板制造	2020	6957	6571	43	25	26
木制品制造	2030	3158	2742	10	51	19
竹、藤、棕、草制品制造	2040	1402	1183	4	16	11
家具制造业	2100	7379	5783	11	52	31
木质家具制造	2110	4665	3729	5	33	23
竹、藤家具制造	2120	131	104	1	1	2
金属家具制造	2130	1439	1110	5	13	4
塑料家具制造	2140	135	107		3	
其他家具制造	2190	1009	733		2	2

单位：个

国有联营企业	集体联营企业	国有与集体联营	其他联营	国有独资公司	其他有限责任公司	股份有限公司	私营独资	私营合伙	代码
4	5	2	2	22	1299	264	1290	150	1500
				1	56	7	35		1510
2	5		1	13	638	156	584	57	1520
2		1	1	5	369	63	325	34	1530
		1		3	236	38	346	59	1540
	1			13	48	9	2		1600
				2	25	3			1610
	1			11	11	2	1		1620
					12	4	1		1690
4	10	4	13	49	3708	550	6771	956	1700
3	3		9	25	1878	301	2744	488	1710
	1	1		4	219	31	309	43	1720
1	1			2	56	9	57	6	1730
			1	3	240	56	1116	65	1740
	4	1	1	7	631	92	1059	169	1750
	1	2	2	8	684	61	1486	185	1760
	15	2	6	24	2039	239	3280	366	1800
	13	2	5	23	1931	229	2998	327	1810
	2		1		91	7	216	30	1820
				1	17	3	66	9	1830
	2	1	3	2	841	97	1575	205	1900
	1				114	28	232	53	1910
	1	1	2	2	617	47	1049	121	1920
					49	12	159	19	1930
			1		61	10	135	12	1940
	3	1	4	6	1316	184	3734	619	2000
				2	239	42	708	91	2010
	2	1	2	1	678	103	2082	349	2020
	1		1	2	291	29	624	110	2030
			1	1	108	10	320	69	2040
	1	2	1	1	839	60	1204	119	2100
		1		1	548	42	854	80	2110
					17	1	22	7	2120
	1	1			128	7	183	19	2130
			1		19	2	28	2	2140
					127	8	117	11	2190

3-7 续表 2

行业中类	代码	限额以上企业单位数	内资企业	国有企业	集体企业	股份合作企业
造纸及纸制品业	2200	12629	10935	59	383	149
纸浆制造	2210	210	180	2	8	1
造纸	2220	4278	3832	25	156	54
纸制品制造	2230	8141	6923	32	219	94
印刷业和记录媒介的复制	2300	8582	7711	392	242	145
印刷	2310	8082	7302	371	221	141
装订及其他印刷服务活动	2320	397	337	11	21	4
记录媒介的复制	2330	103	72	10		
文教体育用品制造业	2400	5902	3706	20	75	34
文化用品制造	2410	1395	1000	4	18	6
体育用品制造	2420	1636	946	7	13	10
乐器制造	2430	369	234	3	5	3
玩具制造	2440	2309	1375	6	35	14
游艺器材及娱乐用品制造	2450	193	151		4	1
石油加工及炼焦	2500	2930	2680	82	67	61
精炼石油产品的制造	2510	1837	1653	61	51	32
炼焦	2520	1087	1021	18	16	29
化学原料及化学制品制造业	2600	34744	29906	478	945	451
基础化学原料制造	2610	7945	7189	139	258	106
肥料制造	2620	3195	2993	89	65	44
农药制造	2630	1134	1018	28	20	21
涂料、油墨、颜料及类似产品制造	2640	5325	4260	37	127	76
合成材料制造	2650	2920	2230	21	70	24
专用化学产品制造	2660	12005	10551	147	372	150
日用化学产品制造	2670	2220	1665	17	33	30
医药制造业	2700	7824	6597	145	71	81
化学药品原药制造	2710	1402	1181	19	19	12
化学药品制剂制造	2720	1409	1122	48	9	8
中药饮片加工	2730	915	848	8	9	18
中成药制造	2740	1665	1448	45	18	19
兽用药品制造	2750	646	599	10	3	7
生物、生化制品的制造	2760	970	755	11	3	8
卫生材料及医药用品制造	2770	817	644	4	10	9
化学纤维制造业	2800	2582	2205	16	25	14
纤维素纤维原料及纤维制造	2810	365	305	7	6	2
合成纤维制造	2820	2217	1900	9	19	12
橡胶制品业	2900	5975	4861	55	167	93
轮胎制造	2910	722	611	9	8	7
橡胶板、管、带的制造	2920	1258	1122	15	42	19
橡胶零件制造	2930	1284	1041	11	39	25

单位：个

国有联营企业	集体联营企业	国有与集体联营	其他联营	国有独资公司	其他有限责任公司	股份有限公司	私营独资	私营合伙	代码
1	9	2	3	11	1645	240	1999	376	2200
					44	9	39	7	2210
1	4	1	1	7	609	121	619	149	2220
	5	1	2	4	992	110	1341	220	2230
4	6	5	5	22	1431	154	1116	168	2300
4	5	3	5	18	1349	145	1055	163	2310
	1	1		3	52	4	61	5	2320
		1		1	30	5			2330
	2	4	4	1	399	36	740	89	2400
			1		95	5	148	25	2410
		4	2		101	16	160	25	2420
				1	31	5	44	3	2430
	2		1		152	10	373	35	2440
					20		15	1	2450
3	4	3	2	14	583	147	310	64	2500
2	2	3	1	8	284	101	203	25	2510
1	2		1	5	297	46	107	39	2520
14	21	15	11	97	5798	1046	4678	894	2600
1	4	1	5	31	1600	267	922	181	2610
4	2	2	3	12	670	189	481	80	2620
	1			3	220	62	134	12	2630
2	5			4	769	107	590	86	2640
		2	1	12	438	73	292	48	2650
7	9	8	1	32	1840	293	2001	451	2660
		2	1	3	261	55	258	36	2670
4	4	7	6	24	2040	600	561	87	2700
1	2	2	1	6	371	89	98	17	2710
1		2	4	7	447	128	54	3	2720
	1	2	1	2	212	53	124	18	2730
	1	1		6	520	210	72	17	2740
				1	147	27	63	12	2750
2				2	213	71	71	8	2760
					130	22	79	12	2770
	1	1		3	198	54	236	54	2800
				3	57	12	44	8	2810
	1	1			141	42	192	46	2820
	3	2	2	13	638	103	809	138	2900
	2			4	86	24	99	12	2910
			1	3	153	23	174	29	2920
	1		1	3	132	16	188	31	2930

行业中类	代码	限额以上企业单位数	内资企业			
				国有企业	集体企业	股份合作企业
再生橡胶制造	2940	282	270	2	14	3
日用及医用橡胶制品制造	2950	359	253	4	9	1
橡胶靴鞋制造	2960	880	650	7	23	25
其他橡胶制品制造	2990	1190	914	7	32	13
塑料制品业	3000	26480	21463	88	434	283
塑料薄膜制造	3010	2657	2137	15	39	30
塑料板、管、型材的制造	3020	4191	3609	25	66	42
塑料丝、绳及编织品的制造	3030	3144	2942	13	90	58
泡沫塑料制造	3040	1523	1263	2	34	18
塑料人造革、合成革制造	3050	624	498		2	7
塑料包装箱及容器制造	3060	2820	2261	11	36	28
塑料零件制造	3070	3072	2310	6	54	32
日用塑料制造	3080	3463	2688	4	49	32
其他塑料制品制造	3090	4986	3755	12	64	36
非金属矿物制品业	3100	42054	38573	601	1281	507
水泥、石灰和石膏的制造	3110	6529	6263	224	363	110
水泥及石膏制品制造	3120	7452	6927	121	105	70
砖瓦、石材及其他建筑材料制造	3130	12819	12010	107	433	197
玻璃及玻璃制品制造	3140	5764	4964	34	79	43
陶瓷制品制造	3150	2729	2171	37	46	34
耐火材料制品制造	3160	3125	2925	24	166	29
石墨及其他非金属矿物制品制造	3190	3636	3313	54	89	24
黑色金属冶炼及压延加工业	3200	9790	9149	128	231	119
炼铁	3210	939	911	15	25	8
炼钢	3220	430	406	11	12	2
钢压延加工	3230	6497	5967	75	140	87
铁合金冶炼	3240	1924	1865	27	54	22
有色金属冶炼及压延加工业	3300	10265	9265	138	286	118
常用有色金属冶炼	3310	2616	2453	50	63	26
贵金属冶炼	3320	355	339	18	14	3
稀有稀土金属冶炼	3330	760	699	11	19	5
有色金属合金制造	3340	1056	913	9	27	14
有色金属压延加工	3350	5478	4861	50	163	70
金属制品业	3400	33305	28548	212	772	356
结构性金属制品制造	3410	10635	9661	87	248	89
金属工具制造	3420	3710	3098	20	56	41
集装箱及金属包装容器制造	3430	2065	1711	21	66	32
金属丝绳及其制品的制造	3440	2353	2091	21	82	24
建筑、安全用金属制品制造	3450	4256	3558	20	72	39

单位：个

国有联营企业	集体联营企业	国有与集体联营	其他联营	国有独资公司	其他有限责任公司	股份有限公司	私营独资	私营合伙	代码
					31	8	66	14	2940
				1	35	6	47	7	2950
				2	87	9	99	21	2960
		2			114	17	136	24	2990
4	9	7	8	13	3183	321	4187	641	3000
1	1			1	312	42	376	57	3010
	1	3	2	4	624	81	605	74	3020
	1	1		1	413	55	726	146	3030
	1	1	1	3	165	16	281	40	3040
			1		76	6	34	11	3050
1	1	1	1		365	37	415	60	3060
1	3	1	1	2	314	18	463	72	3070
					412	20	570	86	3080
1	1		2	2	502	46	717	95	3090
20	40	24	21	73	7136	1065	8194	1609	3100
5	13	10	11	28	1545	287	851	218	3110
6	5	4	2	18	1563	192	1149	185	3120
7	12	3	7	11	1589	220	3346	809	3130
	3	4		9	779	125	967	136	3140
	2	1	1	3	380	74	468	91	3150
	3	1		1	533	79	742	90	3160
2	2	1		3	747	88	671	80	3190
1	4	4	8	34	1630	205	1456	309	3200
			2	4	201	30	167	48	3210
			1	3	97	11	66	14	3220
1	2	3	3	24	884	115	1011	189	3230
	2	1	2	3	448	49	212	58	3240
2	13	4	2	41	1733	276	1442	271	3300
2	5	1	1	13	513	96	380	99	3310
		1		6	67	22	31	5	3320
	3			6	152	40	87	29	3330
	1	1		3	156	17	154	27	3340
	4	1	1	13	845	101	790	111	3350
5	19	20	7	31	4109	467	5178	749	3400
2	6	10	2	15	1537	189	1558	196	3410
3	3	1	1	5	347	42	704	105	3420
		1		4	329	45	247	30	3430
	2			1	259	32	414	87	3440
	2		1	1	494	44	612	105	3450

行业中类	代码	限额以上企业单位数	内资企业	国有企业	集体企业	股份合作企业
金属表面处理及热处理加工	3460	2800	2431	16	128	70
搪瓷制品制造	3470	335	293	2	13	3
不锈钢及类似日用金属制品制造	3480	3568	2765	7	29	25
其他金属制品制造	3490	3583	2940	18	78	33
通用设备制造业	3500	49560	43864	541	1176	739
锅炉及原动机制造	3510	2239	2035	57	68	37
金属加工机械制造	3520	5397	4709	84	101	69
起重运输设备制造	3530	2707	2347	59	62	33
泵、阀门、压缩机及类似机械的制造	3540	7951	6840	72	131	145
轴承、齿轮、传动和驱动部件的制造	3550	4306	3723	35	50	55
烘炉、熔炉及电炉制造	3560	444	376	5	10	5
风机、衡器、包装设备等通用设备制造	3570	6287	5206	70	114	76
通用零部件制造及机械修理	3580	9904	8900	99	299	143
金属铸、锻加工	3590	10325	9728	60	341	176
专用设备制造业	3600	26000	21618	430	403	275
矿山、冶金、建筑专用设备制造	3610	5884	5439	163	140	71
化工、木材、非金属加工专用设备制造	3620	6271	4603	40	72	45
食品、饮料、烟草及饲料生产专用设备制造	3630	1134	1014	16	24	24
印刷、制药、日化生产专用设备制造	3640	1602	1295	16	19	22
纺织、服装和皮革工业专用设备制造	3650	2167	1799	9	35	18
农、林、牧、渔专用机械制造	3670	1885	1746	36	37	20
医疗仪器设备及器械制造	3680	1591	1155	30	19	26
环保、社会公共安全及其他专用设备制造	3690	3733	3171	67	39	36
交通运输设备制造业	3700	24215	20107	602	563	288
铁路运输设备制造	3710	1024	946	116	92	25
汽车制造	3720	15923	12914	302	323	172
摩托车制造	3730	2454	2263	12	42	29
自行车制造	3740	1531	1158	4	23	13
船舶及浮动装置制造	3750	2603	2270	101	65	46
航空航天器制造	3760	256	194	53	2	
交通器材及其他交通运输设备制造	3790	424	362	14	16	3
电气机械及器材制造业	3900	33758	27486	261	603	418
电机制造	3910	3737	3119	43	45	44
输配电及控制设备制造	3920	10587	8860	116	261	176
电线、电缆、光缆及电工器材制造	3930	7043	5871	45	186	122
电池制造	3940	1953	1505	19	9	11
家用电力器具制造	3950	4100	3079	10	57	24
非电力家用器具制造	3960	1061	941	1	8	6
照明器具制造	3970	4282	3307	17	16	26
其他电气机械及器材制造	3990	995	804	10	21	9

单位：个

国有联营企业	集体联营企业	国有与集体联营	其他联营	国有独资公司	其他有限责任公司	股份有限公司	私营独资	私营合伙	代码
	1	6	1	1	267	40	508	91	3460
					37	8	61	7	3470
	1				400	28	562	64	3480
	4	2	2	4	439	39	512	64	3490
5	20	20	16	97	6323	878	8494	1209	3500
	3	1	1	18	369	93	311	39	3510
2	2	3		20	757	110	805	98	3520
1	2	1	1	10	434	65	290	33	3530
1	2	2	1	8	1153	156	1027	180	3540
		3	2	9	519	69	705	108	3550
			1		58	6	55	10	3560
	3	2	2	9	798	101	723	96	3570
1	3	5	4	10	1050	122	1974	276	3580
	5	3	4	13	1185	156	2604	369	3590
3	8	12	5	104	3872	578	3322	458	3600
2	5	2		28	1190	152	805	94	3610
	1	4	2	13	712	67	703	143	3620
				2	167	35	203	25	3630
		1	2	5	205	33	185	25	3640
	1	4		6	233	42	340	37	3650
		1		2	271	52	484	54	3670
			1	1	251	46	107	14	3680
	1			10	565	100	348	47	3690
10	15	14	6	145	3806	526	2809	510	3700
1	3	1		13	215	40	97	14	3710
5	9	5	5	66	2641	373	1808	321	3720
		1		3	354	29	398	72	3730
1		1			133	20	163	31	3740
3	3	6	1	19	353	43	286	61	3750
				41	49	14	3		3760
				3	61	7	54	11	3790
3	11	17	20	54	5125	725	3587	564	3900
	2	1	3	14	512	89	388	52	3910
1	3	6	9	16	1875	277	917	174	3920
1	4	3	4	9	1016	158	883	134	3930
	1	2		7	283	47	160	33	3940
1		1	1	3	610	57	386	61	3950
		1		1	162	20	142	9	3960
		2	3	1	517	65	636	87	3970
	1	1		3	150	12	75	14	3990

行业中类	代码	限额以上企业单位数	内资企业			
				国有企业	集体企业	股份合作企业
通信设备、计算机及其他电子设备制造业	4000	18713	10772	181	151	74
通信设备制造	4010	1988	1318	45	15	13
雷达及配套设备制造	4020	66	61	13		1
广播电视设备制造	4030	576	417	8	4	4
电子计算机制造	4040	1834	827	16	15	3
电子器件制造	4050	3100	1727	35	20	5
电子元件制造	4060	8110	4600	37	77	45
家用视听设备制造	4070	1425	779	7	11	
其他电子设备制造	4090	1614	1043	20	9	3
仪器仪表及文化、办公用机械制造业	4100	7175	5375	134	97	107
通用仪器仪表制造	4110	3578	2982	55	48	60
专用仪器仪表制造	4120	1252	996	50	15	15
钟表与计时仪器制造	4130	492	245	4	14	7
光学仪器及眼镜制造	4140	1024	650	15	7	18
文化、办公用机械制造	4150	575	297	7	6	5
其他仪器仪表的制造及修理	4190	254	205	3	7	2
工艺品及其他制造业	4200	10080	7598	75	126	79
工艺美术品制造	4210	6520	4839	25	89	57
日用杂品制造	4220	2200	1648	3	19	14
煤制品制造	4230	202	199	6	7	3
其他未列明的制造业	4290	1144	900	39	11	5
废弃资源和废旧材料回收加工业	4300	1751	1541	16	50	8
金属废料和碎屑的加工处理	4310	1091	936	8	35	5
非金属废料和碎屑的加工处理	4320	660	605	8	15	3
电力、燃气及水的生产和供应业	**D**	**11574**	**10591**	**3776**	**479**	**98**
电力、热力的生产和供应业	4400	7767	7235	2596	176	66
电力生产	4410	4472	4007	924	108	49
电力供应	4420	1964	1952	1385	40	5
热力生产和供应	4430	1331	1276	287	28	12
燃气生产和供应业	4500	1235	959	125	17	18
水的生产和供应业	4600	2572	2397	1055	286	14
自来水的生产和供应	4610	2044	1939	966	269	10
污水处理及其再生利用	4620	491	427	87	17	3
其他水的处理、利用与分配	4690	37	31	2		1
建筑业	**E**	**91620**	**90698**	**5214**	**5580**	**799**
房屋和土木工程建筑业	4700	50667	50447	3913	4372	477
房屋工程建筑	4710	35405	35264	1552	3582	346
土木工程建筑	4720	15262	15183	2361	790	131

单位：个

国有联营企业	集体联营企业	国有与集体联营	其他联营	国有独资公司	其他有限责任公司	股份有限公司	私营独资	私营合伙	代码
9	6	5	5	54	2117	378	1034	181	4000
3		2		12	360	66	78	15	4010
				15	11	4	1		4020
		1		2	89	20	44	17	4030
	1		1	1	176	44	54	10	4040
1	1		2	9	391	92	104	26	4050
2	1	2	1	11	733	97	581	79	4060
2	1		1	2	146	19	82	16	4070
1	2			2	211	36	90	18	4090
		4	2	27	1146	180	475	94	4100
		2	2	12	638	117	257	50	4110
				6	220	39	86	12	4120
					47	2	35	6	4130
				8	123	9	57	19	4140
		2		1	65	11	20	1	4150
					53	2	20	6	4190
1	5	1	4	17	1050	105	1584	264	4200
	2	1	4	5	623	60	1127	136	4210
				1	211	22	311	88	4220
				1	36	6	40	9	4230
1	3			10	174	16	106	31	4290
	6		2	3	291	18	305	39	4300
	5		2	3	186	14	161	20	4310
	1				105	4	144	19	4320
34	**22**	**16**	**7**	**431**	**2972**	**565**	**346**	**115**	D
29	11	12	4	267	2176	445	195	88	4400
18	8	7	3	127	1459	340	131	82	4410
5	2	4	1	108	279	59	11	2	4420
6	1	1		32	438	46	53	4	4430
	3		2	30	346	56	81	16	4500
5	8	4	1	134	450	64	70	11	4600
5	8	4		103	320	52	47	6	4610
			1	31	122	12	20	3	4620
					8		3	2	4690
35	**111**	**44**	**147**	**467**	**26755**	**3968**	**2354**	**654**	E
20	76	37	91	357	15871	2649	1143	290	4700
10	55	22	70	142	11283	1971	857	226	4710
10	21	15	21	215	4588	678	286	64	4720

行业中类	代码	限额以上企业单位数	内资企业	国有企业	集体企业	股份合作企业
建筑安装业	4800	16597	16329	718	697	161
建筑装饰业	4900	16161	15788	251	334	103
其他建筑业	5000	8195	8134	332	177	58
工程准备	5010	2496	2480	152	54	17
提供施工设备服务	5020	975	970	15	18	7
其他未列明的建筑活动	5090	4724	4684	165	105	34
批发和零售业	**H**	**154264**	**148461**	**8432**	**4711**	**1266**
批发业	6300	84249	80234	4862	1428	487
农畜产品批发	6310	2791	2752	779	120	19
食品、饮料及烟草制品批发	6320	6060	5790	1438	140	41
纺织、服装及日用品批发	6330	8540	7970	167	59	25
文化、体育用品及器材批发	6340	1727	1580	146	17	9
医药及医疗器材批发	6350	3953	3817	192	26	35
矿产品、建材及化工产品批发	6360	39998	39218	1462	770	227
机械设备、五金交电及电子产品批发	6370	15125	13731	418	146	86
贸易经纪与代理	6380	1548	1352	109	13	8
其他批发	6390	4507	4024	151	137	37
零售业	6500	70015	68227	3570	3283	779
综合零售	6510	13286	12667	487	1999	174
食品、饮料及烟草制品专门零售	6520	3511	3439	426	153	39
纺织、服装及日用品专门零售	6530	4366	4021	118	147	23
文化、体育用品及器材专门零售	6540	3610	3538	1199	62	34
医药及医疗器材专门零售	6550	3726	3699	268	48	62
汽车、摩托车、燃料及零配件专门零售	6560	22417	22048	717	551	282
家用电器及电子产品专门零售	6570	9840	9762	86	75	83
五金、家具及室内装修材料专门零售	6580	4625	4532	88	112	35
无店铺及其他零售	6590	4634	4521	181	136	47
住宿和餐饮业	**I**	**51074**	**48391**	**4350**	**1351**	**573**
住宿业	6600	18597	17463	3547	824	240
旅游饭店	6610	12269	11308	2536	530	159
一般旅馆	6620	5629	5489	903	261	74
其他住宿服务	6690	699	666	108	33	7
餐饮业	6700	32477	30928	803	527	333
正餐服务	6710	29890	28729	749	487	303
快餐服务	6720	1244	975	23	12	8
饮料及冷饮服务	6730	339	298	4	1	8
其他餐饮服务	6790	1004	926	27	27	14

单位：个

国有联营企业	集体联营企业	国有与集体联营	其他联营	国有独资公司	其他有限责任公司	股份有限公司	私营独资	私营合伙	代码
4	19	2	27	64	4606	585	429	125	4800
7	8	4	16	27	3914	440	471	162	4900
4	8	1	13	19	2364	294	311	77	5000
1	1		6	5	656	67	76	14	5010
			1	1	280	38	42	13	5020
3	7	1	6	13	1428	189	193	50	5090
168	**131**	**123**	**115**	**814**	**31831**	**4606**	**13844**	**2602**	H
75	34	30	57	573	17013	2172	4078	1084	6300
4	3	2	1	91	506	95	245	45	6310
8	2	2	9	133	1077	149	305	106	6320
7	2	5	8	35	1515	175	303	73	6330
1	1	1	3	22	367	31	50	12	6340
2			1	16	1410	198	106	35	6350
39	19	14	23	184	7796	1115	2078	583	6360
13	4	3	9	55	3157	280	542	157	6370
		1	1	24	329	36	55	10	6380
1	3	2	2	13	856	93	394	63	6390
93	97	93	58	241	14818	2434	9766	1518	6500
1	31	4	8	25	2741	611	2145	399	6510
4	4	2	2	44	599	86	568	68	6520
2	4	1	7	5	674	86	723	103	6530
1	3		1	89	595	81	254	32	6540
3	2	2	4	11	1060	186	407	60	6550
73	34	79	28	37	5713	945	2663	442	6560
2	4		3	5	1881	257	1357	181	6570
	2	1	4	1	710	84	952	128	6580
7	13	4	1	24	845	98	697	105	6590
45	**23**	**16**	**46**	**181**	**7561**	**1228**	**11677**	**1879**	I
37	15	14	19	143	3688	648	2275	536	6600
28	13	13	11	102	2672	491	1167	256	6610
7	2	1	8	35	877	139	1014	257	6620
2				6	139	18	94	23	6690
8	8	2	27	38	3873	580	9402	1343	6700
6	8	2	21	32	3541	537	8897	1240	6710
1			1	3	164	15	253	40	6720
1			1		28	1	66	18	6730
			4	3	140	27	186	45	6790

行业中类	代码				港、澳、台商投资企业	
		私营有限责任公司	私营股份有限公司	其他		与港、澳、台商合资经营
总计		**364560**	**20978**	**11225**	**44277**	**13429**
采矿业	B	**7722**	**772**	**329**	**159**	**79**
煤炭开采和洗选业	0600	2801	295	128	19	12
烟煤和无烟煤的开采洗选	0610	2682	278	123	16	10
褐煤的开采洗选	0620	89	13	1	3	2
其他煤炭采选	0690	30	4	4		
石油和天然气开采业	0700	81	10	12	7	1
天然原油和天然气开采	0710	18	2	3	6	1
与石油和天然气开采有关的服务活动	0790	63	8	9	1	
黑色金属矿采选业	0800	2080	173	56	28	19
铁矿采选	0810	1907	159	51	26	18
其他黑色金属矿采选	0890	173	14	5	2	1
有色金属矿采选业	0900	1005	108	37	28	14
常用有色金属矿采选	0910	716	68	27	22	11
贵金属矿采选	0920	116	13	7	3	2
稀有稀土金属矿采选	0930	173	27	3	3	1
非金属矿采选业	1000	1732	180	88	77	33
土砂石开采	1010	1272	133	69	52	16
化学矿采选	1020	137	14		5	3
采盐	1030	49		3	2	2
石棉及其他非金属矿采选	1090	274	33	16	18	12
其他采矿业	1100	23	6	8		
制造业	C	**226242**	**11869**	**4250**	**39708**	**11839**
农副食品加工业	1300	12000	918	429	910	432
谷物磨制	1310	2923	218	119	36	15
饲料加工	1320	1735	156	60	155	88
植物油加工	1330	1180	115	34	41	24
制糖	1340	96	14	4	14	13
屠宰及肉类加工	1350	1990	134	58	118	49
水产品加工	1360	1047	64	31	224	97
蔬菜、水果和坚果加工	1370	1786	113	71	218	96
其他农副食品加工	1390	1243	104	52	104	50
食品制造业	1400	4018	319	132	661	229
焙烤食品制造	1410	729	49	27	162	39
糖果、巧克力及蜜饯制造	1420	408	30	12	82	22
方便食品制造	1430	580	49	18	112	42
液体乳及乳制品制造	1440	278	21	11	22	7
罐头制造	1450	449	31	15	84	42
调味品、发酵制品制造	1460	513	50	22	67	23
其他食品制造	1490	1061	89	27	132	54

单位：个

与港、澳、台商合作经营	港、澳、台商独资	港、澳、台商投资股份有限公司	外商投资企业	中外合资经营	中外合作经营	外资企业	外商投资股份有限公司	代码
1659	**28309**	**880**	**51741**	**18553**	**1655**	**30560**	**973**	
12	**61**	**7**	**180**	**102**	**19**	**50**	**9**	B
1	5	1	27	16	2	6	3	0600
1	4	1	25	16	2	4	3	0610
	1		1			1		0620
			1			1		0690
2	4		11	7	1	2	1	0700
1	4		3		1	2		0710
1			8	7			1	0790
2	4	3	23	12	2	8	1	0800
1	4	3	15	6	1	7	1	0810
1			8	6	1	1		0890
3	9	2	44	26	11	6	1	0900
2	7	2	28	18	4	5	1	0910
1			10	2	7	1		0920
	2		6	6				0930
4	39	1	74	40	3	28	3	1000
2	34		53	24	2	25	2	1010
1		1	3	2		1		1020
			2			2		1030
1	5		16	14	1		1	1090
			1	1				1100
1392	**25747**	**730**	**45580**	**16685**	**1323**	**26801**	**771**	C
39	421	18	1820	919	78	789	34	1300
1	20		71	44	2	22	3	1310
5	61	1	237	116	13	105	3	1320
1	15	1	104	50	1	51	2	1330
1			16	9		6	1	1340
8	59	2	154	99	5	46	4	1350
16	104	7	483	262	40	178	3	1360
4	113	5	521	247	11	253	10	1370
3	49	2	234	92	6	128	8	1390
28	387	17	1079	421	44	576	38	1400
7	115	1	181	40	11	121	9	1410
5	51	4	89	17	4	65	3	1420
4	64	2	142	57	5	77	3	1430
1	13	1	98	49	1	37	11	1440
6	33	3	136	71	8	52	5	1450
1	40	3	133	54	6	72	1	1460
4	71	3	300	133	9	152	6	1490

行业中类	代码	私营有限责任公司	私营股份有限公司	其他	港、澳、台商投资企业	与港、澳、台商合资经营
饮料制造业	1500	2591	222	102	291	121
酒精制造	1510	99	9	2	5	3
酒的制造	1520	1126	108	23	91	46
软饮料制造	1530	695	64	21	155	64
精制茶加工	1540	671	41	56	40	8
烟草制品业	1600	8		1	3	3
烟叶复烤	1610			1	1	1
卷烟制造	1620	1			1	1
其他烟草制品加工	1690	7			1	1
纺织业	1700	22843	813	216	3684	1291
棉、化纤纺织及印染精加工	1710	10057	378	88	1192	477
毛纺织和染整精加工	1720	1122	30	15	180	65
麻纺织	1730	157	24	1	29	12
丝绢纺织及精加工	1740	2119	117	22	196	81
纺织制成品制造	1750	3769	121	46	701	232
针织品、编织品及其制品制造	1760	5619	143	44	1386	424
纺织服装、鞋、帽制造业	1800	10324	437	155	3847	921
纺织服装制造	1810	9725	415	143	3657	878
纺织面料鞋的制造	1820	390	13	11	124	24
制帽	1830	209	9	1	66	19
皮革、毛皮、羽毛(绒)及其制品业	1900	4985	146	89	1669	350
皮革鞣制加工	1910	399	26	3	140	40
皮革制品制造	1920	3896	97	63	1434	259
毛皮鞣制及制品加工	1930	396	9	16	43	23
羽毛(绒)加工及制品制造	1940	294	14	7	52	28
木材加工及木、竹、藤、棕、草制品业	2000	5960	378	176	541	196
锯材、木片加工	2010	865	89	54	45	12
人造板制造	2020	2972	204	83	210	95
木制品制造	2030	1526	55	23	182	57
竹、藤、棕、草制品制造	2040	597	30	16	104	32
家具制造业	2100	3249	125	88	814	163
木质家具制造	2110	1998	78	66	490	91
竹、藤家具制造	2120	50	3		15	6
金属家具制造	2130	713	27	9	171	36
塑料家具制造	2140	52			15	1
其他家具制造	2190	436	17	13	123	29

单位：个

与港、澳、台商合作经营	港、澳、台商独资	港、澳、台商投资股份有限公司	外商投资企业	中外合资经营	中外合作经营	外资企业	外商投资股份有限公司	代码
11	151	8	615	312	15	256	32	1500
	2		7	4		3		1510
4	37	4	201	88	5	92	16	1520
6	82	3	368	202	9	142	15	1530
1	30	1	39	18	1	19	1	1540
			1	1				1600
			1	1				1610
								1620
								1690
119	2215	59	2863	1265	88	1470	40	1700
38	657	20	704	307	31	347	19	1710
6	102	7	116	70	3	41	2	1720
	17		23	13	2	8		1730
3	106	6	126	63	2	59	2	1740
16	442	11	842	310	15	510	7	1750
56	891	15	1052	502	35	505	10	1760
116	2752	58	3435	1379	96	1912	48	1800
113	2613	53	3235	1321	91	1780	43	1810
	95	5	110	29	1	76	4	1820
3	44		90	29	4	56	1	1830
63	1232	24	1344	463	42	817	22	1900
10	89	1	102	51	7	42	2	1910
49	1104	22	1128	344	32	734	18	1920
1	19		64	38	1	24	1	1930
3	20	1	50	30	2	17	1	1940
32	300	13	575	262	31	274	8	2000
1	31	1	50	19	1	29	1	2010
5	104	6	176	94	6	74	2	2020
9	114	2	234	94	13	125	2	2030
17	51	4	115	55	11	46	3	2040
30	605	16	782	259	15	498	10	2100
23	367	9	446	150	12	280	4	2110
	8	1	12	3		9		2120
3	129	3	158	63	1	90	4	2130
	13	1	13	3		10		2140
4	88	2	153	40	2	109	2	2190

行业中类	代码	私营有限责任公司	私营股份有限公司	其他	港、澳、台商投资企业	与港、澳、台商合资经营
造纸及纸制品业	2200	5648	293	117	957	293
纸浆制造	2210	63	5	2	14	5
造纸	2220	1928	111	46	248	102
纸制品制造	2230	3657	177	69	695	186
印刷业和记录媒介的复制	2300	3789	153	79	536	217
印刷	2310	3601	146	75	480	189
装订及其他印刷服务活动	2320	164	6	4	40	20
记录媒介的复制	2330	24	1		16	8
文教体育用品制造业	2400	2189	88	25	1237	219
文化用品制造	2410	669	25	4	199	52
体育用品制造	2420	573	29	6	346	53
乐器制造	2430	130	7	2	45	17
玩具制造	2440	708	26	13	624	94
游艺器材及娱乐用品制造	2450	109	1		23	3
石油加工及炼焦	2500	1228	86	26	91	47
精炼石油产品的制造	2510	815	47	18	67	29
炼焦	2520	413	39	8	24	18
化学原料及化学制品制造业	2600	14227	907	324	2072	763
基础化学原料制造	2610	3373	248	53	289	157
肥料制造	2620	1204	121	27	77	44
农药制造	2630	484	27	6	49	31
涂料、油墨、颜料及类似产品制造	2640	2321	103	33	533	154
合成材料制造	2650	1181	55	13	293	97
专用化学产品制造	2660	4771	292	177	575	216
日用化学产品制造	2670	893	61	15	256	64
医药制造业	2700	2664	239	64	480	285
化学药品原药制造	2710	487	44	13	83	62
化学药品制剂制造	2720	367	34	10	111	60
中药饮片加工	2730	353	31	16	22	9
中成药制造	2740	474	53	12	108	69
兽用药品制造	2750	297	29	3	13	11
生物、生化制品的制造	2760	335	26	5	72	37
卫生材料及医药用品制造	2770	351	22	5	71	37
化学纤维制造业	2800	1560	31	12	210	101
纤维素纤维原料及纤维制造	2810	153	6	7	29	14
合成纤维制造	2820	1407	25	5	181	87
橡胶制品业	2900	2653	146	39	533	110
轮胎制造	2910	325	30	5	35	10
橡胶板、管、带的制造	2920	619	33	11	63	21
橡胶零件制造	2930	556	29	9	98	20

单位：个

与港、澳、台商合作经营	港、澳、台商独资	港、澳、台商投资股份有限公司	外商投资企业	中外合资经营	中外合作经营	外资企业	外商投资股份有限公司	代码
38	605	21	737	298	27	404	8	2200
	9		16	9		7		2210
9	131	6	198	109	6	78	5	2220
29	465	15	523	180	21	319	3	2230
35	274	10	335	149	21	160	5	2300
29	253	9	300	133	19	143	5	2310
3	17		20	9	1	10		2320
3	4	1	15	7	1	7		2330
48	948	22	959	277	31	634	17	2400
6	135	6	196	67	8	118	3	2410
9	278	6	344	75	8	255	6	2420
1	25	2	90	35	2	51	2	2430
31	491	8	310	93	12	199	6	2440
1	19		19	7	1	11		2450
3	37	4	159	90	7	58	4	2500
2	33	3	117	59	5	51	2	2510
1	4	1	42	31	2	7	2	2520
64	1214	31	2766	1146	107	1461	52	2600
6	123	3	467	247	22	185	13	2610
3	28	2	125	70	1	48	6	2620
	15	3	67	38	3	23	3	2630
18	356	5	532	185	27	312	8	2640
9	182	5	397	148	6	240	3	2650
17	331	11	879	369	34	460	16	2660
11	179	2	299	89	14	193	3	2670
8	166	21	747	402	24	297	24	2700
2	17	2	138	78	7	49	4	2710
4	39	8	176	91	7	73	5	2720
	11	2	45	29	1	13	2	2730
	37	2	109	69	3	32	5	2740
	2		34	20	1	12	1	2750
2	27	6	143	69	4	65	5	2760
	33	1	102	46	1	53	2	2770
	101	8	167	80	1	86		2800
	15		31	13		18		2810
	86	8	136	67	1	68		2820
21	397	5	581	169	12	392	8	2900
	25		76	36		38	2	2910
3	39		73	23	1	47	2	2920
4	72	2	145	40	6	97	2	2930

行业中类	代码	私营有限责任公司	私营股份有限公司	其他	港、澳、台商投资企业	与港、澳、台商合资经营
再生橡胶制造	2940	124	6	2	7	3
日用及医用橡胶制品制造	2950	139	3	1	48	12
橡胶靴鞋制造	2960	357	18	2	149	26
其他橡胶制品制造	2990	533	27	9	133	18
塑料制品业	3000	11595	508	182	2750	620
塑料薄膜制造	3010	1189	55	19	278	84
塑料板、管、型材的制造	3020	1937	107	38	259	91
塑料丝、绳及编织品的制造	3030	1348	73	17	92	28
泡沫塑料制造	3040	657	31	13	159	39
塑料人造革、合成革制造	3050	354	7		80	29
塑料包装箱及容器制造	3060	1238	49	18	284	94
塑料零件制造	3070	1280	47	16	379	63
日用塑料制造	3080	1459	44	12	488	89
其他塑料制品制造	3090	2133	95	49	731	103
非金属矿物制品业	3100	16340	1229	433	1618	684
水泥、石灰和石膏的制造	3110	2336	215	47	134	80
水泥及石膏制品制造	3120	3199	215	93	296	160
砖瓦、石材及其他建筑材料制造	3130	4712	373	184	372	143
玻璃及玻璃制品制造	3140	2619	130	36	343	147
陶瓷制品制造	3150	934	87	13	297	83
耐火材料制品制造	3160	1139	99	19	66	32
石墨及其他非金属矿物制品制造	3190	1401	110	41	110	39
黑色金属冶炼及压延加工业	3200	4695	263	62	301	161
炼铁	3210	361	43	7	12	5
炼钢	3220	171	15	3	14	11
钢压延加工	3230	3257	137	39	252	135
铁合金冶炼	3240	906	68	13	23	10
有色金属冶炼及压延加工业	3300	4543	312	84	459	191
常用有色金属冶炼	3310	1057	116	31	77	34
贵金属冶炼	3320	156	14	2	9	4
稀有稀土金属冶炼	3330	309	32	6	19	9
有色金属合金制造	3340	464	36	4	45	16
有色金属压延加工	3350	2557	114	41	309	128
金属制品业	3400	15616	744	263	2334	613
结构性金属制品制造	3410	5351	267	104	463	131
金属工具制造	3420	1665	76	29	273	74
集装箱及金属包装容器制造	3430	886	38	12	158	70
金属丝绳及其制品的制造	3440	1104	56	9	104	47
建筑、安全用金属制品制造	3450	2005	123	40	312	87

单位：个

与港、澳、台商合作经营	港、澳、台商独资	港、澳、台商投资股份有限公司	外商投资企业	中外合资经营	中外合作经营	外资企业	外商投资股份有限公司	代码
	4		5	1		4		2940
2	34		58	26	1	30	1	2950
9	112	2	81	24	3	53	1	2960
3	111	1	143	19	1	123		2990
104	1985	41	2267	653	83	1492	39	3000
13	176	5	242	76	13	148	5	3010
6	155	7	323	140	14	164	5	3020
1	61	2	110	45	5	58	2	3030
10	108	2	101	28	5	66	2	3040
	49	2	46	20	3	23		3050
14	170	6	275	86	5	178	6	3060
13	301	2	383	74	7	295	7	3070
20	375	4	287	76	12	195	4	3080
27	590	11	500	108	19	365	8	3090
138	765	31	1863	852	110	860	41	3100
7	42	5	132	73	5	50	4	3110
20	113	3	229	131	12	84	2	3120
12	212	5	437	191	22	213	11	3130
13	175	8	457	200	20	229	8	3140
79	131	4	261	98	43	111	9	3150
	31	3	134	66	4	60	4	3160
7	61	3	213	93	4	113	3	3190
7	125	8	340	169	11	154	6	3200
	6	1	16	4		11	1	3210
	3		10	3	1	6		3220
7	104	6	278	136	7	130	5	3230
	12	1	36	26	3	7		3240
20	236	12	541	247	18	268	8	3300
5	32	6	86	45	4	35	2	3310
2	3		7	4	1	2		3320
3	6	1	42	27	4	11		3330
1	27	1	98	36	2	59	1	3340
9	168	4	308	135	7	161	5	3350
116	1568	37	2423	883	73	1429	38	3400
13	309	10	511	210	15	279	7	3410
23	171	5	339	126	11	197	5	3420
7	78	3	196	86	2	106	2	3430
4	52	1	158	72	6	76	4	3440
13	207	5	386	131	7	244	4	3450

行业中类	代码				港、澳、台商投资企业	
		私营有限责任公司	私营股份有限公司	其他		与港、澳、台商合资经营
金属表面处理及热处理加工	3460	1231	58	13	172	52
搪瓷制品制造	3470	157	3	2	17	7
不锈钢及类似日用金属制品制造	3480	1574	49	26	492	99
其他金属制品制造	3490	1643	74	28	343	46
通用设备制造业	3500	22833	1156	357	1961	724
锅炉及原动机制造	3510	947	68	23	50	23
金属加工机械制造	3520	2440	138	80	262	79
起重运输设备制造	3530	1265	79	12	119	48
泵、阀门、压缩机及类似机械的制造	3540	3755	173	34	297	122
轴承、齿轮、传动和驱动部件的制造	3550	2037	102	29	211	92
烘炉、熔炉及电炉制造	3560	215	10	1	17	5
风机、衡器、包装设备等通用设备制造	3570	3010	153	49	380	137
通用零部件制造及机械修理	3580	4660	189	65	392	113
金属铸、锻加工	3590	4504	244	64	233	105
专用设备制造业	3600	11408	540	200	1671	433
矿山、冶金、建筑专用设备制造	3610	2557	166	64	131	55
化工、木材、非金属加工专用设备制造	3620	2672	90	39	741	135
食品、饮料、烟草及饲料生产专用设备制造	3630	482	24	12	36	12
印刷、制药、日化生产专用设备制造	3640	740	29	13	131	40
纺织、服装和皮革工业专用设备制造	3650	1037	34	3	187	59
农、林、牧、渔专用机械制造	3670	732	38	19	31	13
医疗仪器设备及器械制造	3680	618	37	5	123	50
环保、社会公共安全及其他专用设备制造	3690	1844	85	29	167	55
交通运输设备制造业	3700	10173	488	152	1242	497
铁路运输设备制造	3710	300	24	5	18	9
汽车制造	3720	6459	314	111	798	346
摩托车制造	3730	1256	54	13	91	41
自行车制造	3740	746	19	4	206	39
船舶及浮动装置制造	3750	1205	66	12	98	46
航空航天器制造	3760	28	2	2	11	7
交通器材及其他交通运输设备制造	3790	179	9	5	20	9
电气机械及器材制造业	3900	15187	708	203	3062	897
电机制造	3910	1840	72	14	252	87
输配电及控制设备制造	3920	4743	222	64	763	235
电线、电缆、光缆及电工器材制造	3930	3080	187	39	616	159
电池制造	3940	876	46	11	225	83
家用电力器具制造	3950	1796	51	21	537	149
非电力家用器具制造	3960	560	25	6	52	23
照明器具制造	3970	1833	79	25	556	143
其他电气机械及器材制造	3990	459	26	23	61	18

单位：个

与港、澳、台商合作经营	港、澳、台商独资	港、澳、台商投资股份有限公司	外商投资企业	中外合资经营	中外合作经营	外资企业	外商投资股份有限公司	代码
13	106	1	197	57	8	131	1	3460
	10		25	9		14	2	3470
38	348	7	311	108	17	179	7	3480
5	287	5	300	84	7	203	6	3490
54	1137	46	3735	1376	92	2217	50	3500
2	23	2	154	80	2	67	5	3510
10	169	4	426	135	9	275	7	3520
2	67	2	241	106	8	123	4	3530
7	163	5	814	287	12	508	7	3540
7	106	6	372	144	10	214	4	3550
	11	1	51	16	1	32	2	3560
10	224	9	701	236	15	442	8	3570
10	257	12	612	191	12	401	8	3580
6	117	5	364	181	23	155	5	3590
36	1176	26	2711	741	60	1874	36	3600
1	74	1	314	122	5	181	6	3610
13	585	8	927	192	20	705	10	3620
6	18		84	29	3	51	1	3630
5	83	3	176	55	7	111	3	3640
5	118	5	181	50	7	121	3	3650
1	17		108	32		74	2	3670
2	70	1	313	102	6	197	8	3680
2	104	6	395	117	10	265	3	3690
27	692	26	2866	1147	56	1622	41	3700
	9		60	38	3	19		3710
20	414	18	2211	849	38	1293	31	3720
3	46	1	100	51	4	43	2	3730
3	160	4	167	51	3	110	3	3740
1	49	2	235	108	5	119	3	3750
	3	1	51	30	3	16	2	3760
	11		42	20		22		3790
72	2027	66	3210	1123	71	1955	61	3900
4	152	9	366	142	11	211	2	3910
18	497	13	964	336	15	595	18	3920
17	425	15	556	162	10	373	11	3930
1	137	4	223	92	6	122	3	3940
16	357	15	484	171	17	285	11	3950
3	25	1	68	29		34	5	3960
11	394	8	419	145	12	253	9	3970
2	40	1	130	46		82	2	3990

3-7 续表 12

行业中类	代码	私营有限责任公司	私营股份有限公司	其他	港、澳、台商投资企业	与港、澳、台商合资经营
通信设备、计算机及其他电子设备制造业	4000	6206	268	103	3586	768
通信设备制造	4010	653	39	17	283	75
雷达及配套设备制造	4020	15		1	1	1
广播电视设备制造	4030	217	9	2	76	19
电子计算机制造	4040	478	14	14	479	61
电子器件制造	4050	985	48	8	504	128
电子元件制造	4060	2776	122	36	1601	357
家用视听设备制造	4070	473	9	10	380	80
其他电子设备制造	4090	609	27	15	262	47
仪器仪表及文化、办公用机械制造业	4100	2937	138	34	772	206
通用仪器仪表制造	4110	1628	99	14	186	70
专用仪器仪表制造	4120	527	18	8	74	29
钟表与计时仪器制造	4130	125	4	1	189	27
光学仪器及眼镜制造	4140	384	8	2	162	44
文化、办公用机械制造	4150	170	2	7	148	32
其他仪器仪表的制造及修理	4190	103	7	2	13	4
工艺品及其他制造业	4200	4029	180	78	1354	274
工艺美术品制造	4210	2568	98	44	879	202
日用杂品制造	4220	920	44	15	342	55
煤制品制造	4230	79	9	3		
其他未列明的制造业	4290	459	29	16	132	16
废弃资源和废旧材料回收加工业	4300	744	34	25	62	30
金属废料和碎屑的加工处理	4310	465	14	18	42	21
非金属废料和碎屑的加工处理	4320	279	20	7	20	9
电力、燃气及水的生产和供应业	D	**1471**	**176**	**83**	**427**	**257**
电力、热力的生产和供应业	4400	996	123	51	232	151
电力生产	4410	622	93	36	205	135
电力供应	4420	36	8	7	3	2
热力生产和供应	4430	338	22	8	24	14
燃气生产和供应业	4500	229	26	10	120	72
水的生产和供应业	4600	246	27	22	75	34
自来水的生产和供应	4610	119	16	14	51	24
污水处理及其再生利用	4620	114	9	8	24	10
其他水的处理、利用与分配	4690	13	2			
建筑业	E	**41306**	**2878**	**386**	**521**	**354**
房屋和土木工程建筑业	4700	19396	1573	182	98	72
房屋工程建筑	4710	13792	1221	135	61	46
土木工程建筑	4720	5604	352	47	37	26

单位：个

与港、澳、台商合作经营	港、澳、台商独资	港、澳、台商投资股份有限公司	外商投资企业	中外合资经营	中外合作经营	外资企业	外商投资股份有限公司	代码
84	2665	69	4355	818	56	3413	68	4000
9	195	4	387	122	2	256	7	4010
			4	4				4020
1	54	2	83	25		55	3	4030
6	395	17	528	67	3	451	7	4040
9	353	14	869	189	10	653	17	4050
40	1179	25	1909	287	32	1562	28	4060
12	286	2	266	76	6	181	3	4070
7	203	5	309	48	3	255	3	4090
22	526	18	1028	330	19	664	15	4100
3	105	8	410	153	6	244	7	4110
1	42	2	182	54	2	123	3	4120
11	150	1	58	18	4	36		4130
1	114	3	212	68	6	135	3	4140
3	109	4	130	25	1	102	2	4150
3	6		36	12		24		4190
55	1010	15	1128	395	29	690	14	4200
41	630	6	802	302	22	471	7	4210
8	272	7	210	67	5	135	3	4220
			3	1		1	1	4230
6	108	2	112	25	2	82	3	4290
2	30		148	59	6	79	4	4300
1	20		113	51	3	57	2	4310
1	10		35	8	3	22	2	4320
44	**112**	**14**	**556**	**298**	**78**	**145**	**35**	D
24	50	7	300	166	50	58	26	4400
22	42	6	260	140	47	49	24	4410
1			9	7	1		1	4420
1	8	1	31	19	2	9	1	4430
6	37	5	156	94	7	48	7	4500
14	25	2	100	38	21	39	2	4600
13	13	1	54	24	15	14	1	4610
1	12	1	40	12	3	24	1	4620
			6	2	3	1		4690
32	**121**	**14**	**401**	**236**	**30**	**126**	**9**	E
5	21		122	66	7	47	2	4700
3	12		80	39	6	35		4710
2	9		42	27	1	12	2	4720

行业中类	代码	私营有限责任公司	私营股份有限公司	其他	港、澳、台商投资企业	与港、澳、台商合资经营
建筑安装业	4800	8302	503	87	148	87
建筑装饰业	4900	9482	517	52	245	180
其他建筑业	5000	4126	285	65	30	15
工程准备	5010	1351	68	12	10	5
提供施工设备服务	5020	506	35	14	3	2
其他未列明的建筑活动	5090	2269	182	39	17	8
批发和零售业	H	**72586**	**3974**	**3258**	**2119**	**398**
批发业	6300	45411	1999	931	1356	212
农畜产品批发	6310	715	45	82	15	4
食品、饮料及烟草制品批发	6320	2085	146	149	95	20
纺织、服装及日用品批发	6330	5388	149	59	236	37
文化、体育用品及器材批发	6340	874	34	12	66	8
医药及医疗器材批发	6350	1660	96	40	51	5
矿产品、建材及化工产品批发	6360	23459	1042	407	281	53
机械设备、五金交电及电子产品批发	6370	8398	346	117	432	67
贸易经纪与代理	6380	716	31	19	51	7
其他批发	6390	2116	110	46	129	11
零售业	6500	27175	1975	2327	763	186
综合零售	6510	3201	315	526	236	54
食品、饮料及烟草制品专门零售	6520	1170	68	206	26	5
纺织、服装及日用品专门零售	6530	1813	102	213	200	35
文化、体育用品及器材专门零售	6540	1028	70	89	38	5
医药及医疗器材专门零售	6550	1372	114	100	14	8
汽车、摩托车、燃料及零配件专门零售	6560	9414	694	376	149	52
家用电器及电子产品专门零售	6570	5179	330	319	30	6
五金、家具及室内装修材料专门零售	6580	1954	130	331	29	7
无店铺及其他零售	6590	2044	152	167	41	14
住宿和餐饮业	I	**15233**	**1309**	**2919**	**1343**	**502**
住宿业	6600	4525	425	527	622	303
旅游饭店	6610	2812	272	246	543	277
一般旅馆	6620	1545	136	230	66	20
其他住宿服务	6690	168	17	51	13	6
餐饮业	6700	10708	884	2392	721	199
正餐服务	6710	9829	826	2251	586	173
快餐服务	6720	372	21	62	75	10
饮料及冷饮服务	6730	139	6	25	23	3
其他餐饮服务	6790	368	31	54	37	13

单位：个

与港、澳、台商合作经营	港、澳、台商独资	港、澳、台商投资股份有限公司	外商投资企业	中外合资经营	中外合作经营	外资企业	外商投资股份有限公司	代码
11	45	5	120	63	6	48	3	4800
12	45	8	128	88	11	25	4	4900
4	10	1	31	19	6	6		5000
2	3		6	3	3			5010
1			2	1	1			5020
1	7	1	23	15	2	6		5090
54	**1595**	**72**	**3684**	**777**	**87**	**2727**	**93**	H
19	1079	46	2659	423	33	2155	48	6300
	11		24	6	2	16		6310
7	66	2	175	50	6	117	2	6320
3	190	6	334	52	5	271	6	6330
1	55	2	81	13	2	64	2	6340
2	41	3	85	13	3	68	1	6350
3	212	13	499	107	5	375	12	6360
3	345	17	962	145	7	788	22	6370
	42	2	145	6		138	1	6380
	117	1	354	31	3	318	2	6390
35	516	26	1025	354	54	572	45	6500
13	161	8	383	119	20	230	14	6510
1	19	1	46	16	3	27		6520
5	157	3	145	25	5	112	3	6530
	33		34	4	1	28	1	6540
	4	2	13	6		5	2	6550
12	81	4	220	130	17	57	16	6560
	20	4	48	14		31	3	6570
2	16	4	64	14	3	45	2	6580
2	25		72	26	5	37	4	6590
125	**673**	**43**	**1340**	**455**	**118**	**711**	**56**	I
77	222	20	512	233	68	190	21	6600
66	184	16	418	203	57	144	14	6610
10	32	4	74	24	7	38	5	6620
1	6		20	6	4	8	2	6690
48	451	23	828	222	50	521	35	6700
38	355	20	575	175	37	335	28	6710
6	58	1	194	31	12	145	6	6720
2	17	1	18	2		16		6730
2	21	1	41	14	1	25	1	6790

3-8 限额以上企业按行业(中类)、

(2010年)

行业中类	代码	从业人员数	内资企业	国有企业	集体企业	股份合作企业
总计		**153672442**	**124405143**	**12946884**	**4970952**	**1098976**
采矿业	B	**8506003**	**8406528**	**1948314**	**392971**	**95781**
煤炭开采和洗选业	0600	5577319	5545513	1293692	246231	70441
烟煤和无烟煤的开采洗选	0610	5368212	5337847	1248511	239714	69001
褐煤的开采洗选	0620	192544	191133	44104	4835	962
其他煤炭采选	0690	16563	16533	1077	1682	478
石油和天然气开采业	0700	956279	951228	455035	10684	1187
天然原油和天然气开采	0710	559162	555835	192786	1195	86
与石油和天然气开采有关的服务活动	0790	397117	395393	262249	9489	1101
黑色金属矿采选业	0800	741984	729271	67812	36389	12491
铁矿采选	0810	681730	670166	64869	31410	9290
其他黑色金属矿采选	0890	60254	59105	2943	4979	3201
有色金属矿采选业	0900	583654	559179	64199	48316	5810
常用有色金属矿采选	0910	328272	309753	29625	11267	3983
贵金属矿采选	0920	165001	161093	22283	35655	1194
稀有稀土金属矿采选	0930	90381	88333	12291	1394	633
非金属矿采选业	1000	639113	613738	67476	50730	5827
土砂石开采	1010	386728	375924	14763	36037	3723
化学矿采选	1020	76492	75069	10784	6028	358
采盐	1030	102913	95478	36406	5321	675
石棉及其他非金属矿采选	1090	72980	67267	5523	3344	1071
其他采矿业	1100	7654	7599	100	621	25
制造业	C	**88249293**	**61333567**	**3176944**	**1782409**	**614509**
农副食品加工业	1300	3684516	3002624	86385	51743	32739
谷物磨制	1310	525691	510648	13580	2940	6832
饲料加工	1320	419775	344642	3128	1914	3668
植物油加工	1330	289146	252268	5644	2453	2742
制糖	1340	172033	146604	9111	286	1855
屠宰及肉类加工	1350	931038	746769	35289	11877	7091
水产品加工	1360	487457	315985	14287	20036	4474
蔬菜、水果和坚果加工	1370	461432	350211	2627	3004	2323
其他农副食品加工	1390	397944	335497	2719	9233	3754
食品制造业	1400	1849907	1324844	33911	27003	9708
焙烤食品制造	1410	299202	192686	2506	1050	2352
糖果、巧克力及蜜饯制造	1420	169929	110974	30	1932	252
方便食品制造	1430	350893	234588	2858	12072	439
液体乳及乳制品制造	1440	234179	166593	6544	1535	1696
罐头制造	1450	212240	158572	2844	1768	916
调味品、发酵制品制造	1460	233772	189778	6611	1723	2057
其他食品制造	1490	349692	271653	12518	6923	1996

登记注册类型分组的从业人员数

单位：人

国有联营企业	集体联营企业	国有与集体联营	其他联营	国有独资公司	其他有限责任公司	股份有限公司	私营独资	私营合伙	代码
102672	**98863**	**73756**	**104699**	**3969740**	**34590854**	**9865925**	**8610082**	**1637441**	
10508	**12061**	**9116**	**5441**	**1212865**	**1848017**	**690962**	**715922**	**343136**	B
7213	9298	7278	2996	1046113	1310908	354460	441027	255947	0600
6993	9298	7278	2996	975479	1273945	341879	431959	252519	0610
				70634	32331	9430	7487	2794	0620
220					4632	3151	1581	634	0690
		87		66249	166507	236758	2469	254	0700
				1266	126072	229304	932	121	0710
		87		64983	40435	7454	1537	133	0790
428	323	1087	188	56545	118437	15749	118566	26814	0800
178	323	1087	150	56545	109464	14913	108165	24557	0810
250			38		8973	836	10401	2257	0890
2555	610	569	167	27170	155578	43436	38445	19914	0900
604	610			3986	85843	27790	25756	14969	0910
1301		246	30	18483	37052	13149	9351	2767	0920
650		323	137	4701	32683	2497	3338	2178	0930
312	1766	95	2090	16728	95984	40246	113126	39803	1000
249	1378		1833	980	49988	21013	93236	32102	1010
	194			1112	20790	2320	6284	2100	1020
63				14393	13716	14118	2520		1030
	194	95	257	243	11490	2795	11086	5601	1090
	64			60	603	313	2289	404	1100
47189	**42362**	**32890**	**22617**	**1580358**	**14509790**	**5246587**	**6372703**	**978788**	C
1703	824	1087	1215	9939	758216	203449	447764	53555	1300
189	114	274	107	1624	95373	21158	135497	13278	1310
64	30	57	510	72	82985	28660	44029	5122	1320
	20	84	331	537	73666	9686	38901	7347	1330
1184				5876	61880	25410	2787	328	1340
216	424	467	111	1481	230045	52523	89340	10769	1350
	26				77412	16223	30864	3656	1360
		79	107	234	52527	22581	54227	5327	1370
50	210	126	49	115	84328	27208	52119	7728	1390
329	336	400	50	5077	344002	139352	144658	21785	1400
					44140	4745	27717	3043	1410
		130		28	18735	7787	16721	1672	1420
21	134	130		2046	64945	21246	25424	7355	1430
308		62		744	58693	30842	7443	753	1440
					34836	10187	21525	3493	1450
				662	50590	42309	19962	1914	1460
	202	78	50	1597	72063	22236	25866	3555	1490

行业中类	代码	从业人员数	内资企业			
				国有企业	集体企业	股份合作企业
饮料制造业	1500	1337537	1023046	75710	13155	7559
酒精制造	1510	51384	45533	1058	68	
酒的制造	1520	777330	650563	68469	6902	4267
软饮料制造	1530	383288	207983	2058	2190	2057
精制茶加工	1540	125535	118967	4125	3995	1235
烟草制品业	1600	223035	220769	102939	5767	140
烟叶复烤	1610	32953	31212	9295	621	140
卷烟制造	1620	180173	179818	91924	1550	
其他烟草制品加工	1690	9909	9739	1720	3596	
纺织业	1700	7121859	5438867	108932	91605	36788
棉、化纤纺织及印染精加工	1710	3579270	3014075	66711	38076	16068
毛纺织和染整精加工	1720	361464	283766	5657	5783	4680
麻纺织	1730	96638	79601	500	728	768
丝绢纺织及精加工	1740	405062	350808	4946	2232	1485
纺织制成品制造	1750	953508	677970	11707	14606	4334
针织品、编织品及其制品制造	1760	1725917	1032647	19411	30180	9453
纺织服装、鞋、帽制造业	1800	5144889	2853015	58304	65374	24459
纺织服装制造	1810	4794274	2686945	53429	61024	22153
纺织面料鞋的制造	1820	260776	125279	4875	3372	2053
制帽	1830	89839	40791		978	253
皮革、毛皮、羽毛(绒)及其制品业	1900	2919331	1347786	7875	89903	10978
皮革鞣制加工	1910	194804	102605	117	5571	890
皮革制品制造	1920	2551615	1121694	6720	82587	8643
毛皮鞣制及制品加工	1930	81531	58308	940	1071	237
羽毛(绒)加工及制品制造	1940	91381	65179	98	674	1208
木材加工及木、竹、藤、棕、草制品业	2000	1508553	1320596	27380	18267	5048
锯材、木片加工	2010	186346	175220	7718	2044	343
人造板制造	2020	853017	779558	15632	4958	2610
木制品制造	2030	305973	229604	2228	7734	1278
竹、藤、棕、草制品制造	2040	163217	136214	1802	3531	817
家具制造业	2100	1200644	736545	1745	4840	4170
木质家具制造	2110	737109	480961	594	2904	3275
竹、藤家具制造	2120	19015	12611	298	68	158
金属家具制造	2130	255881	147199	853	1184	563
塑料家具制造	2140	19135	10980		386	
其他家具制造	2190	169504	84794		298	174

单位：人

国有联营企业	集体联营企业	国有与集体联营	其他联营	国有独资公司	其他有限责任公司	股份有限公司	私营独资	私营合伙	代码
771	280	128	237	64180	272372	149061	115338	9889	1500
				4116	12895	3093	5016		1510
454	280		117	58011	181434	106754	64650	4725	1520
317		83	120	1756	54533	33289	28578	1833	1530
		45		297	23510	5925	17094	3331	1540
	397			64184	42211	4418	124		1600
				3916	15130	2095			1610
	397			60268	23843	1746	50		1620
					3238	577	74		1690
3234	1679	1910	2065	66295	1232738	303715	592889	91425	1700
3059	1189		1659	57003	804120	170188	290898	49119	1710
	163	26		2710	66654	14204	33371	4633	1720
175	100			1365	25239	5230	7834	991	1730
			15	2464	63835	22492	50114	4712	1740
	190	552	149	979	109989	58847	79718	13587	1750
	37	1332	242	1774	162901	32754	130954	18383	1760
	4117	391	789	12508	436484	95408	408591	43258	1800
	4018	391	589	12279	410369	92517	380730	36142	1810
	99		200		21675	2022	20817	6008	1820
				229	4440	869	7044	1108	1830
	311	246	288	95	186143	30842	168795	19858	1900
	260				15545	6989	23308	4277	1910
	51	246	253	95	157437	16029	119064	11295	1920
					4988	2273	14920	3089	1930
			35		8173	5551	11503	1197	1940
	283	280	305	687	197419	42565	312104	54423	2000
				117	19781	8018	51267	7208	2010
	140	280	238	235	128138	28903	195153	31935	2020
	143		26	195	32978	4479	38671	8814	2030
			41	140	16522	1165	27013	6466	2040
	9	208	172	142	129160	11646	103140	14473	2100
		108		142	86653	7026	77362	10060	2110
					2006	68	2129	349	2120
	9	100			20245	3588	12616	1459	2130
			172		3268	85	3344	88	2140
					16988	879	7689	2517	2190

行业中类	代码	从业人员数	内资企业	国有企业	集体企业	股份合作企业
造纸及纸制品业	2200	1701603	1300902	34019	55314	14826
纸浆制造	2210	49957	35137	691	1052	305
造纸	2220	839234	681843	24698	31312	4924
纸制品制造	2230	812412	583922	8630	22950	9597
印刷业和记录媒介的复制	2300	925024	694690	78387	19845	10959
印刷	2310	869197	659213	73954	18376	10597
装订及其他印刷服务活动	2320	43223	27564	3053	1469	362
记录媒介的复制	2330	12604	7913	1380		
文教体育用品制造业	2400	1406166	518602	7582	42912	3187
文化用品制造	2410	187953	97225	407	1373	732
体育用品制造	2420	356665	121906	2265	9093	587
乐器制造	2430	75171	34802	473	1167	194
玩具制造	2440	752997	247126	4437	31025	1630
游艺器材及娱乐用品制造	2450	33380	17543		254	44
石油加工及炼焦	2500	934750	844202	108677	12947	9107
精炼石油产品的制造	2510	462932	428010	69102	10531	1967
炼焦	2520	464446	408820	34667	2416	7140
化学原料及化学制品制造业	2600	4875151	4148708	274335	107614	49873
基础化学原料制造	2610	1246480	1136354	106888	33595	10932
肥料制造	2620	778191	741292	72773	6842	10738
农药制造	2630	194333	175069	10436	1976	3045
涂料、油墨、颜料及类似产品制造	2640	474445	352836	7506	8761	7465
合成材料制造	2650	454446	357625	16982	7501	2099
专用化学产品制造	2660	1387103	1178663	55726	45968	13095
日用化学产品制造	2670	340153	206869	4024	2971	2499
医药制造业	2700	1704636	1335284	66653	15843	10979
化学药品原药制造	2710	360466	281849	6414	2777	2094
化学药品制剂制造	2720	464259	338769	30631	7047	1638
中药饮片加工	2730	102318	89086	735	798	1349
中成药制造	2740	414207	353918	19664	2935	3340
兽用药品制造	2750	79710	72204	2357	406	776
生物、生化制品的制造	2760	146218	105724	6370	403	449
卫生材料及医药用品制造	2770	137458	93734	482	1477	1333
化学纤维制造业	2800	488496	381196	35921	3910	2038
纤维素纤维原料及纤维制造	2810	123099	106011	17419	1197	81
合成纤维制造	2820	365397	275185	18502	2713	1957
橡胶制品业	2900	1105247	721702	22265	29342	14138
轮胎制造	2910	339062	213508	4532	4332	928
橡胶板、管、带的制造	2920	150740	131678	5853	7093	5985
橡胶零件制造	2930	165816	111759	2528	3163	2379

单位：人

国有联营企业	集体联营企业	国有与集体联营	其他联营	国有独资公司	其他有限责任公司	股份有限公司	私营独资	私营合伙	代码
62	706	174	1399	12536	284076	110329	149625	27252	2200
					13880	7311	3464	218	2210
62	283	143	1200	12020	166135	88816	58245	13325	2220
	423	31	199	516	104061	14202	87916	13709	2230
507	494	1139	453	11621	153622	26132	68024	9196	2300
507	484	600	453	9125	147124	25128	63458	8997	2310
	10	89		2370	3846	193	4566	199	2320
		450		126	2652	811			2330
	1498	973	983	142	74484	18206	75423	9691	2400
			45		9779	2164	10553	2041	2410
		973	167		23217	5584	12955	2503	2420
				142	5416	3661	6298	241	2430
	1498		771		34051	6797	43438	4782	2440
					2021		2179	124	2450
664	863	1497	962	44093	185467	228308	29770	7053	2500
81	153	1497	17	24917	44852	190878	13681	987	2510
583	710		945	16852	140475	37430	16089	6066	2520
2698	1763	2387	960	139766	1151946	535705	388897	79336	2600
49	406	804	562	53139	353711	147762	68778	11228	2610
1549	46	908	144	15885	260111	140681	36727	7186	2620
	40			2514	47386	32618	13992	902	2630
197	329			2746	74695	34414	33506	4546	2640
		61	100	19833	91436	74487	20268	2389	2650
903	942	524	67	44626	270376	79112	195252	51268	2660
		90	87	1023	54231	26631	20374	1817	2670
968	1341	931	432	25616	459307	284113	60068	7968	2700
521	1116	280	111	16317	108660	54999	10147	1968	2710
88		314	286	4039	134465	68975	11461	568	2720
	110	218	35	158	26704	8362	9543	1249	2730
	115	119		2450	111204	110956	9892	1552	2740
				235	18439	7571	5030	1409	2750
359				2417	31481	23384	7305	440	2760
					28354	9866	6690	782	2770
	200	107		19387	70552	69647	13121	5125	2800
				19387	26322	13400	2767	853	2810
	200	107			44230	56247	10354	4272	2820
	1078	77	197	24883	132141	85920	86828	9678	2900
	730			16196	50836	40428	25939	1156	2910
			105	489	23292	7448	19197	1697	2920
	348		92	756	16800	19853	11778	2200	2930

行业中类	代码	从业人员数	内资企业			
				国有企业	集体企业	股份合作企业
再生橡胶制造	2940	24720	23290	171	966	344
日用及医用橡胶制品制造	2950	61483	33320	1547	926	27
橡胶靴鞋制造	2960	237508	138517	6349	9568	3663
其他橡胶制品制造	2990	125918	69630	1285	3294	812
塑料制品业	3000	3013892	1879228	11899	70468	20326
塑料薄膜制造	3010	259468	165344	1487	3141	1887
塑料板、管、型材的制造	3020	424763	309213	4970	6743	3106
塑料丝、绳及编织品的制造	3030	367069	336095	1389	18116	3600
泡沫塑料制造	3040	117221	83534	290	2188	895
塑料人造革、合成革制造	3050	113447	75026		730	514
塑料包装箱及容器制造	3060	254653	169865	1032	2563	2160
塑料零件制造	3070	407275	190076	941	10468	2560
日用塑料制造	3080	504925	257564	970	4315	1998
其他塑料制品制造	3090	565071	292511	820	22204	3606
非金属矿物制品业	3100	5759924	4962403	173766	171895	71660
水泥、石灰和石膏的制造	3110	1247572	1157112	66054	55765	20068
水泥及石膏制品制造	3120	727990	649660	27716	16884	5393
砖瓦、石材及其他建筑材料制造	3130	1406815	1252780	23275	46922	27658
玻璃及玻璃制品制造	3140	1046955	803661	16219	9609	5752
陶瓷制品制造	3150	618238	449169	14982	13407	6301
耐火材料制品制造	3160	341326	315944	8541	22690	2319
石墨及其他非金属矿物制品制造	3190	371028	334077	16979	6618	4169
黑色金属冶炼及压延加工业	3200	3335310	3052052	419921	75618	25818
炼铁	3210	297638	280856	12890	4405	1105
炼钢	3220	531983	505049	128592	1846	5010
钢压延加工	3230	2165978	1946224	259526	60987	11112
铁合金冶炼	3240	339711	319923	18913	8380	8591
有色金属冶炼及压延加工业	3300	1973908	1728943	126902	87815	16677
常用有色金属冶炼	3310	874380	810239	87522	15564	8567
贵金属冶炼	3320	79827	77271	5247	3099	447
稀有稀土金属冶炼	3330	120087	109475	6909	822	568
有色金属合金制造	3340	128426	93740	11739	2421	1341
有色金属压延加工	3350	771188	638218	15485	65909	5754
金属制品业	3400	3766186	2773552	67961	91028	32177
结构性金属制品制造	3410	1116581	939290	30223	26632	9289
金属工具制造	3420	402133	295414	6098	6344	3244
集装箱及金属包装容器制造	3430	298158	194035	4149	8212	3558
金属丝绳及其制品的制造	3440	242273	188020	9890	11150	1513
建筑、安全用金属制品制造	3450	493116	329165	2839	8330	2997

单位：人

国有联营企业	集体联营企业	国有与集体联营	其他联营	国有独资公司	其他有限责任公司	股份有限公司	私营独资	私营合伙	代码
					2927	1274	5421	863	2940
				1789	9443	1634	3203	309	2950
				5653	17750	12273	12750	2174	2960
		77			11093	3010	8540	1279	2990
795	523	2082	600	5898	351618	66567	274963	40972	3000
30	42			757	32177	16998	22112	3679	3010
	59	566	160	2073	73543	17634	34454	4647	3020
	46	138		392	58747	14279	75641	11589	3030
	12	65	52	2010	12087	1456	14181	2157	3040
			98		12020	3929	2150	829	3050
90	37	56	167		34457	4284	24366	3003	3060
453	303	1257	8	248	34495	1031	24453	3801	3070
					47092	2511	39107	5823	3080
222	24		115	418	47000	4445	38499	5444	3090
2760	3681	2349	2551	36236	1197344	345990	703747	141920	3100
617	1424	1051	1553	15114	355831	131642	87840	23373	3110
655	256	456	45	4929	166192	32371	79667	14033	3120
1158	1348	198	875	2906	215540	31287	258375	61743	3130
	140	558		7193	198262	55540	114718	13491	3140
	103	37	78	2023	87784	43413	60240	15089	3150
	335	16		530	77070	20011	56438	9193	3160
330	75	33		3541	96665	31726	46469	4998	3190
19983	344	949	1367	169560	1007999	330240	132601	32888	3200
			487	2721	95635	32947	21353	8221	3210
			60	22605	207883	22201	12712	4234	3220
19983	230	696	172	140742	616554	255478	76666	15206	3230
	114	253	648	3492	87927	19614	21870	5227	3240
542	2453	614	333	123840	452971	247274	103638	18312	3300
542	1689	233	150	96275	215258	165892	34613	7042	3310
		72		3808	24337	16611	2761	170	3320
	305			8557	26613	16340	6963	1579	3330
	140	26		8295	17092	3129	9224	1166	3340
	319	283	183	6905	169671	45302	50077	8355	3350
862	1792	4252	1217	11895	559429	112808	351660	46107	3400
586	669	3266	930	6438	222015	36579	94432	10843	3410
276	136	195	110	1522	52168	11572	56725	7516	3420
		36		1097	47311	7026	16227	1497	3430
	83			505	34427	17235	22923	3904	3440
	50		4	132	58003	7097	44025	6205	3450

3-8 续表 4

行业中类	代码	从业人员数	内资企业			
				国有企业	集体企业	股份合作企业
金属表面处理及热处理加工	3460	301848	240714	2646	13806	7397
搪瓷制品制造	3470	41981	33109	155	2066	118
不锈钢及类似日用金属制品制造	3480	504612	300953	2334	3951	1987
其他金属制品制造	3490	365484	252852	9627	10537	2074
通用设备制造业	3500	5768717	4699605	241409	157304	61955
锅炉及原动机制造	3510	432501	371136	37518	10317	4843
金属加工机械制造	3520	669946	587054	45496	10996	6998
起重运输设备制造	3530	447493	345393	20714	18275	2411
泵、阀门、压缩机及类似机械的制造	3540	936738	744364	35375	14695	13318
轴承、齿轮、传动和驱动部件的制造	3550	600016	472679	20258	8393	5215
烘炉、熔炉及电炉制造	3560	39133	28488	1123	596	496
风机、衡器、包装设备等通用设备制造	3570	799640	579491	24981	15474	6240
通用零部件制造及机械修理	3580	842484	694394	35096	41890	10362
金属铸、锻加工	3590	1000766	876606	20848	36668	12072
专用设备制造业	3600	3642829	2777231	207743	61391	29718
矿山、冶金、建筑专用设备制造	3610	1045162	924154	109697	22531	7840
化工、木材、非金属加工专用设备制造	3620	728586	422479	12273	8711	3628
食品、饮料、烟草及饲料生产专用设备制造	3630	129228	115597	3587	3951	1332
印刷、制药、日化生产专用设备制造	3640	167422	119791	5992	2230	2611
纺织、服装和皮革工业专用设备制造	3650	259532	195722	5473	3508	4130
农、林、牧、渔专用机械制造	3670	273949	237684	12225	11993	3772
医疗仪器设备及器械制造	3680	259562	165068	8142	3436	2876
环保、社会公共安全及其他专用设备制造	3690	364741	294792	15663	3200	2453
交通运输设备制造业	3700	5766720	4203029	484859	94560	40671
铁路运输设备制造	3710	345831	324543	99236	28011	3330
汽车制造	3720	3592203	2416807	220794	38439	25244
摩托车制造	3730	457605	387832	8783	6957	3205
自行车制造	3740	227066	118269	428	2086	1702
船舶及浮动装置制造	3750	756122	603186	70771	16640	7118
航空航天器制造	3760	343668	318890	82377	814	
交通器材及其他交通运输设备制造	3790	44225	33502	2470	1613	72
电气机械及器材制造业	3900	6196505	3923236	113473	130112	37399
电机制造	3910	762439	524488	23220	9588	3416
输配电及控制设备制造	3920	1591897	1069064	51684	37304	15017
电线、电缆、光缆及电工器材制造	3930	982866	628899	10310	19643	9987
电池制造	3940	603719	313965	7145	2129	2387
家用电力器具制造	3950	1255928	748357	16482	55339	2646
非电力家用器具制造	3960	141212	116405	105	797	739
照明器具制造	3970	732230	449058	3364	3261	2545
其他电气机械及器材制造	3990	126214	73000	1163	2051	662

单位：人

国有联营企业	集体联营企业	国有与集体联营	其他联营	国有独资公司	其他有限责任公司	股份有限公司	私营独资	私营合伙	代码
	672	483	61	215	39341	8017	35866	7155	3460
					5875	1959	5287	587	3470
	28				47835	9075	44808	5190	3480
	154	272	112	1986	52454	14248	31367	3210	3490
368	2889	3336	1285	135819	1042729	292681	549707	77057	3500
	270	256	40	16606	102364	49292	24635	4305	3510
161	346	486		47870	145146	45246	49142	5972	3520
77	600	599	40	26876	86417	26840	21151	3485	3530
52	123	113	22	9034	186067	51272	74631	12161	3540
		437	207	14382	107603	36286	53415	9091	3550
			123		5275	1384	2579	426	3560
	327	272	210	7662	131019	30509	48280	5812	3570
78	113	295	228	6000	123328	16524	100219	13582	3580
	1110	878	415	7389	155510	35328	175655	22223	3590
1769	510	2461	386	188116	684179	260771	239039	29613	3600
1739	294	729		62965	261999	124965	54022	6929	3610
	130	209	221	5604	86432	19845	42962	9085	3620
				167	27596	8455	21896	1285	3630
		50	98	1186	24204	10478	12302	1857	3640
	36	1462		2306	40792	22886	19752	2099	3650
		11		1013	80456	13857	36906	3609	3670
			67	121	45598	18969	11124	1067	3680
	50			3629	61027	20982	28595	2608	3690
2395	5512	2019	863	279930	1090755	432284	239104	43231	3700
648	458	55		32348	77821	37856	6948	1430	3710
1116	2151	1145	503	109575	676932	308630	153049	26254	3720
		38		12776	78077	22487	32266	5442	3730
280		49			19794	2130	11246	1679	3740
351	2903	732	360	24495	136606	18749	31658	7863	3750
				100329	94567	36965	405		3760
				407	6958	5467	3532	563	3790
582	1603	1740	1927	43203	979962	428882	282121	39585	3900
	231	69	221	21950	128317	64008	24656	3757	3910
140	202	582	1056	6454	273400	113168	65609	10344	3920
61	656	335	326	6739	140183	50911	58467	8494	3930
	155	263		3220	95624	21437	16395	2538	3940
381		242	13	2366	197913	139562	36403	6103	3950
		33		44	34844	5714	12919	304	3960
		138	311	2348	88034	31990	62157	7712	3970
	359	78		82	21647	2092	5515	333	3990

行业中类	代码	从业人员数	内资企业	国有企业	集体企业	股份合作企业
通信设备、计算机及其他电子设备制造业	4000	7859675	2324522	102659	104910	8579
通信设备制造	4010	1056304	454196	25797	7827	789
雷达及配套设备制造	4020	36601	36315	7334		43
广播电视设备制造	4030	118688	71563	2384	1008	233
电子计算机制造	4040	1663326	220713	9693	11579	552
电子器件制造	4050	1311919	393800	13378	16899	3008
电子元件制造	4060	2687396	768484	23842	47017	3886
家用视听设备制造	4070	623975	240184	13261	19471	
其他电子设备制造	4090	361466	139267	6970	1109	68
仪器仪表及文化、办公用机械制造业	4100	1308540	704916	46772	38124	10500
通用仪器仪表制造	4110	441591	332146	12402	4187	5460
专用仪器仪表制造	4120	172257	124997	22956	1679	2081
钟表与计时仪器制造	4130	130905	47097	1877	7906	618
光学仪器及眼镜制造	4140	280354	125576	7448	14133	1999
文化、办公用机械制造	4150	261594	59430	1708	9602	277
其他仪器仪表的制造及修理	4190	21839	15670	381	617	65
工艺品及其他制造业	4200	1585596	973061	46631	34596	12130
工艺美术品制造	4210	1050029	631440	2984	28163	10533
日用杂品制造	4220	336993	195092	361	3838	785
煤制品制造	4230	25860	25768	4053	1289	462
其他未列明的制造业	4290	172036	120124	39055	1306	350
废弃资源和废旧材料回收加工业	4300	140147	118411	1929	9204	203
金属废料和碎屑的加工处理	4310	102702	84832	1315	7739	146
非金属废料和碎屑的加工处理	4320	37445	33579	614	1465	57
电力、燃气及水的生产和供应业	**D**	**3466096**	**3239833**	**1885301**	**42671**	**10128**
电力、热力的生产和供应业	4400	2777529	2645461	1580353	21456	8018
电力生产	4410	1140452	1021323	468383	11811	5166
电力供应	4420	1415070	1412203	1041978	6554	484
热力生产和供应	4430	222007	211935	69992	3091	2368
燃气生产和供应业	4500	208933	150589	38119	1361	1312
水的生产和供应业	4600	479634	443783	266829	19854	798
自来水的生产和供应	4610	442416	412716	259895	19148	682
污水处理及其再生利用	4620	33885	29047	6836	706	51
其他水的处理、利用与分配	4690	3333	2020	98		65
建筑业	**E**	**39089881**	**38874498**	**4296979**	**2374724**	**257155**
房屋和土木工程建筑业	4700	33395505	33280967	3815880	2128786	213088
房屋工程建筑	4710	26200851	26115832	1866906	1911449	189836
土木工程建筑	4720	7194654	7165135	1948974	217337	23252

单位：人

国有联营企业	集体联营企业	国有与集体联营	其他联营	国有独资公司	其他有限责任公司	股份有限公司	私营独资	私营合伙	代码
6150	5855	817	644	50760	670374	286031	118284	17736	4000
2910		51		11264	183424	90607	8299	1514	4010
				21467	3196	2173	40		4020
		472		4159	13017	12202	5145	1430	4030
	98		30	80	63127	35898	11923	1185	4040
2320	1208		459	9439	100225	70127	9898	2473	4050
235	210	294	60	4064	182072	59397	65608	7651	4060
490	4000		95	69	99166	9131	8380	1698	4070
195	339			218	26147	6496	8991	1785	4090
		250	268	21708	171302	61460	39986	6751	4100
		114	268	2961	81905	41391	17291	3205	4110
				3931	28692	10662	6181	329	4120
					9971	186	7987	876	4130
				14796	30923	3457	6619	1598	4140
		136		20	14524	5290	1043	343	4150
					5287	474	865	400	4190
47	341	86	626	11235	159929	40567	156188	19229	4200
	210	86	626	1044	112714	28644	108502	12844	4210
				502	27000	6960	37843	4266	4220
				100	4011	841	2413	302	4230
47	131			9589	15870	4067	7430	1817	4290
	680		43	1007	30859	2216	16506	1422	4300
	616		43	1007	22811	2064	10057	612	4310
	64				8048	152	6449	810	4320
9324	**1320**	**2738**	**231**	**376104**	**582824**	**173750**	**21665**	**4791**	D
8677	632	2280	143	299053	459868	154062	14301	3287	4400
4935	250	490	139	51518	297523	112723	8607	2882	4410
2800	279	1666	4	226944	101004	24006	481	145	4420
942	103	124		20591	61341	17333	5213	260	4430
	257		67	20643	58591	8814	3498	982	4500
647	431	458	21	56408	64365	10874	3866	522	4600
647	431	458		49987	57117	10369	2472	433	4610
			21	6421	6853	505	800	53	4620
					395		594	36	4690
19261	**35135**	**21966**	**66194**	**655347**	**14297437**	**2654988**	**519119**	**116452**	E
17192	28903	21873	42207	587576	12331167	2349984	411783	83336	4700
5084	23580	12576	38906	348692	9720902	1949030	363186	71117	4710
12108	5323	9297	3301	238884	2610265	400954	48597	12219	4720

行业中类	代码	从业人员数	内资企业	国有企业	集体企业	股份合作企业
建筑安装业	4800	2869905	2831656	349280	166278	24278
建筑装饰业	4900	1436165	1379963	48818	28467	11558
其他建筑业	5000	1388306	1381912	83001	51193	8231
工程准备	5010	401396	399677	45367	14605	2002
提供施工设备服务	5020	195737	195319	5216	14027	334
其他未列明的建筑活动	5090	791173	786916	32418	22561	5895
批发和零售业	H	**9502171**	**8427825**	**1060619**	**271619**	**71400**
批发业	6300	4101990	3666622	716434	90865	20993
农畜产品批发	6310	174985	172840	57995	13787	1590
食品、饮料及烟草制品批发	6320	755788	704988	346757	14900	3043
纺织、服装及日用品批发	6330	479698	376711	15187	3520	1899
文化、体育用品及器材批发	6340	109552	89174	18087	1033	450
医药及医疗器材批发	6350	354242	328719	22484	1718	1993
矿产品、建材及化工产品批发	6360	1281695	1244315	200444	41310	7180
机械设备、五金交电及电子产品批发	6370	738011	582500	35965	7381	3307
贸易经纪与代理	6380	58271	40263	9371	322	106
其他批发	6390	149748	127112	10144	6894	1425
零售业	6500	5400181	4761203	344185	180754	50407
综合零售	6510	2501794	2057854	85740	130849	27375
食品、饮料及烟草制品专门零售	6520	213557	204216	33395	7106	2379
纺织、服装及日用品专门零售	6530	366489	281727	8189	10033	1107
文化、体育用品及器材专门零售	6540	214481	207602	85834	4965	1222
医药及医疗器材专门零售	6550	340597	338239	33091	2734	3556
汽车、摩托车、燃料及零配件专门零售	6560	993998	954847	71455	12330	7139
家用电器及电子产品专门零售	6570	464265	435158	5540	2447	4936
五金、家具及室内装修材料专门零售	6580	161903	148498	5128	5866	920
无店铺及其他零售	6590	143097	133062	15813	4424	1773
住宿和餐饮业	I	**4858998**	**4122892**	**578727**	**106558**	**50003**
住宿业	6600	2300500	2009420	498569	74356	26796
旅游饭店	6610	1871307	1604240	418096	56558	20897
一般旅馆	6620	370518	351750	71030	15712	4797
其他住宿服务	6690	58675	53430	9443	2086	1102
餐饮业	6700	2558498	2113472	80158	32202	23207
正餐服务	6710	2110427	1951661	73307	30088	21891
快餐服务	6720	333816	72008	3992	684	550
饮料及冷饮服务	6730	20917	11462	283	87	225
其他餐饮服务	6790	93338	78341	2576	1343	541

单位：人

国有联营企业	集体联营企业	国有与集体联营	其他联营	国有独资公司	其他有限责任公司	股份有限公司	私营独资	私营合伙	代码
257	5263	40	7413	57073	1048342	189002	37450	14692	4800
1632	521	52	5646	5710	400690	72718	23981	12097	4900
180	448	1	10928	4988	517238	43284	45905	6327	5000
11	40		931	1149	166090	6362	16283	986	5010
			49	507	60368	4890	4706	525	5020
169	408	1	9948	3332	290780	32032	24916	4816	5090
10178	**5992**	**4132**	**5775**	**113020**	**2418331**	**944175**	**408538**	**84588**	H
6469	1887	1417	2575	72546	882410	392273	113491	28131	6300
435	14	66	22	7138	27714	10623	9704	1551	6310
833	150	614	150	30033	125680	24742	15016	7550	6320
195	200	107	765	3856	96177	20339	9911	2262	6330
8	11	42	174	2430	29284	1776	1501	418	6340
30			13	1884	139662	43080	7492	1294	6350
4599	1370	356	613	16054	243622	245758	44366	9472	6360
344	95	79	735	8253	179763	34322	13556	3585	6370
		14	81	2234	9684	1679	1116	176	6380
25	47	139	22	664	30824	9954	10829	1823	6390
3709	4105	2715	3200	40474	1535921	551902	295047	56457	6500
74	1449	373	887	5697	740284	338707	121735	28232	6510
43	67	47	134	2661	48470	7750	12320	2673	6520
374	295	35	349	625	73683	12337	26595	3939	6530
38	182		16	8243	44548	13715	5341	652	6540
205	329	258	172	2002	136834	28569	12846	2286	6550
2554	1045	1517	825	18235	275201	117617	46367	8166	6560
122	176		535	507	152212	24715	36880	5274	6570
	108	49	247	15	30066	3682	20115	3166	6580
299	454	436	35	2489	34623	4810	12848	2069	6590
6212	**1993**	**2914**	**4441**	**32046**	**934455**	**155463**	**572135**	**109686**	I
5716	1442	2046	2226	27898	541453	85256	153796	38363	6600
5343	1413	1948	1874	23146	451700	74421	103122	24096	6610
273	29	98	352	4168	76185	9237	44919	13150	6620
100				584	13568	1598	5755	1117	6690
496	551	868	2215	4148	393002	70207	418339	71323	6700
263	551	868	1633	3868	352232	66548	400574	67273	6710
198			20	133	25454	1002	8387	1120	6720
35			20		1783	10	1922	572	6730
			542	147	13533	2647	7456	2358	6790

3-8 续表 7

行业中类	代码	私营有限责任公司	私营股份有限公司	其他	港、澳、台商投资企业	与港、澳、台商合资经营
总计		**42265255**	**3085499**	**983545**	**13775280**	**3652302**
采矿业	B	**976759**	**104790**	**39885**	**37231**	**25000**
煤炭开采和洗选业	0600	432424	48420	19065	10853	9525
烟煤和无烟煤的开采洗选	0610	413433	45927	18915	9606	8398
褐煤的开采洗选	0620	16221	2326	9	1247	1127
其他煤炭采选	0690	2770	167	141		
石油和天然气开采业	0700	10223	748	1027	2757	181
天然原油和天然气开采	0710	3755	105	213	1693	181
与石油和天然气开采有关的服务活动	0790	6468	643	814	1064	
黑色金属矿采选业	0800	242921	24169	7352	8516	7622
铁矿采选	0810	224001	18154	7060	8374	7552
其他黑色金属矿采选	0890	18920	6015	292	142	70
有色金属矿采选业	0900	131800	16490	4120	5077	2241
常用有色金属矿采选	0910	91396	11454	2470	4420	1847
贵金属矿采选	0920	16902	2053	627	290	207
稀有稀土金属矿采选	0930	23502	2983	1023	367	187
非金属矿采选业	1000	157767	14742	7046	10028	5431
土砂石开采	1010	103627	11656	5339	5220	1750
化学矿采选	1020	24154	945		1131	451
采盐	1030	7960		306	1715	1715
石棉及其他非金属矿采选	1090	22026	2141	1401	1962	1515
其他采矿业	1100	1624	221	1275		
制造业	C	**24702455**	**1711143**	**512823**	**12798435**	**3240192**
农副食品加工业	1300	1210517	111089	32399	212224	95548
谷物磨制	1310	198075	17259	4348	5000	2001
饲料加工	1320	153735	17289	3379	24726	14909
植物油加工	1330	98053	11004	1800	6201	4121
制糖	1340	32163	4069	1655	13953	13771
屠宰及肉类加工	1350	277718	23668	5750	73819	18574
水产品加工	1360	132074	11420	5513	41178	17190
蔬菜、水果和坚果加工	1370	185680	14641	6854	33723	15648
其他农副食品加工	1390	133019	11739	3100	13624	9334
食品制造业	1400	541303	42744	14186	206604	83209
焙烤食品制造	1410	97699	7168	2266	53027	14646
糖果、巧克力及蜜饯制造	1420	58780	3702	1205	31353	10671
方便食品制造	1430	91269	4515	2134	53529	19559
液体乳及乳制品制造	1440	53695	2835	1443	3844	1884
罐头制造	1450	72887	6767	3349	22479	12962
调味品、发酵制品制造	1460	54848	7458	1644	18066	10240
其他食品制造	1490	112125	10299	2145	24306	13247

单位：人

与港、澳、台商合作经营	港、澳、台商独资	港、澳、台商投资股份有限公司	外商投资企业	中外合资经营	中外合作经营	外资企业	外商投资股份有限公司	代码
468239	**9345354**	**309385**	**15492019**	**5263760**	**431832**	**9253153**	**543274**	
2348	**7616**	**2267**	**62244**	**36286**	**7654**	**14219**	**4085**	B
85	1235	8	20953	13776	2396	1540	3241	0600
85	1115	8	20759	13776	2396	1346	3241	0610
	120		164			164		0620
			30			30		0690
1119	1457		2294	635	1508	126	25	0700
55	1457		1634		1508	126		0710
1064			660	635			25	0790
95	387	412	4197	1759	398	1848	192	0800
23	387	412	3190	1172	285	1541	192	0810
72			1007	587	113	307		0890
444	873	1519	19398	13431	3197	2734	36	0900
361	693	1519	14099	10528	932	2603	36	0910
83			3618	1222	2265	131		0920
	180		1681	1681				0930
605	3664	328	15347	6630	155	7971	591	1000
158	3312		5584	3151	113	2243	77	1010
352		328	292	284		8		1020
			5720			5720		1030
95	352		3751	3195	42		514	1090
			55	55				1100
390360	**8888448**	**279435**	**14117291**	**4758248**	**333476**	**8559778**	**465789**	C
13048	99847	3781	469668	250541	21743	185938	11446	1300
180	2819		10043	6982	70	2743	248	1310
909	8759	149	50407	28086	2855	19158	308	1320
53	1855	172	30677	12045	138	18233	261	1330
182			11476	5928		4955	593	1340
1039	52451	1755	110450	64424	765	43450	1811	1350
6033	16938	1017	130294	78667	15389	34822	1416	1360
3972	13520	583	77498	38755	1806	32102	4835	1370
680	3505	105	48823	15654	720	30475	1974	1390
3711	113662	6022	318459	123724	11508	152844	30383	1400
791	37440	150	53489	6410	6402	37509	3168	1410
931	16968	2783	27602	2677	1249	23061	615	1420
403	32809	758	62776	24731	582	37399	64	1430
126	1351	483	63742	29406	23	13051	21262	1440
955	8171	391	31189	20221	1179	8324	1465	1450
19	7194	613	25928	15281	677	9840	130	1460
486	9729	844	53733	24998	1396	23660	3679	1490

行业中类	代码				港、澳、台商投资企业	
		私营有限责任公司	私营股份有限公司	其他		与港、澳、台商合资经营
饮料制造业	1500	274577	30719	9070	96838	46311
酒精制造	1510	15419	3124	744	860	446
酒的制造	1520	133358	18031	3111	39851	18028
软饮料制造	1530	73219	5641	2309	53377	27160
精制茶加工	1540	52581	3923	2906	2750	677
烟草制品业	1600	574		15	1993	1993
烟叶复烤	1610			15	1468	1468
卷烟制造	1620	40			355	355
其他烟草制品加工	1690	534			170	170
纺织业	1700	2735518	141693	28381	1042989	336125
棉、化纤纺织及印染精加工	1710	1417865	84769	13351	362053	150902
毛纺织和染整精加工	1720	138497	5248	2140	49160	16698
麻纺织	1730	30811	5835	25	10859	3985
丝绢纺织及精加工	1740	186794	10662	1057	32448	13775
纺织制成品制造	1750	364933	14292	4087	134466	49951
针织品、编织品及其制品制造	1760	596618	20887	7721	454003	100814
纺织服装、鞋、帽制造业	1800	1599468	83656	20208	1376665	313430
纺织服装制造	1810	1514863	79612	18829	1272223	300233
纺织面料鞋的制造	1820	60366	2519	1273	83410	10354
制帽	1830	24239	1525	106	21032	2843
皮革、毛皮、羽毛(绒)及其制品业	1900	788629	30804	13019	940946	152280
皮革鞣制加工	1910	43199	2167	282	68762	10024
皮革制品制造	1920	682430	25736	11108	849663	131997
毛皮鞣制及制品加工	1930	28977	470	1343	8662	4157
羽毛(绒)加工及制品制造	1940	34023	2431	286	13859	6102
木材加工及木、竹、藤、棕、草制品业	2000	598853	45909	17073	96534	34082
锯材、木片加工	2010	68072	7486	3166	4975	1388
人造板制造	2020	335539	29462	6335	41996	19181
木制品制造	2030	127804	4359	895	33870	9343
竹、藤、棕、草制品制造	2040	67438	4602	6677	15693	4170
家具制造业	2100	429847	27632	9361	241763	49946
木质家具制造	2110	266590	19002	7245	140239	26104
竹、藤家具制造	2120	7049	486		2282	724
金属家具制造	2130	101291	4518	773	56777	11670
塑料家具制造	2140	3637			4405	839
其他家具制造	2190	51280	3626	1343	38060	10609

单位：人

与港、澳、台商合作经营	港、澳、台商独资	港、澳、台商投资股份有限公司	外商投资企业	中外合资经营	中外合作经营	外资企业	外商投资股份有限公司	代码
4884	43410	2233	217653	106685	5855	85041	20072	1500
	414		4991	1433		3558		1510
3406	16865	1552	86916	35067	1477	36252	14120	1520
1470	24145	602	121928	68911	4353	42760	5904	1530
8	1986	79	3818	1274	25	2471	48	1540
			273	273				1600
			273	273				1610
								1620
								1690
39664	653473	13727	640003	274945	21723	313961	29374	1700
7983	198242	4926	203142	83802	11399	86077	21864	1710
8757	22135	1570	28538	20969	813	6094	662	1720
	6874		6178	4189	568	1421		1730
450	17431	792	21806	11105	169	10422	110	1740
2258	79533	2724	141072	55253	2395	82250	1174	1750
20216	329258	3715	239267	99627	6379	127697	5564	1760
43265	1004924	15046	915209	326445	22356	547155	19253	1800
42201	916654	13135	835106	317138	21515	481809	14644	1810
	71145	1911	52087	5726	100	43792	2469	1820
1064	17125		28016	3581	741	21554	2140	1830
27269	744647	16750	630599	144294	13902	454900	17503	1900
1588	57078	72	23437	10405	2072	9412	1548	1910
22889	678185	16592	580258	115085	10869	438769	15535	1920
27	4478		14561	11466	100	2870	125	1930
2765	4906	86	12343	7338	861	3849	295	1940
8067	50890	3495	91423	42786	5455	42354	828	2000
96	3369	122	6151	2155	12	3858	126	2010
967	18870	2978	31463	18855	752	11536	320	2020
3261	21156	110	42499	16194	2718	23465	122	2030
3743	7495	285	11310	5582	1973	3495	260	2040
5096	183816	2905	222336	69348	2424	148598	1966	2100
3512	109803	820	115909	38455	2267	74233	954	2110
	1498	60	4122	258		3864		2120
898	42989	1220	51905	18851	33	32197	824	2130
	3207	359	3750	561		3189		2140
686	26319	446	46650	11223	124	35115	188	2190

行业中类	代码	私营有限责任公司	私营股份有限公司	其他	港、澳、台商投资企业	与港、澳、台商合资经营
造纸及纸制品业	2200	554009	37981	18594	201681	75366
纸浆制造	2210	7535	541	140	5291	3903
造纸	2220	248281	19791	12608	65401	35516
纸制品制造	2230	298193	17649	5846	130989	35947
印刷业和记录媒介的复制	2300	295844	12785	5682	160337	49718
印刷	2310	282674	12219	5517	147415	43266
装订及其他印刷服务活动	2320	10776	466	165	10711	5243
记录媒介的复制	2330	2394	100		2211	1209
文教体育用品制造业	2400	266720	9785	7016	612372	52144
文化用品制造	2410	68353	1456	322	49732	7197
体育用品制造	2420	59620	3706	1236	136768	12046
乐器制造	2430	16301	619	290	13345	2787
玩具制造	2440	109571	3958	5168	407000	29064
游艺器材及娱乐用品制造	2450	12875	46		5527	1050
石油加工及炼焦	2500	190901	16955	6938	39313	17630
精炼石油产品的制造	2510	58305	5133	5909	20372	3598
炼焦	2520	132596	11822	1029	18941	14032
化学原料及化学制品制造业	2600	1249798	124765	38865	301346	118766
基础化学原料制造	2610	312542	29042	6916	43817	25970
肥料制造	2620	163174	20169	4359	14141	10748
农药制造	2630	58163	3847	150	8887	4646
涂料、油墨、颜料及类似产品制造	2640	167451	9032	2188	59353	19252
合成材料制造	2650	109502	11535	1432	39496	12983
专用化学产品制造	2660	354556	43410	22838	73908	33010
日用化学产品制造	2670	84410	7730	982	61744	12157
医药制造业	2700	343474	47113	10478	141544	73675
化学药品原药制造	2710	65729	6295	4421	40008	15962
化学药品制剂制造	2720	65469	12219	1569	35098	18416
中药饮片加工	2730	34927	3767	1131	7868	2885
中成药制造	2740	73995	15851	1845	25491	20121
兽用药品制造	2750	32629	3175	177	1471	1275
生物、生化制品的制造	2760	29840	2424	852	15028	6359
卫生材料及医药用品制造	2770	40885	3382	483	16580	8657
化学纤维制造业	2800	151018	8946	1224	56827	33501
纤维素纤维原料及纤维制造	2810	20675	3046	864	5565	3529
合成纤维制造	2820	130343	5900	360	51262	29972
橡胶制品业	2900	284814	27155	3186	158258	34484
轮胎制造	2910	55721	12249	461	29850	10869
橡胶板、管、带的制造	2920	54505	5576	438	6890	2210
橡胶零件制造	2930	48291	2179	1392	19919	3757

单位：人

与港、澳、台商合作经营	港、澳、台商独资	港、澳、台商投资股份有限公司	外商投资企业	中外合资经营	中外合作经营	外资企业	外商投资股份有限公司	代码
8466	113382	4467	199020	84377	5405	86434	22804	2200
	1388		9529	8005		1524		2210
3031	24708	2146	91990	36809	1326	31413	22442	2220
5435	87286	2321	97501	39563	4079	53497	362	2230
8020	99787	2812	69997	26641	3121	39441	794	2300
5568	95891	2690	62569	23476	2734	35565	794	2310
2194	3274		4948	1692	200	3056		2320
258	622	122	2480	1473	187	820		2330
21618	533767	4843	275192	58633	17697	190508	8354	2400
1135	39722	1678	40996	10098	3458	23320	4120	2410
2067	121819	836	97991	13300	3114	80870	707	2420
362	9826	370	27024	9175	1015	16751	83	2430
17952	358025	1959	98871	22303	5070	68054	3444	2440
102	4375		10310	3757	5040	1513		2450
2540	5567	13576	51235	37633	1081	11376	1145	2500
834	2677	13263	14550	9779	318	4337	116	2510
1706	2890	313	36685	27854	763	7039	1029	2520
6794	169199	6587	425097	190535	13339	206670	14553	2600
1138	15938	771	66309	39096	2794	20628	3791	2610
160	3104	129	22758	13518	120	5086	4034	2620
	3063	1178	10377	5839	393	3466	679	2630
2076	37668	357	62256	22848	3086	35359	963	2640
690	22859	2964	57325	24776	717	31130	702	2650
1863	37862	1173	134532	64601	3939	62030	3962	2660
867	48705	15	71540	19857	2290	48971	422	2670
1418	57401	9050	227808	120356	4290	92325	10837	2700
427	22612	1007	38609	18515	1519	18080	495	2710
798	10157	5727	90392	50967	1530	35657	2238	2720
	4885	98	5364	3671	54	1071	568	2730
	5136	234	34798	20619	624	8358	5197	2740
	196		6035	2868	182	2802	183	2750
193	6577	1899	25466	10596	242	13445	1183	2760
	7838	85	27144	13120	139	12912	973	2770
	20230	3096	50473	34667	14	15792		2800
	2036		11523	6571		4952		2810
	18194	3096	38950	28096	14	10840		2820
7340	115648	786	225287	81115	2029	140131	2012	2900
	18981		95704	50685		44465	554	2910
238	4442		12172	3236	254	7872	810	2920
3072	12589	501	34138	6817	763	26296	262	2930

行业中类	代码	私营有限责任公司	私营股份有限公司	其他	港、澳、台商投资企业	与港、澳、台商合资经营
再生橡胶制造	2940	10128	1110	86	1013	513
日用及医用橡胶制品制造	2950	14175	153	114	11740	3109
橡胶靴鞋制造	2960	64324	3875	138	63961	12210
其他橡胶制品制造	2990	37670	2013	557	24885	1816
塑料制品业	3000	964614	46553	21350	637872	121208
塑料薄膜制造	3010	78259	3626	1149	53902	14958
塑料板、管、型材的制造	3020	147067	11818	2373	47214	15399
塑料丝、绳及编织品的制造	3030	142393	8465	1300	13160	4587
泡沫塑料制造	3040	45600	1722	819	21320	5127
塑料人造革、合成革制造	3050	53265	1491		17803	6394
塑料包装箱及容器制造	3060	91876	4411	1363	42557	12371
塑料零件制造	3070	101801	4546	3711	106796	21489
日用塑料制造	3080	150324	4160	1264	168016	22345
其他塑料制品制造	3090	154029	6314	9371	167104	18538
非金属矿物制品业	3100	1884809	172316	51379	394851	171309
水泥、石灰和石膏的制造	3110	351982	33399	11399	40033	20836
水泥及石膏制品制造	3120	273534	20641	6888	50770	22967
砖瓦、石材及其他建筑材料制造	3130	518590	47152	15753	88484	44222
玻璃及玻璃制品制造	3140	349612	23507	9060	120739	47272
陶瓷制品制造	3150	181308	22167	2237	77307	28103
耐火材料制品制造	3160	103866	13126	1809	6501	2920
石墨及其他非金属矿物制品制造	3190	105917	12324	4233	11017	4989
黑色金属冶炼及压延加工业	3200	770095	54558	10111	152419	76595
炼铁	3210	88754	7239	5099	8071	7010
炼钢	3220	96382	3268	256	15380	13930
钢压延加工	3230	454810	31008	3054	125066	54088
铁合金冶炼	3240	130149	13043	1702	3902	1567
有色金属冶炼及压延加工业	3300	485501	52186	9885	106978	42290
常用有色金属冶炼	3310	143241	28842	4809	21121	10802
贵金属冶炼	3320	18393	1956	370	1315	824
稀有稀土金属冶炼	3330	37257	3170	392	3010	982
有色金属合金制造	3340	34801	3282	1084	10399	3004
有色金属压延加工	3350	251809	14936	3230	71133	26678
金属制品业	3400	1391600	79379	21385	517989	135895
结构性金属制品制造	3410	457133	32742	7513	92360	27662
金属工具制造	3420	138366	8908	2234	56304	13351
集装箱及金属包装容器制造	3430	100233	3848	841	43039	22637
金属丝绳及其制品的制造	3440	82533	3225	632	15237	6435
建筑、安全用金属制品制造	3450	181872	13369	4242	82944	24031

单位：人

与港、澳、台商合作经营	港、澳、台商独资	港、澳、台商投资股份有限公司	外商投资企业	中外合资经营	中外合作经营	外资企业	外商投资股份有限公司	代码
	500		417	62		355		2940
122	8509		16423	9867	54	6146	356	2950
1938	49568	245	35030	6180	934	27886	30	2960
1970	21059	40	31403	4268	24	27111		2990
23676	482422	10566	496792	104227	11721	370740	10104	3000
2670	31534	4740	40222	9015	1364	28633	1210	3010
973	29852	990	68336	19395	2889	45058	994	3020
32	8211	330	17814	9176	748	7246	644	3030
1175	14828	190	12367	3699	536	7722	410	3040
	10092	1317	20618	3897	519	16202		3050
3227	26389	570	42231	12068	498	29065	600	3060
2436	82530	341	110403	15147	836	91824	2596	3070
7348	137575	748	79345	15464	1714	61235	932	3080
5815	141411	1340	105456	16366	2617	83755	2718	3090
24009	191433	8100	402670	197218	24760	157806	22886	3100
1935	15891	1371	50427	25344	1504	13388	10191	3110
1983	25606	214	27560	15083	2120	10174	183	3120
612	42312	1338	65551	32970	2277	29195	1109	3130
4968	65337	3162	122555	58776	4796	53798	5185	3140
13746	34270	1188	91762	43517	11332	31258	5655	3150
	2974	607	18881	9709	1284	7453	435	3160
765	5043	220	25934	11819	1447	12540	128	3190
8883	49030	17911	130839	70412	5359	43684	11384	3200
	911	150	8711	2314		6297	100	3210
	1450		11554	2802	3805	4947		3220
8883	44817	17278	94688	51278	1407	30719	11284	3230
	1852	483	15886	14018	147	1721		3240
5079	55643	3966	137987	77021	6623	48965	5378	3300
1103	6539	2677	43020	33782	2334	6605	299	3310
215	276		1241	761	140	340		3320
766	982	280	7602	4335	892	2375		3330
350	7002	43	24287	12368	2069	7750	2100	3340
2645	40844	966	61837	25775	1188	31895	2979	3350
26640	343915	11539	474645	177987	23163	258438	15057	3400
1523	61451	1724	84931	35084	4957	43931	959	3410
6813	34967	1173	50415	20031	1334	28254	796	3420
693	19424	285	61084	31524	741	28699	120	3430
317	8464	21	39016	23125	953	14191	747	3440
4967	49205	4741	81007	27519	1974	47032	4482	3450

行业中类	代码	私营有限责任公司	私营股份有限公司	其他	港、澳、台商投资企业	与港、澳、台商合资经营
金属表面处理及热处理加工	3460	118198	5582	1275	30662	9104
搪瓷制品制造	3470	16090	656	316	3135	1509
不锈钢及类似日用金属制品制造	3480	176033	7473	2239	128574	21319
其他金属制品制造	3490	121142	3576	2093	65734	9847
通用设备制造业	3500	1959748	132309	41009	364786	147044
锅炉及原动机制造	3510	107452	8695	4543	9984	5651
金属加工机械制造	3520	198308	16407	14480	31747	8904
起重运输设备制造	3530	126487	9472	1949	29020	19795
泵、阀门、压缩机及类似机械的制造	3540	321977	23668	1856	52973	22887
轴承、齿轮、传动和驱动部件的制造	3550	199616	15911	1865	45215	19308
烘炉、熔炉及电炉制造	3560	15460	1011	15	2793	1026
风机、衡器、包装设备等通用设备制造	3570	286602	18024	4079	78469	29535
通用零部件制造及机械修理	3580	326920	15552	4207	63987	17433
金属铸、锻加工	3590	376926	23569	8015	50598	22505
专用设备制造业	3600	997737	57204	16594	361598	80962
矿山、冶金、建筑专用设备制造	3610	246589	19087	4768	33005	17404
化工、木材、非金属加工专用设备制造	3620	223226	7494	2659	157381	23421
食品、饮料、烟草及饲料生产专用设备制造	3630	44162	2104	1062	3240	812
印刷、制药、日化生产专用设备制造	3640	54598	3225	960	26881	7911
纺织、服装和皮革工业专用设备制造	3650	89174	3948	156	34503	11156
农、林、牧、渔专用机械制造	3670	68364	3091	2387	8677	1405
医疗仪器设备及器械制造	3680	66660	6240	768	27273	9246
环保、社会公共安全及其他专用设备制造	3690	144609	9138	2838	19580	7742
交通运输设备制造业	3700	1359471	111527	15848	321259	164504
铁路运输设备制造	3710	33254	1825	1323	7376	5955
汽车制造	3720	764766	77630	10579	188123	94980
摩托车制造	3730	205192	11589	1020	22835	16467
自行车制造	3740	72302	6337	236	50198	9688
船舶及浮动装置制造	3750	269356	13598	1986	43416	30670
航空航天器制造	3760	3121	208	104	5390	4978
交通器材及其他交通运输设备制造	3790	11480	340	600	3921	1766
电气机械及器材制造业	3900	1704936	105225	52486	1113438	301874
电机制造	3910	208390	11991	24674	89636	23663
输配电及控制设备制造	3920	458349	25477	10278	238041	44393
电线、电缆、光缆及电工器材制造	3930	294596	24546	3645	159587	30381
电池制造	3940	151817	9381	1474	149857	52510
家用电力器具制造	3950	273423	10156	7328	273466	97393
非电力家用器具制造	3960	56778	3551	577	11583	6169
照明器具制造	3970	226492	17789	2917	167569	44658
其他电气机械及器材制造	3990	35091	2334	1593	23699	2707

单位：人

与港、澳、台商合作经营	港、澳、台商独资	港、澳、台商投资股份有限公司	外商投资企业	中外合资经营	中外合作经营	外资企业	外商投资股份有限公司	代码
1451	19987	120	30472	6824	1338	22090	220	3460
	1626		5737	1487		3909	341	3470
9325	96368	1562	75085	19980	10082	39179	5844	3480
1551	52423	1913	46898	12413	1784	31153	1548	3490
9960	190323	17459	704326	299003	19696	362292	23335	3500
260	2832	1241	51381	32828	170	10764	7619	3510
1491	20662	690	51145	15439	1040	31573	3093	3520
77	8747	401	73080	37772	7415	25011	2882	3530
689	27755	1642	139401	55381	1446	81501	1073	3540
2279	20427	3201	82122	27438	1592	50476	2616	3550
	1158	609	7852	1473	147	5922	310	3560
1701	44438	2795	141680	62710	3349	74283	1338	3570
1344	38887	6323	84103	28065	1024	52570	2444	3580
2119	25417	557	73562	37897	3513	30192	1960	3590
11356	256122	13158	504000	135937	8991	344735	14337	3600
118	15475	8	88003	44127	1022	40558	2296	3610
3002	129618	1340	148726	29131	3897	113529	2169	3620
298	2130		10391	4140	202	5979	70	3630
616	14002	4352	20750	7467	734	12309	240	3640
449	16818	6080	29307	6062	638	21329	1278	3650
250	7022		27588	13397		11426	2765	3670
295	17668	64	67221	15141	684	46204	5192	3680
95	10781	962	50369	12491	1412	36139	327	3690
6256	141264	9235	1242432	716205	12414	444772	69041	3700
	1421		13912	10767	1188	1957		3710
5062	83401	4680	987273	566905	6680	353420	60268	3720
510	5708	150	46938	35519	917	9956	546	3730
524	38692	1294	58599	17434	618	33590	6957	3740
160	9509	3077	109520	65109	2920	40728	763	3750
	378	34	19388	16077	91	2713	507	3760
	2155		6802	4394		2408		3790
19172	757196	35196	1159831	386647	27309	715720	30155	3900
3271	57791	4911	148315	46736	4453	94704	2422	3910
4584	183674	5390	284792	89767	2893	183405	8727	3920
5528	120798	2880	194380	35069	2309	146174	10828	3930
175	95849	1323	139897	51121	1807	85631	1338	3940
2420	162193	11460	234105	112004	8449	111075	2577	3950
263	4851	300	13224	4993		5928	2303	3960
2771	113566	6574	115603	35758	7398	70530	1917	3970
160	18474	2358	29515	11199		18273	43	3990

3-8 续表 12

行业中类	代码	私营有限责任公司	私营股份有限公司	其他	港、澳、台商投资企业	与港、澳、台商合资经营
通信设备、计算机及其他电子设备制造业	4000	883630	48928	19165	2306949	307219
通信设备制造	4010	112475	6013	3226	248254	46068
雷达及配套设备制造	4020	1521		541	47	47
广播电视设备制造	4030	28432	2755	326	21692	3813
电子计算机制造	4040	81480	2793	2275	474333	32714
电子器件制造	4050	152878	10406	1082	354378	36931
电子元件制造	4060	349589	19264	5295	876221	120912
家用视听设备制造	4070	78773	3403	2247	224505	53329
其他电子设备制造	4090	78482	4294	4173	107519	13405
仪器仪表及文化、办公用机械制造业	4100	275689	25876	6230	266576	43861
通用仪器仪表制造	4110	139508	22092	1362	37248	10132
专用仪器仪表制造	4120	46300	1571	615	13291	5100
钟表与计时仪器制造	4130	16338	286	1052	61276	7592
光学仪器及眼镜制造	4140	43236	1098	269	69332	11216
文化、办公用机械制造	4150	23641	198	2648	84397	9544
其他仪器仪表的制造及修理	4190	6666	631	284	1032	277
工艺品及其他制造业	4200	458918	23243	9295	356153	75930
工艺美术品制造	4210	308090	10163	6837	237654	52281
日用杂品制造	4220	104736	7768	1033	87096	20103
煤制品制造	4230	11692	343	262		
其他未列明的制造业	4290	34330	4969	1163	31392	3535
废弃资源和废旧材料回收加工业	4300	49843	2108	2391	9333	3293
金属废料和碎屑的加工处理	4310	35278	956	2188	7819	2644
非金属废料和碎屑的加工处理	4320	14565	1152	203	1514	649
电力、燃气及水的生产和供应业	**D**	**107173**	**11446**	**10367**	**98749**	**65132**
电力、热力的生产和供应业	4400	77617	7983	7731	57043	32256
电力生产	4410	45835	5503	5558	51491	29103
电力供应	4420	3227	721	1910	693	318
热力生产和供应	4430	28555	1759	263	4859	2835
燃气生产和供应业	4500	14603	1475	867	24340	20757
水的生产和供应业	4600	14953	1988	1769	17366	12119
自来水的生产和供应	4610	8902	893	1282	14638	10121
污水处理及其再生利用	4620	5367	947	487	2728	1998
其他水的处理、利用与分配	4690	684	148			
建筑业	**E**	**12511001**	**947147**	**101593**	**112299**	**87345**
房屋和土木工程建筑业	4700	10356585	810991	81616	51927	43646
房屋工程建筑	4710	8834809	711407	68352	42280	36549
土木工程建筑	4720	1521776	99584	13264	9647	7097

单位：人

与港、澳、台商合作经营	港、澳、台商独资	港、澳、台商投资股份有限公司	外商投资企业	中外合资经营	中外合作经营	外资企业	外商投资股份有限公司	代码
29305	1933395	37030	3228204	455443	29117	2681920	61724	4000
4987	194264	2935	353854	119029	740	231972	2113	4010
			239	239				4020
78	17463	338	25433	5823		18772	838	4030
5427	427464	8728	968280	44053	5807	913899	4521	4040
2607	311159	3681	563741	117387	1445	428630	16279	4050
9565	725984	19760	1042691	113321	18083	881182	30105	4060
5292	165236	648	159286	44845	2704	110819	918	4070
1349	91825	940	114680	10746	338	96646	6950	4090
4304	215204	3207	337048	77504	5678	247584	6282	4100
1056	25372	688	72197	31372	2181	36492	2152	4110
118	7778	295	33969	12847	680	20061	381	4120
2307	51098	279	22532	5069	549	16914		4130
175	56734	1207	85446	12260	2105	68588	2493	4140
574	73541	738	117767	14355	163	101993	1256	4150
74	681		5137	1601		3536		4190
20485	256846	2892	256382	81540	6039	164145	4658	4200
14275	170146	952	180935	63877	4537	110146	2375	4210
1016	64492	1485	54805	14423	825	37679	1878	4220
			92	19		60	13	4230
5194	22208	455	20520	3221	677	16230	392	4290
35	6005		12403	6106	664	5509	124	4300
5	5170		10051	5249	159	4601	42	4310
30	835		2352	857	505	908	82	4320
9148	**19990**	**4479**	**127514**	**61050**	**19737**	**19549**	**27178**	D
6359	15025	3403	75025	28020	13886	7786	25333	4400
5480	13805	3103	67638	24085	13010	6793	23750	4410
375			2174	584	150		1440	4420
504	1220	300	5213	3351	726	993	143	4430
321	2993	269	34004	21083	1680	9437	1804	4500
2468	1972	807	18485	11947	4171	2326	41	4600
2401	1387	729	15062	10824	3047	1164	27	4610
67	585	78	2110	769	188	1139	14	4620
			1313	354	936	23		4690
3933	**17803**	**3218**	**103084**	**65345**	**5416**	**30136**	**2187**	E
1714	6567		62611	43457	2647	16016	491	4700
683	5048		42739	25607	2597	14535		4710
1031	1519		19872	17850	50	1481	491	4720

行业中类	代码					
		私营有限责任公司	私营股份有限公司	其他	港、澳、台商投资企业	与港、澳、台商合资经营
建筑安装业	4800	862881	61378	8029	17311	9440
建筑装饰业	4900	736458	27853	3762	39309	32218
其他建筑业	5000	555077	46925	8186	3752	2041
工程准备	5010	137895	7525	431	1536	739
提供施工设备服务	5020	99410	4058	1229	308	268
其他未列明的建筑活动	5090	317772	35342	6526	1908	1034
批发和零售业	H	**2662774**	**190234**	**176450**	**418896**	**98758**
批发业	6300	1185919	67970	83242	163947	36063
农畜产品批发	6310	36851	2482	2868	747	211
食品、饮料及烟草制品批发	6320	108599	14930	11991	23919	7996
纺织、服装及日用品批发	6330	178471	6653	37169	47312	12230
文化、体育用品及器材批发	6340	31599	1598	763	15493	953
医药及医疗器材批发	6350	95212	6980	6877	8969	931
矿产品、建材及化工产品批发	6360	393690	20276	15205	10096	2762
机械设备、五金交电及电子产品批发	6370	277242	11698	6175	44259	8177
贸易经纪与代理	6380	14349	479	652	6070	1487
其他批发	6390	49906	2874	1542	7082	1316
零售业	6500	1476855	122264	93208	254949	62695
综合零售	6510	489808	46161	40483	184950	46696
食品、饮料及烟草制品专门零售	6520	75479	2856	8836	3019	461
纺织、服装及日用品专门零售	6530	127481	6236	10449	40824	6935
文化、体育用品及器材专门零售	6540	37306	3480	2060	3454	419
医药及医疗器材专门零售	6550	96659	14181	4517	993	775
汽车、摩托车、燃料及零配件专门零售	6560	360423	22615	9358	14234	4854
家用电器及电子产品专门零售	6570	175758	18860	7196	2277	558
五金、家具及室内装修材料专门零售	6580	68911	3838	6387	2094	246
无店铺及其他零售	6590	45030	4037	3922	3104	1751
住宿和餐饮业	I	**1305093**	**120739**	**142427**	**309670**	**135875**
住宿业	6600	470559	43592	37352	169968	85365
旅游饭店	6610	362993	32872	25761	157161	79773
一般旅馆	6620	94013	8761	9026	9699	4360
其他住宿服务	6690	13553	1959	2565	3108	1232
餐饮业	6700	834534	77147	105075	139702	50510
正餐服务	6710	772618	65015	94932	79727	24808
快餐服务	6720	23010	1340	6118	46975	24009
饮料及冷饮服务	6730	4960	194	1371	4826	162
其他餐饮服务	6790	33946	10598	2654	8174	1531

单位：人

与港、澳、台商合作经营	港、澳、台商独资	港、澳、台商投资股份有限公司	外商投资企业	中外合资经营	中外合作经营	外资企业	外商投资股份有限公司	代码
917	6416	538	20938	9466	710	9683	1079	4800
577	3862	2652	16893	10695	1792	3789	617	4900
725	958	28	2642	1727	267	648		5000
567	230		183	60	123			5010
40			110	48	62			5020
118	728	28	2349	1619	82	648		5090
30721	**278934**	**10483**	**655450**	**202780**	**33076**	**389836**	**29758**	**H**
6396	115506	5982	271421	45066	4547	215828	5980	6300
	536		1398	366	245	787		6310
4905	10984	34	26881	7298	1043	18199	341	6320
162	34356	564	55675	8777	858	45593	447	6330
184	11052	3304	4885	459	58	3708	660	6340
171	7792	75	16554	2049	240	14171	94	6350
67	6755	512	27284	6833	249	17384	2818	6360
907	33728	1447	111252	17900	1641	90349	1362	6370
	4567	16	11938	141		11719	78	6380
	5736	30	15554	1243	213	13918	180	6390
24325	163428	4501	384029	157714	28529	174008	23778	6500
22488	113470	2296	258990	124819	18707	96863	18601	6510
50	2485	23	6322	667	2941	2714		6520
870	32258	761	43938	5441	4901	33390	206	6530
	3035		3425	212	19	3061	133	6540
	88	130	1365	1192		147	26	6550
664	8452	264	24917	18185	866	4232	1634	6560
	1058	661	26830	1463		23995	1372	6570
128	1354	366	11311	3483	765	6261	802	6580
125	1228		6931	2252	330	3345	1004	6590
31729	**132563**	**9503**	**426436**	**140051**	**32473**	**239635**	**14277**	**I**
24021	55657	4925	121112	57619	19788	38662	5043	6600
21827	51400	4161	109906	54143	18342	32859	4562	6610
1958	2617	764	9069	2185	1131	5363	390	6620
236	1640		2137	1291	315	440	91	6690
7708	76906	4578	305324	82432	12685	200973	9234	6700
6084	45555	3280	79039	16623	6051	51349	5016	6710
811	22134	21	214833	63759	4584	142295	4195	6720
179	3248	1237	4629	347		4282		6730
634	5969	40	6823	1703	2050	3047	23	6790

3-9 限额以上企业按行业(中类)、

(2010年)

行业中类	代码	全年营业收入	内资企业	国有企业	集体企业	股份合作企业
总计		**1121096.95**	**892250.80**	**119290.22**	**59631.93**	**6350.79**
采矿业	B	**46203.95**	**44681.82**	**7783.90**	**1732.73**	**421.57**
煤炭开采和洗选业	600	23945.51	23766.35	4354.25	634.87	333.40
烟煤和无烟煤的开采洗选	610	22699.47	22530.27	4166.69	618.78	329.21
褐煤的开采洗选	620	1156.72	1146.90	185.86	13.40	1.33
其他煤炭采选	690	89.32	89.17	1.70	2.69	2.86
石油和天然气开采业	700	9757.35	8941.43	2669.96	25.37	8.19
天然原油和天然气开采	710	7949.09	7182.20	1564.96	1.68	1.19
与石油和天然气开采有关的服务活动	790	1808.26	1759.23	1105.00	23.69	7.00
黑色金属矿采选业	800	5561.72	5457.82	347.91	176.37	38.32
铁矿采选	810	5294.49	5197.22	297.78	164.74	26.66
其他黑色金属矿采选	890	267.22	260.59	50.13	11.64	11.66
有色金属矿采选业	900	3827.46	3546.06	223.65	624.36	21.75
常用有色金属矿采选	910	1876.17	1640.07	98.84	46.45	14.18
贵金属矿采选	920	1508.72	1480.50	71.76	568.26	3.10
稀有稀土金属矿采选	930	442.57	425.49	53.06	9.66	4.48
非金属矿采选业	1000	3078.16	2936.48	188.08	270.77	19.82
土砂石开采	1010	2057.58	1996.03	88.95	201.26	13.15
化学矿采选	1020	281.25	271.52	27.73	11.69	1.56
采盐	1030	329.71	297.08	51.64	39.47	0.47
石棉及其他非金属矿采选	1090	409.61	371.85	19.76	18.35	4.63
其他采矿业	1100	33.75	33.68	0.05	0.99	0.09
制造业	C	**618111.23**	**432227.89**	**28686.28**	**9517.17**	**3650.85**
农副食品加工业	1300	38111.31	30304.12	549.66	452.73	264.49
谷物磨制	1310	10563.46	10357.41	142.04	29.33	67.81
饲料加工	1320	5391.23	4226.50	31.45	20.95	59.42
植物油加工	1330	5527.64	3425.56	85.96	29.48	30.56
制糖	1340	760.83	606.23	39.09	0.21	6.34
屠宰及肉类加工	1350	7181.71	5586.38	195.62	54.21	46.61
水产品加工	1360	2943.63	1937.07	36.07	167.73	25.74
蔬菜、水果和坚果加工	1370	2679.26	1950.75	6.19	20.25	8.87
其他农副食品加工	1390	3063.54	2214.22	13.24	130.56	19.15
食品制造业	1400	10897.65	7182.53	124.71	173.45	53.09
焙烤食品制造	1410	1269.07	791.38	5.66	2.74	8.06
糖果、巧克力及蜜饯制造	1420	887.19	496.43	0.07	5.53	0.56
方便食品制造	1430	1844.12	1195.69	15.29	86.46	6.90
液体乳及乳制品制造	1440	1951.62	1203.95	46.09	6.98	12.32
罐头制造	1450	846.62	639.28	7.47	2.81	7.02
调味品、发酵制品制造	1460	1529.99	1079.00	27.66	11.56	8.12
其他食品制造	1490	2569.04	1776.79	22.47	57.37	10.10

登记注册类型分组的全年营业收入

单位：亿元

									代码
国有联营企业	集体联营企业	国有与集体联营	其他联营	国有独资公司	其他有限责任公司	股份有限公司	私营独资	私营合伙	
1478.68	**420.36**	**604.47**	**453.27**	**37841.86**	**230677.98**	**105619.08**	**47808.73**	**8103.23**	
67.90	**41.37**	**14.18**	**28.73**	**5765.91**	**10864.09**	**6232.74**	**3727.42**	**1423.66**	B
26.86	26.60	8.33	17.63	4384.50	6626.86	2134.78	1619.44	912.87	600
17.61	26.60	8.33	17.63	4249.69	6182.24	1970.76	1545.92	870.83	610
				134.81	427.83	132.18	68.33	41.02	620
9.25					16.78	31.84	5.19	1.03	690
		0.64		332.27	2221.95	3533.34	11.42	1.43	700
				27.60	2042.03	3505.10	8.21	0.26	710
		0.64		304.67	179.93	28.24	3.22	1.17	790
2.85	2.97	2.99	2.31	659.43	798.86	134.06	1140.14	199.21	800
1.67	2.97	2.99	1.90	659.43	773.61	129.70	1113.76	189.57	810
1.19			0.41		25.25	4.36	26.39	9.64	890
37.46	5.22	2.07	0.40	348.63	764.98	271.43	280.37	108.97	900
3.51	5.22			14.17	443.55	196.29	146.39	85.47	910
31.63		0.80	0.29	325.12	181.60	70.07	106.70	8.08	920
2.32		1.28	0.11	9.33	139.84	5.07	27.28	15.42	930
0.72	6.50	0.15	8.39	40.82	448.54	157.35	665.38	199.47	1000
0.21	4.52		6.37	10.40	247.48	60.45	534.84	162.21	1010
	0.30			4.23	100.92	8.48	38.01	4.90	1020
0.52				25.83	49.27	73.02	17.94		1030
	1.68	0.15	2.02	0.37	50.87	15.39	74.58	32.37	1090
	0.08			0.26	2.89	1.78	10.67	1.70	1100
687.22	**184.45**	**326.16**	**132.71**	**15553.33**	**110246.29**	**56586.56**	**37010.35**	**4954.17**	C
9.90	4.66	8.00	12.99	70.78	7095.83	1725.04	3654.35	396.32	1300
2.45	2.57	1.31	5.66	9.83	1227.59	219.61	1398.37	116.73	1310
0.64	0.11	0.70	4.32	2.68	1165.63	367.60	417.02	63.65	1320
	0.05	0.20	1.71	34.95	1325.25	184.48	297.53	64.72	1330
4.62				16.21	308.60	93.26	13.24	1.67	1340
2.02	1.30	2.81	0.65	5.75	1656.39	460.45	637.58	71.42	1350
	0.06				434.08	99.30	227.50	15.58	1360
		2.92	0.27	1.29	285.19	152.94	331.77	27.60	1370
0.16	0.58	0.06	0.38	0.08	693.11	147.41	331.35	34.95	1390
0.32	0.70	1.19	0.30	15.14	1973.39	996.80	800.77	95.96	1400
					191.34	20.05	157.26	10.14	1410
		0.27		0.10	79.29	45.68	89.99	10.43	1420
0.06	0.21	0.20		8.36	360.84	110.18	132.90	26.77	1430
0.27		0.25		2.65	443.66	374.53	54.63	5.16	1440
					124.11	54.37	72.79	10.33	1450
				1.39	326.29	212.44	122.14	11.22	1460
	0.49	0.48	0.30	2.63	447.85	179.55	171.05	21.91	1490

行业中类	代码	全年营业收入	内资企业			
				国有企业	集体企业	股份合作企业
饮料制造业	1500	9153.53	6234.48	365.05	67.75	45.82
酒精制造	1510	529.89	465.76	15.39	0.21	
酒的制造	1520	4661.13	3811.59	335.18	39.43	30.10
软饮料制造	1530	3340.87	1374.79	5.46	10.76	10.59
精制茶加工	1540	621.65	582.34	9.02	17.35	5.14
烟草制品业	1600	6011.35	6005.50	3999.83	16.47	0.38
烟叶复烤	1610	127.05	124.89	72.76	2.33	0.38
卷烟制造	1620	5831.39	5828.88	3910.48	5.31	
其他烟草制品加工	1690	52.92	51.73	16.59	8.83	
纺织业	1700	29614.84	23473.44	216.72	428.42	140.74
棉、化纤纺织及印染精加工	1710	16230.97	13709.59	133.05	152.41	63.03
毛纺织和染整精加工	1720	1811.68	1383.46	6.71	38.68	16.35
麻纺织	1730	289.21	230.77	0.08	2.54	4.03
丝绢纺织及精加工	1740	1686.84	1450.26	9.90	12.32	7.65
纺织制成品制造	1750	4288.31	3098.71	21.29	114.37	14.47
针织品、编织品及其制品制造	1760	5307.83	3600.65	45.69	108.08	35.21
纺织服装、鞋、帽制造业	1800	12712.44	7966.16	113.99	155.64	71.81
纺织服装制造	1810	12016.86	7520.73	109.70	148.78	66.05
纺织面料鞋的制造	1820	492.87	319.67	4.29	5.65	5.54
制帽	1830	202.71	125.75		1.21	0.22
皮革、毛皮、羽毛(绒)及其制品业	1900	8964.60	4564.93	21.30	127.83	157.15
皮革鞣制加工	1910	1282.74	854.32	0.21	43.94	10.58
皮革制品制造	1920	6609.61	2913.41	17.18	69.77	137.58
毛皮鞣制及制品加工	1930	517.14	388.13	3.27	9.48	2.35
羽毛(绒)加工及制品制造	1940	555.11	409.06	0.64	4.64	6.64
木材加工及木、竹、藤、棕、草制品业	2000	7152.18	6298.57	52.63	59.60	20.22
锯材、木片加工	2010	887.71	822.83	14.83	11.47	3.60
人造板制造	2020	4296.92	3904.21	30.32	17.52	11.06
木制品制造	2030	1461.60	1154.56	4.89	22.59	3.05
竹、藤、棕、草制品制造	2040	505.95	416.97	2.59	8.02	2.50
家具制造业	2100	4372.24	2904.27	3.60	13.48	10.98
木质家具制造	2110	2532.00	1840.62	1.06	9.80	9.30
竹、藤家具制造	2120	58.55	42.17	1.72	0.20	0.33
金属家具制造	2130	1046.88	627.47	0.82	2.48	0.89
塑料家具制造	2140	67.44	44.57		0.84	
其他家具制造	2190	667.36	349.45		0.16	0.47

单位：亿元

国有联营企业	集体联营企业	国有与集体联营	其他联营	国有独资公司	其他有限责任公司	股份有限公司	私营独资	私营合伙	代码
1.63	1.94	0.28	0.12	542.18	1688.17	839.59	662.40	51.58	1500
				52.55	89.92	18.15	57.48		1510
0.34	1.94		0.07	488.07	1078.59	532.44	332.94	27.51	1520
1.29		0.08	0.05	0.91	395.00	266.84	179.94	8.00	1530
		0.20		0.64	124.66	22.15	92.04	16.06	1540
	0.70			1423.42	528.64	31.41	0.19		1600
				3.58	43.24	2.54			1610
	0.70			1419.85	469.14	23.14	0.07		1620
					16.26	5.74	0.13		1690
6.33	7.68	8.34	5.66	135.73	5476.26	1240.52	2745.19	368.65	1700
5.90	5.65		3.98	112.42	3798.31	644.26	1466.83	226.84	1710
	0.32	0.10		2.54	368.94	81.49	150.16	14.52	1720
0.43	1.09			1.66	48.67	12.47	32.86	5.09	1730
			0.10	15.78	180.53	76.93	232.44	16.91	1740
	0.44	3.75	0.45	1.39	542.33	322.11	400.88	49.84	1750
	0.18	4.49	1.13	1.94	537.48	103.26	462.02	55.45	1760
	20.62	0.30	2.35	25.50	1266.18	446.75	1161.58	108.36	1800
	20.44	0.30	1.98	24.88	1228.24	439.69	1048.63	95.96	1810
	0.18		0.37		26.34	4.44	89.48	10.78	1820
				0.63	11.60	2.61	23.47	1.62	1830
	7.95	0.19	3.72	0.45	723.90	161.76	701.91	106.62	1900
	7.84				163.58	63.17	202.39	27.30	1910
	0.11	0.19	0.53	0.45	483.18	59.52	328.46	27.11	1920
					24.67	5.85	95.89	44.57	1930
			3.19		52.47	33.22	75.17	7.63	1940
	0.73	1.32	0.33	1.60	994.16	148.94	1512.12	246.20	2000
				0.23	105.80	21.62	248.61	29.90	2010
	0.35	1.32	0.22	0.06	686.01	107.23	965.52	157.00	2020
	0.38		0.06	1.10	151.06	16.57	212.63	39.85	2030
			0.05	0.20	51.29	3.51	85.36	19.46	2040
	0.11	0.52	1.31	0.38	501.68	52.40	482.57	52.98	2100
		0.45		0.38	290.55	34.85	373.27	39.55	2110
					7.78	0.31	7.94	1.45	2120
	0.11	0.07			120.01	11.17	59.31	6.57	2130
			1.31		8.83	1.76	11.64	0.39	2140
					74.51	4.32	30.40	5.02	2190

行业中类	代码	全年营业收入	内资企业	国有企业	集体企业	股份合作企业
造纸及纸制品业	2200	10212.71	7082.67	165.99	315.65	66.63
纸浆制造	2210	321.96	158.08	14.34	3.36	0.12
造纸	2220	5587.77	3941.06	139.10	190.57	26.64
纸制品制造	2230	4302.97	2983.53	12.54	121.73	39.87
印刷业和记录媒介的复制	2300	3745.93	2891.17	225.35	73.76	33.43
印刷	2310	3531.35	2749.73	212.56	68.68	33.00
装订及其他印刷服务活动	2320	145.42	101.68	6.20	5.08	0.43
记录媒介的复制	2330	69.16	39.76	6.59		
文教体育用品制造业	2400	3290.01	1614.74	6.08	74.15	6.77
文化用品制造	2410	558.68	348.81	0.71	5.55	0.78
体育用品制造	2420	936.91	426.00	2.58	7.06	2.03
乐器制造	2430	219.78	115.21	0.71	2.48	0.39
玩具制造	2440	1448.55	650.29	2.08	58.24	3.27
游艺器材及娱乐用品制造	2450	126.09	74.43		0.82	0.30
石油加工及炼焦	2500	27791.10	24134.08	3810.29	111.84	142.16
精炼石油产品的制造	2510	22584.53	19801.70	3463.57	88.92	51.50
炼焦	2520	5168.19	4293.99	326.90	22.92	90.66
化学原料及化学制品制造业	2600	46522.25	34435.53	2104.74	627.41	394.30
基础化学原料制造	2610	12951.60	9995.66	1073.40	160.03	81.87
肥料制造	2620	5584.90	5223.41	449.00	50.36	121.15
农药制造	2630	1596.55	1408.40	51.32	13.07	15.35
涂料、油墨、颜料及类似产品制造	2640	3998.44	2547.99	33.09	63.79	30.95
合成材料制造	2650	7708.42	4935.45	151.68	71.66	15.99
专用化学产品制造	2660	11872.44	8994.41	335.16	254.50	117.37
日用化学产品制造	2670	2809.91	1330.21	11.11	14.01	11.63
医药制造业	2700	11344.57	8363.03	321.85	124.72	57.84
化学药品原药制造	2710	2444.96	1774.55	24.61	16.68	15.97
化学药品制剂制造	2720	3441.70	2125.76	183.18	80.40	14.05
中药饮片加工	2730	673.32	604.16	3.97	6.68	4.90
中成药制造	2740	2394.56	2046.36	69.18	13.80	13.65
兽用药品制造	2750	542.02	480.57	4.49	3.27	2.89
生物、生化制品的制造	2760	1206.32	840.40	33.42	1.07	3.34
卫生材料及医药用品制造	2770	641.69	491.23	3.00	2.81	3.04
化学纤维制造业	2800	5492.85	3892.91	152.89	28.77	26.11
纤维素纤维原料及纤维制造	2810	841.48	659.77	80.92	9.85	0.92
合成纤维制造	2820	4651.37	3233.14	71.97	18.92	25.19
橡胶制品业	2900	6080.08	4076.60	79.09	123.77	80.01
轮胎制造	2910	3084.70	1850.26	24.65	23.23	4.56
橡胶板、管、带的制造	2920	788.47	676.04	15.83	40.85	49.26
橡胶零件制造	2930	653.47	485.60	9.01	19.47	7.47

单位：亿元

国有联营企业	集体联营企业	国有与集体联营	其他联营	国有独资公司	其他有限责任公司	股份有限公司	私营独资	私营合伙	代码
0.36	0.99	0.45	10.55	104.42	1566.34	651.45	793.44	121.88	2200
					49.58	35.13	12.27	0.77	2210
0.36	0.51	0.38	9.84	102.86	943.53	519.28	307.68	61.73	2220
	0.48	0.07	0.71	1.56	573.23	97.04	473.49	59.39	2230
0.99	2.39	4.22	0.71	66.41	678.71	114.99	333.95	32.96	2300
0.99	2.34	1.64	0.71	44.04	652.37	109.49	315.63	31.66	2310
	0.05	0.35		21.85	12.64	1.17	18.32	1.30	2320
		2.22		0.52	13.70	4.32			2330
	4.21	1.67	2.14	1.04	212.07	81.66	223.56	26.07	2400
			0.05		39.05	23.69	38.52	3.36	2410
		1.67	0.47		46.63	22.87	43.64	8.14	2420
				1.04	13.08	19.14	18.93	0.47	2430
	4.21		1.62		106.06	15.95	116.11	13.82	2440
					7.24		6.35	0.28	2450
1.70	3.86	137.61	7.98	1070.18	3727.12	11660.35	310.70	147.32	2500
1.54	3.04	137.61	0.16	948.33	2108.90	11220.75	165.98	32.71	2510
0.16	0.82		7.82	105.66	1615.85	439.60	144.72	114.61	2520
18.03	9.22	8.23	4.97	857.19	9737.07	5181.77	2771.11	422.82	2600
0.10	1.43	1.86	2.68	330.13	3115.10	1492.83	589.99	84.81	2610
12.60	0.62	3.90	1.01	134.21	1638.89	1144.37	293.98	43.90	2620
	0.12			12.21	440.98	225.33	126.70	13.38	2630
0.90	2.76			10.77	596.87	234.13	257.48	31.40	2640
		0.42	0.51	212.11	1296.92	1059.31	212.38	49.35	2650
4.43	4.29	1.64	0.21	155.09	2180.83	862.26	1159.17	188.15	2660
		0.41	0.56	2.67	467.48	163.56	131.40	11.84	2670
8.59	5.60	3.13	2.38	134.53	2904.30	1826.71	433.39	42.89	2700
5.09	4.87	0.43	0.42	95.68	644.91	329.34	97.89	13.89	2710
0.39		1.04	1.55	14.92	905.97	374.97	93.37	2.42	2720
	0.63	0.71	0.40	0.27	181.78	54.39	68.61	4.50	2730
	0.10	0.94		10.03	561.44	794.49	58.78	5.23	2740
				0.73	136.33	46.80	30.87	10.00	2750
3.11				12.89	278.57	181.33	45.24	2.63	2760
					195.30	45.40	38.63	4.21	2770
	0.33	0.07		100.32	594.27	970.01	92.54	33.66	2800
				100.32	183.31	64.75	15.58	10.19	2810
	0.33	0.07			410.96	905.26	76.97	23.47	2820
	4.29	0.21	0.69	157.85	815.62	532.50	461.45	42.26	2900
	3.74			133.79	498.88	326.11	115.83	6.34	2910
			0.21	4.81	93.69	30.24	109.22	12.34	2920
	0.56		0.49	1.47	65.60	83.86	62.63	5.71	2930

行业中类	代码	全年营业收入	内资企业	国有企业	集体企业	股份合作企业
再生橡胶制造	2940	162.03	154.64	0.15	3.51	1.84
日用及医用橡胶制品制造	2950	278.91	153.62	3.14	13.13	0.09
橡胶靴鞋制造	2960	536.28	355.16	16.78	8.88	12.88
其他橡胶制品制造	2990	576.20	401.28	9.53	14.70	3.90
塑料制品业	3000	13950.51	9611.96	43.02	181.93	99.01
塑料薄膜制造	3010	1870.05	1249.27	5.45	14.70	8.88
塑料板、管、型材的制造	3020	2977.23	2205.81	20.66	26.26	16.76
塑料丝、绳及编织品的制造	3030	1533.40	1403.68	3.21	39.04	16.65
泡沫塑料制造	3040	636.32	447.92	1.18	15.64	4.17
塑料人造革、合成革制造	3050	705.35	509.06		0.16	3.20
塑料包装箱及容器制造	3060	1298.73	890.15	4.26	13.13	9.41
塑料零件制造	3070	1265.74	674.83	3.53	25.57	13.02
日用塑料制造	3080	1595.02	963.80	1.62	14.51	9.03
其他塑料制品制造	3090	2068.67	1267.43	3.11	32.91	17.88
非金属矿物制品业	3100	31241.60	26730.72	748.16	650.47	343.17
水泥、石灰和石膏的制造	3110	7288.91	6411.85	306.56	168.65	89.76
水泥及石膏制品制造	3120	4995.91	4382.87	143.09	67.32	40.62
砖瓦、石材及其他建筑材料制造	3130	7143.90	6252.85	55.09	211.71	106.25
玻璃及玻璃制品制造	3140	4871.44	3655.87	57.36	34.29	22.65
陶瓷制品制造	3150	1767.55	1379.64	26.01	42.24	33.98
耐火材料制品制造	3160	2462.00	2233.72	65.47	77.62	14.26
石墨及其他非金属矿物制品制造	3190	2711.88	2413.91	94.58	48.65	35.65
黑色金属冶炼及压延加工业	3200	54649.31	47773.00	5300.72	1126.35	274.15
炼铁	3210	3180.54	2917.91	132.89	16.85	2.36
炼钢	3220	8345.94	7467.55	1811.98	31.12	9.30
钢压延加工	3230	40187.54	34688.99	3270.71	1005.40	155.99
铁合金冶炼	3240	2935.28	2698.54	85.14	72.98	106.50
有色金属冶炼及压延加工业	3300	28141.65	24148.49	1817.79	1034.16	264.10
常用有色金属冶炼	3310	11130.87	10225.73	1394.32	84.24	127.94
贵金属冶炼	3320	1582.17	1550.19	18.71	19.28	1.16
稀有稀土金属冶炼	3330	1186.23	1068.32	48.43	9.72	1.56
有色金属合金制造	3340	1396.50	1017.22	101.31	19.40	10.36
有色金属压延加工	3350	12845.88	10287.03	255.01	901.52	123.07
金属制品业	3400	20789.57	15615.70	507.78	408.58	138.71
结构性金属制品制造	3410	6680.27	5670.36	157.85	110.07	55.96
金属工具制造	3420	1630.10	1237.87	7.71	34.35	7.48
集装箱及金属包装容器制造	3430	1948.29	1005.59	21.33	25.73	15.00
金属丝绳及其制品的制造	3440	2155.77	1701.81	208.75	55.78	8.87
建筑、安全用金属制品制造	3450	2280.26	1606.88	10.48	42.78	10.20

单位：亿元

国有联营企业	集体联营企业	国有与集体联营	其他联营	国有独资公司	其他有限责任公司	股份有限公司	私营独资	私营合伙	代码
					18.96	3.04	51.10	4.32	2940
				4.40	30.74	11.68	22.03	0.70	2950
				13.38	40.91	43.91	49.92	7.56	2960
		0.21			66.85	33.65	50.72	5.29	2990
1.53	1.84	5.16	3.02	36.40	1895.35	425.74	1416.42	197.90	3000
0.17	0.06			7.89	216.67	113.20	135.07	31.94	3010
	0.13	2.31	0.62	22.27	546.12	146.85	251.73	29.55	3020
	0.20	0.30		2.69	247.79	37.42	333.72	52.64	3030
	0.06	0.10	0.08	1.84	65.01	14.10	96.78	10.78	3040
			0.08		83.23	26.05	11.47	3.42	3050
0.73	0.48	0.64	0.64		172.85	57.16	132.75	18.03	3060
0.44	0.84	1.80	0.10	0.94	137.29	4.33	96.70	12.82	3070
					184.12	10.03	158.58	16.53	3080
0.19	0.06		1.50	0.79	242.28	16.60	199.62	22.19	3090
10.55	19.04	11.08	12.60	174.38	6691.51	2010.92	3982.75	599.62	3100
1.07	5.77	6.95	4.05	92.60	2146.68	891.07	445.12	90.96	3110
3.89	4.85	1.42	0.14	29.10	1158.82	204.98	579.46	84.24	3120
4.11	5.69	0.91	8.34	4.22	1132.96	159.68	1244.33	221.48	3130
	0.30	1.42		27.19	833.90	258.63	572.77	56.19	3140
	1.12	0.21	0.07	3.00	282.83	96.55	228.40	48.41	3150
	0.73	0.07		2.50	405.57	200.53	543.87	68.41	3160
1.48	0.58	0.09		15.75	730.75	199.48	368.80	29.92	3190
571.32	0.36	40.91	6.64	3079.97	17129.37	7127.75	1534.95	364.27	3200
			0.46	12.90	1046.40	675.88	127.32	57.37	3210
			0.66	358.09	3317.79	296.29	212.06	39.49	3220
571.32	0.13	40.28	1.05	2688.76	12004.45	5978.58	1032.64	213.67	3230
	0.23	0.63	4.47	20.22	760.74	177.00	162.93	53.73	3240
3.55	8.53	15.09	2.12	1460.00	7420.74	3066.47	1110.54	170.40	3300
3.55	2.28	10.27	0.58	1292.08	3309.25	1516.91	289.40	59.05	3310
		3.58		16.91	609.46	483.80	20.29	2.27	3320
	1.96			22.49	260.31	233.46	63.69	22.64	3330
	0.66	0.65		44.95	175.21	104.90	118.94	14.51	3340
	3.63	0.60	1.54	83.58	3066.52	727.40	618.22	71.93	3350
8.03	5.15	11.81	13.20	99.88	2969.26	713.09	1995.30	227.23	3400
7.39	1.29	8.34	6.24	40.51	1249.89	281.40	571.26	54.07	3410
0.64	0.77	0.61	0.14	3.05	190.09	48.77	307.21	29.15	3420
		0.16		2.60	245.57	47.92	90.45	7.12	3430
	0.58			2.44	287.39	113.22	164.98	29.58	3440
	0.73		0.07	1.87	236.18	38.03	224.86	34.90	3450

行业中类	代码	全年营业收入	内资企业	国有企业	集体企业	股份合作企业
金属表面处理及热处理加工	3460	1675.87	1257.50	26.89	59.12	24.04
搪瓷制品制造	3470	206.50	168.84	0.38	5.45	0.36
不锈钢及类似日用金属制品制造	3480	2158.46	1393.13	25.06	10.64	4.75
其他金属制品制造	3490	2054.04	1573.74	49.32	64.66	12.04
通用设备制造业	3500	35903.73	27683.11	1139.32	641.47	245.15
锅炉及原动机制造	3510	3444.87	2698.30	318.43	43.95	19.80
金属加工机械制造	3520	3879.12	3300.56	151.39	43.97	19.83
起重运输设备制造	3530	4182.04	2808.20	101.89	35.22	13.08
泵、阀门、压缩机及类似机械的制造	3540	5413.61	3834.81	166.92	74.08	56.31
轴承、齿轮、传动和驱动部件的制造	3550	2818.59	2190.74	56.01	44.77	12.87
烘炉、熔炉及电炉制造	3560	221.27	148.69	4.63	2.96	1.78
风机、衡器、包装设备等通用设备制造	3570	5014.44	3424.71	149.20	79.35	25.24
通用零部件制造及机械修理	3580	4208.27	3414.27	74.37	131.40	36.13
金属铸、锻加工	3590	6721.51	5862.84	116.48	185.78	60.10
专用设备制造业	3600	22095.54	16234.33	980.44	298.97	116.31
矿山、冶金、建筑专用设备制造	3610	9195.15	6942.28	649.26	108.82	31.79
化工、木材、非金属加工专用设备制造	3620	3089.74	1929.82	43.12	26.45	12.35
食品、饮料、烟草及饲料生产专用设备制造	3630	662.12	577.42	17.73	20.99	5.14
印刷、制药、日化生产专用设备制造	3640	815.40	595.35	16.42	15.58	10.81
纺织、服装和皮革工业专用设备制造	3650	1375.67	936.88	8.52	11.84	15.47
农、林、牧、渔专用机械制造	3670	1724.01	1394.94	32.87	67.13	12.58
医疗仪器设备及器械制造	3680	1177.24	670.52	24.08	12.15	11.78
环保、社会公共安全及其他专用设备制造	3690	2349.09	1821.11	81.38	21.99	12.94
交通运输设备制造业	3700	55993.03	31604.55	4088.70	370.00	203.72
铁路运输设备制造	3710	2481.11	2148.77	521.54	49.45	11.68
汽车制造	3720	41300.20	20575.34	2775.94	222.09	147.81
摩托车制造	3730	2709.68	2084.74	12.65	15.07	6.61
自行车制造	3740	958.41	559.68	2.14	6.00	5.35
船舶及浮动装置制造	3750	6512.77	4437.46	480.61	71.14	31.61
航空航天器制造	3760	1710.07	1541.48	278.35	0.80	
交通器材及其他交通运输设备制造	3790	320.79	257.06	17.48	5.44	0.66
电气机械及器材制造业	3900	42860.32	29159.53	770.33	1474.54	276.83
电机制造	3910	5184.96	3428.91	165.26	53.66	17.40
输配电及控制设备制造	3920	9508.05	6944.34	292.00	187.87	83.39
电线、电缆、光缆及电工器材制造	3930	10033.60	7901.69	78.25	254.91	119.62
电池制造	3940	4452.31	1942.60	24.45	11.37	26.36
家用电力器具制造	3950	9440.03	6251.31	190.02	953.76	11.79
非电力家用器具制造	3960	933.13	775.57	2.51	3.90	8.68
照明器具制造	3970	2534.29	1557.77	11.57	5.00	6.71
其他电气机械及器材制造	3990	773.95	357.32	6.26	4.09	2.88

单位：亿元

国有联营企业	集体联营企业	国有与集体联营	其他联营	国有独资公司	其他有限责任公司	股份有限公司	私营独资	私营合伙	代码
	1.00	1.44	5.91	2.27	192.93	53.11	165.89	20.48	3460
					48.09	4.76	29.83	2.41	3470
	0.06				216.10	31.90	238.79	34.57	3480
	0.71	1.25	0.83	47.14	303.01	93.97	202.03	14.94	3490
2.91	17.34	28.37	4.44	1297.38	6222.72	1898.73	3656.54	396.92	3500
	0.91	1.52	0.14	66.02	929.79	405.95	178.60	24.77	3510
0.25	0.48	0.40		251.85	826.19	251.84	314.07	26.31	3520
2.12	2.23	14.53	0.13	716.30	597.89	233.50	167.00	20.38	3530
0.07	0.25	0.62	0.10	27.71	882.49	277.66	446.34	53.57	3540
		2.43	0.63	77.71	543.24	152.68	297.59	44.00	3550
			0.37		21.27	7.18	17.83	1.64	3560
	6.24	2.25	0.30	65.53	795.19	174.57	312.20	26.32	3570
0.47	0.24	0.43	0.81	27.95	596.52	91.79	568.22	59.65	3580
	6.99	6.20	1.98	64.32	1030.14	303.57	1354.72	140.29	3590
6.97	4.59	6.15	2.96	1217.54	3954.74	2027.46	1521.28	153.44	3600
6.87	1.83	0.41		599.74	1764.01	1345.07	442.74	54.66	3610
	0.89	1.55	2.61	32.99	366.58	106.94	231.23	36.24	3620
				0.51	132.86	23.61	100.73	9.48	3630
		0.08	0.16	9.95	112.48	51.38	93.60	7.38	3640
	1.12	4.02		8.32	184.42	116.58	148.34	6.09	3650
		0.10		1.69	539.56	54.02	256.12	21.05	3670
			0.18	0.25	183.15	87.51	43.21	3.51	3680
	0.74			40.45	428.01	144.99	151.25	13.09	3690
11.56	28.30	20.08	3.79	2908.89	8329.60	4914.18	1319.93	196.89	3700
0.28	1.12	0.25		186.80	654.82	370.17	43.58	8.51	3710
7.34	12.49	16.91	1.75	1642.73	5074.65	4138.59	856.90	116.07	3720
		0.76		48.37	445.67	120.27	161.88	27.80	3730
2.58		0.16			109.98	9.96	51.80	4.68	3740
1.37	14.69	2.00	2.04	500.96	1410.34	95.02	180.34	35.69	3750
				528.17	593.26	114.08	1.37		3760
				1.86	40.89	66.09	24.07	4.14	3790
2.03	10.90	7.66	10.68	249.79	7895.36	4511.57	1899.24	195.31	3900
	0.19	0.98	1.92	197.50	1025.43	419.31	221.71	19.92	3910
0.21	0.26	2.15	6.46	13.62	2058.88	1055.51	413.45	55.09	3920
0.24	7.02	1.54	0.52	23.21	2033.01	681.53	662.74	67.50	3930
	2.87	0.36		8.89	637.98	160.05	100.52	10.13	3940
1.58		1.36	0.06	5.71	1460.53	2049.99	162.93	16.90	3950
		0.08		0.12	231.98	34.18	89.36	1.67	3960
		0.54	1.72	0.59	327.26	102.37	227.39	22.74	3970
	0.56	0.65		0.16	120.29	8.63	21.14	1.36	3990

行业中类	代码	全年营业收入	内资企业	国有企业	集体企业	股份合作企业
通信设备、计算机及其他电子设备制造业	4000	56215.35	12930.84	535.79	130.86	44.22
通信设备制造	4010	10828.16	4278.20	188.94	7.94	4.69
雷达及配套设备制造	4020	196.09	194.15	67.32		0.15
广播电视设备制造	4030	571.48	325.09	4.93	1.05	0.45
电子计算机制造	4040	18948.99	1605.52	81.75	7.73	9.43
电子器件制造	4050	8976.21	1949.76	82.56	15.41	15.80
电子元件制造	4060	10664.46	2482.73	60.59	60.45	13.07
家用视听设备制造	4070	4487.31	1483.42	19.17	34.61	
其他电子设备制造	4090	1542.64	611.97	30.53	3.66	0.62
仪器仪表及文化、办公用机械制造业	4100	6453.01	3282.43	180.49	60.66	33.98
通用仪器仪表制造	4110	2797.00	1964.09	64.89	19.58	16.42
专用仪器仪表制造	4120	953.19	604.56	87.82	2.92	9.73
钟表与计时仪器制造	4130	224.18	96.35	2.43	19.00	1.68
光学仪器及眼镜制造	4140	791.19	357.68	21.82	9.96	2.42
文化、办公用机械制造	4150	1595.02	194.02	3.20	5.10	1.27
其他仪器仪表的制造及修理	4190	92.43	65.73	0.34	4.10	2.46
工艺品及其他制造业	4200	6072.24	4210.18	201.97	87.02	37.47
工艺美术品制造	4210	4225.62	2904.85	55.92	64.72	33.48
日用杂品制造	4220	1021.07	677.10	1.36	15.22	1.52
煤制品制造	4230	117.33	116.94	7.52	5.14	0.75
其他未列明的制造业	4290	706.02	509.31	136.77	1.94	1.71
废弃资源和废旧材料回收加工业	4300	2275.75	1818.34	58.01	76.74	2.11
金属废料和碎屑的加工处理	4310	2013.20	1588.29	53.58	70.20	1.81
非金属废料和碎屑的加工处理	4320	262.55	230.05	4.43	6.54	0.30
电力、燃气及水的生产和供应业	D	**45423.31**	**41430.18**	**26559.72**	**204.60**	**87.44**
电力、热力的生产和供应业	4400	41876.41	39010.11	25892.85	109.74	71.44
电力生产	4410	15101.67	12404.81	4587.44	49.82	61.97
电力供应	4420	25761.95	25727.99	21096.07	45.95	3.89
热力生产和供应	4430	1012.79	877.32	209.34	13.96	5.59
燃气生产和供应业	4500	2295.89	1377.22	231.61	16.03	14.53
水的生产和供应业	4600	1251.01	1042.84	435.26	78.83	1.46
自来水的生产和供应	4610	1005.91	883.35	409.75	75.64	0.95
污水处理及其再生利用	4620	173.36	143.79	25.29	3.18	0.44
其他水的处理、利用与分配	4690	71.74	15.70	0.21		0.07
建筑业	E	**88146.20**	**87145.84**	**14592.03**	**3506.53**	**710.77**
房屋和土木工程建筑业	4700	75335.23	74823.51	13113.80	2572.06	612.98
房屋工程建筑	4710	48110.52	47726.10	4939.77	2231.55	483.62
土木工程建筑	4720	27224.70	27097.41	8174.04	340.51	129.36

单位：亿元

国有联营企业	集体联营企业	国有与集体联营	其他联营	国有独资公司	其他有限责任公司	股份有限公司	私营独资	私营合伙	代码
20.79	4.11	3.22	2.50	204.61	5073.21	2399.49	405.85	62.15	4000
12.15		0.34		70.95	2394.37	908.83	30.45	3.28	4010
				89.86	13.91	10.18	0.09		4020
		2.35		2.99	69.01	64.13	20.29	9.84	4030
	0.46		0.10	0.22	555.48	538.27	57.35	3.87	4040
4.00	0.38		1.95	28.19	517.11	412.77	44.01	10.05	4050
3.31	0.24	0.53	0.06	9.46	601.98	223.21	192.85	24.69	4060
0.70	1.67		0.38	0.32	811.84	206.52	33.40	4.71	4070
0.63	1.36			2.62	109.50	35.58	27.42	5.71	4090
		0.53	0.68	66.71	771.38	594.78	190.06	29.22	4100
		0.30	0.68	11.42	451.16	387.73	117.59	21.37	4110
				10.85	136.96	89.44	34.25	1.55	4120
					18.77	0.22	15.31	1.55	4130
				44.18	79.96	84.68	14.33	3.01	4140
		0.22		0.26	58.92	29.36	4.49	0.44	4150
					25.59	3.35	4.09	1.29	4190
0.13	4.40	0.36	13.75	42.46	793.58	199.26	657.40	52.87	4200
	1.29	0.36	13.75	3.95	608.66	134.86	422.47	30.78	4210
				0.24	86.99	20.74	166.83	13.28	4220
				0.19	28.33	8.72	16.64	1.63	4230
0.13	3.11			38.07	68.65	34.81	51.45	7.19	4290
	3.91		0.11	8.19	615.75	34.46	178.86	11.43	4300
	3.84		0.11	8.19	552.18	33.98	134.66	8.12	4310
	0.07				63.57	0.48	44.20	3.31	4320
146.39	**8.31**	**17.10**	**3.81**	**4681.33**	**7242.46**	**1550.79**	**115.65**	**34.31**	D
144.93	2.92	15.62	3.01	4330.30	6380.97	1421.72	73.52	20.92	4400
109.45	2.30	2.40	2.81	558.53	5416.83	1197.08	55.03	13.80	4410
31.05	0.55	12.17	0.20	3659.90	690.26	147.20	3.29	2.28	4420
4.43	0.07	1.06		111.87	273.87	77.44	15.20	4.84	4430
	3.62		0.70	163.95	654.72	88.07	32.76	11.92	4500
1.45	1.77	1.47	0.09	187.07	206.77	41.00	9.37	1.47	4600
1.45	1.77	1.47		159.15	148.50	37.85	5.59	0.94	4610
			0.09	27.92	48.12	3.14	2.95	0.39	4620
					10.15		0.83	0.14	4690
72.42	**51.54**	**60.54**	**83.30**	**3492.68**	**34373.55**	**6829.24**	**666.29**	**156.38**	E
66.48	41.44	60.44	47.29	3152.95	29967.87	6023.55	530.68	107.70	4700
8.61	28.75	19.29	40.17	1496.15	19588.34	3882.79	430.66	87.67	4710
57.87	12.69	41.15	7.13	1656.80	10379.53	2140.76	100.02	20.03	4720

行业中类	代码	全年营业收入	内资企业	国有企业	集体企业	股份合作企业
建筑安装业	4800	7833.54	7640.43	1155.08	853.14	68.93
建筑装饰业	4900	3284.59	3028.23	110.23	51.82	14.53
其他建筑业	5000	1692.84	1653.67	212.92	29.52	14.33
工程准备	5010	606.12	600.10	119.60	7.29	3.36
提供施工设备服务	5020	137.69	132.85	6.58	3.99	0.30
其他未列明的建筑活动	5090	949.03	920.71	86.74	18.23	10.68
批发和零售业	H	**316085.25**	**281027.18**	**40955.46**	**44548.15**	**1423.65**
批发业	6300	260438.99	234098.00	37537.25	43478.51	1063.48
农畜产品批发	6310	4106.29	3992.97	1120.91	113.28	16.67
食品、饮料及烟草制品批发	6320	18074.95	16716.56	9493.85	220.13	37.61
纺织、服装及日用品批发	6330	13686.21	11741.32	1053.41	85.72	66.54
文化、体育用品及器材批发	6340	2872.04	2242.24	381.86	13.00	16.16
医药及医疗器材批发	6350	8003.69	7320.45	620.85	33.64	29.77
矿产品、建材及化工产品批发	6360	166002.01	160959.92	21424.28	42426.73	706.02
机械设备、五金交电及电子产品批发	6370	36242.40	22058.57	1708.26	394.34	142.54
贸易经纪与代理	6380	3947.07	3354.51	1002.76	30.24	8.81
其他批发	6390	7504.34	5711.48	731.07	161.43	39.35
零售业	6500	55646.26	46929.18	3418.22	1069.64	360.18
综合零售	6510	14834.73	11011.21	405.63	623.69	112.13
食品、饮料及烟草制品专门零售	6520	3189.99	1101.96	166.03	35.21	7.79
纺织、服装及日用品专门零售	6530	2075.06	1513.90	38.76	37.83	3.63
文化、体育用品及器材专门零售	6540	1366.20	1304.91	420.57	28.07	7.92
医药及医疗器材专门零售	6550	2176.78	2163.41	164.66	30.56	18.79
汽车、摩托车、燃料及零配件专门零售	6560	24503.65	22898.92	1987.24	222.38	153.19
家用电器及电子产品专门零售	6570	4665.69	4410.86	66.99	19.66	40.73
五金、家具及室内装修材料专门零售	6580	1266.32	1137.53	25.56	39.64	7.39
无店铺及其他零售	6590	1567.84	1386.47	142.77	32.59	8.59
住宿和餐饮业	I	**7127.02**	**5737.89**	**712.84**	**122.76**	**56.50**
住宿业	6600	3235.55	2656.17	618.91	84.03	27.78
旅游饭店	6610	2641.84	2098.99	534.99	63.49	21.28
一般旅馆	6620	529.39	498.27	75.21	18.78	5.28
其他住宿服务	6690	64.32	58.91	8.72	1.76	1.22
餐饮业	6700	3891.47	3081.72	93.93	38.73	28.73
正餐服务	6710	3140.15	2846.07	80.78	36.68	27.18
快餐服务	6720	567.76	102.37	8.90	0.66	0.60
饮料及冷饮服务	6730	41.77	15.34	0.40	0.11	0.27
其他餐饮服务	6790	141.79	117.94	3.84	1.28	0.68

单位：亿元

国有联营企业	集体联营企业	国有与集体联营	其他联营	国有独资公司	其他有限责任公司	股份有限公司	私营独资	私营合伙	代码
0.68	5.21	0.06	16.38	270.27	2779.32	496.05	51.49	26.93	4800
4.75	2.50	0.04	16.19	45.21	1020.46	241.02	43.14	16.67	4900
0.51	2.38	0.00	3.43	24.25	605.91	68.62	40.98	5.08	5000
0.06	0.10		1.98	5.45	220.43	11.14	10.41	0.59	5010
			0.05	1.06	44.72	5.51	4.37	0.61	5020
0.45	2.28	0.00	1.40	17.75	340.76	51.97	26.20	3.89	5090
497.29	**131.05**	**181.77**	**197.48**	**8298.00**	**66522.40**	**34193.55**	**5495.42**	**1394.74**	H
398.37	92.97	118.59	172.92	8020.36	51216.01	26398.44	3439.60	1045.96	6300
1.57	1.08	0.50	0.36	288.28	1180.01	155.26	133.31	31.17	6310
42.60	5.26	18.29	6.94	738.32	2912.86	509.38	202.27	66.53	6320
11.14	0.43	5.09	16.11	194.53	3421.01	933.29	220.39	85.76	6330
1.05	2.11	31.85	6.12	72.01	771.99	115.16	30.96	7.61	6340
1.53			0.38	54.10	3297.65	1137.74	123.30	18.51	6350
322.01	74.07	37.86	85.21	5672.84	29645.57	21326.08	1853.12	632.66	6360
17.95	2.49	1.28	48.11	665.61	7438.94	1871.21	425.45	108.92	6370
		0.69	8.96	260.45	1027.52	111.38	55.95	6.22	6380
0.51	7.53	23.03	0.72	74.23	1520.46	238.93	394.86	88.58	6390
98.92	38.07	63.18	24.56	277.63	15306.39	7795.12	2055.82	348.78	6500
0.09	7.94	3.47	4.36	86.64	4046.42	2804.87	454.77	85.17	6510
0.55	0.81	0.25	1.29	31.68	283.16	43.86	92.58	13.72	6520
0.53	5.59	0.54	2.17	4.53	430.94	58.58	129.05	15.77	6530
0.59	0.90		1.71	34.73	346.91	101.78	39.55	5.45	6540
0.54	0.31	8.11	0.42	15.23	842.28	381.97	68.44	18.33	6550
93.41	18.07	50.16	10.97	68.95	6987.93	4030.01	655.72	121.64	6560
0.60	1.44		2.83	6.03	1689.58	282.46	313.93	47.67	6570
	0.34	0.14	0.68	0.10	254.45	27.91	148.17	23.78	6580
2.61	2.67	0.52	0.14	29.75	424.72	63.68	153.61	17.25	6590
7.47	**3.65**	**4.72**	**7.26**	**50.62**	**1429.19**	**226.19**	**793.61**	**139.97**	I
6.63	3.11	3.29	3.04	40.57	743.20	117.18	193.40	47.95	6600
6.11	2.28	3.19	2.64	35.02	629.81	103.94	111.58	26.14	6610
0.33	0.82	0.11	0.40	4.68	97.79	11.96	73.28	20.71	6620
0.19				0.87	15.60	1.28	8.55	1.09	6690
0.84	0.54	1.42	4.22	10.04	685.99	109.01	600.21	92.03	6700
0.60	0.54	1.42	2.12	9.26	628.35	105.42	574.38	86.64	6710
0.22			0.03	0.36	31.51	1.07	11.80	1.58	6720
0.03			0.03		2.04	0.02	2.59	0.66	6730
			2.05	0.42	24.10	2.50	11.44	3.14	6790

行业中类	代码	私营有限责任公司	私营股份有限公司	其他	港、澳、台商投资企业	与港、澳、台商合资经营
总计		**250116.94**	**17547.88**	**6305.37**	**78617.13**	**26096.04**
采矿业	**B**	**5796.46**	**559.21**	**221.95**	**999.20**	**162.45**
煤炭开采和洗选业	600	2357.66	231.86	96.43	38.94	34.16
烟煤和无烟煤的开采洗选	610	2207.13	222.94	95.90	31.52	27.55
褐煤的开采洗选	620	134.67	7.28	0.20	7.43	6.62
其他煤炭采选	690	15.85	1.64	0.34		
石油和天然气开采业	700	119.80	7.69	9.37	787.60	1.41
天然原油和天然气开采	710	24.82	4.61	1.75	747.21	1.41
与石油和天然气开采有关的服务活动	790	94.98	3.08	7.62	40.39	
黑色金属矿采选业	800	1754.47	138.21	59.70	63.88	62.00
铁矿采选	810	1668.88	105.01	58.56	63.58	61.76
其他黑色金属矿采选	890	85.58	33.21	1.14	0.30	0.23
有色金属矿采选业	900	752.40	88.72	15.64	29.83	14.57
常用有色金属矿采选	910	513.70	61.58	10.73	22.44	9.78
贵金属矿采选	920	99.15	11.29	2.67	2.00	1.86
稀有稀土金属矿采选	930	139.55	15.85	2.24	5.39	2.93
非金属矿采选业	1000	802.49	91.05	36.95	78.95	50.32
土砂石开采	1010	559.17	74.01	33.03	31.42	8.74
化学矿采选	1020	68.12	5.57		6.17	4.25
采盐	1030	38.20		0.72	17.50	17.50
石棉及其他非金属矿采选	1090	137.00	11.48	3.20	23.86	19.82
其他采矿业	1100	9.65	1.68	3.85		
制造业	**C**	**149980.40**	**11691.43**	**3020.52**	**64445.64**	**22403.91**
农副食品加工业	1300	14877.08	963.30	218.99	2348.82	1136.76
谷物磨制	1310	6858.31	222.85	52.97	72.81	33.92
饲料加工	1320	1852.01	208.40	31.91	451.25	322.19
植物油加工	1330	1213.75	133.94	22.98	297.53	231.66
制糖	1340	97.71	14.79	10.50	78.22	77.45
屠宰及肉类加工	1350	2237.16	178.56	35.86	819.08	148.93
水产品加工	1360	841.69	58.25	31.07	267.40	116.35
蔬菜、水果和坚果加工	1370	1020.21	76.07	17.20	242.07	122.74
其他农副食品加工	1390	756.23	70.44	16.51	120.47	83.51
食品制造业	1400	2638.12	250.58	58.00	1138.16	410.49
焙烤食品制造	1410	357.36	30.82	7.95	243.08	86.40
糖果、巧克力及蜜饯制造	1420	238.32	22.99	3.19	131.75	49.32
方便食品制造	1430	415.83	23.87	7.83	299.39	80.45
液体乳及乳制品制造	1440	237.08	14.66	5.68	26.18	6.16
罐头制造	1450	319.96	26.30	14.12	71.40	36.06
调味品、发酵制品制造	1460	305.80	44.27	8.12	122.32	57.16
其他食品制造	1490	763.78	87.68	11.12	244.03	94.94

单位：亿元

与港、澳、台商合作经营	港、澳、台商独资	港、澳、台商投资股份有限公司	外商投资企业	中外合资经营	中外合作经营	外资企业	外商投资股份有限公司	代码
2281.17	**47083.78**	**3156.14**	**150229.02**	**63567.36**	**4102.39**	**77556.38**	**5002.90**	
49.86	**780.43**	**6.45**	**522.94**	**360.62**	**82.78**	**69.54**	**9.99**	B
1.35	3.27	0.15	140.22	101.97	26.86	9.45	1.94	600
1.35	2.46	0.15	137.68	101.97	26.86	6.91	1.94	610
	0.81		2.39			2.39		620
			0.15			0.15		690
42.78	743.41		28.33	6.52	18.43	1.25	2.13	700
2.39	743.41		19.68		18.43	1.25		710
40.39			8.65	6.52			2.13	790
0.14	1.28	0.46	40.02	15.73	2.71	17.93	3.65	800
0.07	1.28	0.46	33.69	12.96	1.41	15.68	3.65	810
0.07			6.33	2.77	1.31	2.25		890
3.39	7.17	4.69	251.58	204.67	34.30	12.32	0.28	900
3.26	4.71	4.69	213.66	191.25	10.86	11.26	0.28	910
0.13			26.22	1.73	23.44	1.06		920
	2.46		11.69	11.69				930
2.19	25.30	1.14	62.73	31.67	0.49	28.59	1.98	1000
1.05	21.63		30.14	15.79	0.43	13.19	0.73	1010
0.78		1.14	3.56	3.29		0.27		1020
			15.13			15.13		1030
0.37	3.66		13.90	12.59	0.06		1.25	1090
			0.07	0.07				1100
1608.20	**37735.98**	**2697.55**	**121437.69**	**54921.81**	**2065.27**	**60284.12**	**4166.49**	C
80.29	1060.42	71.35	5458.36	2454.30	159.12	2788.03	56.90	1300
0.96	37.94		133.24	84.82	0.29	45.50	2.63	1310
13.55	110.15	5.36	713.49	390.33	45.57	275.83	1.76	1320
0.63	48.47	16.75	1804.56	764.52	1.31	1030.91	7.83	1330
0.77			76.38	31.73		42.45	2.20	1340
3.66	637.29	29.20	776.25	380.79	2.80	386.70	5.95	1350
34.67	101.94	14.44	739.16	412.99	98.96	220.07	7.15	1360
23.67	90.75	4.90	486.44	263.85	6.70	195.54	20.34	1370
2.37	33.89	0.71	728.85	125.27	3.50	591.03	9.05	1390
14.53	689.25	23.88	2576.96	1085.90	58.54	1223.33	209.20	1400
2.23	154.32	0.14	234.61	23.62	26.64	166.28	18.07	1410
2.28	69.44	10.70	259.00	11.59	6.74	236.22	4.45	1420
1.52	214.20	3.22	349.04	91.79	1.32	255.37	0.56	1430
1.36	17.75	0.91	721.48	396.71	0.05	208.18	116.54	1440
4.79	30.04	0.51	135.94	77.48	5.86	38.32	14.27	1450
0.07	62.95	2.14	328.67	211.15	4.49	112.15	0.88	1460
2.29	140.55	6.26	548.22	273.55	13.44	206.80	54.43	1490

行业中类	代码	私营有限责任公司	私营股份有限公司	其他	港、澳、台商投资企业	与港、澳、台商合资经营
饮料制造业	1500	1742.62	183.14	42.22	784.38	320.35
酒精制造	1510	199.86	30.96	1.24	16.84	3.39
酒的制造	1520	826.62	101.50	16.86	204.44	97.45
软饮料制造	1530	448.86	34.28	12.72	544.36	213.53
精制茶加工	1540	267.27	16.40	11.40	18.73	5.99
烟草制品业	1600	4.38		0.07	5.33	5.33
烟叶复烤	1610			0.07	1.63	1.63
卷烟制造	1620	0.20			2.51	2.51
其他烟草制品加工	1690	4.18			1.19	1.19
纺织业	1700	12055.61	530.40	107.21	3564.06	1335.07
棉、化纤纺织及印染精加工	1710	6741.28	301.99	53.65	1613.48	666.93
毛纺织和染整精加工	1720	674.38	21.58	7.70	225.06	73.01
麻纺织	1730	108.84	12.95	0.05	27.61	10.82
丝绢纺织及精加工	1740	851.68	43.24	2.78	144.87	63.44
纺织制成品制造	1750	1536.34	68.96	22.09	517.86	213.59
针织品、编织品及其制品制造	1760	2143.09	81.69	20.94	1035.19	307.28
纺织服装、鞋、帽制造业	1800	4226.49	302.57	64.01	2803.47	763.85
纺织服装制造	1810	3988.80	294.42	52.86	2676.59	735.80
纺织面料鞋的制造	1820	158.27	4.52	9.81	94.82	16.11
制帽	1830	79.42	3.63	1.35	32.05	11.93
皮革、毛皮、羽毛(绒)及其制品业	1900	2414.05	104.04	34.06	2843.96	444.03
皮革鞣制加工	1910	316.24	18.40	0.68	174.95	76.93
皮革制品制造	1920	1699.22	64.96	25.15	2543.69	310.81
毛皮鞣制及制品加工	1930	194.13	2.00	5.93	41.78	23.90
羽毛(绒)加工及制品制造	1940	204.47	18.69	2.31	83.54	32.39
木材加工及木、竹、藤、棕、草制品业	2000	2995.91	205.87	58.94	410.57	199.24
锯材、木片加工	2010	346.92	26.14	13.72	23.36	11.02
人造板制造	2020	1751.88	145.69	30.03	222.46	123.49
木制品制造	2030	682.70	16.79	2.89	116.44	48.17
竹、藤、棕、草制品制造	2040	214.42	17.26	12.30	48.32	16.56
家具制造业	2100	1670.21	72.01	42.02	750.18	267.67
木质家具制造	2110	1011.84	34.77	34.79	339.89	89.06
竹、藤家具制造	2120	19.14	3.28		6.99	4.07
金属家具制造	2130	410.72	13.94	1.39	230.05	99.97
塑料家具制造	2140	19.78			13.70	3.57
其他家具制造	2190	208.72	20.02	5.84	159.55	71.01

单位：亿元

与港、澳、台商合作经营	港、澳、台商独资	港、澳、台商投资股份有限公司	外商投资企业	中外合资经营	中外合作经营	外资企业	外商投资股份有限公司	代码
20.43	430.90	12.70	2134.68	1078.26	51.15	741.46	263.81	1500
	13.45		47.29	12.78		34.51		1510
7.49	88.93	10.57	645.10	236.05	6.27	217.23	185.53	1520
12.85	316.06	1.94	1421.71	823.46	44.75	475.65	77.85	1530
0.09	12.46	0.19	20.58	5.97	0.12	14.07	0.43	1540
			0.52	0.52				1600
			0.52	0.52				1610
								1620
								1690
142.36	2015.62	71.01	2577.33	1123.75	101.51	1268.83	83.24	1700
51.00	876.01	19.54	907.91	352.24	60.30	440.26	55.10	1710
45.54	98.49	8.01	203.16	165.49	3.53	31.77	2.38	1720
	16.79		30.82	16.20	8.43	6.19		1730
1.18	74.00	6.25	91.71	40.48	0.94	49.96	0.32	1740
5.66	269.79	28.83	671.73	260.74	10.93	395.87	4.20	1750
38.98	680.54	8.38	672.00	288.59	17.38	344.79	21.24	1760
90.73	1913.28	35.61	1942.81	724.57	51.85	1125.82	40.57	1800
87.64	1820.28	32.86	1819.53	699.63	48.29	1034.11	37.50	1810
	75.96	2.75	78.38	13.14	0.18	63.08	1.97	1820
3.09	17.03		44.90	11.80	3.38	28.63	1.09	1830
51.39	2307.01	41.53	1555.71	495.36	42.47	972.26	45.63	1900
6.33	91.48	0.21	253.46	104.93	8.44	127.08	13.00	1910
32.60	2159.50	40.79	1152.51	275.02	29.33	816.78	31.38	1920
0.42	17.46		87.23	75.28	0.54	10.96	0.45	1930
12.04	38.58	0.52	62.51	40.13	4.15	17.43	0.80	1940
32.85	167.43	11.06	443.04	220.88	19.08	198.59	4.49	2000
0.18	11.94	0.22	41.52	12.07	0.11	27.99	1.35	2010
7.92	81.83	9.22	170.25	98.19	3.09	68.25	0.72	2020
14.66	53.44	0.17	190.60	87.91	11.32	90.58	0.79	2030
10.09	20.23	1.44	40.67	22.71	4.57	11.76	1.63	2040
14.13	461.30	7.09	717.79	260.36	9.96	441.79	5.69	2100
9.33	239.21	2.28	351.49	142.95	9.56	197.05	1.92	2110
	2.84	0.08	9.40	0.72		8.68		2120
1.27	125.56	3.25	189.37	82.45	0.09	103.63	3.20	2130
	10.01	0.12	9.16	1.66		7.50		2140
3.52	83.68	1.35	158.37	32.57	0.30	124.93	0.57	2190

行业中类	代码	私营有限责任公司	私营股份有限公司	其他	港、澳、台商投资企业	与港、澳、台商合资经营
造纸及纸制品业	2200	3017.78	217.65	49.07	1258.98	663.02
纸浆制造	2210	41.08	0.97	0.45	59.01	52.67
造纸	2220	1490.59	118.26	29.72	623.04	407.23
纸制品制造	2230	1486.10	98.42	18.90	576.94	203.12
印刷业和记录媒介的复制	2300	1236.74	60.35	26.21	548.15	242.31
印刷	2310	1191.71	59.29	25.60	509.56	224.96
装订及其他印刷服务活动	2320	32.78	0.89	0.61	23.49	10.78
记录媒介的复制	2330	12.24	0.17		15.10	6.57
文教体育用品制造业	2400	907.77	58.24	9.31	1014.99	139.66
文化用品制造	2410	229.05	5.91	2.14	95.45	16.20
体育用品制造	2420	246.95	42.54	1.42	277.59	36.55
乐器制造	2430	56.12	1.24	1.60	33.55	8.28
玩具制造	2440	316.28	8.50	4.15	592.88	75.05
游艺器材及娱乐用品制造	2450	59.37	0.06		15.51	3.57
石油加工及炼焦	2500	2568.27	317.30	117.41	1687.64	500.67
精炼石油产品的制造	2510	1363.75	112.32	102.63	1380.02	329.09
炼焦	2520	1204.51	204.98	14.77	307.61	171.58
化学原料及化学制品制造业	2600	11022.42	1023.14	253.10	3854.29	1593.57
基础化学原料制造	2610	2778.51	210.73	72.20	768.71	470.06
肥料制造	2620	1197.45	108.26	23.71	101.56	62.79
农药制造	2630	485.60	23.43	0.93	72.45	48.43
涂料、油墨、颜料及类似产品制造	2640	1191.42	80.26	14.18	556.47	210.15
合成材料制造	2650	1592.19	221.01	51.92	883.22	338.46
专用化学产品制造	2660	3313.35	331.46	86.52	878.32	364.38
日用化学产品制造	2670	463.91	47.99	3.64	593.57	99.30
医药制造业	2700	2132.31	294.24	70.56	1001.61	504.03
化学药品原药制造	2710	437.57	53.34	33.85	374.55	145.95
化学药品制剂制造	2720	371.46	67.03	15.00	265.94	149.31
中药饮片加工	2730	243.33	28.28	5.71	23.93	12.62
中成药制造	2740	423.86	84.23	10.64	147.00	110.73
兽用药品制造	2750	226.40	17.03	1.76	7.90	7.17
生物、生化制品的制造	2760	247.29	29.82	1.69	129.61	53.04
卫生材料及医药用品制造	2770	182.41	14.51	1.92	52.68	25.20
化学纤维制造业	2800	1782.94	86.78	24.21	795.79	512.86
纤维素纤维原料及纤维制造	2810	134.37	38.18	21.37	52.82	44.83
合成纤维制造	2820	1648.56	48.60	2.84	742.98	468.03
橡胶制品业	2900	1439.59	324.23	15.06	592.62	225.28
轮胎制造	2910	475.50	234.69	2.95	268.19	136.18
橡胶板、管、带的制造	2920	285.83	32.11	1.66	38.42	16.87
橡胶零件制造	2930	204.12	19.97	5.25	49.25	12.25

单位：亿元

与港、澳、台商合作经营	港、澳、台商独资	港、澳、台商投资股份有限公司	外商投资企业	中外合资经营	中外合作经营	外资企业	外商投资股份有限公司	代码
31.14	519.31	45.51	1871.06	815.95	63.11	755.44	236.56	2200
	6.34		104.88	100.35		4.53		2210
7.92	173.90	33.98	1023.68	426.51	7.04	354.38	235.75	2220
23.22	339.07	11.52	742.51	289.09	56.07	396.54	0.81	2230
22.60	266.87	16.37	306.61	144.70	15.27	134.18	12.46	2300
14.57	254.13	15.90	272.07	130.44	13.01	116.16	12.46	2310
5.56	7.15		20.25	8.54	0.36	11.35		2320
2.47	5.60	0.47	14.29	5.72	1.90	6.68		2330
32.63	829.69	13.01	660.27	195.24	28.26	414.83	21.94	2400
4.44	68.61	6.19	114.42	28.56	7.74	64.21	13.91	2410
6.05	232.60	2.39	233.32	42.94	6.33	182.00	2.04	2420
2.20	22.61	0.46	71.02	27.52	2.09	40.22	1.19	2430
19.89	493.98	3.97	205.37	69.56	6.12	124.88	4.81	2440
0.06	11.89		36.14	26.65	5.98	3.52		2450
269.34	225.43	692.19	1969.38	1542.62	16.60	388.82	21.34	2500
255.01	120.48	675.44	1402.80	1182.14	6.10	214.10	0.46	2510
14.33	104.95	16.75	566.58	360.48	10.50	174.72	20.88	2520
41.39	2117.95	101.38	8232.43	3819.57	142.18	4109.54	161.13	2600
9.57	243.48	45.60	2187.23	1464.06	29.67	634.33	59.16	2610
0.51	38.13	0.14	259.93	130.14	1.08	107.57	21.14	2620
	17.50	6.52	115.70	61.22	4.26	47.79	2.42	2630
13.43	326.64	6.24	893.98	294.85	23.35	565.91	9.88	2640
5.25	513.44	26.07	1889.75	816.43	13.94	1042.21	17.18	2650
9.40	487.98	16.56	1999.71	890.69	57.07	1005.25	46.70	2660
3.24	490.77	0.25	886.14	162.18	12.81	706.48	4.66	2670
7.94	408.05	81.59	1979.93	999.54	65.93	844.65	69.81	2700
1.34	212.28	14.98	295.86	135.98	13.03	145.39	1.46	2710
4.60	70.70	41.32	1050.00	575.20	38.73	411.48	24.58	2720
	8.33	2.97	45.23	39.27	0.70	3.43	1.83	2730
	35.66	0.61	201.19	103.05	3.38	66.81	27.96	2740
	0.73		53.55	25.36	1.74	26.13	0.30	2750
2.00	53.57	21.00	236.31	71.22	8.13	144.83	12.13	2760
	26.78	0.71	97.78	49.45	0.22	46.57	1.54	2770
	245.48	37.46	804.15	605.22	1.82	197.10		2800
	7.99		128.89	87.16		41.74		2810
	237.49	37.46	675.25	518.07	1.82	155.37		2820
9.10	355.52	2.72	1410.85	681.75	8.13	708.39	12.59	2900
	132.02		966.25	546.13		415.56	4.56	2910
0.95	20.61		74.01	17.78	3.39	47.91	4.93	2920
3.65	31.38	1.97	118.63	26.52	3.39	87.99	0.73	2930

行业中类	代码	私营有限责任公司	私营股份有限公司	其他	港、澳、台商投资企业	与港、澳、台商合资经营
再生橡胶制造	2940	64.92	6.65	0.16	4.59	2.88
日用及医用橡胶制品制造	2950	65.29	1.06	1.35	55.97	13.39
橡胶靴鞋制造	2960	145.49	14.53	0.91	119.11	34.76
其他橡胶制品制造	2990	198.45	15.22	2.78	57.09	8.95
塑料制品业	3000	4970.83	249.73	84.07	2148.72	700.71
塑料薄膜制造	3010	687.17	21.54	6.54	314.13	131.11
塑料板、管、型材的制造	3020	1043.24	77.61	21.70	316.63	110.02
塑料丝、绳及编织品的制造	3030	627.02	38.68	4.33	56.58	33.01
泡沫塑料制造	3040	227.13	8.58	2.46	105.61	44.82
塑料人造革、合成革制造	3050	372.17	9.27		133.73	45.52
塑料包装箱及容器制造	3060	441.68	28.83	9.56	174.89	77.25
塑料零件制造	3070	354.36	15.94	7.14	270.05	86.61
日用塑料制造	3080	547.21	18.94	3.23	352.74	82.79
其他塑料制品制造	3090	670.84	30.34	29.12	424.35	89.58
非金属矿物制品业	3100	10299.44	880.57	296.45	2173.83	1006.87
水泥、石灰和石膏的制造	3110	1930.81	155.06	76.74	463.51	202.72
水泥及石膏制品制造	3120	1895.90	123.56	45.48	366.58	181.78
砖瓦、石材及其他建筑材料制造	3130	2805.10	221.85	71.11	438.03	230.11
玻璃及玻璃制品制造	3140	1580.69	155.23	55.26	573.79	257.10
陶瓷制品制造	3150	555.90	57.50	3.41	156.28	46.05
耐火材料制品制造	3160	758.88	82.02	13.79	72.23	16.79
石墨及其他非金属矿物制品制造	3190	772.16	85.35	30.65	103.41	72.32
黑色金属冶炼及压延加工业	3200	10472.06	618.83	125.36	3271.44	1997.20
炼铁	3210	692.34	88.31	64.84	159.49	154.01
炼钢	3220	1333.25	54.85	2.66	573.63	560.77
钢压延加工	3230	7308.99	369.92	47.11	2471.77	1263.56
铁合金冶炼	3240	1137.47	105.75	10.76	66.56	18.85
有色金属冶炼及压延加工业	3300	6912.16	659.16	203.66	1650.41	888.37
常用有色金属冶炼	3310	1741.81	287.61	106.43	268.52	177.09
贵金属冶炼	3320	318.17	52.96	3.60	25.21	22.22
稀有稀土金属冶炼	3330	359.74	39.76	4.56	32.67	11.81
有色金属合金制造	3340	386.45	38.20	1.68	116.91	61.46
有色金属压延加工	3350	4105.99	240.64	87.39	1207.11	615.80
金属制品业	3400	7878.29	495.63	143.77	2278.53	908.85
结构性金属制品制造	3410	2854.35	213.58	58.15	456.91	189.69
金属工具制造	3420	558.33	36.37	13.18	174.14	39.60
集装箱及金属包装容器制造	3430	517.21	26.40	6.09	358.24	213.32
金属丝绳及其制品的制造	3440	805.04	17.90	7.27	159.03	76.19
建筑、安全用金属制品制造	3450	883.86	99.06	23.86	283.94	96.02

单位：亿元

与港、澳、台商合作经营	港、澳、台商独资	港、澳、台商投资股份有限公司	外商投资企业	中外合资经营	中外合作经营	外资企业	外商投资股份有限公司	代码
	1.71		2.80	0.15		2.64		2940
0.42	42.15		69.33	49.53	0.27	17.23	2.30	2950
3.21	80.53	0.62	62.02	11.85	1.00	49.09	0.08	2960
0.88	47.13	0.13	117.83	29.79	0.08	87.96		2990
65.77	1335.27	46.96	2189.84	648.32	62.42	1372.58	106.51	3000
8.87	159.34	14.80	306.66	80.17	22.76	155.16	48.57	3010
2.44	191.04	13.12	454.79	236.30	17.08	186.32	15.10	3020
0.06	22.93	0.59	73.14	38.89	1.96	30.82	1.46	3030
3.35	57.32	0.12	82.79	22.38	1.34	57.96	1.11	3040
	78.70	9.52	62.56	27.59	2.82	32.15		3050
11.43	83.27	2.94	233.68	62.07	1.88	165.30	4.43	3060
4.39	178.08	0.97	320.85	53.04	1.34	261.19	5.29	3070
19.32	248.17	2.46	278.48	55.99	6.59	214.14	1.76	3080
15.92	316.42	2.43	376.89	71.90	6.66	269.53	28.80	3090
92.33	1000.94	73.69	2337.05	1228.39	139.75	887.90	81.00	3100
28.25	217.70	14.85	413.54	258.39	9.89	123.65	21.61	3110
14.25	167.36	3.19	246.46	137.41	22.52	84.95	1.59	3120
3.43	202.11	2.38	453.01	218.93	10.82	215.93	7.33	3130
9.08	262.94	44.66	641.77	346.07	40.47	223.19	32.04	3140
36.17	72.49	1.57	231.63	98.66	29.04	87.59	16.35	3150
	48.78	6.66	156.06	83.04	14.87	56.69	1.46	3160
1.16	29.56	0.37	194.57	85.89	12.15	95.89	0.63	3190
133.16	889.08	252.00	3604.87	2013.58	190.34	1125.77	275.17	3200
	3.60	1.88	103.14	38.08		64.78	0.28	3210
	12.85		304.76	54.60	167.19	82.97		3220
133.16	827.76	247.28	3026.78	1770.61	21.83	959.46	274.89	3230
	44.87	2.85	170.18	150.28	1.33	18.57		3240
33.48	703.88	24.68	2342.75	1470.24	107.49	719.40	45.62	3300
7.58	70.70	13.16	636.62	468.04	29.31	133.33	5.94	3310
0.66	2.33		6.77	5.43	0.29	1.04		3320
4.70	15.97	0.18	85.25	63.46	4.56	17.23		3330
14.10	40.70	0.65	262.37	121.02	24.97	87.32	29.06	3340
6.44	574.18	10.70	1351.74	812.29	48.35	480.47	10.62	3350
87.17	1228.87	53.64	2895.34	1319.09	71.09	1437.11	68.06	3400
5.40	252.78	9.05	553.01	262.30	12.51	272.80	5.39	3410
26.00	104.56	3.98	218.10	89.34	6.04	113.88	8.83	3420
4.43	136.81	3.69	584.46	315.50	5.44	263.20	0.32	3430
0.90	81.74	0.20	294.93	208.81	6.45	74.09	5.59	3440
14.13	156.71	17.09	389.44	166.55	6.67	195.41	20.81	3450

行业中类	代码	私营有限责任公司	私营股份有限公司	其他	港、澳、台商投资企业	与港、澳、台商合资经营
金属表面处理及热处理加工	3460	670.58	25.62	8.22	211.01	120.86
搪瓷制品制造	3470	72.07	4.28	1.20	15.81	5.80
不锈钢及类似日用金属制品制造	3480	770.33	51.42	9.49	417.85	107.71
其他金属制品制造	3490	746.52	21.00	16.30	201.59	59.66
通用设备制造业	3500	10922.18	774.52	435.10	2110.94	954.46
锅炉及原动机制造	3510	612.08	56.09	40.28	79.76	49.20
金属加工机械制造	3520	1108.57	94.80	210.61	173.99	52.83
起重运输设备制造	3530	825.35	60.33	18.26	273.22	212.70
泵、阀门、压缩机及类似机械的制造	3540	1709.87	127.44	11.40	300.64	118.21
轴承、齿轮、传动和驱动部件的制造	3550	862.21	85.38	11.21	153.01	57.80
烘炉、熔炉及电炉制造	3560	76.71	14.11	0.21	28.89	8.49
风机、衡器、包装设备等通用设备制造	3570	1619.76	97.75	70.82	445.52	211.88
通用零部件制造及机械修理	3580	1723.08	74.87	28.32	315.75	98.59
金属铸、锻加工	3590	2384.55	163.74	43.99	340.17	144.76
专用设备制造业	3600	5540.42	316.71	86.35	1793.02	541.07
矿山、冶金、建筑专用设备制造	3610	1765.71	146.50	24.87	566.27	189.63
化工、木材、非金属加工专用设备制造	3620	1027.56	32.73	8.58	533.37	130.09
食品、饮料、烟草及饲料生产专用设备制造	3630	247.46	5.46	13.46	14.27	6.21
印刷、制药、日化生产专用设备制造	3640	256.86	14.14	6.52	71.52	25.97
纺织、服装和皮革工业专用设备制造	3650	419.17	12.84	0.15	211.81	51.34
农、林、牧、渔专用机械制造	3670	373.66	18.99	17.17	42.19	7.81
医疗仪器设备及器械制造	3680	274.48	28.42	1.82	129.26	68.88
环保、社会公共安全及其他专用设备制造	3690	873.34	43.46	9.46	117.12	50.21
交通运输设备制造业	3700	7863.12	1237.87	107.90	2409.27	1566.13
铁路运输设备制造	3710	285.26	9.20	6.12	98.89	58.71
汽车制造	3720	4506.99	976.16	78.93	1259.28	754.29
摩托车制造	3730	1084.76	157.50	3.39	241.14	218.54
自行车制造	3740	340.57	25.53	0.95	170.07	30.58
船舶及浮动装置制造	3750	1536.67	66.78	8.18	585.12	462.26
航空航天器制造	3760	23.90	0.82	0.74	39.72	37.36
交通器材及其他交通运输设备制造	3790	84.97	1.88	9.59	15.04	4.39
电气机械及器材制造业	3900	10722.18	957.47	175.60	5191.51	1797.27
电机制造	3910	1125.02	159.87	20.73	701.98	145.89
输配电及控制设备制造	3920	2588.79	141.55	45.10	824.09	244.35
电线、电缆、光缆及电工器材制造	3930	3547.54	389.42	34.64	895.09	244.83
电池制造	3940	870.16	67.04	22.43	1031.10	418.64
家用电力器具制造	3950	1289.18	73.70	33.81	1035.12	518.71
非电力家用器具制造	3960	369.96	31.21	1.92	70.59	46.06
照明器具制造	3970	766.20	77.17	8.51	502.21	160.56
其他电气机械及器材制造	3990	165.34	17.51	8.45	131.34	18.22

单位：亿元

与港、澳、台商合作经营	港、澳、台商独资	港、澳、台商投资股份有限公司	外商投资企业	中外合资经营	中外合作经营	外资企业	外商投资股份有限公司	代码
3.61	80.59	5.95	207.36	98.54	4.88	102.16	1.78	3460
	10.01		21.85	6.32		13.80	1.73	3470
29.02	272.26	8.86	347.48	58.82	23.80	245.58	19.28	3480
3.69	133.41	4.83	278.71	112.90	5.29	156.20	4.32	3490
37.64	1021.08	97.76	6109.68	2716.24	175.71	2870.93	346.81	3500
5.16	15.82	9.58	666.82	438.86	4.67	137.79	85.49	3510
3.10	116.43	1.63	404.57	132.12	3.94	249.87	18.65	3520
0.38	58.79	1.35	1100.63	547.93	113.26	266.29	173.15	3530
3.66	153.52	25.25	1278.16	498.01	6.58	760.54	13.04	3540
11.07	71.83	12.30	474.84	118.89	5.37	347.21	3.37	3550
	12.22	8.17	43.70	6.72	0.44	33.50	3.04	3560
4.90	211.47	17.27	1144.21	536.10	18.71	580.99	8.42	3570
3.81	194.11	19.23	478.25	171.43	3.73	273.84	29.25	3580
5.56	186.87	2.98	518.49	266.17	19.01	220.90	12.40	3590
44.98	1123.19	83.79	4068.19	1519.54	38.32	2437.68	72.65	3600
5.60	370.49	0.56	1686.60	886.77	8.52	773.42	17.89	3610
7.54	390.97	4.77	626.55	162.01	13.04	446.04	5.47	3620
1.72	6.34		70.42	24.37	2.02	43.90	0.13	3630
1.37	38.11	6.07	148.53	39.49	2.55	102.70	3.79	3640
1.94	94.99	63.54	226.98	33.39	3.00	185.29	5.30	3650
2.03	32.36		286.88	147.37		128.40	11.10	3670
0.96	59.34	0.08	377.45	100.07	2.64	247.08	27.67	3680
0.89	57.65	8.37	410.86	105.15	6.19	298.23	1.29	3690
28.67	694.83	119.64	21979.20	17013.91	87.78	4104.10	773.41	3700
	40.19		233.44	196.82	4.46	32.16		3710
26.08	444.22	34.69	19465.58	15256.45	36.22	3431.19	741.72	3720
0.81	21.40	0.39	383.79	322.67	9.28	40.30	11.54	3730
0.95	121.64	16.90	228.66	76.94	1.85	138.71	11.16	3740
0.83	54.42	67.60	1490.18	1026.67	34.82	423.01	5.68	3750
	2.31	0.05	128.87	101.27	1.14	23.14	3.31	3760
	10.65		48.68	33.10		15.59		3790
68.34	2924.48	401.43	8509.28	3769.58	197.77	4384.66	157.26	3900
4.86	309.16	242.07	1054.07	434.29	48.27	565.63	5.89	3910
9.83	543.41	26.49	1739.61	795.33	20.05	897.19	27.05	3920
35.03	587.22	28.01	1236.83	357.31	20.78	793.69	65.04	3930
1.53	603.02	7.91	1478.61	524.84	18.17	917.67	17.92	3940
9.92	456.36	50.13	2153.60	1326.61	32.60	784.51	9.87	3950
0.58	23.22	0.72	86.97	31.73		32.23	23.01	3960
6.17	312.91	22.57	474.31	133.89	57.90	274.17	8.34	3970
0.41	89.19	23.52	285.29	165.59		119.56	0.14	3990

行业中类	代码	私营有限责任公司	私营股份有限公司	其他	港、澳、台商投资企业	与港、澳、台商合资经营
通信设备、计算机及其他电子设备制造业	4000	3684.01	263.82	96.22	13635.81	2179.74
通信设备制造	4010	568.08	34.29	53.89	1408.24	563.76
雷达及配套设备制造	4020	10.03		2.61	0.10	0.10
广播电视设备制造	4030	132.46	16.98	0.62	135.68	13.33
电子计算机制造	4040	319.81	26.30	4.76	5118.81	221.40
电子器件制造	4050	764.80	50.11	2.61	2184.53	249.82
电子元件制造	4060	1187.75	93.62	10.93	3197.31	488.26
家用视听设备制造	4070	345.16	7.74	17.18	1308.18	591.96
其他电子设备制造	4090	355.94	34.77	3.62	282.97	51.11
仪器仪表及文化、办公用机械制造业	4100	1214.64	124.87	14.44	993.32	210.41
通用仪器仪表制造	4110	757.22	108.45	7.27	267.30	108.09
专用仪器仪表制造	4120	222.44	4.67	3.93	57.52	32.13
钟表与计时仪器制造	4130	36.63	0.39	0.36	97.86	12.69
光学仪器及眼镜制造	4140	88.94	7.94	0.44	118.30	29.89
文化、办公用机械制造	4150	88.09	1.08	1.59	450.00	26.99
其他仪器仪表的制造及修理	4190	21.32	2.34	0.85	2.34	0.62
工艺品及其他制造业	4200	1981.86	102.90	34.76	1122.66	233.55
工艺美术品制造	4210	1456.00	53.98	24.64	831.80	181.22
日用杂品制造	4220	334.72	32.75	3.45	185.71	41.94
煤制品制造	4230	42.10	2.02	3.91		
其他未列明的制造业	4290	148.57	14.15	2.76	105.10	10.34
废弃资源和废旧材料回收加工业	4300	786.92	15.47	26.39	263.15	155.09
金属废料和碎屑的加工处理	4310	684.69	11.72	25.19	249.81	147.40
非金属废料和碎屑的加工处理	4320	102.22	3.75	1.20	13.35	7.69
电力、燃气及水的生产和供应业	D	**654.95**	**56.79**	**66.56**	**1633.00**	**914.33**
电力、热力的生产和供应业	4400	446.22	41.10	54.86	1314.82	685.82
电力生产	4410	266.95	31.55	48.83	1247.47	646.60
电力供应	4420	27.61	3.55	4.02	9.23	2.81
热力生产和供应	4430	151.65	6.00	2.00	58.11	36.41
燃气生产和供应业	4500	143.61	6.76	8.92	256.18	188.97
水的生产和供应业	4600	65.12	8.94	2.78	62.00	39.54
自来水的生产和供应	4610	35.10	3.45	1.73	46.22	27.71
污水处理及其再生利用	4620	27.91	3.29	1.06	15.78	11.83
其他水的处理、利用与分配	4690	2.11	2.19			
建筑业	E	**20630.75**	**1400.35**	**519.48**	**484.80**	**321.69**
房屋和土木工程建筑业	4700	16839.90	1196.32	490.05	204.87	131.16
房屋工程建筑	4710	13430.25	923.28	135.21	138.64	115.83
土木工程建筑	4720	3409.65	273.04	354.84	66.23	15.33

单位：亿元

与港、澳、台商合作经营	港、澳、台商独资	港、澳、台商投资股份有限公司	外商投资企业	中外合资经营	中外合作经营	外资企业	外商投资股份有限公司	代码
75.05	11126.35	254.67	29648.70	6082.00	98.48	22516.73	951.48	4000
7.81	828.95	7.72	5141.72	3247.97	0.69	1881.23	11.83	4010
			1.84	1.84				4020
0.09	115.55	6.71	110.72	43.28		61.32	6.11	4030
10.04	4821.29	66.08	12224.65	409.06	18.60	11787.01	9.98	4040
9.24	1894.87	30.58	4841.92	969.54	6.91	3155.75	709.71	4050
24.39	2544.13	140.54	4984.42	732.41	64.50	4014.29	173.22	4060
12.88	702.49	0.84	1695.72	634.85	5.77	1041.89	13.21	4070
10.60	219.06	2.20	647.71	43.03	2.01	575.25	27.41	4090
14.77	751.57	16.57	2177.26	595.38	43.05	1512.92	25.90	4100
8.96	143.18	7.07	565.61	252.29	27.91	274.53	10.88	4110
0.13	24.50	0.76	291.11	117.35	9.34	162.96	1.47	4120
3.41	81.48	0.29	29.97	7.66	1.02	21.28		4130
0.76	83.68	3.97	315.20	34.35	4.67	271.07	5.12	4140
1.23	417.29	4.48	951.00	179.71	0.11	762.75	8.44	4150
0.29	1.44		24.36	4.03		20.33		4190
65.87	814.98	8.26	739.40	219.09	11.29	492.83	16.19	4200
57.09	588.31	5.18	488.97	164.85	6.16	306.09	11.87	4210
2.09	138.94	2.74	158.26	39.20	1.92	114.48	2.65	4220
			0.39	0.26		0.06	0.07	4230
6.69	87.73	0.34	91.61	14.78	3.21	72.03	1.59	4290
0.12	107.95		194.25	77.97	6.79	108.43	1.06	4300
0.05	102.36		175.10	72.73	4.63	97.14	0.60	4310
0.07	5.59		19.15	5.24	2.16	11.29	0.45	4320
252.84	**325.19**	**140.63**	**2360.13**	**1119.16**	**327.75**	**430.43**	**482.78**	D
208.94	282.92	137.14	1551.47	666.33	236.34	186.87	461.93	4400
200.39	263.44	137.05	1449.39	580.19	231.19	181.21	456.79	4410
6.42			24.73	20.11	1.60		3.02	4420
2.13	19.48	0.09	77.36	66.04	3.55	5.66	2.12	4430
29.23	35.76	2.22	662.48	374.43	39.48	227.89	20.68	4500
14.66	6.52	1.27	146.17	78.41	51.93	15.67	0.17	4600
13.57	4.05	0.88	76.34	56.97	11.50	7.82	0.06	4610
1.10	2.47	0.39	13.79	3.89	2.00	7.80	0.11	4620
			56.04	17.55	38.43	0.06		4690
53.82	**94.16**	**15.13**	**515.56**	**257.02**	**38.19**	**208.88**	**11.47**	E
44.98	28.73		306.85	136.21	10.99	158.80	0.84	4700
1.31	21.50		245.78	81.50	10.92	153.35		4710
43.67	7.23		61.07	54.71	0.07	5.45	0.84	4720

行业中类	代码				港、澳、台商投资企业	
		私营有限责任公司	私营股份有限公司	其他		与港、澳、台商合资经营
建筑安装业	4800	1790.37	107.48	19.05	94.55	52.14
建筑装饰业	4900	1414.80	44.06	2.82	164.65	124.51
其他建筑业	5000	585.68	52.50	7.56	20.74	13.89
工程准备	5010	210.30	8.17	1.23	5.49	2.27
提供施工设备服务	5020	59.74	4.94	0.99	4.46	4.11
其他未列明的建筑活动	5090	315.63	39.39	5.34	10.79	7.51
批发和零售业	H	**71227.63**	**3673.19**	**2287.41**	**10447.97**	**2009.44**
批发业	6300	57037.51	2541.94	1536.10	5912.75	1156.11
农畜产品批发	6310	864.59	36.60	49.35	20.06	1.14
食品、饮料及烟草制品批发	6320	2094.84	198.85	168.83	386.04	48.08
纺织、服装及日用品批发	6330	5280.06	130.59	237.26	885.30	179.67
文化、体育用品及器材批发	6340	751.24	31.64	9.47	299.86	5.77
医药及医疗器材批发	6350	1840.58	117.20	45.21	165.55	33.54
矿产品、建材及化工产品批发	6360	34517.11	1528.04	708.32	1148.89	364.93
机械设备、五金交电及电子产品批发	6370	8662.24	354.48	216.76	2042.25	418.31
贸易经纪与代理	6380	777.64	23.68	40.21	128.20	38.13
其他批发	6390	2249.20	120.86	60.71	836.61	66.55
零售业	6500	14190.12	1131.25	751.31	4535.22	853.34
综合零售	6510	1961.09	204.69	210.26	1619.74	556.51
食品、饮料及烟草制品专门零售	6520	359.64	14.76	50.61	1811.31	1.41
纺织、服装及日用品专门零售	6530	693.51	26.05	66.41	286.59	33.82
文化、体育用品及器材专门零售	6540	273.02	28.74	14.98	23.68	3.02
医药及医疗器材专门零售	6550	497.71	81.96	34.09	7.23	5.89
汽车、摩托车、燃料及零配件专门零售	6560	7804.44	457.16	237.64	713.99	233.50
家用电器及电子产品专门零售	6570	1636.50	246.85	55.59	27.86	2.69
五金、家具及室内装修材料专门零售	6580	524.49	33.12	51.76	22.18	1.26
无店铺及其他零售	6590	439.70	37.91	29.98	22.64	15.24
住宿和餐饮业	I	**1826.75**	**166.90**	**189.45**	**606.53**	**284.21**
住宿业	6600	657.68	51.37	58.03	339.71	197.17
旅游饭店	6610	487.90	40.22	30.40	322.30	190.91
一般旅馆	6620	154.85	9.65	24.43	14.73	4.96
其他住宿服务	6690	14.93	1.50	3.20	2.67	1.29
餐饮业	6700	1169.07	115.54	131.42	266.82	87.05
正餐服务	6710	1081.50	93.54	117.66	149.42	50.43
快餐服务	6720	35.37	1.21	9.06	89.37	34.16
饮料及冷饮服务	6730	7.19	0.28	1.71	14.41	0.36
其他餐饮服务	6790	45.01	20.50	2.98	13.62	2.10

单位：亿元

与港、澳、台商合作经营	港、澳、台商独资	港、澳、台商投资股份有限公司	外商投资企业	中外合资经营	中外合作经营	外资企业	外商投资股份有限公司	代码
3.54	32.73	6.14	98.56	45.10	7.82	38.96	6.69	4800
2.56	28.64	8.94	91.71	61.22	18.71	7.85	3.93	4900
2.74	4.06	0.05	18.44	14.48	0.68	3.28		5000
2.14	1.08		0.53	0.26	0.28			5010
0.35			0.38	0.28	0.10			5020
0.25	2.99	0.05	17.52	13.95	0.30	3.28		5090
252.59	**7905.52**	**280.42**	**24610.10**	**6663.03**	**1528.56**	**16110.36**	**308.16**	**H**
101.04	4432.64	222.97	20428.24	4852.32	920.31	14499.16	156.45	6300
	18.92		93.26	9.81	2.07	81.38		6310
21.28	316.18	0.51	972.36	213.46	97.90	651.86	9.13	6320
48.21	654.25	3.17	1059.59	101.47	2.62	944.82	10.69	6330
1.54	212.58	79.97	329.95	83.38	1.40	239.69	5.48	6340
3.18	126.90	1.93	517.70	147.92	3.71	364.21	1.86	6350
4.64	731.11	48.21	3893.20	1277.87	678.85	1860.95	75.53	6360
22.20	1513.94	87.80	12141.58	2914.22	127.68	9071.73	27.95	6370
	89.65	0.42	464.36	37.73		404.56	22.07	6380
	769.11	0.95	956.25	66.46	6.09	879.97	3.72	6390
151.56	3472.88	57.45	4181.86	1810.71	608.25	1611.19	151.71	6500
122.75	921.10	19.38	2203.77	1029.98	272.47	813.32	88.00	6510
0.19	1809.61	0.10	276.72	10.84	243.05	22.83		6520
6.05	228.39	18.33	274.58	34.99	41.74	197.57	0.28	6530
	20.66		37.60	0.64	0.52	35.89	0.55	6540
	0.98	0.36	6.13	4.34		1.61	0.18	6550
21.03	446.99	12.48	890.75	647.45	41.51	160.29	41.49	6560
	20.35	4.82	226.96	10.84		207.60	8.52	6570
0.90	18.03	1.98	106.61	24.30	7.85	68.89	5.57	6580
0.64	6.75		158.73	47.33	1.11	103.19	7.10	6590
63.87	**242.50**	**15.95**	**782.61**	**245.71**	**59.84**	**453.04**	**24.02**	**I**
49.25	87.68	5.61	239.67	116.62	39.46	76.67	6.92	6600
45.83	80.88	4.68	220.55	111.75	37.60	65.11	6.08	6610
3.13	5.71	0.93	16.39	3.28	1.52	10.92	0.66	6620
0.29	1.09		2.74	1.59	0.34	0.63	0.18	6690
14.61	154.82	10.34	542.93	129.09	20.38	376.37	17.10	6700
11.48	80.97	6.54	144.66	22.37	12.81	99.18	10.30	6710
1.43	53.72	0.06	376.02	103.73	5.62	259.91	6.77	6720
0.23	10.24	3.59	12.01	0.43		11.58		6730
1.47	9.89	0.16	10.23	2.56	1.94	5.70	0.02	6790

3-10 限额以上企业按行业(中类)

(2010年)

行业中类	代码	资产总额	内资企业	国有企业	集体企业	股份合作企业
总计		**1858518.19**	**1678852.35**	**121987.30**	**10383.28**	**1004128.72**
采矿业	B	**56669.47**	**55000.00**	**12492.89**	**889.72**	**551.67**
煤炭开采和洗选业	0600	29316.02	28933.88	6901.44	488.09	476.92
烟煤和无烟煤的开采洗选	0610	27870.62	27540.23	6645.80	476.75	444.98
褐煤的开采洗选	0620	1334.67	1283.13	236.21	9.99	2.85
其他煤炭采选	0690	110.73	110.52	19.43	1.35	29.10
石油和天然气开采业	0700	15997.11	15383.82	4374.51	37.37	6.27
天然原油和天然气开采	0710	13144.92	12567.61	2997.71	1.26	0.19
与石油和天然气开采有关的服务活动	790	2852.19	2816.21	1376.80	36.11	6.08
黑色金属矿采选业	0800	6167.03	6001.15	653.60	97.82	40.18
铁矿采选	0810	5967.93	5815.16	638.03	92.17	28.38
其他黑色金属矿采选	0890	199.10	185.99	15.57	5.64	11.80
有色金属矿采选业	0900	3253.67	2868.56	359.44	172.89	15.79
常用有色金属矿采选	0910	1797.67	1504.43	173.50	18.08	10.09
贵金属矿采选	0920	933.64	864.51	94.15	152.77	1.91
稀有稀土金属矿采选	0930	522.36	499.62	91.80	2.05	3.79
非金属矿采选业	1000	1897.39	1774.52	202.90	93.34	12.39
土砂石开采	1010	898.39	853.48	57.79	53.57	6.09
化学矿采选	1020	327.51	316.66	39.95	17.80	1.31
采盐	1030	475.71	429.00	89.04	14.40	0.81
石棉及其他非金属矿采选	1090	195.78	175.39	16.13	7.58	4.17
其他采矿业	1100	38.25	38.07	1.00	0.22	0.12
制造业	C	**1471407.44**	**1331610.23**	**31104.60**	**5000.11**	**1002411.88**
农副食品加工业	1300	16914.54	12306.47	329.64	134.52	138.87
谷物磨制	1310	2970.32	2794.53	78.83	9.74	34.47
饲料加工	1320	1965.69	1504.30	14.34	8.15	8.36
植物油加工	1330	3203.23	1682.99	53.49	13.37	20.02
制糖	1340	934.15	769.93	43.00	0.18	6.66
屠宰及肉类加工	1350	3126.12	2294.08	84.35	13.38	23.49
水产品加工	1360	1674.59	1022.80	32.59	43.29	28.96
蔬菜、水果和坚果加工	1370	1302.93	946.83	7.26	6.17	7.63
其他农副食品加工	1390	1737.51	1291.00	15.77	40.24	9.28
食品制造业	1400	7423.99	4673.69	129.59	94.66	27.72
焙烤食品制造	1410	739.48	397.24	5.11	4.30	4.84
糖果、巧克力及蜜饯制造	1420	569.86	280.98	0.12	1.58	0.49
方便食品制造	1430	1112.34	669.91	9.05	24.60	0.78
液体乳及乳制品制造	1440	1247.88	733.15	26.67	4.60	7.69
罐头制造	1450	638.08	477.18	14.48	6.37	2.35
调味品、发酵制品制造	1460	1153.52	809.69	51.44	4.88	7.14
其他食品制造	1490	1962.83	1305.53	22.72	48.32	4.44

登记注册类型分组的资产总额

单位：亿元

国有联营企业	集体联营企业	国有与集体联营	其他联营	国有独资公司	其他有限责任公司	股份有限公司	私营独资	私营合伙	代码
1265.75	**218.68**	**339.24**	**305.36**	**49290.76**	**193311.59**	**89183.73**	**28571.96**	**3570.40**	
92.24	**24.30**	**42.16**	**13.41**	**10081.69**	**12938.58**	**10198.65**	**2335.54**	**684.06**	B
79.55	17.63	35.03	9.64	7026.91	7809.96	2745.26	1061.22	466.05	0600
77.16	17.63	35.03	9.64	6794.60	7368.66	2537.01	1017.97	443.00	0610
				232.31	426.60	189.90	39.95	17.43	0620
2.39					14.70	18.35	3.30	5.62	0690
		1.59		566.63	2952.90	6864.80	507.09	2.07	0700
				37.69	2658.17	6831.83	4.71	0.81	0710
		1.59		528.93	294.73	32.97	502.38	1.27	790
2.32	0.94	3.79	1.16	2061.88	896.67	145.82	399.92	83.69	0800
0.97	0.94	3.79	1.10	2061.88	857.38	136.36	389.87	81.08	0810
1.35			0.06		39.29	9.46	10.05	2.61	0890
9.82	2.94	1.65	0.37	287.38	888.57	303.44	106.59	56.81	0900
2.75	2.94			34.03	523.71	237.89	60.37	41.35	0910
6.07		1.26	0.10	227.23	175.76	58.11	33.20	4.50	0920
1.00		0.39	0.27	26.12	189.10	7.45	13.03	10.97	0930
0.55	2.70	0.12	2.24	138.20	387.46	137.04	244.74	74.46	1000
0.25	1.34		1.82	5.91	145.93	33.85	192.09	56.76	1010
	0.12			5.16	149.79	15.46	18.12	4.26	1020
0.30				126.63	63.46	80.34	8.88		1030
	1.24	0.12	0.42	0.50	28.28	7.40	25.65	13.45	1090
	0.08			0.70	3.02	2.29	15.97	0.97	1100
648.53	**97.36**	**154.38**	**97.47**	**19486.61**	**98193.94**	**51606.00**	**22469.60**	**2002.65**	C
12.37	1.93	3.45	9.03	49.81	3723.14	1319.86	1192.10	123.71	1300
1.21	0.24	1.46	6.74	5.70	558.97	254.45	413.31	30.24	1310
0.13	0.09	0.18	1.36	0.31	442.77	199.17	130.44	17.96	1320
	0.08	0.10	0.66	9.35	734.69	116.16	112.08	16.24	1330
10.84				18.93	352.59	152.33	10.36	0.70	1340
0.10	1.10	1.39	0.13	10.08	753.28	282.33	200.84	22.46	1350
	0.06				229.77	98.82	80.15	8.66	1360
		0.28	0.07	1.47	169.92	102.30	120.68	12.99	1370
0.09	0.37	0.05	0.07	3.98	481.14	114.28	124.24	14.47	1390
0.17	0.64	0.96	0.06	12.65	1397.11	835.26	326.02	44.45	1400
					104.73	10.64	52.37	6.91	1410
		0.55		0.10	42.99	44.08	34.04	5.63	1420
0.02	0.54	0.08		4.16	220.27	50.27	50.90	12.87	1430
0.16		0.05		2.60	259.00	225.30	29.08	1.74	1440
					162.17	62.09	36.75	4.39	1450
				2.34	254.18	178.80	59.25	6.35	1460
	0.10	0.28	0.06	3.45	353.76	264.08	63.63	6.57	1490

行业中类	代码	资产总额	内资企业	国有企业	集体企业	股份合作企业
饮料制造业	1500	7901.45	5262.30	620.61	32.16	23.88
酒精制造	1510	444.66	386.39	7.78	0.21	
酒的制造	1520	4585.87	3602.47	597.72	21.56	15.68
软饮料制造	1530	2457.65	898.86	8.57	4.47	5.76
精制茶加工	1540	413.27	374.58	6.55	5.93	2.45
烟草制品业	1600	5769.12	5756.69	3747.84	15.35	1.00
烟叶复烤	1610	174.39	168.17	81.49	0.80	1.00
卷烟制造	1620	5530.65	5525.71	3652.27	5.35	
其他烟草制品加工	1690	64.08	62.81	14.08	9.20	
纺织业	1700	20224.92	14967.22	269.76	230.01	82.28
棉、化纤纺织及印染精加工	1710	10911.94	8671.93	166.76	79.12	36.20
毛纺织和染整精加工	1720	1318.79	925.57	8.16	27.16	18.31
麻纺织	1730	219.67	165.79	1.72	0.89	0.93
丝绢纺织及精加工	1740	1390.78	1089.33	18.17	8.63	3.23
纺织制成品制造	1750	2842.89	1923.26	26.15	77.77	9.95
针织品、编织品及其制品制造	1760	3540.84	2191.36	48.81	36.45	13.65
纺织服装、鞋、帽制造业	1800	7624.71	4448.51	113.67	65.50	60.78
纺织服装制造	1810	7297.03	4265.51	109.72	63.24	58.96
纺织面料鞋的制造	1820	226.48	128.54	3.94	2.06	1.17
制帽	1830	101.20	54.46		0.20	0.65
皮革、毛皮、羽毛(绒)及其制品业	1900	4031.82	1984.88	31.56	42.12	14.44
皮革鞣制加工	1910	587.24	330.02	0.71	16.74	1.88
皮革制品制造	1920	2898.30	1320.51	26.96	21.23	9.52
毛皮鞣制及制品加工	1930	212.66	143.88	3.50	2.35	0.51
羽毛(绒)加工及制品制造	1940	333.63	190.46	0.38	1.79	2.52
木材加工及木、竹、藤、棕、草制品业	2000	3682.98	3007.77	61.12	24.74	9.72
锯材、木片加工	2010	443.30	375.67	15.73	2.86	2.07
人造板制造	2020	2186.24	1862.89	36.70	8.69	5.28
木制品制造	2030	811.08	589.00	2.37	10.71	1.23
竹、藤、棕、草制品制造	2040	242.36	180.20	6.31	2.48	1.13
家具制造业	2100	2791.18	1626.77	3.10	6.33	10.59
木质家具制造	2110	1631.76	1050.91	1.50	4.69	7.31
竹、藤家具制造	2120	50.58	19.96	0.52	0.02	0.12
金属家具制造	2130	632.59	329.11	1.08	1.23	1.31
塑料家具制造	2140	44.11	27.95		0.18	
其他家具制造	2190	432.15	198.85		0.21	1.85

单位：亿元

国有联营企业	集体联营企业	国有与集体联营	其他联营	国有独资公司	其他有限责任公司	股份有限公司	私营独资	私营合伙	代码
3.56	0.51	0.31	0.17	686.45	1454.91	805.72	307.49	22.36	1500
				70.40	114.45	24.92	27.08		1510
1.85	0.51		0.10	614.71	981.22	562.78	149.22	12.13	1520
1.70		0.19	0.07	1.18	268.69	192.51	87.13	3.38	1530
		0.12		0.16	90.55	25.52	44.06	6.85	1540
	0.70			1519.77	438.32	24.38	0.07		1600
				11.98	66.94	5.94			1610
	0.70			1507.79	349.16	10.34	0.02		1620
					22.22	8.10	0.06		1690
16.67	7.09	5.59	4.00	254.30	3690.81	1154.52	1374.22	153.09	1700
16.57	4.96		3.20	224.44	2491.87	618.86	730.57	88.25	1710
	0.15	0.04		1.81	241.60	85.03	53.96	6.66	1720
0.10	0.55			2.92	45.58	16.84	12.29	1.23	1730
			0.07	20.59	158.48	55.10	150.89	16.55	1740
	1.42	4.43	0.15	1.43	386.53	265.41	212.28	19.41	1750
	0.01	1.12	0.58	3.11	366.76	113.28	214.23	20.99	1760
	2.53	0.09	1.26	21.74	835.75	388.86	452.85	42.73	1800
	2.52	0.09	0.97	21.62	814.29	383.00	409.27	38.46	1810
	0.01		0.28		16.34	1.20	31.92	3.27	1820
				0.11	5.12	4.66	11.67	1.00	1830
	4.86	0.15	0.49	0.23	352.48	94.92	244.29	29.93	1900
	4.82				55.01	26.34	65.94	10.84	1910
	0.04	0.15	0.09	0.23	256.79	38.93	126.58	10.69	1920
					13.81	9.44	29.32	6.04	1930
			0.40		26.87	20.21	22.44	2.35	1940
	0.51	0.41	0.20	3.06	688.39	163.50	505.01	67.13	2000
				0.16	63.08	16.81	107.15	10.33	2010
	0.13	0.41	0.14	0.59	503.95	126.81	289.88	35.13	2020
	0.38		0.04	2.14	102.01	19.11	81.10	14.41	2030
			0.02	0.17	19.36	0.77	26.88	7.26	2040
	0.01	0.39	0.32	0.95	284.76	45.91	190.50	23.16	2100
		0.28		0.95	181.20	23.65	144.40	15.81	2110
					2.66	0.10	2.53	0.51	2120
	0.01	0.11			55.85	18.91	23.55	2.56	2130
			0.32		8.61	1.34	5.87	0.11	2140
					36.43	1.92	14.15	4.18	2190

行业中类	代码	资产总额	内资企业	国有企业	集体企业	股份合作企业
造纸及纸制品业	2200	16282.87	12046.97	408.82	125.73	52.12
纸浆制造	2210	743.61	337.80	56.52	2.40	0.08
造纸	2220	6087.89	3368.56	341.67	77.76	17.79
纸制品制造	2230	9451.37	8340.61	10.62	45.57	34.26
印刷业和记录媒介的复制	2300	3474.60	2487.11	327.72	50.67	31.44
印刷	2310	3224.16	2340.98	306.93	48.55	30.98
装订及其他印刷服务活动	2320	133.03	79.26	7.21	2.12	0.45
记录媒介的复制	2330	117.41	66.86	13.58		
文教体育用品制造业	2400	2004.90	892.14	14.00	22.58	4.16
文化用品制造	2410	414.04	250.50	1.29	4.38	0.68
体育用品制造	2420	606.06	258.68	6.92	3.89	1.23
乐器制造	2430	164.66	75.12	4.89	1.97	0.26
玩具制造	2440	730.45	259.23	0.89	11.57	1.94
游艺器材及娱乐用品制造	2450	89.70	48.61		0.77	0.04
石油加工及炼焦	2500	23489.68	20983.18	2172.54	40.66	138.15
精炼石油产品的制造	2510	9957.42	8419.81	1682.97	28.33	18.78
炼焦	2520	13436.72	12467.83	423.76	12.33	119.37
化学原料及化学制品制造业	2600	38325.76	27583.92	2624.59	299.08	268.37
基础化学原料制造	2610	11300.74	8329.65	1036.30	96.20	38.69
肥料制造	2620	6388.89	6069.46	777.94	24.20	130.83
农药制造	2630	1323.81	1137.53	62.38	5.37	7.93
涂料、油墨、颜料及类似产品制造	2640	2836.73	1675.97	59.56	32.60	19.44
合成材料制造	2650	6084.45	3965.11	198.26	33.70	9.04
专用化学产品制造	2660	8493.16	5498.49	458.48	101.71	51.73
日用化学产品制造	2670	1897.98	907.70	31.68	5.29	10.72
医药制造业	2700	11177.78	8211.90	456.69	57.77	49.09
化学药品原药制造	2710	2545.69	1827.43	49.49	9.65	6.28
化学药品制剂制造	2720	3440.46	2301.71	226.27	28.34	7.94
中药饮片加工	2730	493.43	420.97	4.74	3.26	3.60
中成药制造	2740	2560.99	2132.16	84.27	10.58	22.31
兽用药品制造	2750	327.21	278.35	12.21	3.82	2.51
生物、生化制品的制造	2760	1345.60	906.11	77.38	0.26	4.28
卫生材料及医药用品制造	2770	464.40	345.16	2.33	1.85	2.17
化学纤维制造业	2800	4469.56	2950.51	179.41	11.95	15.04
纤维素纤维原料及纤维制造	2810	875.76	682.53	75.66	1.85	0.34
合成纤维制造	2820	3593.80	2267.98	103.75	10.10	14.70
橡胶制品业	2900	4349.35	2622.47	87.36	51.14	30.87
轮胎制造	2910	2527.76	1385.53	39.94	12.19	4.36
橡胶板、管、带的制造	2920	490.67	391.57	21.18	13.32	13.05
橡胶零件制造	2930	454.62	305.79	7.76	6.81	5.04

单位：亿元

国有联营企业	集体联营企业	国有与集体联营	其他联营	国有独资公司	其他有限责任公司	股份有限公司	私营独资	私营合伙	代码
0.13	1.00	0.59	4.23	146.90	1438.77	776.43	7021.90	57.64	2200
					158.99	82.33	4.90	0.40	2210
0.13	0.68	0.49	3.60	145.26	938.32	629.61	135.59	29.28	2220
	0.31	0.10	0.63	1.65	341.46	64.48	6881.41	27.95	2230
1.01	5.39	2.00	0.80	76.76	586.37	141.96	191.33	15.99	2300
1.01	5.36	1.08	0.80	53.67	544.61	134.91	182.84	14.91	2310
	0.03	0.47		22.14	10.76	0.63	8.48	1.08	2320
		0.45		0.94	30.99	6.42			2330
	0.43	1.29	1.90	0.52	108.96	74.78	100.59	11.71	2400
			0.03		27.23	14.47	16.91	3.77	2410
		1.29	0.75		29.34	16.13	21.42	3.30	2420
				0.52	13.09	17.12	6.83	0.27	2430
	0.43		1.12		33.30	27.06	53.15	4.25	2440
					6.01		2.27	0.13	2450
0.68	1.09	55.25	19.05	1236.77	10250.41	4582.92	262.90	53.62	2500
0.57	0.32	55.25	0.05	1078.98	901.21	3859.79	100.51	11.24	2510
0.11	0.76		19.00	128.31	9348.95	723.13	162.39	42.38	2520
15.45	5.57	6.80	2.34	1449.42	8939.80	5450.95	1076.52	151.70	2600
0.10	1.31	1.31	1.46	515.35	3116.74	1519.08	232.37	41.55	2610
10.03	0.03	3.63	0.66	266.84	2137.79	1500.89	140.92	25.84	2620
	0.11			17.20	399.34	287.71	54.49	3.26	2630
0.42	1.34			18.25	392.57	244.67	96.15	9.98	2640
		0.13	0.07	389.69	1053.93	989.23	87.67	11.59	2650
4.90	2.78	1.49	0.07	239.16	1538.88	729.11	407.55	55.41	2660
		0.25	0.09	2.93	300.55	180.25	57.36	4.06	2670
8.66	5.78	1.18	1.42	202.43	2747.19	2558.01	215.15	29.67	2700
4.77	5.58	0.32	0.23	154.45	676.33	470.33	46.23	9.45	2710
0.55		0.59	0.83	15.06	914.58	602.99	57.00	2.33	2720
	0.17	0.18	0.36	0.64	129.46	81.06	31.51	3.79	2730
	0.03	0.08		14.25	548.63	998.49	28.71	4.73	2740
				2.77	87.01	27.55	13.41	5.82	2750
3.35				15.27	251.04	326.17	24.00	2.20	2760
					140.15	51.42	14.30	1.36	2770
	0.50	0.10		126.69	505.38	852.69	48.01	12.68	2800
				126.69	181.86	132.83	7.72	3.66	2810
	0.50	0.10			323.51	719.86	40.29	9.02	2820
	3.91	0.05	0.10	153.87	557.00	410.68	200.47	20.44	2900
	3.36			131.98	345.28	264.84	81.09	2.66	2910
			0.04	3.73	73.52	27.57	36.86	4.11	2920
	0.56		0.06	3.71	43.71	76.34	24.53	4.73	2930

行业中类	代码	资产总额	内资企业			
				国有企业	集体企业	股份合作企业
再生橡胶制造	2940	62.72	59.00	0.15	3.09	1.34
日用及医用橡胶制品制造	2950	167.39	92.69	3.73	2.61	0.05
橡胶靴鞋制造	2960	281.05	160.05	9.10	3.82	4.98
其他橡胶制品制造	2990	365.12	227.85	5.52	9.30	2.06
塑料制品业	3000	9700.32	5903.00	61.73	97.93	54.88
塑料薄膜制造	3010	1375.46	825.09	5.10	6.07	6.54
塑料板、管、型材的制造	3020	2371.15	1559.75	32.54	17.39	10.56
塑料丝、绳及编织品的制造	3030	745.96	643.07	10.80	23.25	5.79
泡沫塑料制造	3040	364.07	240.70	0.92	7.53	1.92
塑料人造革、合成革制造	3050	516.20	355.36		0.11	1.77
塑料包装箱及容器制造	3060	999.05	598.03	4.98	5.48	4.59
塑料零件制造	3070	1009.90	497.98	2.03	14.07	11.65
日用塑料制造	3080	941.21	483.60	2.43	5.12	4.01
其他塑料制品制造	3090	1377.32	699.42	2.92	18.90	8.06
非金属矿物制品业	3100	26107.75	21073.69	1051.40	356.33	278.86
水泥、石灰和石膏的制造	3110	9164.22	7767.74	540.58	122.21	144.84
水泥及石膏制品制造	3120	3973.34	3397.39	132.59	46.51	29.53
砖瓦、石材及其他建筑材料制造	3130	3847.64	3123.82	56.68	66.50	45.28
玻璃及玻璃制品制造	3140	4685.12	3042.48	65.30	28.96	14.45
陶瓷制品制造	3150	1102.42	823.96	56.55	15.34	7.23
耐火材料制品制造	3160	1444.17	1276.35	66.86	53.68	10.49
石墨及其他非金属矿物制品制造	3190	1890.85	1641.96	132.83	23.13	27.05
黑色金属冶炼及压延加工业	3200	1043027.17	1038339.80	5855.82	637.09	1000147.65
炼铁	3210	2227.56	2060.95	69.85	6.52	2.57
炼钢	3220	1006379.64	1005812.35	849.93	29.07	1000000.27
钢压延加工	3230	32639.67	28943.97	4861.78	571.33	100.33
铁合金冶炼	3240	1780.30	1522.53	74.25	30.16	44.48
有色金属冶炼及压延加工业	3300	19831.74	16602.79	2100.30	630.51	175.68
常用有色金属冶炼	3310	10273.12	9148.26	1674.21	45.52	123.91
贵金属冶炼	3320	804.74	788.60	21.42	5.18	0.85
稀有稀土金属冶炼	3330	990.31	901.47	48.64	5.91	1.70
有色金属合金制造	3340	902.35	660.58	140.96	9.23	8.51
有色金属压延加工	3350	6861.22	5103.88	215.07	564.67	40.70
金属制品业	3400	14219.27	10078.68	434.14	193.47	96.03
结构性金属制品制造	3410	4959.77	4068.26	182.12	56.49	41.21
金属工具制造	3420	1115.60	775.10	13.84	14.73	6.01
集装箱及金属包装容器制造	3430	1482.43	723.49	25.08	23.74	14.00
金属丝绳及其制品的制造	3440	1399.96	988.05	104.54	20.42	4.21
建筑、安全用金属制品制造	3450	1474.75	965.15	11.01	18.50	10.93

单位：亿元

国有联营企业	集体联营企业	国有与集体联营	其他联营	国有独资公司	其他有限责任公司	股份有限公司	私营独资	私营合伙	代码
					5.83	3.27	12.75	1.21	2940
				7.23	27.39	3.38	11.31	0.73	2950
				7.22	21.70	12.65	15.05	1.88	2960
		0.05			39.58	22.65	18.88	5.11	2990
2.54	1.24	3.74	2.48	74.85	1238.17	549.18	574.24	74.64	3000
0.15	0.00			7.89	135.39	140.15	49.21	10.27	3010
	0.19	2.75	0.22	52.46	460.83	154.89	101.82	9.51	3020
	0.11	0.05		1.23	130.82	35.84	129.38	19.32	3030
	0.04	0.08	0.22	11.23	34.46	4.15	35.63	4.40	3040
			0.48		49.06	30.89	4.36	1.30	3050
1.07	0.05	0.14	0.48		110.40	137.85	56.22	5.22	3060
0.92	0.80	0.72	0.35	1.43	107.24	4.98	53.82	6.36	3070
					89.38	4.99	60.10	8.58	3080
0.40	0.05		0.72	0.61	120.59	35.44	83.70	9.69	3090
9.78	9.73	7.69	7.85	316.74	6721.23	2627.16	1679.08	259.23	3100
0.70	2.77	3.40	4.31	172.77	2995.73	1468.41	284.57	57.06	3110
5.40	1.58	1.64	0.48	36.66	1083.50	256.03	246.27	33.62	3120
2.09	3.68	1.23	2.98	7.48	675.40	117.28	490.01	91.30	3130
	0.13	0.88		56.70	886.82	372.90	228.92	24.20	3140
	0.34	0.14	0.07	5.02	238.18	110.24	84.43	17.72	3150
	0.90	0.06		2.81	303.90	99.63	189.15	25.50	3160
1.58	0.33	0.34		35.31	537.71	202.66	155.73	9.84	3190
442.30	0.35	12.04	3.30	3624.13	14192.70	6415.05	641.07	109.38	3200
			0.37	13.47	861.79	468.00	69.90	27.49	3210
			0.07	627.96	3131.59	275.64	103.39	11.99	3220
442.30	0.13	11.75	1.06	2963.32	9779.48	5502.77	392.77	55.84	3230
	0.22	0.29	1.80	19.37	419.84	168.64	75.01	14.05	3240
2.02	4.71	3.77	0.67	1323.50	5305.34	2979.66	447.49	55.31	3300
2.02	1.87	2.43	0.41	1141.75	3108.80	1614.93	157.68	18.25	3310
		0.56		11.00	235.02	352.56	8.93	1.60	3320
	0.42			47.37	260.64	287.73	30.37	6.40	3330
	0.83	0.08		70.28	110.22	74.28	37.73	3.91	3340
	1.59	0.70	0.26	53.10	1590.66	650.17	212.78	25.16	3350
8.88	4.54	6.08	3.22	111.38	2017.18	733.46	1203.47	108.13	3400
7.52	1.34	3.62	1.24	50.56	922.52	216.53	569.17	32.50	3410
1.36	0.32	0.29	0.11	2.87	143.52	55.29	153.49	18.90	3420
		0.25		2.64	161.57	42.85	61.05	2.90	3430
	0.56			3.72	192.20	175.78	68.02	9.31	3440
	0.65		0.04	1.88	149.29	35.29	88.10	12.01	3450

行业中类	代码	资产总额	内资企业			
				国有企业	集体企业	股份合作企业
金属表面处理及热处理加工	3460	1069.33	723.32	28.93	22.97	11.59
搪瓷制品制造	3470	126.81	96.17	1.36	4.08	0.29
不锈钢及类似日用金属制品制造	3480	1268.39	776.51	10.59	6.48	3.21
其他金属制品制造	3490	1322.23	962.63	56.67	26.06	4.57
通用设备制造业	3500	28698.98	20904.90	1477.49	319.31	187.85
锅炉及原动机制造	3510	4067.88	3126.17	438.85	36.27	12.09
金属加工机械制造	3520	3575.22	3009.44	171.78	17.16	15.18
起重运输设备制造	3530	3419.38	2020.89	108.28	15.29	10.61
泵、阀门、压缩机及类似机械的制造	3540	4262.44	2867.31	189.27	43.25	38.84
轴承、齿轮、传动和驱动部件的制造	3550	2533.24	1850.30	78.87	14.62	37.42
烘炉、熔炉及电炉制造	3560	185.77	103.35	4.50	2.32	1.45
风机、衡器、包装设备等通用设备制造	3570	4162.78	2794.56	259.54	47.32	17.28
通用零部件制造及机械修理	3580	2773.10	2057.53	116.92	62.60	19.75
金属铸、锻加工	3590	3719.17	3075.34	109.50	80.48	35.25
专用设备制造业	3600	20233.59	14941.07	1448.89	202.79	99.96
矿山、冶金、建筑专用设备制造	3610	8369.40	6651.33	893.17	62.35	36.20
化工、木材、非金属加工专用设备制造	3620	2823.93	1587.06	75.11	14.07	12.02
食品、饮料、烟草及饲料生产专用设备制造	3630	474.07	400.31	19.24	9.67	3.88
印刷、制药、日化生产专用设备制造	3640	740.05	484.42	35.65	4.67	7.80
纺织、服装和皮革工业专用设备制造	3650	1318.72	883.90	12.37	6.06	15.23
农、林、牧、渔专用机械制造	3670	1001.38	803.54	44.97	73.19	5.92
医疗仪器设备及器械制造	3680	1326.34	877.23	37.71	4.03	6.94
环保、社会公共安全及其他专用设备制造	3690	2203.55	1665.22	135.83	18.92	9.24
交通运输设备制造业	3700	48089.20	30532.88	4791.51	203.91	148.15
铁路运输设备制造	3710	2518.38	2144.60	653.43	32.57	10.60
汽车制造	3720	30119.56	16825.85	2617.60	107.75	106.90
摩托车制造	3730	1726.31	1341.14	40.07	10.07	3.67
自行车制造	3740	633.88	341.24	3.23	3.75	4.55
船舶及浮动装置制造	3750	9707.61	6741.44	786.56	42.87	20.67
航空航天器制造	3760	3162.69	2963.50	662.39	1.11	
交通器材及其他交通运输设备制造	3790	220.78	175.11	28.24	5.78	1.77
电气机械及器材制造业	3900	32231.50	21989.74	929.25	890.15	167.11
电机制造	3910	4724.54	3324.44	183.26	34.34	9.73
输配电及控制设备制造	3920	8239.07	6164.13	466.86	99.80	57.21
电线、电缆、光缆及电工器材制造	3930	6211.48	4674.46	71.96	78.99	60.10
电池制造	3940	3978.19	1657.08	58.68	3.59	21.99
家用电力器具制造	3950	6282.77	4460.83	125.93	665.36	6.54
非电力家用器具制造	3960	600.34	468.22	0.05	1.89	0.96
照明器具制造	3970	1664.62	994.30	18.03	3.34	8.53
其他电气机械及器材制造	3990	530.49	246.29	4.49	2.83	2.06

单位：亿元

国有联营企业	集体联营企业	国有与集体联营	其他联营	国有独资公司	其他有限责任公司	股份有限公司	私营独资	私营合伙	代码
	1.00	1.56	1.29	1.14	125.99	37.18	74.27	13.36	3460
					37.49	4.13	8.85	1.21	3470
	0.05				116.75	26.44	101.94	11.31	3480
	0.62	0.36	0.54	48.57	167.85	139.96	78.57	6.63	3490
3.10	7.70	16.13	2.51	1173.87	5640.00	2185.06	1467.26	181.14	3500
	1.05	1.19	0.16	173.02	1438.14	476.78	81.88	11.96	3510
0.37	0.60	0.31		313.01	611.83	386.41	144.46	17.97	3520
1.75	0.30	6.41	0.05	375.98	531.16	233.36	74.40	10.36	3530
0.11	0.20	0.39	0.06	47.08	772.73	317.32	217.79	29.39	3540
		2.58	0.17	76.30	471.52	220.25	145.80	18.66	3550
			0.08		20.84	7.17	7.93	1.04	3560
	0.98	0.51	0.30	112.40	661.82	282.73	123.24	15.01	3570
0.87	0.21	0.69	0.93	18.55	400.30	68.85	237.46	26.33	3580
	4.36	4.07	0.76	57.53	731.66	192.19	434.29	50.42	3590
11.05	2.85	9.57	1.60	1842.81	3897.41	2544.98	738.34	75.26	3600
10.86	0.64	3.18		960.40	1711.67	1576.69	175.22	24.05	3610
	0.25	1.23	1.12	41.62	349.15	156.40	114.27	23.06	3620
				1.65	120.22	18.63	45.31	2.82	3630
		0.41	0.22	13.08	96.85	67.16	45.24	3.73	3640
	0.38	4.70		13.35	216.98	160.13	134.45	4.60	3650
		0.06		1.19	311.05	56.80	93.98	7.14	3670
			0.26	0.45	448.71	133.73	22.13	1.18	3680
	1.58			91.31	388.96	213.13	74.93	6.91	3690
10.69	10.92	9.46	2.59	3828.87	8689.98	5023.91	573.60	101.10	3700
4.30	0.69	0.15		151.29	631.96	444.63	25.39	2.10	3710
3.75	7.71	6.62	1.95	1761.55	4062.58	4011.69	382.82	64.86	3720
		0.15		66.81	330.02	115.11	60.03	10.45	3730
0.23		0.04			75.26	6.09	22.31	2.65	3740
2.42	2.52	2.50	0.64	848.38	2595.19	105.31	70.98	19.17	3750
				1000.17	962.10	314.60	1.61		3760
				0.67	32.88	26.48	10.46	1.86	3790
1.61	4.54	4.50	11.14	376.57	6417.39	4422.17	819.65	101.95	3900
	0.31	0.15	1.45	260.07	1286.46	491.55	94.27	10.35	3910
0.57	0.24	1.30	8.02	25.21	1863.98	1278.31	186.14	28.92	3920
0.25	2.44	1.56	1.20	21.80	1282.63	528.65	266.61	30.80	3930
	0.99	0.34		58.35	634.35	175.54	34.21	6.75	3940
0.79		0.71	0.02	7.47	922.44	1790.34	70.97	12.46	3950
		0.06		0.12	137.03	26.35	52.40	0.60	3960
		0.15	0.45	0.94	204.48	127.03	102.13	10.77	3970
	0.56	0.22		2.60	86.03	4.40	12.92	1.30	3990

3-10 续表 5

行业中类	代码	资产总额	内资企业	国有企业	集体企业	股份合作企业
通信设备、计算机及其他电子设备制造业	4000	38922.43	12902.73	669.04	70.58	46.60
通信设备制造	4010	7853.02	4322.41	205.51	5.58	2.32
雷达及配套设备制造	4020	306.14	302.08	81.60		0.15
广播电视设备制造	4030	659.59	498.66	6.44	0.72	0.21
电子计算机制造	4040	9848.58	1215.98	53.99	2.65	4.09
电子器件制造	4050	8249.77	2717.05	151.29	8.57	22.25
电子元件制造	4060	7961.08	2121.51	95.95	33.84	17.40
家用视听设备制造	4070	2839.10	1249.92	37.11	17.94	
其他电子设备制造	4090	1205.15	475.14	37.14	1.27	0.19
仪器仪表及文化、办公用机械制造业	4100	5647.77	3221.72	295.83	34.24	32.62
通用仪器仪表制造	4110	2563.52	1837.37	102.79	11.61	17.68
专用仪器仪表制造	4120	932.15	662.03	151.30	1.96	9.71
钟表与计时仪器制造	4130	169.06	71.47	3.30	8.79	0.71
光学仪器及眼镜制造	4140	726.25	396.60	33.61	9.24	2.31
文化、办公用机械制造	4150	1165.08	183.89	4.38	1.32	1.74
其他仪器仪表的制造及修理	4190	91.71	70.36	0.46	1.32	0.47
工艺品及其他制造业	4200	3854.38	2677.94	387.21	40.68	17.13
工艺美术品制造	4210	2179.41	1441.50	19.32	31.81	13.32
日用杂品制造	4220	660.51	399.89	0.90	4.83	1.07
煤制品制造	4230	88.19	87.88	23.12	1.87	2.13
其他未列明的制造业	4290	922.10	744.65	343.71	2.16	0.61
废弃资源和废旧材料回收加工业	4300	904.12	628.77	23.95	18.13	0.85
金属废料和碎屑的加工处理	4310	742.27	503.37	18.86	13.26	0.50
非金属废料和碎屑的加工处理	4320	161.85	125.40	5.10	4.87	0.35
电力、燃气及水的生产和供应业	D	**90409.76**	**81437.50**	**44157.69**	**390.42**	**204.92**
电力、热力的生产和供应业	4400	80888.71	74722.28	41630.30	156.04	190.44
电力生产	4410	43393.04	37490.79	14427.74	92.27	177.24
电力供应	4420	34857.55	34799.14	26519.21	48.12	3.51
热力生产和供应	4430	2638.12	2432.35	683.35	15.65	9.69
燃气生产和供应业	4500	3701.68	1820.61	381.36	16.98	8.59
水的生产和供应业	4600	5819.37	4894.61	2146.04	217.40	5.89
自来水的生产和供应	4610	4616.86	4104.18	2009.68	200.97	3.42
污水处理及其再生利用	4620	896.77	745.30	133.64	16.43	2.24
其他水的处理、利用与分配	4690	305.74	45.13	2.71		0.23
建筑业	E	**84722.98**	**83767.59**	**13313.44**	**2160.10**	**416.62**
房屋和土木工程建筑业	4700	72697.19	72176.40	11831.17	1777.98	304.51
房屋工程建筑	4710	35363.76	35038.96	4016.69	1426.07	171.68
土木工程建筑	4720	37333.42	37137.43	7814.47	351.91	132.83

单位：亿元

国有联营企业	集体联营企业	国有与集体联营	其他联营	国有独资公司	其他有限责任公司	股份有限公司	私营独资	私营合伙	代码
97.80	2.46	2.35	3.29	665.44	4674.35	3494.09	207.14	33.87	4000
59.43		0.55		185.65	2154.19	1198.73	21.96	2.40	4010
				175.31	20.08	15.20	0.03		4020
		0.64		185.52	79.47	90.24	7.79	1.81	4030
	0.46		0.06	2.87	340.50	512.52	27.01	2.81	4040
35.66	0.07		3.02	100.55	667.05	1004.67	26.76	8.93	4050
1.39	0.72	1.16	0.02	13.74	595.69	398.31	94.27	13.80	4060
0.87	0.49		0.19	0.43	724.56	206.01	14.45	1.84	4070
0.45	0.72			1.37	92.81	68.41	14.87	2.29	4090
		0.37	1.09	110.35	718.50	736.35	94.28	14.19	4100
		0.13	1.09	11.74	400.99	477.23	48.50	9.49	4110
				22.63	145.25	112.57	24.62	0.62	4120
					19.08	0.31	7.18	0.61	4130
				75.85	84.59	90.12	7.72	1.58	4140
		0.24		0.14	43.88	48.57	3.58	0.94	4150
					24.71	7.55	2.68	0.96	4190
0.05	3.57	0.06	11.82	88.58	494.99	189.87	254.92	25.37	4200
	0.44	0.06	11.82	2.56	339.39	87.14	141.53	13.84	4210
				0.53	54.66	23.13	55.42	7.37	4220
				0.12	24.70	8.25	5.70	1.07	4230
0.05	3.13			85.37	73.41	70.91	52.26	3.09	4290
	2.32		0.55	7.18	187.15	23.73	59.68	3.08	4300
	2.25		0.55	7.18	148.51	23.49	43.64	1.42	4310
	0.07				38.64	0.24	16.04	1.66	4320
328.82	**9.08**	**17.61**	**29.00**	**11004.50**	**18375.04**	**4507.68**	**283.91**	**45.80**	**D**
322.73	4.36	15.44	28.17	9436.02	16701.84	4167.93	251.81	39.62	4400
293.36	3.87	6.51	28.12	1738.90	15379.13	3659.42	219.30	37.28	4410
21.64	0.44	6.72	0.05	7169.85	606.13	316.19	2.56	1.12	4420
7.74	0.06	2.21		527.27	716.58	192.31	29.95	1.22	4430
	1.02		0.35	343.95	810.91	101.40	16.29	3.69	4500
6.09	3.70	2.16	0.48	1224.54	862.28	238.35	15.81	2.49	4600
6.09	3.70	2.16		936.63	615.37	230.25	9.35	1.38	4610
			0.48	287.90	208.62	8.10	6.22	1.00	4620
					38.29		0.24	0.10	4690
57.64	**41.15**	**41.05**	**54.91**	**3440.36**	**27859.82**	**8396.74**	**513.14**	**112.33**	**E**
52.40	30.23	40.55	35.45	3112.03	23644.78	7492.71	352.80	79.06	4700
10.66	17.44	12.19	25.72	1442.48	14181.23	3686.33	263.27	59.72	4710
41.73	12.79	28.36	9.73	1669.55	9463.54	3806.39	89.53	19.34	4720

行业中类	代码	资产总额	内资企业	国有企业	集体企业	股份合作企业
建筑安装业	4800	7614.84	7431.51	1207.77	316.03	83.96
建筑装饰业	4900	2779.37	2567.94	72.13	44.35	11.92
其他建筑业	5000	1631.58	1591.74	202.37	21.74	16.23
工程准备	5010	537.31	527.34	103.77	6.69	3.07
提供施工设备服务	5020	123.66	118.93	3.76	1.95	0.22
其他未列明的建筑活动	5090	970.61	945.48	94.84	13.10	12.95
批发和零售业	H	**141781.48**	**115790.11**	**17779.04**	**1739.72**	**450.03**
批发业	6300	109450.83	87753.04	16216.55	1339.40	250.64
农畜产品批发	6310	4550.63	4439.16	1440.26	115.67	7.25
食品、饮料及烟草制品批发	6320	9135.66	8464.11	4655.93	56.61	14.10
纺织、服装及日用品批发	6330	6489.81	5275.37	428.77	36.13	37.47
文化、体育用品及器材批发	6340	1773.12	1415.04	428.55	5.97	7.33
医药及医疗器材批发	6350	4372.92	4001.93	423.19	113.13	13.91
矿产品、建材及化工产品批发	6360	44989.83	42925.29	6686.15	721.05	125.02
机械设备、五金交电及电子产品批发	6370	28314.82	12683.36	1013.33	253.02	33.92
贸易经纪与代理	6380	3950.11	3551.49	691.06	4.49	2.24
其他批发	6390	5873.95	4997.28	449.33	33.34	9.41
零售业	6500	32330.65	28037.07	1562.48	400.32	199.39
综合零售	6510	9494.34	7253.75	304.95	254.33	63.95
食品、饮料及烟草制品专门零售	6520	1364.87	757.35	157.18	13.50	5.44
纺织、服装及日用品专门零售	6530	1189.05	856.99	18.04	13.65	3.10
文化、体育用品及器材专门零售	6540	1090.37	1040.29	342.41	8.87	5.59
医药及医疗器材专门零售	6550	1757.43	1747.27	68.87	17.65	20.36
汽车、摩托车、燃料及零配件专门零售	6560	11870.59	11444.75	549.92	55.80	60.56
家用电器及电子产品专门零售	6570	2670.83	2280.43	38.59	7.83	27.99
五金、家具及室内装修材料专门零售	6580	896.00	781.04	17.02	14.32	7.43
无店铺及其他零售	6590	1997.16	1875.21	65.50	14.39	4.98
住宿和餐饮业	I	**13527.06**	**11246.92**	**3139.65**	**203.21**	**93.60**
住宿业	6600	8880.93	7118.43	1676.44	168.24	54.58
旅游饭店	6610	7828.85	6171.30	1498.20	140.63	43.79
一般旅馆	6620	917.65	832.71	163.94	24.48	8.00
其他住宿服务	6690	134.42	114.43	14.30	3.13	2.79
餐饮业	6700	4646.13	4128.49	1463.21	34.97	39.02
正餐服务	6710	4218.19	3941.06	1454.07	33.73	38.21
快餐服务	6720	281.95	79.27	4.96	0.49	0.23
饮料及冷饮服务	6730	28.46	12.96	0.25	0.04	0.20
其他餐饮服务	6790	117.54	95.20	3.93	0.71	0.38

单位：亿元

国有联营企业	集体联营企业	国有与集体联营	其他联营	国有独资公司	其他有限责任公司	股份有限公司	私营独资	私营合伙	代码
1.66	5.96	0.18	12.94	250.74	2876.36	633.07	92.64	17.57	4800
3.12	1.81	0.31	4.75	19.34	796.84	179.41	39.76	10.91	4900
0.46	3.15	0.00	1.77	58.25	541.84	91.54	27.93	4.79	5000
0.01	0.06		0.87	4.51	174.45	12.88	7.07	0.76	5010
			0.09	2.14	35.81	9.54	2.98	0.31	5020
0.45	3.09	0.00	0.80	51.60	331.58	69.12	17.89	3.73	5090
116.30	**43.33**	**63.70**	**96.86**	**5134.03**	**33190.43**	**14003.04**	**2200.84**	**586.41**	**H**
83.32	26.74	51.47	85.09	4953.42	25166.22	9573.90	1324.69	415.74	6300
1.97	0.14	0.13	0.12	1020.72	1133.56	153.70	46.40	11.51	6310
15.06	7.07	7.43	5.73	807.32	1553.10	254.80	69.17	14.70	6320
5.28	0.43	1.71	12.33	113.73	1451.06	649.01	63.55	39.39	6330
0.64	2.11	11.10	3.93	104.82	321.82	75.15	28.07	4.35	6340
0.88			0.16	45.68	1614.93	657.59	79.70	9.02	6350
52.34	14.00	14.02	22.68	1853.10	11723.77	6536.63	599.65	261.60	6360
7.07	1.71	0.81	36.81	573.38	4412.37	1097.01	232.41	54.47	6370
		0.08	3.18	390.58	1923.73	42.53	31.23	3.07	6380
0.08	1.29	16.19	0.15	44.08	1031.89	107.47	174.51	17.64	6390
32.98	16.59	12.23	11.78	180.61	8024.21	4429.14	876.15	170.67	6500
0.06	4.84	2.47	2.11	44.46	2376.31	2354.21	203.87	45.33	6510
0.19	0.37	0.16	0.49	39.87	147.20	73.67	36.28	34.48	6520
0.33	0.98	0.20	0.70	1.23	290.81	35.94	55.05	5.19	6530
0.20	0.97		0.57	50.09	259.60	138.27	21.18	2.45	6540
0.28	0.28	3.44	0.17	6.99	480.94	227.90	33.25	9.78	6550
29.24	6.77	5.68	3.72	22.10	3109.88	1313.00	255.51	46.20	6560
0.41	0.64		1.62	7.18	900.24	244.29	120.06	13.32	6570
	0.26	0.04	2.37	0.06	166.12	24.30	64.27	6.83	6580
2.26	1.49	0.24	0.03	8.62	293.10	17.56	86.69	7.09	6590
22.23	**3.46**	**20.35**	**13.70**	**143.58**	**2753.78**	**471.63**	**768.93**	**139.15**	**I**
16.72	3.23	8.27	7.37	135.92	2075.18	313.50	335.69	81.57	6600
15.99	3.20	8.02	6.88	125.05	1820.86	288.28	235.81	54.47	6610
0.41	0.03	0.25	0.49	7.81	221.89	21.37	89.87	25.94	6620
0.33				3.06	32.43	3.85	10.01	1.16	6690
5.50	0.22	12.08	6.33	7.66	678.60	158.13	433.24	57.58	6700
5.46	0.22	12.08	1.07	6.88	624.12	153.40	414.40	53.68	6710
0.01			0.00	0.13	32.34	2.52	7.07	0.86	6720
0.03			0.02		1.58	0.03	3.94	0.42	6730
			5.23	0.65	20.56	2.18	7.82	2.61	6790

行业中类	代码				港、澳、台商投资企业	
		私营有限责任公司	私营股份有限公司	其他		与港、澳、台商合资经营
总计		**158674.07**	**13774.31**	**3847.20**	**70365.13**	**22867.20**
采矿业	B	**4090.51**	**367.90**	**196.68**	**887.96**	**275.81**
煤炭开采和洗选业	0600	1542.50	166.39	107.29	136.84	129.41
烟煤和无烟煤的开采洗选	0610	1407.29	157.97	106.75	86.20	82.86
褐煤的开采洗选	0620	123.17	4.40	0.32	50.64	46.55
其他煤炭采选	0690	12.04	4.02	0.22		
石油和天然气开采业	0700	54.83	4.59	11.18	560.55	6.44
天然原油和天然气开采	0710	24.77	2.12	8.36	530.28	6.44
与石油和天然气开采有关的服务活动	790	30.06	2.47	2.83	30.26	
黑色金属矿采选业	0800	1480.13	85.11	48.12	95.66	91.01
铁矿采选	0810	1411.07	64.87	47.27	94.77	90.92
其他黑色金属矿采选	0890	69.06	20.24	0.85	0.89	0.09
有色金属矿采选业	0900	577.03	70.95	14.88	47.12	16.62
常用有色金属矿采选	0910	354.39	39.92	5.42	38.86	12.89
贵金属矿采选	0920	93.26	12.30	3.90	2.94	0.44
稀有稀土金属矿采选	0930	129.38	18.72	5.57	5.31	3.29
非金属矿采选业	1000	425.98	40.13	12.27	47.79	32.34
土砂石开采	1010	256.23	31.65	10.22	17.70	7.44
化学矿采选	1020	60.20	4.50		5.03	3.01
采盐	1030	44.72		0.43	16.27	16.27
石棉及其他非金属矿采选	1090	64.83	3.98	1.63	8.79	5.63
其他采矿业	1100	10.03	0.75	2.92		
制造业	C	**88556.20**	**7994.53**	**1786.39**	**48571.51**	**17978.15**
农副食品加工业	1300	4756.83	402.10	109.11	1309.90	585.76
谷物磨制	1310	1305.97	68.82	24.37	39.70	14.52
饲料加工	1320	610.77	60.97	9.28	177.45	102.35
植物油加工	1330	540.55	57.07	9.13	159.66	118.56
制糖	1340	149.76	17.43	7.15	103.36	101.48
屠宰及肉类加工	1350	823.43	66.24	11.48	439.81	73.85
水产品加工	1360	422.79	52.23	25.48	176.81	88.20
蔬菜、水果和坚果加工	1370	468.26	37.10	12.71	125.84	43.71
其他农副食品加工	1390	435.30	42.23	9.50	87.28	43.08
食品制造业	1400	1624.65	140.59	39.16	832.22	306.07
焙烤食品制造	1410	185.01	18.65	4.67	154.67	33.84
糖果、巧克力及蜜饯制造	1420	128.60	21.41	1.41	120.99	42.28
方便食品制造	1430	280.92	12.76	2.68	211.77	79.83
液体乳及乳制品制造	1440	166.38	6.71	3.17	24.82	9.36
罐头制造	1450	159.68	15.23	13.67	63.45	27.33
调味品、发酵制品制造	1460	216.88	24.53	3.90	92.06	45.51
其他食品制造	1490	487.17	41.30	9.65	164.46	67.93

与港、澳、台商合作经营	港、澳、台商独资	港、澳、台商投资股份有限公司	外商投资企业	中外合资经营	中外合作经营	外资企业	外商投资股份有限公司	代码
1816.77	**42502.78**	**3178.39**	**109300.72**	**46003.29**	**3081.50**	**54692.73**	**5523.19**	
42.28	**547.47**	**22.40**	**781.51**	**496.80**	**161.23**	**116.99**	**6.49**	B
0.48	6.38	0.58	245.29	195.51	36.60	11.49	1.69	0600
0.48	2.29	0.58	244.19	195.51	36.60	10.39	1.69	0610
	4.10		0.89			0.89		0620
			0.21			0.21		0690
31.26	522.85		52.74	4.87	42.27	4.76	0.84	0700
1.00	522.85		47.03		42.27	4.76		0710
30.26			5.71	4.87			0.84	790
0.83	1.05	2.77	70.23	24.56	8.82	35.82	1.02	0800
0.03	1.05	2.77	58.01	20.62	8.13	28.24	1.02	0810
0.81			12.22	3.94	0.69	7.58		0890
8.16	4.35	17.99	337.99	244.46	73.32	19.65	0.56	0900
5.66	2.33	17.99	254.37	223.61	11.25	18.96	0.56	0910
2.50			66.18	3.42	62.07	0.69		0920
	2.02		17.44	17.44				0930
1.55	12.83	1.07	75.07	27.20	0.23	45.27	2.38	1000
0.39	9.88		27.20	11.72	0.13	14.76	0.59	1010
0.95		1.07	5.82	5.75		0.07		1020
			30.45			30.45		1030
0.21	2.96		11.61	9.73	0.09		1.79	1090
			0.19	0.19				1100
1102.57	**26916.94**	**2573.85**	**91225.69**	**40417.14**	**1505.45**	**44953.91**	**4349.19**	C
63.31	605.66	55.18	3298.16	1492.58	124.43	1636.25	44.90	1300
0.87	24.31		136.09	64.22	0.51	69.21	2.15	1310
16.65	50.42	8.02	283.94	137.74	16.92	128.68	0.61	1320
0.22	23.39	17.49	1360.57	544.03	0.62	805.68	10.24	1330
1.88			60.86	33.67		21.88	5.31	1340
1.82	340.50	23.65	392.23	255.33	2.24	131.60	3.06	1350
14.68	69.38	4.54	474.98	277.56	98.61	95.74	3.07	1360
22.49	58.35	1.28	230.27	109.54	3.51	105.60	11.62	1370
4.70	39.30	0.19	359.22	70.49	2.01	277.87	8.85	1390
12.67	490.98	22.49	1918.09	719.64	38.90	984.99	174.55	1400
1.88	118.76	0.19	187.57	17.85	15.21	146.27	8.24	1410
3.51	64.35	10.85	167.88	8.65	3.48	149.84	5.91	1420
0.89	129.11	1.95	230.66	58.49	1.03	171.02	0.12	1430
0.42	11.66	3.37	489.91	214.41	0.36	168.88	106.26	1440
4.10	31.51	0.51	97.45	48.81	2.78	23.69	22.17	1450
0.04	44.45	2.07	251.77	141.77	3.43	104.97	1.61	1460
1.85	91.14	3.55	492.83	229.66	12.61	220.31	30.25	1490

行业中类	代码				港、澳、台商投资企业	
		私营有限责任公司	私营股份有限公司	其他		与港、澳、台商合资经营
饮料制造业	1500	1129.13	137.92	37.12	654.97	272.98
酒精制造	1510	110.04	30.21	1.32	12.41	5.17
酒的制造	1520	561.13	70.33	13.54	232.53	106.10
软饮料制造	1530	285.65	25.44	14.12	393.59	157.10
精制茶加工	1540	172.30	11.94	8.14	16.44	4.62
烟草制品业	1600	9.24		0.03	9.66	9.66
烟叶复烤	1610			0.03	3.46	3.46
卷烟制造	1620	0.09			4.94	4.94
其他烟草制品加工	1690	9.14			1.26	1.26
纺织业	1700	7360.89	311.90	52.11	3085.19	1146.33
棉、化纤纺织及印染精加工	1710	4022.27	161.30	27.54	1375.01	606.05
毛纺织和染整精加工	1720	462.91	15.71	4.08	241.50	75.57
麻纺织	1730	73.41	9.30	0.02	27.72	13.25
丝绢纺织及精加工	1740	626.19	29.36	2.09	173.01	55.12
纺织制成品制造	1750	864.12	46.83	7.39	439.61	157.72
针织品、编织品及其制品制造	1760	1311.99	49.39	10.99	828.34	238.64
纺织服装、鞋、帽制造业	1800	2163.27	274.40	25.09	1945.38	553.46
纺织服装制造	1810	2069.24	270.25	23.88	1873.61	542.31
纺织面料鞋的制造	1820	64.89	2.48	0.96	54.92	7.72
制帽	1830	29.14	1.67	0.25	16.85	3.42
皮革、毛皮、羽毛(绒)及其制品业	1900	1101.11	57.93	10.40	1152.23	253.12
皮革鞣制加工	1910	143.34	4.08	0.31	99.32	47.82
皮革制品制造	1920	783.78	38.14	7.38	949.17	154.59
毛皮鞣制及制品加工	1930	75.79	1.40	1.71	27.53	10.50
羽毛(绒)加工及制品制造	1940	98.19	14.30	0.99	76.20	40.21
木材加工及木、竹、藤、棕、草制品业	2000	1351.72	104.84	27.43	302.71	143.06
锯材、木片加工	2010	139.78	10.29	7.41	25.13	7.82
人造板制造	2020	765.73	73.68	15.78	170.08	91.60
木制品制造	2030	340.44	13.29	1.77	79.68	32.93
竹、藤、棕、草制品制造	2040	105.77	7.58	2.47	27.81	10.71
家具制造业	2100	975.24	72.06	13.44	570.25	194.13
木质家具制造	2110	614.55	45.20	11.37	286.11	85.96
竹、藤家具制造	2120	12.23	1.27		7.48	4.45
金属家具制造	2130	209.62	14.27	0.60	154.35	56.10
塑料家具制造	2140	11.52			10.19	2.98
其他家具制造	2190	127.33	11.31	1.47	112.12	44.64

单位：亿元

与港、澳、台商合作经营	港、澳、台商独资	港、澳、台商投资股份有限公司	外商投资企业	中外合资经营	中外合作经营	外资企业	外商投资股份有限公司	代码
17.19	350.44	14.35	1984.18	895.79	30.47	714.95	342.97	1500
	7.24		45.85	16.78		29.07		1510
10.86	109.07	6.51	750.87	220.87	8.17	275.00	246.83	1520
6.26	222.49	7.74	1165.21	651.86	22.18	395.62	95.56	1530
0.07	11.64	0.11	22.25	6.29	0.12	15.26	0.59	1540
			2.76	2.76				1600
			2.76	2.76				1610
								1620
								1690
108.00	1737.91	92.96	2172.50	954.58	62.78	1045.74	109.40	1700
28.00	728.52	12.45	865.00	325.30	36.16	423.16	80.39	1710
42.66	76.01	47.26	151.73	125.56	2.49	21.68	2.00	1720
	14.48		26.17	15.96	4.29	5.92		1730
1.29	111.02	5.58	128.45	66.93	0.69	60.14	0.68	1740
3.58	255.48	22.84	480.02	175.49	8.89	291.16	4.48	1750
32.47	552.40	4.83	521.14	245.34	10.27	243.69	21.85	1760
46.43	1319.17	26.32	1230.81	434.69	25.07	746.40	24.66	1800
45.01	1263.12	23.17	1157.90	423.39	23.07	690.12	21.32	1810
	44.05	3.15	43.01	6.27	0.06	34.97	1.70	1820
1.42	12.00		29.90	5.02	1.93	21.31	1.63	1830
24.12	856.52	18.47	894.71	278.10	20.72	556.56	39.34	1900
2.59	48.75	0.16	157.90	58.77	6.07	86.64	6.42	1910
13.27	763.13	18.19	628.61	144.76	10.19	441.36	32.30	1920
0.26	16.78		41.24	26.71	0.13	14.30	0.10	1930
8.00	27.86	0.13	66.96	47.86	4.33	14.25	0.52	1940
15.40	131.78	12.47	372.51	180.39	9.84	180.20	2.07	2000
0.16	17.05	0.10	42.50	13.54	0.06	28.42	0.49	2010
5.89	62.05	10.55	153.26	92.39	1.39	59.14	0.34	2020
5.92	40.69	0.15	142.39	62.86	5.89	73.33	0.31	2030
3.43	11.99	1.68	34.35	11.61	2.51	19.31	0.92	2040
9.16	360.34	6.62	594.15	221.82	3.78	363.96	4.58	2100
4.95	192.69	2.51	294.75	107.04	3.41	182.03	2.27	2110
	2.59	0.43	23.14	17.34		5.79		2120
1.79	93.35	3.11	149.12	58.88	0.16	88.23	1.85	2130
	7.17	0.04	5.97	0.81		5.16		2140
2.42	64.53	0.53	121.18	37.75	0.21	82.75	0.47	2190

行业中类	代码	私营有限责任公司	私营股份有限公司	其他	港、澳、台商投资企业	与港、澳、台商合资经营
造纸及纸制品业	2200	1820.10	160.67	31.94	1423.68	858.77
纸浆制造	2210	29.80	2.20	0.17	71.61	61.15
造纸	2220	943.99	82.08	22.29	866.91	620.84
纸制品制造	2230	846.31	76.39	9.48	485.15	176.78
印刷业和记录媒介的复制	2300	999.40	41.94	14.34	625.47	294.79
印刷	2310	962.49	38.88	13.95	569.01	268.72
装订及其他印刷服务活动	2320	23.26	2.23	0.39	30.87	15.64
记录媒介的复制	2330	13.65	0.83		25.59	10.43
文教体育用品制造业	2400	507.08	35.33	8.81	651.96	94.09
文化用品制造	2410	176.34	2.78	2.62	79.12	15.93
体育用品制造	2420	145.39	27.52	1.48	179.02	19.75
乐器制造	2430	28.19	1.37	0.62	25.63	6.83
玩具制造	2440	117.80	3.63	4.09	353.86	48.89
游艺器材及娱乐用品制造	2450	39.35	0.03		14.34	2.69
石油加工及炼焦	2500	1957.71	144.82	66.63	889.09	331.11
精炼石油产品的制造	2510	593.53	36.80	51.48	541.43	117.63
炼焦	2520	1364.18	108.02	15.15	347.66	213.47
化学原料及化学制品制造业	2600	6497.04	673.47	122.82	3143.17	1257.82
基础化学原料制造	2610	1549.13	145.54	34.52	621.28	364.00
肥料制造	2620	941.82	83.16	24.88	90.56	60.10
农药制造	2630	287.79	11.23	0.72	79.38	43.85
涂料、油墨、颜料及类似产品制造	2640	745.34	46.82	8.83	434.84	166.97
合成材料制造	2650	1024.39	146.92	20.49	658.61	213.00
专用化学产品制造	2660	1670.90	205.51	30.81	885.84	332.71
日用化学产品制造	2670	277.68	34.29	2.57	372.66	77.20
医药制造业	2700	1486.45	338.91	53.48	1089.08	526.51
化学药品原药制造	2710	317.76	46.82	29.75	386.72	143.32
化学药品制剂制造	2720	302.97	135.66	6.59	300.44	163.92
中药饮片加工	2730	140.22	16.08	5.91	37.79	22.25
中成药制造	2740	308.05	105.23	6.80	137.37	100.90
兽用药品制造	2750	115.03	6.96	1.26	9.12	7.68
生物、生化制品的制造	2760	178.88	21.12	2.16	172.41	65.06
卫生材料及医药用品制造	2770	123.54	7.03	1.01	45.23	23.40
化学纤维制造业	2800	1104.93	72.16	20.97	866.84	485.81
纤维素纤维原料及纤维制造	2810	87.82	44.33	19.77	60.61	52.06
合成纤维制造	2820	1017.12	27.83	1.20	806.23	433.75
橡胶制品业	2900	871.59	226.82	8.17	477.63	167.63
轮胎制造	2910	304.74	194.12	0.98	249.51	115.71
橡胶板、管、带的制造	2920	183.19	13.31	1.70	20.22	8.66
橡胶零件制造	2930	120.33	8.79	3.44	43.67	8.01

单位：亿元

								代码
与港、澳、台商合作经营	港、澳、台商独资	港、澳、台商投资股份有限公司	外商投资企业	中外合资经营	中外合作经营	外资企业	外商投资股份有限公司	
26.52	450.56	87.83	2812.22	1273.56	48.03	889.18	601.45	2200
	10.46		334.20	320.27		13.93		2210
6.37	164.94	74.77	1852.42	689.87	9.81	551.92	600.82	2220
20.15	275.16	13.06	625.61	263.42	38.22	323.33	0.63	2230
31.94	281.22	17.53	362.01	189.71	14.93	145.24	12.13	2300
21.66	261.92	16.71	314.17	163.40	10.98	127.66	12.13	2310
6.90	8.33		22.90	8.42	0.27	14.22		2320
3.37	10.97	0.82	24.95	17.90	3.69	3.37		2330
22.52	527.68	7.67	460.80	127.47	26.25	288.60	18.49	2400
3.76	55.53	3.90	84.42	21.35	7.74	42.59	12.75	2410
2.76	155.19	1.32	168.37	31.62	4.83	129.63	2.29	2420
2.17	16.05	0.56	63.91	17.59	4.31	41.63	0.39	2430
13.78	289.31	1.88	117.36	37.91	4.42	71.97	3.06	2440
0.05	11.60		26.74	19.01	4.95	2.78		2450
93.44	173.88	290.66	1617.41	1283.98	10.76	265.73	56.93	2500
72.85	60.86	290.09	996.18	848.07	5.36	142.16	0.59	2510
20.60	113.01	0.58	621.23	435.91	5.40	123.57	56.34	2520
29.04	1742.27	114.03	7598.66	3336.43	121.22	3929.49	211.52	2600
7.60	212.74	36.95	2349.81	1540.83	24.49	705.42	79.07	2610
0.31	29.61	0.53	228.87	111.54	0.14	90.68	26.51	2620
	23.69	11.84	106.90	62.25	2.38	36.71	5.55	2630
9.05	255.55	3.27	725.92	215.62	17.46	485.52	7.32	2640
3.59	392.23	49.79	1460.72	494.13	9.11	946.37	11.11	2650
5.55	535.96	11.61	2108.83	787.90	53.98	1196.70	70.24	2660
2.94	292.49	0.03	617.61	124.16	13.66	468.09	11.71	2670
9.03	461.64	91.89	1876.79	894.23	56.20	825.37	101.00	2700
1.11	234.58	7.72	331.54	130.52	10.79	186.89	3.35	2710
6.61	92.07	37.84	838.31	445.37	35.34	334.41	23.19	2720
	11.63	3.91	34.67	25.57	0.71	4.73	3.65	2730
	35.43	1.05	291.45	141.96	3.58	87.73	58.17	2740
	1.44		39.73	18.65	3.98	16.50	0.60	2750
1.31	65.42	40.62	267.08	100.26	1.49	155.33	10.01	2760
	21.08	0.75	74.01	31.90	0.31	39.77	2.03	2770
	307.14	73.90	652.21	464.67	0.89	186.64		2800
	8.55		132.62	81.02		51.61		2810
	298.58	73.90	519.58	383.66	0.89	135.04		2820
7.89	299.80	2.31	1249.25	476.57	4.19	735.78	32.70	2900
	133.80		892.73	393.02		478.10	21.60	2910
0.38	11.17		78.88	19.15	0.68	51.27	7.78	2920
2.46	31.58	1.61	105.17	21.86	2.23	80.79	0.29	2930

行业中类	代码	私营有限责任公司	私营股份有限公司	其他	港、澳、台商投资企业	与港、澳、台商合资经营
再生橡胶制造	2940	29.28	1.96	0.13	2.30	0.90
日用及医用橡胶制品制造	2950	35.48	0.35	0.43	34.55	8.74
橡胶靴鞋制造	2960	79.38	4.12	0.15	81.70	18.34
其他橡胶制品制造	2990	119.19	4.17	1.33	45.70	7.27
塑料制品业	3000	2959.57	160.43	47.40	1875.07	586.62
塑料薄膜制造	3010	445.68	14.59	4.04	272.27	128.88
塑料板、管、型材的制造	3020	647.81	59.95	8.83	332.92	90.34
塑料丝、绳及编织品的制造	3030	270.77	13.91	1.80	40.75	19.99
泡沫塑料制造	3040	133.14	5.34	1.64	66.26	15.69
塑料人造革、合成革制造	3050	261.64	5.75		118.99	33.46
塑料包装箱及容器制造	3060	248.21	12.94	10.41	178.28	87.05
塑料零件制造	3070	279.36	10.34	3.90	237.00	61.67
日用塑料制造	3080	299.17	8.35	1.46	259.07	74.99
其他塑料制品制造	3090	373.79	29.26	15.30	369.53	74.57
非金属矿物制品业	3100	6881.99	633.67	232.96	2321.22	1047.56
水泥、石灰和石膏的制造	3110	1766.97	146.73	56.68	631.38	238.04
水泥及石膏制品制造	3120	1408.06	82.20	33.31	321.15	164.42
砖瓦、石材及其他建筑材料制造	3130	1429.49	100.26	34.17	352.46	195.12
玻璃及玻璃制品制造	3140	1150.75	132.22	80.24	805.22	359.24
陶瓷制品制造	3150	252.79	33.61	2.30	102.25	32.84
耐火材料制品制造	3160	425.14	87.98	10.27	40.91	14.77
石墨及其他非金属矿物制品制造	3190	448.80	50.68	15.98	67.84	43.13
黑色金属冶炼及压延加工业	3200	5808.32	392.75	57.84	2293.66	1248.64
炼铁	3210	475.75	33.54	31.70	91.39	86.82
炼钢	3220	760.73	20.96	0.75	348.91	345.11
钢压延加工	3230	3961.73	279.42	19.94	1770.39	802.13
铁合金冶炼	3240	610.12	58.84	5.46	82.97	14.57
有色金属冶炼及压延加工业	3300	3151.17	361.22	61.42	1332.61	497.69
常用有色金属冶炼	3310	1017.36	198.07	41.05	248.62	145.73
贵金属冶炼	3320	116.29	30.06	5.13	8.32	5.66
稀有稀土金属冶炼	3330	196.42	15.04	0.82	36.91	12.24
有色金属合金制造	3340	186.23	17.45	0.88	62.16	26.75
有色金属压延加工	3350	1634.88	100.59	13.54	976.59	307.30
金属制品业	3400	4784.91	294.00	79.78	1760.90	683.29
结构性金属制品制造	3410	1831.52	127.55	24.36	396.77	160.47
金属工具制造	3420	336.75	20.40	7.22	149.00	31.40
集装箱及金属包装容器制造	3430	372.80	13.02	3.59	285.81	164.67
金属丝绳及其制品的制造	3440	397.65	9.26	2.38	130.14	39.25
建筑、安全用金属制品制造	3450	549.00	65.42	23.02	198.79	70.62

单位：亿元

与港、澳、台商合作经营	港、澳、台商独资	港、澳、台商投资股份有限公司	外商投资企业	中外合资经营	中外合作经营	外资企业	外商投资股份有限公司	代码
	1.40		1.42	0.21		1.22		2940
0.06	25.74		40.16	21.79	0.66	14.86	2.84	2950
3.50	59.27	0.59	39.30	7.51	0.60	31.02	0.18	2960
1.49	36.83	0.12	91.58	13.04	0.02	78.52		2990
47.70	1190.57	50.18	1922.25	636.21	51.37	1150.59	84.08	3000
10.43	113.00	19.96	278.10	61.72	23.21	146.08	47.09	3010
2.53	223.30	16.75	478.48	299.25	12.23	159.27	7.72	3020
0.06	20.36	0.35	62.14	42.87	1.45	16.70	1.12	3030
3.19	47.12	0.26	57.11	13.68	2.24	40.16	1.03	3040
	79.23	6.30	41.86	16.78	1.91	23.17		3050
10.43	77.69	3.11	222.74	64.83	1.41	154.84	1.66	3060
4.74	169.60	0.99	274.92	48.56	1.38	221.54	3.44	3070
8.59	174.44	1.06	198.53	33.85	2.79	161.24	0.66	3080
7.73	285.82	1.40	308.38	54.67	4.75	227.60	21.35	3090
106.75	1021.18	145.74	2712.84	1443.00	104.68	1040.72	124.44	3100
57.28	286.14	49.92	765.10	457.90	20.60	248.53	38.06	3110
18.46	137.05	1.23	254.79	135.85	15.37	101.51	2.06	3120
4.60	147.68	5.06	371.36	167.72	12.77	187.47	3.40	3130
7.02	354.07	84.89	837.41	485.24	23.11	264.49	64.57	3140
16.02	52.35	1.04	176.22	68.89	11.34	81.15	14.84	3150
	23.34	2.80	126.91	54.68	10.13	61.29	0.81	3160
3.38	20.54	0.80	181.05	72.72	11.36	96.28	0.69	3190
125.20	632.18	287.64	2393.71	1230.37	110.59	844.00	208.76	3200
	3.74	0.84	75.21	24.41		50.35	0.45	3210
	3.79		218.39	34.59	91.45	92.35		3220
125.20	557.90	285.17	1925.31	1012.33	18.24	686.42	208.31	3230
	66.76	1.64	174.80	159.03	0.89	14.87		3240
32.04	757.65	45.24	1896.35	1217.93	58.32	574.29	45.81	3300
10.35	63.45	29.10	876.24	739.31	23.84	111.97	1.11	3310
0.80	1.86		7.82	5.95	1.60	0.28		3320
11.52	11.62	1.53	51.93	32.78	4.55	14.60		3330
4.10	30.84	0.47	179.60	69.12	13.33	67.29	29.87	3340
5.27	649.88	14.14	780.75	370.77	15.00	380.15	14.84	3350
51.55	980.80	45.26	2379.69	1101.02	45.63	1189.57	43.47	3400
3.69	221.44	11.17	494.73	243.90	10.31	232.71	7.81	3410
12.61	101.44	3.56	191.50	85.95	3.06	99.20	3.30	3420
3.93	115.09	2.11	473.13	243.06	4.96	224.76	0.35	3430
0.65	90.23	0.01	281.77	206.97	2.08	70.41	2.32	3440
10.32	101.22	16.63	310.81	126.90	4.13	168.32	11.47	3450

行业中类	代码					
		私营有限责任公司	私营股份有限公司	其他	港、澳、台商投资企业	与港、澳、台商合资经营
金属表面处理及热处理加工	3460	381.39	19.56	3.09	168.96	103.37
搪瓷制品制造	3470	35.76	1.59	1.40	10.94	3.86
不锈钢及类似日用金属制品制造	3480	470.75	22.72	6.26	268.14	66.96
其他金属制品制造	3490	409.29	14.46	8.46	152.35	42.70
通用设备制造业	3500	7323.38	593.12	326.97	1855.89	809.48
锅炉及原动机制造	3510	416.93	25.20	12.64	126.13	78.06
金属加工机械制造	3520	1081.16	77.63	171.56	165.47	52.54
起重运输设备制造	3530	595.49	47.23	10.24	215.30	150.43
泵、阀门、压缩机及类似机械的制造	3540	1120.40	85.03	5.48	263.61	106.00
轴承、齿轮、传动和驱动部件的制造	3550	699.75	76.91	7.45	171.55	71.15
烘炉、熔炉及电炉制造	3560	51.23	6.76	0.04	42.52	14.99
风机、衡器、包装设备等通用设备制造	3570	1088.85	100.43	84.16	361.98	157.53
通用零部件制造及机械修理	3580	1032.48	53.34	18.26	263.97	76.54
金属铸、锻加工	3590	1237.10	120.59	17.14	245.36	102.24
专用设备制造业	3600	3761.98	246.52	57.06	1626.74	501.27
矿山、冶金、建筑专用设备制造	3610	1057.91	122.85	16.14	332.98	162.43
化工、木材、非金属加工专用设备制造	3620	772.60	19.63	6.54	589.80	135.83
食品、饮料、烟草及饲料生产专用设备制造	3630	170.27	3.48	5.15	12.89	6.46
印刷、制药、日化生产专用设备制造	3640	195.89	9.66	4.08	79.67	30.52
纺织、服装和皮革工业专用设备制造	3650	301.94	13.59	0.12	229.14	55.89
农、林、牧、渔专用机械制造	3670	195.74	6.60	6.90	33.00	6.94
医疗仪器设备及器械制造	3680	193.42	22.12	6.54	129.96	40.83
环保、社会公共安全及其他专用设备制造	3690	674.39	40.52	9.49	108.02	52.21
交通运输设备制造业	3700	6251.40	819.48	67.29	2416.98	1566.25
铁路运输设备制造	3710	178.62	6.01	2.88	92.59	60.67
汽车制造	3720	3001.30	643.17	45.60	1100.94	631.71
摩托车制造	3730	602.22	100.94	1.57	141.05	118.40
自行车制造	3740	210.74	11.54	0.85	135.78	20.76
船舶及浮动装置制造	3750	2183.37	56.12	4.74	894.48	696.68
航空航天器制造	3760	20.38	0.47	0.67	36.67	30.00
交通器材及其他交通运输设备制造	3790	54.76	1.23	10.99	15.46	8.02
电气机械及器材制造业	3900	7016.35	721.60	105.77	4023.47	1486.27
电机制造	3910	778.25	147.79	26.47	556.39	102.67
输配电及控制设备制造	3920	1975.55	140.04	31.97	645.05	244.48
电线、电缆、光缆及电工器材制造	3930	2045.22	268.58	13.68	595.93	162.10
电池制造	3940	610.43	36.63	15.23	1062.65	555.57
家用电力器具制造	3950	790.27	59.48	8.06	653.79	268.76
非电力家用器具制造	3960	229.97	15.31	3.48	55.24	27.09
照明器具制造	3970	477.79	36.68	3.98	345.83	111.67
其他电气机械及器材制造	3990	108.86	17.10	2.91	108.59	13.92

单位：亿元

与港、澳、台商合作经营	港、澳、台商独资	港、澳、台商投资股份有限公司	外商投资企业	中外合资经营	中外合作经营	外资企业	外商投资股份有限公司	代码
3.24	58.58	3.76	177.05	70.00	6.65	99.14	1.26	3460
	7.09		19.70	3.32		15.61	0.77	3470
14.37	182.20	4.62	223.73	48.28	12.46	150.08	12.92	3480
2.74	103.50	3.41	207.26	72.64	1.98	129.36	3.27	3490
39.71	880.49	126.21	5938.20	2478.95	109.78	2675.27	674.19	3500
3.84	25.18	19.05	815.58	527.24	1.90	182.00	104.43	3510
3.83	105.91	3.20	400.31	142.98	2.78	232.86	21.70	3520
0.30	62.72	1.85	1183.19	429.89	69.89	227.56	455.86	3530
4.58	127.26	25.76	1131.52	420.89	4.29	685.73	20.61	3540
13.53	71.08	15.79	511.39	121.32	5.20	382.99	1.88	3550
	11.83	15.70	39.90	4.69	0.50	30.60	4.11	3560
2.75	176.62	25.07	1006.23	476.19	12.44	503.43	14.18	3570
2.95	166.65	17.83	451.60	163.61	5.25	246.27	36.48	3580
7.93	133.23	1.96	398.47	192.14	7.54	183.83	14.96	3590
29.97	975.69	119.81	3665.77	1280.60	40.84	2242.18	102.15	3600
0.50	169.38	0.67	1385.10	749.41	14.15	597.09	24.45	3610
8.23	437.43	8.31	647.07	159.20	12.29	469.59	5.98	3620
1.78	4.65		60.87	26.84	0.41	33.48	0.15	3630
0.89	37.86	10.40	175.96	42.42	2.74	123.61	7.18	3640
2.11	77.43	93.71	205.67	32.90	1.19	152.26	19.32	3650
0.56	25.51		164.84	74.63		86.63	3.57	3670
0.72	88.37	0.05	319.16	68.78	1.68	208.47	40.24	3680
0.76	49.21	5.85	430.31	108.50	7.84	312.72	1.25	3690
21.82	669.34	159.58	15139.34	10934.20	109.29	3494.07	601.78	3700
	31.92		281.18	253.00	6.41	21.77		3710
19.70	422.99	26.55	12192.77	8947.07	34.20	2652.57	558.93	3720
0.69	21.81	0.15	244.12	201.32	2.52	33.40	6.89	3730
1.23	103.42	10.35	156.86	42.33	1.58	102.91	10.05	3740
0.20	79.12	118.48	2071.68	1339.99	64.34	644.65	22.70	3750
	2.63	4.04	162.51	133.35	0.24	25.71	3.21	3760
	7.44		30.20	17.15		13.05		3790
43.40	2098.16	395.64	6218.29	2789.46	118.13	3202.19	108.51	3900
2.06	187.37	264.30	843.70	390.19	40.72	403.83	8.95	3910
6.43	370.58	23.56	1429.89	714.01	20.20	664.62	31.06	3920
21.65	392.98	19.19	941.09	307.78	6.62	601.02	25.66	3930
2.08	500.31	4.68	1258.46	544.21	9.04	700.89	4.32	3940
7.00	340.22	37.82	1168.15	619.05	19.14	520.39	9.58	3950
0.27	27.47	0.42	76.88	20.78		37.62	18.48	3960
3.45	224.00	6.71	324.49	105.13	22.41	186.98	9.98	3970
0.46	55.23	38.98	175.61	88.31		86.83	0.47	3990

行业中类	代码	私营有限责任公司	私营股份有限公司	其他	港、澳、台商投资企业	与港、澳、台商合资经营
通信设备、计算机及其他电子设备制造业	4000	2607.67	266.19	61.85	8400.42	1605.71
通信设备制造	4010	409.23	40.14	36.72	1034.49	430.08
雷达及配套设备制造	4020	7.34		2.37	0.21	0.21
广播电视设备制造	4030	110.01	15.42	0.37	60.14	7.13
电子计算机制造	4040	242.23	22.51	4.27	2225.40	130.44
电子器件制造	4050	611.50	74.55	2.17	1528.29	239.98
电子元件制造	4060	782.55	66.01	6.65	2569.09	426.00
家用视听设备制造	4070	232.82	6.70	6.51	774.37	311.94
其他电子设备制造	4090	211.98	40.86	2.79	208.43	59.93
仪器仪表及文化、办公用机械制造业	4100	933.82	235.59	14.49	753.39	170.51
通用仪器仪表制造	4110	532.17	213.61	10.34	241.06	75.99
专用仪器仪表制造	4120	185.91	6.22	1.23	48.66	24.52
钟表与计时仪器制造	4130	29.93	1.17	0.39	66.11	10.66
光学仪器及眼镜制造	4140	78.31	12.70	0.58	110.95	25.61
文化、办公用机械制造	4150	77.87	0.88	0.36	284.47	32.66
其他仪器仪表的制造及修理	4190	29.62	1.00	1.59	2.14	1.07
工艺品及其他制造业	4200	1082.67	60.78	20.26	692.87	156.07
工艺美术品制造	4210	732.40	33.41	14.47	480.22	112.24
日用杂品制造	4220	235.34	15.27	1.37	130.91	29.98
煤制品制造	4230	18.82	0.47	1.63		
其他未列明的制造业	4290	95.54	11.63	2.78	81.72	13.83
废弃资源和废旧材料回收加工业	4300	276.60	13.33	12.24	188.85	137.68
金属废料和碎屑的加工处理	4310	221.04	10.71	11.96	173.05	127.07
非金属废料和碎屑的加工处理	4320	55.56	2.62	0.27	15.80	10.62
电力、燃气及水的生产和供应业	**D**	**1656.64**	**229.48**	**196.92**	**4164.01**	**2744.15**
电力、热力的生产和供应业	4400	1393.26	208.64	175.68	2874.01	1596.79
电力生产	4410	1126.20	133.36	168.10	2756.81	1521.74
电力供应	4420	36.47	63.07	4.06	18.02	5.05
热力生产和供应	4430	230.59	12.21	3.52	99.18	70.00
燃气生产和供应业	4500	120.17	8.63	7.29	1017.77	953.80
水的生产和供应业	4600	143.22	12.21	13.95	272.23	193.56
自来水的生产和供应	4610	69.35	7.13	8.68	183.87	126.59
污水处理及其再生利用	4620	71.78	3.61	5.26	88.36	66.97
其他水的处理、利用与分配	4690	2.09	1.47			
建筑业	**E**	**26161.52**	**1082.25**	**116.52**	**483.86**	**294.29**
房屋和土木工程建筑业	4700	22453.37	882.82	86.54	225.81	137.92
房屋工程建筑	4710	9005.48	656.50	63.49	118.65	107.09
土木工程建筑	4720	13447.89	226.31	23.05	107.15	30.83

单位：亿元

与港、澳、台商合作经营	港、澳、台商独资	港、澳、台商投资股份有限公司	外商投资企业	中外合资经营	中外合作经营	外资企业	外商投资股份有限公司	代码
50.67	6513.38	230.66	17619.28	3473.76	102.95	13519.15	523.42	4000
4.21	578.10	22.11	2496.12	1292.19	0.86	1169.67	33.41	4010
			3.85	3.85				4020
0.05	52.14	0.81	100.80	27.14		66.60	7.06	4030
7.74	2004.01	83.20	6407.20	195.25	15.61	6191.38	4.97	4040
5.12	1252.10	31.09	4004.44	1193.28	10.42	2551.72	249.01	4050
22.21	2029.95	90.92	3270.48	424.34	66.41	2603.36	176.37	4060
7.09	453.77	1.58	814.82	288.33	5.56	517.58	3.35	4070
4.24	143.31	0.95	521.58	49.39	4.10	418.83	49.25	4090
13.92	545.49	23.47	1672.67	430.65	38.94	1178.56	24.52	4100
5.86	147.27	11.94	485.09	215.32	22.61	232.55	14.62	4110
0.07	23.12	0.94	221.47	92.93	8.61	118.92	1.01	4120
3.26	51.90	0.29	31.48	11.18	0.65	19.66		4130
0.46	80.37	4.51	218.70	30.59	7.01	174.02	7.09	4140
4.10	241.92	5.79	696.72	76.52	0.08	618.33	1.80	4150
0.16	0.91		19.20	4.12		15.09		4190
23.14	503.92	9.73	483.58	134.22	9.60	311.22	28.53	4200
11.20	349.60	7.17	257.69	88.95	4.23	148.84	15.68	4210
1.27	97.43	2.23	129.71	30.89	1.72	92.16	4.93	4220
			0.31	0.24		0.06	0.01	4230
10.67	56.89	0.34	95.73	14.15	3.65	70.03	7.90	4290
0.04	51.12		86.51	39.77	6.86	37.01	2.86	4300
0.01	45.97		65.85	32.97	1.05	31.52	0.32	4310
0.02	5.16		20.65	6.81	5.81	5.49	2.54	4320
366.39	**730.92**	**322.55**	**4808.25**	**2427.55**	**691.60**	**928.99**	**760.11**	D
319.87	648.42	308.93	3292.42	1662.28	378.08	526.33	725.74	4400
303.46	622.70	308.92	3145.43	1551.18	370.29	511.40	712.57	4410
12.98			40.39	30.56	1.16		8.67	4420
3.44	25.72	0.02	106.60	80.55	6.62	14.93	4.49	4430
8.71	52.01	3.24	863.30	446.94	32.51	350.30	33.55	4500
37.82	30.48	10.37	652.53	318.33	281.02	52.36	0.82	4600
32.49	18.27	6.53	328.81	274.15	33.65	20.60	0.41	4610
5.33	12.22	3.85	63.11	23.99	7.46	31.24	0.41	4620
			260.62	20.19	239.91	0.52		4690
75.04	**84.47**	**30.06**	**471.53**	**236.35**	**26.99**	**197.81**	**10.38**	E
66.19	21.70		294.98	125.67	8.97	158.15	2.19	4700
1.09	10.47		206.15	54.98	8.93	142.24		4710
65.10	11.22		88.84	70.69	0.05	15.91	2.19	4720

3-10 续表 13

行业中类	代码	私营有限责任公司	私营股份有限公司	其他	港、澳、台商投资企业	与港、澳、台商合资经营
建筑安装业	4800	1804.27	109.19	19.15	90.70	42.74
建筑装饰业	4900	1333.70	43.94	5.64	144.85	100.72
其他建筑业	5000	570.17	46.31	5.19	22.50	12.91
工程准备	5010	201.22	10.62	1.36	8.58	4.69
提供施工设备服务	5020	57.36	4.25	0.52	1.93	1.62
其他未列明的建筑活动	5090	311.59	31.44	3.31	11.99	6.59
批发和零售业	H	**35160.66**	**3899.42**	**1326.31**	**15028.07**	**994.83**
批发业	6300	26348.50	1151.51	765.85	13087.13	482.68
农畜产品批发	6310	451.47	30.36	25.90	11.78	1.35
食品、饮料及烟草制品批发	6320	855.29	69.46	78.36	163.23	30.52
纺织、服装及日用品批发	6330	2263.68	61.54	111.30	662.79	82.49
文化、体育用品及器材批发	6340	395.18	17.18	8.84	209.50	15.67
医药及医疗器材批发	6350	924.88	96.92	21.94	101.93	20.56
矿产品、建材及化工产品批发	6360	13381.62	639.68	293.99	646.21	145.95
机械设备、五金交电及电子产品批发	6370	4594.74	187.14	185.16	10807.24	164.39
贸易经纪与代理	6380	434.10	12.42	12.79	149.71	5.97
其他批发	6390	3047.54	36.81	27.57	334.74	15.78
零售业	6500	8812.16	2747.91	560.46	1940.95	512.15
综合零售	6510	1180.43	135.82	280.63	899.29	375.44
食品、饮料及烟草制品专门零售	6520	216.39	7.52	24.62	518.91	2.78
纺织、服装及日用品专门零售	6530	400.15	16.85	14.77	181.87	22.81
文化、体育用品及器材专门零售	6540	176.64	23.59	9.87	22.82	1.99
医药及医疗器材专门零售	6550	810.61	42.48	24.27	6.39	4.70
汽车、摩托车、燃料及零配件专门零售	6560	4679.51	1229.67	77.19	220.16	69.55
家用电器及电子产品专门零售	6570	725.00	151.10	42.16	25.17	6.21
五金、家具及室内装修材料专门零售	6580	341.95	121.92	14.14	33.34	1.94
无店铺及其他零售	6590	281.49	1018.97	72.81	33.00	26.73
住宿和餐饮业	I	**3048.55**	**200.73**	**224.38**	**1229.71**	**579.96**
住宿业	6600	2052.45	98.29	90.97	1021.82	514.53
旅游饭店	6610	1794.30	77.69	58.13	963.39	498.11
一般旅馆	6620	228.23	16.03	23.96	50.01	11.94
其他住宿服务	6690	29.91	4.57	8.88	8.43	4.48
餐饮业	6700	996.10	102.44	133.41	207.89	65.43
正餐服务	6710	924.03	93.55	126.17	145.72	49.99
快餐服务	6720	24.11	0.93	5.61	41.34	12.04
饮料及冷饮服务	6730	5.90	0.15	0.40	8.55	0.37
其他餐饮服务	6790	42.07	7.81	1.23	12.27	3.03

单位：亿元

与港、澳、台商合作经营	港、澳、台商独资	港、澳、台商投资股份有限公司	外商投资企业	中外合资经营	中外合作经营	外资企业	外商投资股份有限公司	代码
3.81	36.56	7.60	92.63	53.83	8.07	26.70	4.03	4800
1.89	19.90	22.34	66.59	46.66	7.98	7.79	4.15	4900
3.14	6.32	0.12	17.34	10.20	1.97	5.17		5000
2.30	1.59		1.39	1.23	0.16			5010
0.31			2.80	1.31	1.49			5020
0.53	4.73	0.12	13.15	7.65	0.33	5.17		5090
77.49	**13755.14**	**200.61**	**10963.30**	**2004.71**	**587.17**	**8045.88**	**325.54**	H
29.02	12430.46	144.97	8610.67	1256.75	373.33	6897.35	83.24	6300
	10.43		99.69	14.62	1.41	83.66		6310
10.11	122.54	0.06	508.31	52.08	154.81	298.63	2.80	6320
5.58	573.55	1.18	551.65	61.58	1.43	486.12	2.51	6330
0.54	145.90	47.39	148.58	20.46	0.55	124.17	3.40	6340
1.66	78.90	0.80	269.06	58.72	5.87	202.85	1.62	6350
0.57	426.22	73.47	1418.32	419.67	96.48	846.98	55.20	6360
10.55	10610.41	21.88	4824.22	586.63	109.26	4115.57	12.76	6370
	143.63	0.11	248.90	7.16		238.37	3.38	6380
	318.88	0.09	541.93	35.84	3.52	500.99	1.58	6390
48.47	1324.68	55.64	2352.63	747.97	213.84	1148.53	242.30	6500
28.94	476.28	18.63	1341.30	534.48	92.29	505.76	208.77	6510
0.36	515.71	0.06	88.60	2.71	75.96	9.93		6520
11.89	138.26	8.91	150.20	26.85	22.13	101.13	0.08	6530
	20.83		27.27	1.12	0.14	25.73	0.27	6540
	0.79	0.90	3.77	2.46		0.95	0.36	6550
5.96	142.06	2.59	205.69	126.37	14.71	49.74	14.86	6560
	16.80	2.15	365.23	6.24		351.48	7.52	6570
0.64	8.38	22.39	81.63	18.67	4.25	55.86	2.85	6580
0.68	5.59		88.95	29.08	4.35	47.94	7.59	6590
153.00	**467.83**	**28.92**	**1050.43**	**420.74**	**109.05**	**449.15**	**71.48**	I
139.10	347.90	20.30	740.67	334.98	92.55	254.40	58.74	6600
124.20	323.36	17.72	694.17	315.98	88.86	231.73	57.60	6610
12.66	22.82	2.58	34.94	9.97	2.33	21.59	1.05	6620
2.23	1.71		11.57	9.04	1.36	1.08	0.08	6690
13.90	119.94	8.62	309.75	85.75	16.50	194.76	12.74	6700
11.41	79.09	5.24	131.41	41.23	13.02	68.04	9.12	6710
0.92	28.38	0.00	161.34	40.23	3.04	114.46	3.61	6720
0.10	5.22	2.86	6.95	0.55		6.39		6730
1.47	7.25	0.52	10.06	3.74	0.44	5.87	0.01	6790